DAS (Jean-Pierre Beunas)

Le Nectar de la Conscience

L'EGO ET LE SOI

5e édition, enrichie d'une nouvelle révélation.

La Bible

SON ORIGINE SECRÈTE

Éditions NECTAR

5e édition
Dépot légal: BNQ, BNC, BNF
1e trimestre 2015
ISBN 978-2-922716-27-6

Page de couverture
José Castro Caballero
Graphiste, Artiste peintre
Trois-Rivières, QC.
(819) 807-6406

Éditions NECTAR
25, rue des Berges
Trois-Rivières, G8Y 1A1
Québec, Canada

Téléphone:
(819) 801-1450
http://katarosnectar.com
das@katarosnectar.com

Diffusion:
PROLOGUE Montréal
Tél: 1 800 363 2864

SODDIL
France-Belgique-Suisse
Tél: 01 60 34 37 50
Fax: 01 60 34 35 63

Imprimé au Canada

Layout
STAPmultimedia
agejanstap@gmail.com

Données de catalogage avant publication (Canada)

DAS, 1945 - DAS (Jean-Pierre Beunas)

Le Nectar de la Conscience
Sommaire: tome 1: L'ego et le Soi. - tome 2: Les 13 principes: L'ombre. La dictature mondiale. - tome 3: Je suis Conscience: La lumière. Les Maîtres Ascensionnés.
ISBN 978-2-922716-27-6 2V111415T15(47)
1. Conscience de soi. 2. Conscience. 3. Gnosticisme. 4. Nouvel Âge.
I. Titre. II. Titre: L'ego et le Soi.
BF575.S4D37 2014 155.2 C97-941184-x

Table des matières

		page
	Introduction	***5***
1.	***Le chant alchimique***	***11***
2.	***Le grand principe***	***25***
3.	***La gratitude, la chance***	***43***
4.	***L'attention suprême***	***71***
5.	***Le pied de mon père***	***91***
6.	***Le service suprême***	***113***
7.	***Le véritable travail***	***149***
8.	***L'alchimie de l'ego***	***169***
9.	***Se placer dans la coeur***	***183***
10.	***La folie de l'ego***	***211***
11.	***Le lâcher-prise, la mort***	***227***
12.	***Le Royaume des Cieux***	***251***
	APOCALYPSE 1.	
13.	***LA BIBLE: son origine secrète***	***277***
	Table des matières du chapitre 13	***330***
	Conclusion	***333***

Aspects pratiques:

- *Observer son mental*
- *Le Lâcher-prise*
- *L'ouverture de la Conscience*
- ***Le chant du Cygne, sa magie et son pouvoir***

Informations:

Un mot sur l'auteur	*340*
Témoignages	*341*
Catalogue NECTAR	*343 / C1*
Bon de commande	*D10*

DAS (Jean-Pierre Beunas)

Le Nectar de la Conscience

La Voie de la Conscience

Éditions NECTAR

Déjà paru du même auteur aux Éditions Nectar:

Le Chant du Cygne

Le chant alchimique de la libération
L'hymne d'amour à la conscience
La grâce qui accorde tout par surcroît
L'amour et l'argent
La Réalisation suprême
Le pouvoir de la Parole

Extraits page C6

Le Nectar de la Conscience

Tome III : **JE SUIS CONSCIENCE**

L'Unité de la conscience
L'Existence, la beauté, la joie
Réalisez la conscience de l'Unité
La guérison et la santé
La richesse véritable, s'y élever
L'âme soeur, comment la rencontrer

Das expose « la lumière », l'activité pleine d'amour des Grands Maîtres Ascensionnés

Extraits page C4
(333 pages)

Le Nectar de la Conscience

Tome II: **LES 13 PRINCIPES**

La stratégie de l'ego
La véritable liberté
Retrouvez vos pleins pouvoirs
Réalisez la conscience d'Être
La connexion au Septième Rayon
La multiplication de l'abondance

Das révèle «l'ombre», l'ego planétaire secret: La dictature mondiale et sa chute finale.

Extraits page C3
(333 pages)

Suprême Lâcher-prise

Suprême Lâcher-prise vous révèle en profondeur, mais de façon simple, accessible et pédagogique, l'essentiel de la connaissance de Soi. C'est **le coeur de la Gnose** qui va vous conduire directement au but : l'ouverture de la conscience, **le véritable lâcher-prise**

Soudain, le Suprême lâcher-prise.
Soudain, la conscience jaillit

Extraits page C5
(250 pages)

DAS (Jean-Pierre Beunas)

Le Nectar de la Conscience

L'EGO ET LE SOI

5e édition, enrichie d'une nouvelle révélation.

**La prise de conscience de SOI
par la connaissance du NON-SOI, L'EGO:
«JE NE SUIS RIEN ET JE SUIS TOI»...**

Éditions NECTAR

Je dédie «Le Nectar de la Conscience»

- *à nos grands Maîtres Ascensionnés qui nous guident, nous conduisent, nous dirigent;*
- *à tous les Êtres et particulièrement à vous, mes amis depuis des siècles, qui formez aujourd'hui le Nouvel Âge de la Conscience Nouvelle.*

J'offre «L'Ego et le Soi»

- *à Jésus,*
  Chohan du 6e Rayon;
- *à Marie,*
  Co-Rédemptrice,
  Médiatrice Divine,
  Avocate de l'Humanité,
  Reine de la Paix;
- *à Sylvie,*
  mon épouse
  et mon grand amour.

DAS (Jean-Pierre Beunas)

La Voie de la Conscience

Éditions NECTAR

«Durant un certain temps, l'Être humain se fie à ses propres pouvoirs; il avance, guidé par sa foi. Cependant, l'Être humain devra réaliser un jour que, beaucoup plus que la foi est nécessaire à l'éveil;

LA CONNAISSANCE doit être acquise».

D'après Hilarion,
Maître d'Ascension
Chohan du 5e Rayon

Ô, Être de Lumière,

Le Nectar de la Conscience te permettra de passer
de la vérité à la RÉALITÉ,
de la croyance à l'EXPÉRIENCE,
de la peur à la PAIX,
de l'intelligence à la CONSCIENCE,
de la foi à la CONNAISSANCE,
du manque à la PROSPÉRITÉ

DAS

Introduction

Voici le principe suprême de la vie, l'unique principe :

« SEULE EST LA CONSCIENCE ».

Il n'existe rien, absolument rien qui ne soit pas l'unique conscience elle-même. Encore cette conscience, faut-il la découvrir, la connaître, la réaliser. Ceci n'est pas facile; pourtant, c'est le destin suprême de chacun, le but ultime de nos existences terrestres. Maintenant, l'heure est venue, le Nouvel Âge a pavé la voie, l'Humanité est prête et mûre pour prendre conscience. En effet, le Nouvel Âge tout entier s'élève déjà vers la conscience Divine, entraînant avec lui toute une partie de l'humanité... La transformation s'opère, la mutation s'accomplit, l'Ascension collective pointe à l'horizon.

Maintenant, les valeureux vétérans du Nouvel Âge, les guerriers de la conscience débarquent sur les plages du continent de la conscience Divine et s'installent sur la Terre promise. Oui, par vagues entières, les lumineux adeptes du Nouvel Âge retrouvent la conscience Divine.

La Vie relève d'un seul principe, d'une seule conscience; ainsi, « Le Nectar de la Conscience » est-il basé sur une seule idée :

« JE NE SUIS RIEN ET JE SUIS TOI ».

Une idée si simple et pourtant si prodigieuse; elle est la clé de l'illumination. Oui, le Nectar de la Conscience repose sur une seule idée :

– mille fois répétée,
– sur mille pages,
– pour ouvrir vos mille pétales...

Ainsi, vous obtenez la connaissance, la véritable connaissance de vous-mêmes.

Enfin, vous comprenez ce que vous êtes : **Divin**.

Enfin, vous comprenez ce que vous n'êtes pas : **l'ego**.

De la compréhension profonde de la connaissance jaillira la conscience dans votre vie. Alors vous connaîtrez, dans l'ordre et successivement :

- la compréhension;
- le lâcher-prise;
- la réalisation;
- la libération;
- l'Ascension.

Votre vie sera merveilleusement transformée et vous aurez avancé tout près, tout près de l'Ascension.

Lorsqu'un Être de Lumière – comme vous – s'attache avec une détermination inébranlable à découvrir sa véritable conscience, il se prend sérieusement en main et saisit fermement le Nectar de la Conscience. Alors :

- Il étudie sans relâche la connaissance libératrice – le tome I, **L'EGO ET LE SOI** – pour comprendre profondément le principe même de la vie, pour saisir le fonctionnement de sa conscience.

- Il travaille sur lui-même, avec un acharnement farouche pour **vivre** concrètement et réellement à chaque instant, jours et nuits, « **LES TREIZE PRINCIPES** » – tome II.

- Il assimile, par la lecture et la réflexion, le tome III, « **JE SUIS CONSCIENCE** »; il y pense constamment pour se libérer de l'illusion et émerger dans sa conscience véritable.

- Il chante, lit, écoute régulièrement et souvent « **LE CHANT DU CYGNE** » pour se baigner, se tremper, s'immerger dans la pure conscience Divine.

- Bref, cet Être de Lumière, ce valeureux pionnier, s'imprègne profondément, jours et nuits :
    - de la Connaissance du « Nectar de la Conscience »;
    - de la Conscience du « Chant du Cygne ».

Le Chant du Cygne est un chant Alchimique qui infuse la conscience Divine dans la conscience de l'être humain. Le Nectar de la Conscience décrit en détails sa mystérieuse Alchimie.

Donc, ayant **agi** ainsi, ce qui doit se produire se produit :

- Par la **connaissance – L'EGO ET LE SOI**, Tome I – l'Être obtiendra la véritable compréhension, la compréhension parfaite de sa nature. Il aura une profonde connaissance de la relation existant entre l'ego et le Soi; alors, il **lâchera prise**.
- Par **l'expérience – LES TREIZE PRINCIPES**, Tome II – l'Être vivra réellement et concrètement une nouvelle vie basée sur de nouveaux principes. Ce vécu le baignera dans un autre état de conscience : la conscience d'Être; alors, il **réalisera** la conscience et la connaissance.
- Par la **conscience – Je suis conscience**, Tome III – l'Être en arrivera à la prise de conscience profonde de son **unité**. Celle-ci, vraiment intégrée en lui, lui offrira l'état de conscience Divine; alors, il connaîtra la **libération**.
- Par la **pratique du CHANT DU CYGNE**, l'Être constatera la **réalité** de ces états de conscience, la réalité de la conscience suprême, la réalité du **Soi**, la réalité de lui-même comme Être de Lumière.

Ainsi, l'Être de Lumière assez grand, assez ouvert, assez sage mais assez fou pour nager dans le Nectar de la Conscience, va assurément découvrir la **Réalité**. Aussi certain que le jour se lève après la nuit, il est certain que l'éveil se produira chez un tel Être de Lumière qui se sera ainsi livré au feu du Nectar de la Conscience.

Un tel Être aura ainsi fait un bond de géant dans son évolution. Il se sera terriblement approché de l'Ascension. Alors, il n'aura plus besoin de se réincarner dans l'illusion de ce monde. Un tel Être aura ainsi atteint le « Ciel » de la conscience, le « Nirvana », « le Paradis » de la conscience.

Cet Être Divin, vraiment béni, aura rejoint les mondes de lumière, là où la conscience est totale, là où nous attendent les Maîtres Ascensionnés.

Selon le voeu de Bodditsava, les Êtres ainsi éveillés et libérés reviennent sur la « terre » de la conscience, dans l'Enfer humain, là où **l'ego** fait rage dans les mondes de l'inconscience et des abrutis, pour aider à libérer tous les Êtres. Là est le véritable service, là est la véritable aide. Seul un Être libéré et éveillé peut sortir ses compagnons de l'enfer.

Ô Êtres de Lumière, vous qui vivez peut-être encore dans cet enfer humain abominable, accrochez-vous, oui, accrochez-vous au Nectar de la Conscience.

Le Nectar de la Conscience est la montgolfière qui vous arrache à l'enfer de la conscience de l'ego, et qui vous dépose sur la montagne de la conscience Divine.

Le **Royaume des Cieux** est **déjà là**, ici même, tous peuvent y entrer. En fait, y entreront maintenant les valeureux vétérans du Nouvel Âge. Le Royaume des Cieux peut se prendre d'assaut par les guerriers de la conscience. Les faibles, les mous, les tièdes, les hésitants et les indécis resteront encore un temps dans l'ego.

Depuis des milliers d'années, de hardis précurseurs nous ont déjà précédés. La conscience n'est pas quelque chose de nouveau; non, pas du tout. Ce qui est nouveau, par contre, c'est la **connaissance** qui n'est plus cachée et qui est disponible aujourd'hui pour chacun, malgré l'opposition farouche des religions officielles. La véritable connaissance de la conscience n'a jamais disparu malgré les persécutions terribles de ces derniers siècles...

L'humanité actuelle vit dans le monde de l'ego, sous le règne de l'intelligence humaine; en réalité, d'une pseudo intelligence qui nous conduit tout droit vers une gigantesque catastrophe planétaire. La catastrophe bat déjà son plein à l'heure actuelle :

- famine mondiale;
- épidémies mondiales;
- génocides dans plusieurs pays;
- guerre atroce dans plusieurs pays;
- ... etc...

Tout ceci est savamment orchestré par les « intelligents » qui manipulent la planète. L'intelligence humaine est utilisée à fond pour dominer l'humanité. L'absence complète de conscience des dominateurs nous conduit directement **au génocide planétaire!**

À moins d'un revirement radical de la situation, c'est ce qui risque d'arriver à brève échéance. Les « Intelligents » dominateurs planétaires, dépourvus de toute conscience, sont en fait plus rusés, plus coquins, plus cruels, plus salauds que les dominés. Et vous appelez ça de l'intelligence? Ils ont transformé la Terre en enfer avec leur intelligence... Alors pour eux, le Royaume des Cieux les attendra encore un temps, deux temps et la moitié d'un temps...

L'intelligence sans la conscience provoque la domination, la destruction, le génocide.

Voilà exactement ce que vit la Terre, à l'horizon de l'an 2000 :

L'INTELLIGENCE SANS LA CONSCIENCE.

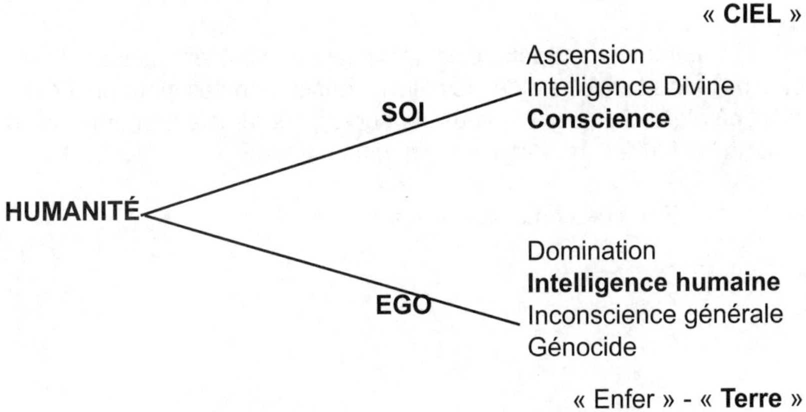

<u>Le choix est très simple.</u>

Tous ceux qui comprennent savent maintenant que le seul et unique remède est la conscience, une infusion massive de conscience dans toute l'humanité. C'est pourquoi le grand bond de la conscience se prépare. Chacun est invité à y participer dans l'intérêt suprême de la planète et de ses habitants.

La VIE nous offre toujours mille occasions de prendre conscience et nous fournit aussi quelques « grands moyens » d'y parvenir.

Parmi ces « grands moyens » figurent :

Le Nectar de la Conscience
Le Chant du Cygne

La combinaison des deux transforme le « plomb en or », c'est-à-dire transmute l'ego humain en pure conscience Divine. En cours de route, en cheminant vers la conscience, vous connaîtrez les joies ineffables de l'ouverture de la conscience. C'est ce que je vous souhaite de tout mon coeur.

Ô Êtres de Lumière, libérez-vous, mais libérez-vous tout de suite.

Un dernier mot : le Nectar de la Conscience est un livre à lire, bien sûr, mais c'est avant tout un outil destiné à infuser en vous l'essence et la substance de la connaissance libératrice. Donc, il relève d'une certaine pédagogie et, comme toute bonne pédagogie, il faut répéter. « L'on a bien assimilé ce que l'on a entendu sept fois », dit le dicton.

Alors oui, je répète, c'est inévitable et c'est tant mieux. Je répète mille fois la même idée, de mille façons différentes, pour ouvrir vos mille pétales. Après cela, vous ne serez plus jamais le même, vous serez transformés, redevenus enfin vous-mêmes.

Ô, Êtres de Lumière, oui, libérez-vous!

DAS

1

Le Chant Alchimique

Bienvenue à vous, ô Êtres de Lumière.

Parler Alchimie, aujourd'hui, est osé. Pourtant, il faut savoir oser pour déclarer : **« L'Alchimie est une réalité »**. Oui, en effet, l'Alchimie est une réalité que chacun de nous peut découvrir, comprendre, aimer et expérimenter pour son plus grand bénéfice.

L'Alchimie, cette science ésotérique très complète, possède plusieurs branches telles :

- l'Alchimie de la matière;
- l'Alchimie de l'énergie;
- l'Alchimie de la conscience.

Dans la grande hiérarchie spirituelle des Maîtres Ascensionnés, l'Alchimie relève du 7e Rayon et elle est placée sous l'autorité du Chohan du 7e Rayon, **le Maître Rakoczi,** autrefois connu sous le nom de St-Germain.

La voie de la conscience, telle que proposée par le Nectar de la Conscience et par le Chant du Cygne, relève de l'Alchimie de la conscience.

Le Nectar de la Conscience apporte la véritable connaissance libératrice et fait « monter l'énergie ». Le Chant du Cygne permet à la conscience supérieure de s'infuser dans l'Être et fait « descendre la conscience ».

Lorsque vous vous imprégnez de l'énergie Divine et que vous vous saturez de conscience suprême, vous « unissez le Ciel et la Terre ». Ainsi, vous unissez l'humain et le Divin, l'ego et le Soi, et vous redevenez vous-mêmes, ce que vous êtes déjà depuis toujours : un Être adorable, exquis, totalement Divin.

Oui, c'est de vous dont il s'agit en ce moment.

Notre Alchimie, comme tout ce qui est vraiment Divin, est d'une simplicité totale. Vous n'avez besoin de rien, d'aucune méthode à apprendre, d'aucune technique à pratiquer. Il vous suffit de chercher à comprendre par la lecture du Nectar de la Conscience. Il vous suffit de vous baigner dans la conscience Divine, une ou plusieurs fois par jour, en chantant le Chant du Cygne.

L'Alchimie se produira alors d'elle-même avec ces soins de base. Les roses s'épanouiront d'elles-mêmes si les rosiers sont désherbés et arrosés. Ainsi, l'Alchimie de la conscience se produit d'elle-même.

Vous découvrirez, **parsemée** dans chacun des chapitres du Nectar de la Conscience – outre les explications des grands principes –, toute la magie du Chant du Cygne.

Le Chant du Cygne, le chant alchimique, possède soixante-treize soutras (versets) et forme un ensemble complet de tous les ingrédients alchimiques nécessaires pour provoquer l'infusion de la conscience Divine en chacun, en vous-mêmes.

Une analyse mentale et intellectuelle ne révélera rien, absolument rien de son action mystérieuse et pourtant si réelle. Avec le Chant du Cygne, vous pouvez tout de suite « tomber » sur votre mental qui va trouver toutes sortes de raisons négatives pour le refuser. C'est bien, c'est parfait; vous pouvez ainsi voir en pleine lumière le jeu de votre ego devant quelque chose qu'il ressent comme menaçant pour lui.

Il a parfaitement raison, d'ailleurs, car le Chant du Cygne conduit votre ego à la mort. Sachez-le et soyez-en heureux, car il n'y a finalement pas tellement de moyens disponibles pour en arriver là, pour en arriver à l'existence **réelle**.

Vous pouvez aussi, avec le Chant du Cygne, vous immerger tout de suite dans une conscience supérieure si votre ego ne s'accroche pas les pieds à chaque verset.

Vraiment, le Chant du Cygne est idéal pour prendre conscience de son ego. Chaque arrêt, chaque refus, chaque émotion négative provoquée par le Chant du Cygne dans votre conscience humaine provient de votre ego et de lui seul, sachez-le bien.

Les guerriers de la conscience qui vont franchir cette première grille vont éprouver un plaisir délicieux lorsqu'ils vont constater que notre chant alchimique coule et glisse dans leur conscience humaine, sans aucun blocage, avec facilité, librement et joyeusement.

Alors, nos valeureux guerriers pourront ainsi prendre leur bain de conscience quotidien et s'infuser de la conscience supérieure qui agira délicatement en eux pour les conduire vers leur destin suprême.

L'Alchimie se produira lentement d'abord, mais sûrement. Puis à un certain moment, les choses iront beaucoup plus vite et l'Être, **ravi**, verra sa vie se transformer et devenir de plus en plus agréable.

Vous savez, de nos jours, si proche de l'an 2000, la voie de la conscience est quelque chose de très mystérieux et de très abstrait. Il n'y a que peu, très peu de moyens de travailler **avec** la conscience supérieure. Je ne connais même aucun moyen pratique, sûr, facile, agréable pour se tremper dans la conscience suprême.

Je me faisais ces réflexions, il y a quelques années. Je me disais : « La conscience, c'est beau, mais c'est comme une anguille; dès qu'on croit la tenir, elle nous glisse entre les doigts. Il faudrait un moyen, quelque chose qui fonctionnerait à tout coup ».

J'ai passé ainsi quelques années à me faire ces réflexions moroses tandis que je cherchais comment **toucher** du doigt ma conscience supérieure. Oui, je me disais qu'il faudrait disposer d'une échelle pour aller toucher les pieds du guru. L'idéal, me disais-je, serait une échelle que tout le monde pourrait utiliser.

Et un jour, une ouverture de conscience s'est produite. Lorsque la conscience s'ouvre, vous avez accès instantanément à la connaissance totale. Vous connaissez alors immédiatement tout, et sous tous ses aspects, d'un sujet particulier qui vous est alors « révélé ».

L'ouverture de conscience, c'est la connaissance directe et sans intermédiaire. C'est vous – vous tout seuls – qui savez et qui connaissez. C'est vous, le vrai vous-même dans son **état naturel** au-delà de l'ego, dans la conscience supérieure.

Mais, direz-vous, une ouverture de conscience, qu'est-ce donc au juste? En fait, une véritable ouverture de conscience se produit lorsque l'ego disparaît, ne fusse que pour un seul instant. Oui, que l'ego s'évanouisse une seule seconde et l'ouverture se produit. Là, vous avez accès à ce dont vous avez **besoin**.

Pour mieux comprendre, imaginez un aveugle. Naturellement, il vit dans l'obscurité. Supposez que la vue lui revienne tout à coup, comme ça, par miracle. Il voit tout : sa femme, ses enfants, les photos de ses parents. Il peut observer sa maison, il découvre le chat qu'il n'avait jamais vu... Bien, si maintenant sa vue se referme, il vit à nouveau dans le noir, **mais** il ne pourra jamais plus oublier ce qu'il **« a VU »**, de ses yeux vu.

Il était lui-même, c'était **LUI** qui voyait, il était dans son état normal et naturel.

Alors, une ouverture de conscience, c'est une « porte ouverte sur le ciel »; c'est tout simplement notre état normal et naturel d'Être Divin quand nous le sommes, même pour une seconde.

Alors oui, l'ouverture s'est produite – peut-être une seconde, je n'en ai aucune idée. Tout de suite après, à peine revenu de ma surprise, je savais exactement quoi faire. Deux heures plus tard, le Chant du Cygne était écrit. Je savais exactement ce qu'il pouvait faire, j'en connaissais la structure, la magie et les principes alchimiques. Toutefois, j'étais complètement incapable de l'expliquer. Ça m'a en effet pris trois ans avant que je commence à donner des conférences sur ce sujet-là... Aujourd'hui, quatre ans plus tard, je découvre encore parfois des aspects qui me surprennent.

Le Chant du Cygne, c'est vraiment un moyen merveilleux de se baigner à volonté dans sa conscience supérieure. Ce bain de conscience Divine lave l'ego, infuse l'humain d'une conscience nouvelle et le transforme délicatement et progressivement.

Oui vraiment, le Chant du Cygne est merveilleux.

Vous pouvez tenir à son sujet de longs discours, échanger vos points de vue et vos interprétations. Vous pouvez en tenter l'analyse intellectuelle et émettre de savantes conclusions. Avec tout ce bavardage, votre vie n'a pas changé, votre conscience non plus. Votre métamorphose ne se prépare pas, vos rosiers ne risquent pas de fleurir, ni vos chakras de s'ouvrir.

Par contre vous pouvez devenir, avec le Chant du Cygne, très calmes, très silencieux, très intériorisés. Vous chantez régulièrement et vous observez comment vous vous sentez, vous observez ce que vous ressentez; ça accroche ou ça coule? Vous constatez qu'il se passe quelque chose de bon dans votre vie.

Alors, vous vous baignez tous les jours dans votre conscience supérieure; ainsi, votre mutation se prépare, vos rosiers vont fleurir et vos chakras vont s'ouvrir.

Oui vraiment, le Chant du Cygne est merveilleux, mais c'est seulement en le chantant, en le lisant ou en le récitant tous les jours que vous en obtiendrez les bienfaits.

C'est bien naturel que certains soutras vous paraissent étranges, mystérieux ou bizarres. Ne permettez pas à votre ego de vous bloquer à cause d'un chapitre, à cause d'un soutra, à cause d'une seule phrase. Franchissez la barrière de l'ego. Vous voulez vous libérer de l'ego, n'est-ce pas? Alors, travaillez avec le Chant du Cygne **MALGRÉ L'EGO**. Ainsi, vous aurez déjà fait un grand pas vers votre libération.

Le Chant du Cygne, **c'est la voie de la conscience.** Dans cette voie, le mental doit disparaître car la réalité de l'Être, c'est la conscience Divine. Vivre dans le mental est une infirmité aussi grande que d'être aveugle. Ceci, très peu de gens le comprennent, imbus qu'ils sont de leur intellect. Ils ne peuvent ni comprendre, ni admettre qu'il existe une conscience mille fois supérieure à leur mental. Ils sont comme des aveugles qui raisonneraient pour affirmer, preuves à l'appui, que la vue n'existe pas **car** ils ne l'ont pas!...

La voie de la conscience est là, disponible, ouverte en permanence depuis toujours. Encore faut-il le savoir, encore faut-il le découvrir, encore faut-il pouvoir y entrer.

Entrer dans la voie de la conscience, oui; comment entrer? Cela nécessite un moyen, un instrument pour s'approcher concrètement de l'abstrait suprême.

Oui, rendre concret ce qui est par nature si abstrait. Voilà ce que l'ouverture de conscience a donné : un instrument parfaitement approprié, utilisable par **tous**.

Ainsi la voie de la conscience est-elle accessible à un plus grand nombre. Elle devient accessible à **tous**, chacun peut y entrer sans difficultés, sans longues études ésotériques, sans techniques harassantes, sans lâcher sa vie humaine normale.

La voie de la conscience est là où vous vous trouvez, dans la vie que vous menez. C'est certain que vous souhaitez que votre vie s'améliore et, effectivement, elle va s'améliorer rapidement si vous faites le nécessaire au niveau de la conscience. Sachez bien que pour cela, vous pouvez continuer votre travail, votre mariage, votre sexualité, votre vie de famille, vos affaires, tout.

À travers cette vie humaine, vous cultivez votre conscience Divine avec le Chant du Cygne et le Nectar de la Conscience. Alors, votre conscience se transforme et votre vie aussi.

Le Chant du Cygne regorge de bénédictions. En plus de transformer votre conscience humaine, il vous comble de bienfaits.

En effet, le Chant du Cygne vous permet de réunir les éternels opposés :

- l'ego et le **Soi**;
- la Terre et le Ciel;
- la matière et l'énergie;
- le mental et la conscience;
- la matière et la conscience;
- l'amour et l'argent;
- le sexe et la Divinité.

Dans la conscience Divine, il n'y a plus d'opposés, il n'y a plus de dualité;

il y aura toujours des polarités, bien sûr, mais dans l'unité de leur relation.

Les pieds et la tête sont apparemment opposés. De polarités différentes, leur unité pourtant est évidente; c'est l'unité parfaite du corps humain. Votre amoureux vous voit dans votre **unité**, votre coiffeur et votre pédicure vous traitent dans la dualité.

Comprenez-vous : opposé, dualité, polarité, **unité**?

La conscience Divine, notre nature véritable, est un état de conscience où l'on constate **l'unité** de toute chose; il n'y a plus de séparation, ni d'imperfection. Tout est totalement Divin, merveilleux, grandiose et glorieux. Nous menons alors une vie de contentement parfait et de satisfaction totale.

Le Chant du Cygne, par son Alchimie, nous permet de découvrir et de réaliser cet état de conscience magnifique qui est là, disponible pour chacun. Cette Alchimie fera fondre progressivement **l'obstacle** qui nous cache notre réalité suprême.

Soyez rassurés; lorsque vous rejoignez l'océan de la conscience, vous ne disparaissez pas, amalgamés et noyés dans une masse de conscience impersonnelle. Oh! non, pas du tout! Vous redevenez en fait le vrai vous-même, doté de mille qualités Divines particulières qui font de vous un Être adorable et vraiment **unique**.

Vous rejoignez tous ceux qui vous ont déjà précédés dans les plans supérieurs, dans les autres dimensions de l'existence. Vous n'avez rien à perdre; vous avez, au contraire, tout à gagner en retrouvant la réalité Divine, en retrouvant la beauté, la joie, l'amour, en retrouvant ce qui vous manque si terriblement depuis toujours : **vous-même**, l'Être adorable qui est **vous**.

L'Alchimie merveilleuse du Chant du Cygne permet à ce miracle de se produire, simplement, facilement, agréablement.

Un jour, il vous faudra cesser de croire pour savoir et pour connaître. Il faut donc commencer par cesser de croire que Dieu est loin, que la conscience est loin, que le « paradis » est loin; non, pas du tout.

Tout est **déjà** là, ici, maintenant, là même où vous êtes en ce moment. Oui, Dieu est ici, la conscience est ici, le « Paradis » est ici. Un poil d'illusion nous cache tout cela et le Chant du Cygne va raser ce poil... Il ne va pas l'arracher, il va le raser gentiment tous les jours, jusqu'au jour où vous aurez accès à la réalité.

Il faut cesser de croire que l'accès à la conscience Divine est réservé à une élite, qu'il faut être un « saint ». Vous savez, la plupart des soi-disant saints n'ont pas perdu leur ego; ils ont même développé un sacré orgueil spirituel pour beaucoup d'entre eux. Naturellement, ils sont restés à la porte du Royaume.

Il faut cesser de croire que vous êtes un pauvre pécheur et que vous êtes indignes de la conscience supérieure. Ô, Être de Lumière, relève-toi et regarde bien : le « Ciel » t'attend, le « Ciel » est déjà ici pour toi. Chacun est le bienvenu, chacun est attendu, espéré et désiré, chacun est l'enfant prodigue du Père.

Oui vraiment, en toute réalité, le Chant du Cygne accomplit le miracle d'ouvrir les yeux, d'ouvrir les portes de la conscience à chacun, à tous ceux qui le veulent, à tous ceux qui osent.

Ô, mes Amis de Lumière, chacun d'entre vous est :

LE FILS UNIQUE DE DIEU,
LA FILLE UNIQUE DE DIEU.

Voilà, en effet, la réalité de l'Être humain. Il appartient à chacun de nous d'en vivre l'expérience concrète. Il appartient à chacun d'entre nous de **redevenir consciemment** un Être Divin. Il appartient à chacun d'entre nous d'entreprendre volontairement et consciemment le travail adéquat pour redevenir nous-mêmes.

Avec le Chant du Cygne, réaliser ainsi le Grand-Oeuvre alchimique redevient accessible et possible pour tous. Avec le Chant du Cygne, chacun peut à nouveau réaliser effectivement, dans la vie, la Pierre Philosophale. Avec le Chant du Cygne, chacun peut vraiment et concrètement opérer la transmutation de son ego, la transmutation de son mental en pure conscience Divine.

Avec le Chant du Cygne, **tous les Êtres** qui le veulent pourront entrer dans le Royaume. Avec le Chant du Cygne, chacun peut transmuter la « Terre » – le plomb de la conscience mentale humaine – **en or pur** – en « Ciel » de la conscience suprême Divine.

Enfin le temps est revenu, enfin c'est l'heure du grand retour dans le « Ciel » de la conscience. Enfin le moment est arrivé, celui où des vagues entières de gens vont réaliser la conscience Divine.

Oui, en effet, c'est déjà commencé pour beaucoup; bientôt, ce sera des milliers, très vite des millions, qui comprendront, qui se mettront au travail, qui feront le nécessaire.

Le résultat sur la planète sera merveilleux, l'ascension collective se produira et par millions, tous en choeur, dans **un sanglot d'extase**, nous rejoindrons les « Cieux » de notre conscience Divine.

Le voyage est prêt, montez à bord; le Chant du Cygne est un billet gratuit, c'est votre passeport pour les « Étoiles ». Vous êtes un Être de Lumière, venez et vérifiez-le vous-mêmes.

Bien sûr, quelques-uns vont rester humains malgré tous les efforts de nos Maîtres pour les sortir de là. Ils seront du prochain voyage, mais le temps d'attente est long avant le prochain avion... C'est dommage, c'est vraiment dommage. C'est tellement dommage mais, que voulez-vous, personne, non personne ne peut ouvrir un Être humain; il doit s'ouvrir lui-même, de lui-même, par lui-même.

Pourtant, le Chant du Cygne est là, à la disposition de **tous les Êtres**. Tous les Êtres qui le veulent vraiment peuvent se libérer avec le Chant du Cygne. Oui, tous les Êtres peuvent se libérer en chantant; en chantant, ils se libèrent. C'est si simple, tellement simple.

Ô, Êtres de Lumière,
voulez-vous plus simple?

Vous pourriez étudier le Chant du Cygne et attendre de comprendre son Alchimie avant de chanter, ce qui pourrait vous prendre des mois ou des années, ou même votre vie entière. Vous pourriez tout aussi bien commencer votre Divine aventure tout de suite, en chantant dès maintenant; alors **après**, vous saurez. Oui, commencez à vous libérer dès maintenant et la compréhension viendra par surcroît en cours de route, durant le voyage.

Il existe certaines personnes qui entreprennent de se guérir par les médecines douces; c'est seulement **après** leur guérison qu'elles ont la preuve que ça marche. Comment en auraient-elles la preuve **avant**?

Oui vraiment, c'est en se libérant que la compréhension s'installe. De toute façon, après vous être libérés de l'illusion de ce monde, de cet état de conscience, vous aurez tout par surcroît, y compris la compréhension de l'Alchimie de la conscience. Comment pourriez-vous saisir **avant** ce qui procède d'une conscience si supérieure à l'Être humain?

Donc, le Chant du Cygne, c'est l'échelle qui remonte dans le « Ciel »; c'est l'Alchimie de la conscience, c'est la transmutation de l'ego, c'est la découverte de son Être réel. Pour redevenir soi-même, il faut se connaître soi-même, profondément, et disposer d'une conscience aiguë de ce qu'est vraiment l'ego. Il faut aussi disposer d'une profonde connaissance du SOI Divin. Lorsque vous connaîtrez l'ego et le Soi, vous vous connaîtrez vous-mêmes. La connaissance vous acheminera vers la libération. L'expérience viendra en vous infusant profondément de conscience Divine.

Lorsque vous disposez de la connaissance libératrice **et** que vous pouvez en faire l'expérience, vous redevenez vous-mêmes, un Être de Lumière effectif.

Le Chant du Cygne vous apporte
la conscience et l'expérience.

Le Nectar de la Conscience vous apporte
la connaissance et la conscience.

Alors, ô Seigneurs, que pourrais-je vous offrir de plus? Avez-vous tout ce qu'il vous faut pour **revenir**? Tout cela est-il assez simple?

Maintenant, vous savez exactement quoi faire. Alors, faites-le...

Vous allez maintenant découvrir Le Nectar de la Conscience, le tome I – L'ego et le **Soi**. Ce livre est destiné à ouvrir votre conscience; beaucoup d'idées « germes » y sont parsemées. Ces « germes » concernent l'ego et le Soi, bien sûr, mais aussi la religion, la médecine, la science et un peu la politique. Ces idées « germes » sont **saupoudrées** dans différents chapitres. Cela relève d'une pédagogie subtile et particulière destinée à frapper à la porte de votre ego **ET** de votre **Soi**.

D'ailleurs, cette pédagogie est déroutante pour l'intellect car le livre est structuré d'une manière particulière. Certains sujets figurent à plusieurs endroits, mais exposés à chaque fois d'une autre façon. L'ego s'imagine avoir tout compris d'un sujet et voilà qu'une nouvelle approche remet tout en question. En général, l'intellect a horreur de ça... surtout si, en plus, vous lui présentez deux versions très différentes du même sujet et qu'il a du mal à les intégrer!...

Lorsque ces idées fortes viendront frapper à votre conscience, vous aurez uniquement deux sortes de réactions, **jamais** les deux en même temps.

- Soit que vous ressentiez une émotion négative : peur, colère, indignation, ricanements, frustration, panique.

Alors c'est excellent, c'est parfait car vous prenez là votre ego en flagrant délit. La réaction vient de l'ego, vous pouvez le voir, le constater directement.

Donc, vous pouvez prendre conscience de ce qu'est l'ego.

- Soit que vous ressentiez des impressions agréables telles : joie, jubilation, contentement. Vous sentez la réalité, vous ressentez la touche Divine, vous éprouvez un gentil « oui, oui, c'est ça ». Vous goûtez un délicieux petit rire, vous pourriez peut-être même pleurer, vous éprouvez des vagues de paix, des vagues d'amour... ou des soupirs de bien-être... Alors c'est merveilleux, c'est la grâce qui coule dans votre vie. Vous faites directement l'expérience du Soi, vous l'éprouvez en vous-mêmes, au fond de vous-mêmes.

Ainsi, vous prenez conscience de votre SOI.

Ainsi, dans la vie, vous serez amenés à **identifier** tout ce que vous vivez. Vous serez à même de **reconnaître** ce qui vient de l'ego et ce qui vient du **Soi**.

Naturellement et automatiquement, vous allez alors pouvoir **choisir**.

Peut-être allez-vous **choisir** de vivre dans l'état de conscience qui vous apporte la joie! Peut-être allez-vous décider de renoncer aux états négatifs et au mécontentement. Ce sera facile car vous serez à même de pouvoir déterminer exactement **si vous êtes dans l'ego ou dans le Soi**.

Votre lecture du Nectar de la Conscience vous fera probablement alterner de l'ego au **Soi** d'un chapitre à l'autre. Alors, ô comme vous êtes admirables, voilà maintenant que vous pouvez découvrir ce qui vous stimule l'ego. Voilà maintenant qu'il vous est révélé ce qui vous élève dans le Soi. Notez les passages « ego - peur », ou « soi - contentement », par exemple. Lorsque vous relirez ces passages, vérifiez si la réaction est la même.

Je peux vous garantir une chose : avec le Nectar de la Conscience, vous connaîtrez votre ego et votre **Soi**. Au minimum, vous connaîtrez votre ego, je peux vous le promettre; c'est garanti. La connaissance de l'ego étant indispensable dans la voie de la conscience, vous aurez donc parcouru une bonne partie du chemin. Il ne tient qu'à vous de continuer jusqu'à la réalisation suprême. Vous pouvez être certains que le Nectar de la Conscience **va frapper à votre porte**; vous constaterez vous-mêmes qui lui ouvre : l'ego ou le **Soi**.

Finalement, tout cela est très simple : **l'ego est ici, le Soi aussi**. Notre ignorance nous a enfermés dans un placard mental. La connaissance nous en libère, nous retrouvons notre état naturel et Divin.

La voie de la conscience est ici, sous vos yeux, entre vos mains. Vous ne pouvez pas rester sur le seuil : ou vous entrez dans la lumière, ou vous restez dans les ténèbres; ou vous **êtes**, ou vous n'êtes pas.

Le Chant du Cygne
et le Nectar de la Conscience

vous feront franchir les marais de la conscience humaine. Pour cela, il vous suffit de chanter le Chant du Cygne et d'étudier le Nectar de la Conscience.

Q - Das, je chante très régulièrement depuis quarante jours. C'est beau, je n'accroche pas mais j'aimerais des explications plus complètes pour chacun des soutras.

R - *Vous savez, ce n'est pas ça le plus important. Ce qui compte vraiment, c'est d'en arriver là où le Chant du Cygne coule agréablement dans votre conscience lorsque vous le chantez. Si c'est le cas, vous avez éliminé les blocages de l'ego.*

Si tel n'est pas le cas, vous pouvez vraiment constater l'action de votre ego; vous prenez votre mental sur le fait, en flagrant délit. Ainsi, vous prenez conscience de ce que ***fait*** *l'ego.*

Ceci dit, il n'est pas dans mes intentions de donner des conférences pour expliquer mentalement chacun des soutras. À quoi bon, en effet?

Aimez-vous les fleurs? Si vous aimez les fleurs, avez-vous besoin d'explications? Une fleur se contemple, une fleur se hume. Une fleur rayonne sa beauté et son parfum tout alentour. Une fleur attire les abeilles et les colibris.

Avez-vous besoin de vous faire expliquer les fleurs?

De la même façon, contemplez les soutras du Chant du Cygne. Ces soutras sont ***les fleurs de la conscience****, ils se contemplent silencieusement et se chantent à voix haute, si vous en avez la possibilité. Les soutras rayonnent de conscience, ils attirent à vous les énergies subtiles, les états de conscience élevés et même les petits êtres de la nature ainsi que certaines entités plus glorieuses encore.*

Avez-vous vraiment besoin de vous faire expliquer les fleurs de la conscience, les soutras du Chant du Cygne?

La question de Françoise révèle très bien l'un des pièges surannés de l'ego, piège qui fonctionne parfaitement. L'ego veut vous faire croire que si vous avez beaucoup d'explications, encore plus d'explications, une montagne d'explications, vous allez enfin découvrir le secret éternel.

Non, pas du tout; plus tôt vous perdrez cette illusion, plus tôt vous vous ouvrirez à la conscience supérieure.

Il n'est pas bénéfique que l'ego se mette à décortiquer un soutra car, en faisant ainsi, ***il ne s'élève pas*** *au-dessus du mental.*

La conscience supérieure est au-delà du mental, **donc au-delà des explications**. Un jour ou l'autre – maintenant, dans un an ou dans cent ans –, vous devrez finalement comprendre que la conscience **est au-delà** du mental et qu'il faudra nécessairement arrêter de la chercher au moyen du mental.

Le mental n'ouvrira jamais
la porte de la conscience,
JAMAIS!

Est-ce vraiment clair?

Les soutras du Chant du Cygne sont comme des clés, ils permettent « d'ouvrir » la conscience. Voulez-vous une conférence sur la clé ou voulez-vous ouvrir?

Les soutras du Chant du Cygne sont comme des détonateurs, ils permettent de « dynamiter », de faire « exploser » le mental. Voulez-vous une conférence sur le détonateur ou voulez-vous l'explosion?

Bien sûr des explications, il en faut, mais pour expliquer ce qui va provoquer une transformation de l'Être. Il y a un moment, dans la vie de l'ego, où il faut lui donner des explications. Lorsque l'ego est ignorant, qu'il se prend pour un être humain, qu'il marine dans la conscience sociale et qu'il croupit dans les croyances religieuses, là, il faut lui expliquer.

Là, il faut lui expliquer ce qu'est l'ego, ce qu'est le **Soi**, la différence entre les deux. Il faut lui montrer : « Là, ce que tu vis, c'est le **Soi** ». Il est indispensable de fournir, en effet, les explications à l'ego, qui lui révéleront sa véritable nature et qui le conduiront à **s'effacer** au profit de la **réalité**.

C'est précisément pour en arriver là que j'ai pondu le Nectar de la Conscience, pour offrir les explications adéquates à l'ego. Ça, oui; expliquez-lui, il en a besoin et il vous écoutera. Par contre, lui expliquer les « fleurs », c'est tomber dans son piège.

Donc voyez-vous, ô Êtres de Lumière, dans votre vie, dans votre cheminement vers votre conscience, vous devez faire preuve de discernement et de discrimination dans la façon de nourrir votre ego.

Vous devez déterminer ce qui lui sera le plus utile pour qu'il en arrive à **s'effacer**. Expliquez-lui les **principes**, expliquez-lui qui il est. Oui, c'est ça; parlez-vous à vous-mêmes jusqu'à ce que vous ayez compris, profondément compris, qui vous êtes en réalité.

Pour le reste, motus : soyez fermes avec lui comme avec un enfant. Dites-lui : « Je veux chanter le Chant du Cygne sans ta présence, je ne veux plus de toi pendant mon bain de conscience. Va-t-en, disparais, évapore-toi, dissous-toi ».

Essayez donc vraiment ceci durant, disons, quarante jours... Au lieu de raisonner sur cette curieuse méthode, faites-le! Que risquez-vous?

Donc à votre mental, vous expliquez le Nectar de la Conscience et vous chantez le Chant du Cygne. D'un côté, il se calme car il comprend sa véritable nature. De l'autre côté, il se transforme. Plus il se calme, plus il se transforme; plus il se transforme, plus il se calme.

Voilà le Divin cercle de la Divine Alchimie. Alors forcément, il arrivera ce qui doit arriver : la conscience s'ouvrira, une fenêtre s'ouvrira sur l'extase, sur le nirvana, sur la félicité.

En attendant ce jour béni, continuons, ô Êtres de Lumière, notre travail sur nous-mêmes, jusqu'au résultat éclatant.

En ce qui concerne les soutras du Chant du Cygne, il y a quatre exceptions car, en effet, je donne des explications sur le soutra du **fléau**, sur les soutras de la gratitude, des États-Unis d'Amérique et sur ceux de la **chance**.

Il y a des raisons très particulières à cela et vous les découvrirez au cours de votre lecture, dans un chapitre ou dans un autre.

Tout compte fait, la question est la suivante :

- Jusqu'où l'Être humain évolue-t-il?

La religion n'a strictement rien à offrir. Elle propose de mourir d'abord et de voir ensuite. Merci bien! Ceci n'est plus d'époque.

La science est très habile pour nous décrire nos origines, elle en sait beaucoup sur notre passé... Pourtant, elle est complètement muette en ce qui concerne l'avenir de notre évolution. Elle n'en a, en réalité, aucune idée; c'est même l'ignorance totale et elle est complètement incapable de se prononcer. Donc, ce n'est pas ici que l'on trouvera la réponse.

Pourtant, il est fort intéressant de savoir quel est le programme, quelle est la suite de notre évolution. Il serait même de première importance pour tout Être humain de savoir quelle est la suite **immédiate** de son évolution.

Ceci, non seulement nous pouvons le **savoir**, mais nous pouvons aussi le **découvrir** et en plus nous pouvons le **connaître**, c'est-à-dire en vivre une expérience réelle, concrète et authentique.

Le christianisme d'ORIGINE –, l'ésotérisme, la cosmogonie, l'Alchimie de la conscience – expose clairement le devenir de l'évolution humaine. Cela, comme toutes choses dans ces domaines, est d'une absolue simplicité :

L'ÊTRE HUMAIN DEVIENT CONSCIENT.

Il n'y a pas lieu d'élaborer savamment et longuement sur ce principe tellement simple. Il s'agit **uniquement** de réaliser en soi-même **l'expérience** de la conscience suprême.

À quoi bon, en effet, discourir comme des perroquets sur le fait qu'il y a peut-être une conscience supérieure au mental et à l'intellect, ou bien sur le fait qu'il n'y a rien de plus beau et de plus érotique que l'intelligence humaine, et que celle-ci est l'apothéose de millénaires d'évolution?

Aujourd'hui, si près de l'an 2000, une bonne partie de l'humanité a déjà compris. Elle **sait** qu'une conscience fabuleuse et grandiose est là, à sa disposition. Elle **sait** qu'une **réalité** infiniment supérieure à l'humain existe et qu'elle peut et qu'elle doit y **revenir**. Elle a déjà commencé le grand retour, sa réintégration Divine.

Oui, cela est d'une absolue simplicité.

L'ÊTRE HUMAIN DEVIENT CONSCIENT.

L'Être humain redevient conscient; en effet, rien ne saura l'arrêter, rien ne peut lui barrer le passage, rien ne peut s'opposer à sa conscience suprême.

Vous n'avez nul besoin de croire ou de douter car, dans ce cas, vous êtes et vous resterez dans l'ignorance. Vous avez juste à **vérifier** par vous-mêmes. Si, si; vérifiez donc si **vous** avez une conscience au-delà du mental. Allez-y, vous avez tellement à gagner. Oui, en effet, si vous saviez comme vous êtes riches, ô Êtres de Lumière.

L'Être humain veut maintenant rencontrer sa propre réalité Divine et en faire l'expérience directe.

Voilà **le destin suprême de chacun** : réaliser en profondeur sa propre nature Divine, retrouver son état **naturel**. Pour cela, chacun a besoin d'un peu d'aide, d'un petit manuel, d'un mode d'emploi, d'une carte routière.

Ainsi **le Chant du Cygne et le Nectar de la Conscience** sont-ils vos instruments de navigation qui vous conduiront à reconnaître comme tels l'ego et le Soi. Ils vous permettront de réaliser la véritable expérience de la **réalité**.

Vous obtiendrez ainsi : la connaissance, puis le lâcher-prise, puis la réalisation, puis la libération et là, vous serez proches, mais très proches, de votre Ascension.

Oui, libérez-vous, mais libérez-vous tout de suite.

Maintenant, ô Amis de Lumière, nous qui sommes des amis depuis des siècles, chantons le Chant du Cygne. Oui, chantons tous en choeur cet hymne d'amour à la conscience Divine.

2

Le Grand Principe

Bienvenue, ô Êtres de Lumière, à notre conférence du jeudi, la dernière de novembre. La conscience, qu'est-ce que la conscience? Déjà, il est difficile de définir l'intelligence parce que c'est quelque chose de très relatif et de passablement abstrait.

Alors voyez-vous, la conscience est quelque chose d'encore plus abstrait, de terriblement abstrait. La conscience ne peut être ni saisie, ni mesurée. Ce soir, je vais tenter de vous expliquer cette notion de conscience, notion tout à fait fondamentale pour qui veut pratiquer **l'Alchimie de la Connaissance de Soi** et se connaître vraiment lui-même comme Être de Lumière.

Mais pour bien comprendre la notion de conscience, expliquons tout d'abord sur quels principes et comment fonctionne le mental. Regardez à gauche, par terre, ces deux pots; voyez-vous ce qu'ils contiennent? Chacun d'eux contient un cocotier. J'ai planté deux noix de coco, elles ont germé et j'ai aujourd'hui deux magnifiques cocotiers de dix-sept centimètres de haut...

Ô Êtres de Lumière, planter un cocotier est très facile, mais faire pousser un cocotier, c'est complètement impossible. Il n'y a personne qui puisse faire pousser un cocotier. On peut planter un cocotier, on peut arroser un cocotier, on peut désherber un cocotier, mais on ne peut pas faire pousser un cocotier. Le cocotier va pousser de lui-même, à son rythme et à sa vitesse.

L'être humain ne peut rien faire pour atteindre la conscience d'Être et encore moins pour réaliser la conscience Divine. Mais il peut se planter une conscience d'Être, il peut l'arroser et il peut la désherber. La planter, c'est s'intéresser profondément à tous les principes de la conscience d'Être. L'arroser, c'est s'en occuper régulièrement tous les jours. Comme, par exemple, en chantant le Chant du Cygne ou en pratiquant une saine méthode susceptible de nous baigner dans la conscience d'Être; ça, c'est l'arroser. Et la désherber, c'est observer et surveiller son mental afin de connaître la nature des pensées qui l'agitent.

Non, vous ne pouvez pas vous faire pousser une conscience d'Être. Mais vous pouvez la planter, vous pouvez l'arroser, vous pouvez la désherber. Pour arroser, pour vous baigner dans la conscience d'Être, choisissez-vous un bon moyen, mais choisissez-en un qui soit facile, accessible et qui ne soit pas mental. Il faut absolument que ce bain dans la conscience d'Être soit vraiment un bain de conscience, et non pas un bain dans la boue du mental. Ce n'est pas du tout la même chose.

La désherber, c'est observer son mental, c'est être pleinement conscient, à chaque instant, de l'activité de son mental, de ce qu'il fait, de ce à quoi il pense; c'est très important de le savoir en permanence. Nous ne pouvons rien faire pour arrêter le mental. Il existe beaucoup de techniques qui visent à arrêter le mental; pourtant, je n'ai jamais vu personne qui y soit parvenu. Le mental ne peut pas s'arrêter au moyen du mental. Certains peuvent le croire et vous pouvez toujours essayer, pour vérifier! Donc la désherber, c'est observer son mental parce que le mental est centrifuge. Il est toujours dans le passé, dans le futur ou dans l'imaginaire. Le mental n'est jamais au présent. On vous dit souvent : « Tenez-vous dans l'instant présent ». Vous ne pouvez pas être dans l'instant présent, ce n'est pas possible puisque le mental n'est pas dans l'instant présent. Lorsque vous êtes dans l'instant présent, vous n'êtes plus dans le mental, vous êtes dans la conscience Divine. Ce n'est donc pas la peine d'essayer d'être dans l'instant présent; vous ne pouvez pas, et moi non plus.

Nous pouvons seulement essayer de vivre le moment présent le mieux possible. Ce qu'il faut, c'est être conscients que nous ne sommes pas dans l'instant présent. Ce n'est pas du tout la même chose. Il faut se dire : « Ah! je ne suis pas dans l'instant présent. Je fantasme, je suis dans le passé, je suis dans l'imaginaire, je suis dans ces trois endroits-là ». Voyez-vous, il n'y en a pas quatre : passé, futur, imaginaire. Il n'y en a que trois.

Dans l'imaginaire, vous imaginez toujours mille choses dont vous êtes le héros. Quand je dis « vous », je m'inclus, naturellement. Dans le passé, vous savez ce que vous avez fait et vous le ruminez sans cesse. Dans le futur, vous imaginez la vie que vous aimeriez avoir.

Finalement, nous sommes toujours dans le passé, dans le futur ou dans l'imaginaire. Nous se sommes jamais dans l'instant présent. Nous n'y serons jamais; notre mental ne sera jamais dans l'instant présent. Le jour où nous serons toujours dans l'instant présent, il n'y aura plus de mental; comprenez-vous? Ce qu'il faut, c'est prendre conscience, se dire : « Oh! je ne suis pas dans l'instant présent; oh! je suis dans le passé; oh! je suis dans le futur; oh! je fantasme; oh! j'imagine ». Ce qui est encore mieux, c'est se dire non pas « je », mais « le mental », parce que nous ne sommes pas le mental. Nous ne sommes pas la digestion, nous ne sommes pas la respiration, nous ne sommes pas « l'urination », ni la « merdation » – si l'on peut nommer les choses ainsi. Nous ne sommes pas les fonctions du corps, nous ne sommes pas les fonctions de la tête. **Nous sommes la conscience qui utilise ces moyens.**

Prenons l'exemple du cavalier. Si son cheval boîte, il ne dira pas « Je boîte »; il dira plutôt « Mon cheval boîte ». Si son cheval a soif, il ne dira pas « J'ai soif », mais « Mon cheval a soif ». Lorsque nous sommes en voiture, il arrive souvent qu'on se dise : « J'ai un pneu à plat », ou encore « Je suis en panne d'essence ». Voyez-vous? Nous nous identifions à la voiture, au cheval. Nous nous sommes tellement identifiés au mental que nous nous prenons complètement pour le mental. Il est donc fondamental de devenir conscients que nous ne sommes pas le mental; nous observons le mental, nous sommes témoins du mental, mais nous ne sommes pas le mental. Nous sommes les utilisateurs du mental, ceux qui emploient le mental pour les besoins de leur ego.

Si nous constatons que le mental est dans la tête, alors nous pouvons observer ce qui se passe dans notre tête, nous pouvons observer la vie de nos pensées. Ça, c'est un travail, c'est l'Alchimie de la prise de conscience de l'ego, de la prise de conscience de la personnalité. C'est la prise de conscience de l'Être humain tout en sachant qu'à l'opposé, nous avons la conscience d'Être, d'Être un Être de Lumière. Cette conscience d'Être, nous l'avons déjà.

J'ai déjà deux cocotiers ici, dans ces deux pots; ils ne sont pas très grands, mais j'ai quand même deux cocotiers. Vous avez déjà une certaine conscience d'Être, plus ou moins grande, mais vous avez tous une conscience d'Être. Depuis quarante jours que vous chantez le Chant du Cygne, vous avez forcément déjà une conscience d'Être. Naturellement, tout comme je soigne mes petits cocotiers, il faut prendre soin de sa conscience d'Être afin qu'elle grandisse. Il faut vous souvenir en permanence de votre conscience d'Être. Il vous faut être toujours vigilants par rapport à l'activité de votre mental. Il vous faut prendre conscience de votre mental.

Qu'est-ce que la conscience? On me demande toujours : « Das, qu'est-ce que la conscience? » La conscience, c'est la connaissance plus l'expérience. Il y a toutes sortes d'états de conscience, mais il n'y a qu'une seule Conscience.

Vous avez, par exemple, la conscience professionnelle : une personne sait que le travail bien fait sera bénéfique sur toutes sortes de plans, autant pour elle-même que pour ses clients.

Vous avez aussi la conscience sociale : la personne vit dans le monde, lit son journal le matin, ouvre sa télévision le soir pour écouter les informations, écoute les discours des politiciens et tire ses conclusions : « Le monde est comme on le dit dans les journaux, le monde est comme on le voit à la télé ». Ça, c'est la conscience sociale. Alors voilà : il y a les politiciens, la radio, la télé, les journaux, puis la science, aussi la religion. Enfin bref, c'est la conscience sociale, et tout le monde marine dedans.

Mais il y a d'autres consciences, d'autres états de conscience, la conscience que l'on appelle la conscience cosmique. Elle est l'apanage des gens du Nouvel Âge qui **expérimentent le non-scientifique**. Toutes les choses non scientifiques, utilisées en masse par les gens du Nouvel Âge, proviennent d'un état de conscience avancé. Toutes les techniques de relaxation profonde, toutes les techniques de guérison, toutes les médecines douces non-scientifiques, toutes les méthodes de voyage astral, la marche sur le feu, tout ce qui peut exister de non reconnu par la science, c'est le Nouvel Âge. C'est un état de conscience, et c'est la conscience cosmique. La conscience cosmique, c'est aussi les spiritualités avancées et évoluées qui permettent de vivre, par expérience réelle, la véritable réalité, l'expérience authentique conduisant à la conscience d'Être, puis à la conscience suprême.

Pourquoi cosmique? Si vous allez dans certains organismes, on vous dira que la conscience cosmique, c'est cela, et ailleurs, que c'est ceci. Mais peu importe comment on l'appelle. Vous avez la conscience sociale, ça c'est facile à comprendre. Tout ce qui se situe au-dessus de la conscience sociale, vous pouvez l'appeler la conscience cosmique. **C'est le fait d'être conscient qu'il existe quelque chose qui fonctionne, mais qui n'est pas reconnu** par la société, ni par la religion, ni par la science.

Le monde social dit : « Voilà, il y la les normes religieuses, les normes scientifiques, les normes politiques ». Voyez-vous, la société se résume à trois choses : la religion, la science, la politique. Il n'y a rien d'autre. Il n'y en a pas quatre, seulement trois. Et toute la culture tourne autour de cela, y compris le sexe et le sport.

Au-dessus de la conscience sociale, vous avez cette conscience cosmique : **l'expérience réellement vécue des choses non-scientifiques.** Quand vous avez fait du transfert d'énergie par les mains et que vous avez guéri quelqu'un, vous savez que ça marche, vous avez conscience que ça marche. Si vous avez lu un livre de guérison et que vous n'avez jamais guéri avec vos mains, vous n'avez pas la conscience que l'énergie vitale guérit, car en ayant lu le livre, vous ne disposez que du savoir sans posséder l'expérience qui va avec.

On nous dit que la terre est ronde. Nous n'avons pas conscience que la terre est ronde; nous le savons, c'est tout. Nous savons très bien qu'elle est ronde. Mais c'est purement du savoir. Que nous nous promenions n'importe où, tout ce que nous pouvons constater, c'est que la terre est plate, qu'elle est plate d'un bout à l'autre. Je suis allé dans le Sahara. J'ai fait des centaines de kilomètres dans ce désert, c'est plat. Parfois, ça monte un peu, puis ça redescend, mais ce n'est pas rond. J'ai aussi traversé l'Atlantique en porte-avions, et c'est plat; apparemment, la terre est plate.

Nous avons la conscience de vivre sur une terre plate tout en sachant très bien qu'elle est ronde. Comprenez-vous? La seule personne qui puisse avoir conscience que la terre est ronde, c'est l'astronaute qui se trouve en orbite autour de la terre. Lui, il peut avoir conscience que la terre est ronde parce qu'il en fait l'expérience : il regarde par le hublot et il voit la terre ronde; il reconnaît l'Afrique, il reconnaît l'Amérique, il reconnaît sa belle-mère. Il sait et il vit l'expérience, alors il est conscient.

Donc c'est ça, la conscience. La conscience, c'est ce que l'on connaît, ce que l'on sait avec, **en plus, l'expérience** vraiment vécue.

Si les deux sont présents, il y a conscience.

Vous avez tous une certaine expérience du danger. Si, d'un seul coup, vous sentez le danger, vous vous direz : « J'ai la conscience du danger ». Mais c'est faux; vous ne ressentez qu'une sensation de danger. La conscience du danger c'est, par exemple, le dompteur qui entre dans la cage, au cirque, en présence de trois lions. Il est conscient du danger parce qu'il sait que les lions peuvent l'attaquer, le blesser et même le tuer. Si vous vous promenez un soir et que vous sentez le danger, ce n'est pas la conscience du danger; vous « intuitionnez », vous sentez qu'il y a quelque chose, mais vous ne savez pas quoi. Vous n'êtes donc pas conscients de la nature de ce danger.

Un lion s'est échappé; il est en train de vous guetter. Si vous le voyez, vous aurez conscience du danger. Maintenant, oui, vous êtes conscients.

La conscience, c'est la connaissance plus l'expérience.

Au-delà de la conscience cosmique, il existe encore de nombreux états de conscience. Nous y trouvons ce qu'on appelle la conscience d'Être, qui commence par la connaissance que nous sommes des Êtres de Lumière.

Après avoir lu un certain nombre de livres ésotériques, assisté à des conférences, suivi des cours, vous êtes relaxés au-delà des ondes alpha et avez goûté aux ondes thêta durant un certain nombre d'années; alors vous avez une connaissance certaine de votre véritable nature. Vous savez maintenant que vous êtes un Être de Lumière et que vous avez une conscience Divine. Vous avez aussi compris qu'un jour, vous atteindrez l'illumination, puis que vous ferez votre Ascension.

Vous avez découvert que vous avez eu des vies antérieures, des réincarnations. Ça, c'est la conscience d'Être, une conscience réelle mais encore toute petite, comme mes cocotiers. Mais la véritable conscience d'Être, c'est quand vous avez une expérience directe de cette nature Divine qui est la vôtre. Pour l'instant, vous avez une conscience d'Être mentale, mais ce n'est pas encore la grande conscience d'Être car la conscience d'Être, c'est l'expérience directe. La conscience s'ouvre et vous pouvez vous voir tels que vous êtes réellement : un Être de Lumière. À ce moment, il n'y a plus de mental. Le fait de savoir, c'est déjà énorme et c'est déjà de la conscience d'Être mentale que cette connaissance. Déjà, le cocotier a atteint dix centimètres... et c'est déjà un cocotier...

Si vous lisez des livres sur le voyage astral, vous aurez de la connaissance au sujet du voyage astral. Mais en fait, ce n'est pas de la véritable connaissance; ça reste purement théorique parce que la véritable connaissance inclut **l'expérience.** Connaître, c'est faire un avec. Donc, si vous lisez des livres de voyage astral, vous saurez ce que c'est, mais vous n'en aurez pas l'expérience. Ce voyage astral, il faut le faire en toute lucidité, en pleine connaissance de cause pour en être conscient.

Si, la nuit, vous faites un voyage astral et que vous vous réveillez en songeant : « J'ai fait de beaux voyages hors de mon corps », vous n'aurez pas la conscience du voyage astral, mais plutôt le souvenir de votre déplacement dans votre corps subtil, et c'est tout. La conscience du voyage astral, c'est quand vous êtes hors de votre corps; là, c'est vous, c'est concret, c'est une expérience, vous êtes vraiment vivants. Vous êtes en train de voler, vous passez à travers les murs de votre maison. À cet instant, c'est réel et c'est ça, la conscience du voyage astral, voyez-vous?

C'est pareil dans tous les domaines de la vie. Supposons que vous lisez un livre sur la plongée sous-marine. La conscience de la plongée sous-marine, vous ne l'aurez que lorsque vous aurez nagé sous l'eau et que vous aurez flirté avec les requins ou les barracudas, voyez-vous?

La conscience, c'est la connaissance plus l'expérience.

Nombreux sont les états de conscience, unique est la conscience.

Dans la vie, il existe plusieurs états de conscience, mais il s'agit toujours de la conscience humaine. On parle de conscience professionnelle, par exemple; c'est très bien, la conscience professionnelle, c'est même nécessaire, mais c'est un état de conscience humain.

Les états de conscience supérieurs existent. Les découvrir, c'est vraiment faire l'expérience d'une autre réalité. Que cherchons-nous, au fond? Nous cherchons notre conscience. En fait, quand nous vivons l'expérience de réalités suprahumaines, nous devenons conscients de notre nature Divine. Mais vous savez, pour réussir une telle expérience, notre mental doit être complètement calmé et tranquillisé. Pour que le mental soit ainsi ouvert et disponible, il doit se sentir joyeux, serein et **sécurisé** par la compréhension du Grand Principe, le Grand Principe de **l'unique** conscience.

Les états de conscience sont nombreux et chaque individu a son propre état de conscience. Pourtant, il n'existe en fait qu'une seule conscience dans laquelle nous baignons tous. Tout comme les dauphins baignent dans l'océan, nous baignons dans un océan de pure conscience Divine.

Beaucoup de gens vous diront que la sécurité est nécessaire dans la vie. Oui, bien sûr, mais c'est l'ego qui s'entoure de toutes sortes de sécurités extérieures et qui se façonne des protections illusoires. Elle viendra, la sécurité profonde, de la véritable compréhension du principe. En effet, lorsque l'ego aura vraiment compris qu'il y a un pilote dans l'avion de sa vie, il se sentira totalement en sécurité.

C'est-à-dire que, lorsque l'ego aura vraiment compris – mais vraiment profondément – qu'une conscience infiniment plus grande que lui dirige sa vie pour le mieux, il lâchera prise et connaîtra la sécurité réelle, intérieure. La sécurité véritable est un état de conscience avancée qui résulte de la compréhension profonde de notre nature Divine. Si vous voulez la grande sécurité, trouvez votre véritable **Soi.**

Quelques-uns, très malins, préfèrent rester dans l'insécurité. Ils vivent l'illusion : « Je vais tomber en insécurité, puis je vais transcender ». Il y a bien des gens qui se mettent, dans la vie, complètement en porte-à-faux, qui lâchent leur situation et qui se retrouvent dans la merde. Dans certains cas, parfois, il faut le faire; c'est différent. Il y a des gens qui sont arrivés en bout de cycle, comme Fernande, qui doit quitter son travail; mais dans son cas, c'est différent. Il y a des gens qui sont en plein cycle, dans une période d'expansion et de prospérité, et qui décident tout à coup de se mettre en insécurité délibérément pour pouvoir transcender. Ils ne vont rien transcender du tout parce qu'ils lâchent leur sécurité extérieure, ils se mettent mentalement dans une insécurité extérieure qui n'apporte rien de bon, sauf toutes sortes de problèmes.

Quand le mental sera profondément en sécurité, il lâchera prise, c'est-à-dire quand il aura réellement compris que, quoi qu'il fasse, il est guidé, il est conduit, il est dirigé vers le sommet de sa conscience. Si le mental cesse de se mêler de tout, le pilote fera tout le nécessaire pour le guider, pour le conduire, puis pour atterrir de l'autre côté de l'océan. De l'autre côté de l'océan de l'ignorance, si l'on prend toujours les mêmes symboles.

Pour que le mental arrive à se sentir en sécurité, nous devons le baigner perpétuellement dans la conscience d'Être; nous devons lui dire tous les jours, tous les jours : « En réalité, tu es conscience, tu es Divin ». Nous devons le tremper dans la conscience d'Être. C'est comme le cocotier; il nous faut l'arroser tous les jours. Il y a tellement de pensées qui risquent d'étouffer le petit cocotier, et tant de pensées qui risquent d'étouffer notre petite conscience d'Être.

Regardez mes cocotiers : il n'y a pas d'herbes parce que je les enlève; il y a juste une petite fleur qui pousse à côté, mais je la laisse là. Pour nous, c'est pareil; il faut désherber notre cocotier mental sans quoi notre conscience d'Être sera rapidement étouffée par toutes les pensées négatives qui nous assaillent perpétuellement.

Savez-vous que nos pensées ne sont même pas nos pensées? Ce sont les pensées de la conscience humaine, de la conscience sociale qui flottent et qui circulent dans nos cerveaux. Les pensées, si nous pouvions les voir, seraient comme des nuages. Sur les plans subtils, elles forment des nuages, de vrais nuages. Nous les voyons très bien sur ces plans. Les nuages du mental nous traversent la tête. Ces pensées passent et, à certains moments, nous aurons des pensées de sensualité et à d'autres moments, des pensées de guerres, d'homicides, de génocides, de vols, d'aventures, des idées de refaire le monde, etc. Toutes ces pensées flottent. Et vous savez, la plupart des gens les prennent pour leurs propres pensées et veulent les mettre à exécution. Ce ne sont pas nos pensées, ce sont les pensées de tout le monde, les pensées du monde entier, de tous ceux qui pensent de travers. Toutes leurs pensées passent dans notre tête, à nous qui pensons si bien... Voyez-vous? Donc c'est ça, nous devons observer nos pensées soigneusement pour être toujours pleinement conscients du propriétaire de la pensée. Il est complètement inutile d'essayer de combattre les pensées étrangères. Nous ne pouvons pas nous empêcher de penser, mais nous pouvons **choisir** nos pensées et nous assurer que ce sont les nôtres.

Souvenez-vous de l'exemple du cheval fou. Le cheval fou est un symbole, mais c'est toujours à travers les symboles que nous parvenons à mieux comprendre les concepts abstraits de la conscience. Nous devons donc observer notre mental pour prendre conscience de son fonctionnement. Quand nous prenons conscience du mental, nous ne sommes plus dans le mental, mais dans la conscience témoin. Déjà nous sommes plus près de la conscience d'Être. Alors nous prenons conscience du mental, nous nous baignons dans la conscience en chantant le Chant du Cygne et en pensant à notre véritable conscience. En conduisant, nous pensons : « Oui, je suis un Être de Lumière, alors pourquoi suis-je tellement coincé dans le mental? ». Nous ne nous posons même pas ces questions, nous constatons seulement : « En réalité, je suis un Être de Lumière ».

Alors, qu'est-ce que je fais dans le mental? Ce n'est pas grave, c'est l'enfer... mais un jour, nous allons en sortir. Et c'est bien vrai qu'un jour, nous ne serons plus dans le mental, voyez-vous? Et quand le mental se sera calmé, quand il aura compris ceci : « Tu me guides, tu me conduis, tu me diriges », quand il aura vraiment compris, il y aura tellement de calme, il sera tellement relaxe qu'il disparaîtra. Et à ce moment seulement, la conscience supérieure pourra émerger et nous donner une expérience qui va correspondre aux besoins de l'instant, de cet instant-là. Si ça dure une seconde, ça durera une seconde; si ça dure une heure, ça durera une heure. Si ça dure assez longtemps, nous serons transportés sur un autre plan. Nous ne devons pas avoir peur car cela n'arrivera pas comme ça, de toute façon. Mais il arrivera un jour où nous vivrons cette expérience, cette ouverture de conscience. Puis un jour, il s'en produira une autre, puis encore une autre, puis ça reviendra de plus en plus souvent. Nous finirons alors par vivre dans la véritable conscience d'Être. Le cocotier aura grandi; un jour, il donnera des noix de coco, il portera fruit.

La conscience, c'est la connaissance d'une chose et son expérience vécue réellement.

La conscience témoin, c'est l'observation du mental et des pensées. Il nous faut observer notre mental dès que nous nous apercevons qu'il est parti, dans le futur, le passé ou l'imaginaire. Il faut lui parler et lui dire : « Où es-tu? Que fais-tu? Tiens, tu n'es pas présent, tu rumines encore tes vieux fantasmes! ». Bref, il faut être témoin de son mental à chaque instant, car seul un Être attentif peut finir par s'éveiller.

Vous savez, le mental va loin lorsque nous le laissons aller. Si je réalise que mon mental est dans le futur, je le rappelle, ici et maintenant. Nous ne restons jamais longtemps dans l'ici et le maintenant. Non, sauf que nous devons en devenir conscients. Il ne faut pas essayer d'Être ici et maintenant; ça ne fonctionne pas parce que le mental ne peut pas. Ce qu'il faut, c'est dire au mental : « Tu n'es pas présent, non, tu n'es pas présent ».

Il n'y a pas de mental dans deux cas précis. D'abord lorsque nous sommes dans l'instant présent; alors, il n'y a pas un poil de mental. Puis ensuite quand nous dormons – non pas quand nous rêvons, non pas quand nous sommes en voyage astral – mais lorsque nous dormons profondément, sans rêve et sans voyage astral, là il n'y a plus de mental. Dans le sommeil, il n'y a plus d'ego, il n'y a plus de personnalité, il n'y a plus rien, il n'y a plus qu'un ours qui dort. L'ours, lorsqu'il hiberne pendant six mois dans sa caverne, ne vit pas. Quand nous dormons, nous n'existons plus, nous ne sommes plus là, nous ne vivons plus; il ne reste plus qu'un ours qui dort. Il n'y a aucune différence entre un ours qui dort et nous qui dormons.

C'est pour cette raison que cette conscience supérieure, qui s'infuse en nous, veut une personnalité, un ego qui soit vivant, qui soit dynamique, qui soit fort, qui soit puissant. Un ego capable de prendre des initiatives, qui devienne non seulement le serviteur, mais **le collaborateur** de la conscience supérieure, c'est-à-dire qui n'ait plus la volonté de faire tout, tout seul, qui n'ait plus cette volonté négative, cause de tous ses maux. Nous n'aurons plus de volonté propre, nous aurons « la Bonne Volonté » quand nous aurons profondément compris le Grand Principe.

Q *- Mais alors, comment vivre son moment présent?*

R *- Le mental ne peut pas vivre le moment présent. Prenons l'exemple de personnes totalement concentrées sur leur travail : un horloger, une laborantine qui regarde dans son microscope, un papa qui fait la cuisine. Dans de pareils cas, tu es occupé, tu penses uniquement à ce que tu fais; si quelqu'un entre, tu ne l'entends même pas. Pendant que tu es si occupé, tu n'as plus de mental, tu ne penses plus,* ***mais tu ne le sais pas.*** *Or, la transmutation, c'est être conscient sans le mental...*

Dans certains enseignements à la mode, on nous dit : « Soyez présents ». Tu ne le peux pas. Tu peux seulement être consciente, Nicole, que tu n'es pas présente. Mais c'est à force de prendre conscience que nous ne sommes pas présents, et aussi par la prise de conscience de l'Être de Lumière que nous sommes, qu'un jour nous serons présents. Mais ce jour-là, nous ne le ferons pas exprès. Si nous pouvions le faire exprès, il y a longtemps que nous l'aurions fait. Le mental ne peut pas s'arrêter de lui-même, par lui-même. Le mental ne peut pas faire certaines choses. Il ne peut ni s'arrêter de lui-même, ni se transcender lui-même, il ne peut pas comprendre ce qui est au-delà du mental.

Et voilà! Il faut bien comprendre ça : le mental est tellement limité, il ne peut comprendre ce qui est plus intelligent que lui, il ne peut comprendre une conscience plus grande que lui. De même qu'un illettré ne peut pas comprendre les mathématiques, le mental ne peut pas saisir la conscience Divine. L'illettré ne peut pas comprendre les mathématiques, mais un professeur de mathématiques les comprend, bien sûr. L'intelligence de l'idiot ne lui permet pas d'aller au-delà d'une certaine limite, mais le professeur de mathématiques n'ira pas non plus au-delà d'une certaine compréhension.

J'en ai connu, des professeurs; ils ne pouvaient pas comprendre l'homéopathie, ils étaient limités, ils comprenaient leur spécialité mais ils ignoraient tout de l'homéopathie, de la guérison à distance, du troisième oeil. Il y a des gens qui comprennent l'homéopathie et tous les mystères du Nouvel Âge, mais non les mathématiques. Le mental, c'est une étape de l'évolution de l'humanité, c'est l'étape entre le Dieu et l'animal, c'est tout. Bref, comprenez que le mental ne peut comprendre la conscience suprême. Ainsi, vous comprendrez ce que vous pouvez faire pour le ***transmuter.***

Le mental est très limité. Il suffit de regarder ce qui se passe sur la terre pour voir à quel point nous sommes intelligents. Il y a dix mille ans, l'être humain se battait, dominait les autres, les amenait en esclavage et tuait tous ceux qui le dérangeaient. Dix mille ans plus tard, son comportement est le même; la seule différence est qu'il a acquis plus de moyens techniques. Aujourd'hui, au lieu de dominer son village, il peut dominer la planète entière en manipulant les leviers financiers, d'où la guerre, la famine, les épidémies. Au lieu de tuer les gens du village voisin, il peut raser un pays, il peut organiser un génocide entier, mais sa mentalité primitive et dominatrice n'a pas changé; elle est restée la même. Où est l'intelligence, dans tout ça?

Nous avons pu voir, lors d'une émission de télévision, ce que les Chinois font avec leurs bébés lorsqu'ils sont de sexe féminin ou lorsqu'ils sont handicapés. Nous avons pu les voir, ces bébés, assis sur des chaises, le corps recouvert d'un simple vêtement, avec un pot sous les fesses, les mains et les pieds attachés. Ils passent leur vie ainsi, jusqu'à ce qu'ils meurent... Où est la civilisation, dans tout ça?

Je vous rappelle que le mental, c'est l'ego, la personnalité, l'intelligence humaine, l'intellect dont nous sommes si fiers en ce XXe siècle. Oui, Êtres de Lumière, le XXe siècle s'effondre sous le poids de l'intelligence humaine. L'être humain s'enterre sous son intelligence qui tue... L'humanité agonise sous le poids des fléaux créés par l'intelligence des hommes!

Il est abominable de constater que les grands pays ne font rien pour remédier à de telles situations. Ils appliquent le principe suivant : d'abord le commerce, ensuite les droits de l'Homme.... Nous assistons à une indifférence générale à l'égard des enfants martyrisés. Il ne faut surtout pas contrarier la Chine; elle est susceptible, et en raison de son potentiel commercial, on lui permet de torturer ses enfants, d'emprisonner ses citoyens, sans aucune intervention internationale. C'est l'épouvantable dictature chinoise communiste, toujours aussi monstrueuse, mais maintenant soutenue par la haute finance internationale. ***Le commerce avant la liberté...*** Où est la conscience, dans tout ça?

L'intelligence humaine est horizontale, elle se développe horizontalement. Ce qui signifie qu'elle cherche simplement toujours plus de moyens pour obtenir plus de pouvoir et de puissance sur les autres, et rien de plus. Il n'y a aucune intelligence de plus. Car ce que l'homme faisait il y a dix mille ans – c'est-à-dire s'entre-tuer – il le fait encore aujourd'hui; mais cette fois, avec des techniques de destruction si avancées que des populations entières peuvent être éliminées. L'intelligence humaine ne cherche qu'à acquérir des moyens de puissance, des moyens de domination.

Mais heureusement, dans l'humanité, il se trouve des groupes de personnes qui prennent régulièrement conscience qu'il existe quelque chose de plus grand que la conscience humaine. Ces gens-là découvrent qu'on peut faire l'expérience d'une réalité beaucoup plus grande que la conscience sociale de n'importe laquelle des époques. Et que cette conscience-là est présente, disponible, qu'elle peut s'ouvrir, qu'elle peut s'élargir et qu'il suffit simplement de calmer son mental pour y avoir accès. Et à toutes les époques, depuis toujours, depuis des millénaires, il y a des gens qui accèdent à cette conscience Divine. Alors ils quittent l'humanité, non pas sur le plan physique. Ils restent physiquement présents dans l'humanité, mais ils vivent dans un autre état de conscience. Ils quittent donc l'humanité, tout en y restant.

Ô Êtres de Lumière, comprenez-vous? Comprenez-vous que nous puissions quitter l'humanité en nous baignant dans la conscience Divine, tout en restant parmi l'humanité pour l'aider et la servir?

Mais viendra très bientôt le Grand Départ. Il y a déjà eu des vagues d'Ascension, des peuples entiers ont réalisé leur Ascension. Les Incas, les Mayas sont « partis », il y a 500 ans, juste avant l'arrivée des Espagnols. Parmi ces peuples très évolués, une grande majorité ont fait leur ascension dans une vague d'Ascension, une Ascension collective. Quant aux autres – ceux qui se livraient à des sacrifices humains – ils sont restés et ont été exterminés par les conquérants espagnols.

Le même phénomène se produira incessamment en Amérique du Nord. Incessamment peut signifier dans cinq ans, dix ans, ou dans cinquante ans, on ne sait pas ni le jour, ni l'heure. Mais une Ascension collective se produira en Amérique du Nord et sur une majeure partie de l'humanité à travers la planète d'ici quelques années.

Les Incas ont réalisé leur Ascension collective; et ceux qui sont restés là, à l'état primitif, ont été massacrés par les Barbares, par les Conquistadors. Le processus est toujours le même : les primitifs et les sauvages sont toujours détruits par d'autres primitifs et d'autres sauvages venus d'ailleurs. Il se trouve toujours un Barbare pour venir persécuter le dernier des Barbares. Et lorsqu'il se produira une Ascension collective en Amérique du Nord, des gens par millions s'élèveront, provoquant ainsi une vague d'Ascension sur toute la terre. Trouvez-vous que ceci est fou, utopique et délirant? Vous avez raison car, pour le mental, **la réalité** n'est que l'utopie suprême.

La conscience est donc quelque chose de vraiment réel, même si nous ne l'avons pas encore vécue, même si nous ne l'avons pas encore rencontrée, pas encore goûtée. C'est comme un adolescent dont la sexualité est présente, mais qui ne l'a pas encore expérimentée. Nous, notre conscience est déjà là, mais nous ne l'avons pas expérimentée. Le principe de la sexualité non expérimentée est facile à comprendre et pour notre conscience, c'est le même phénomène. Elle est déjà là, présente en nous, mais cachée par notre mental. Tout comme chez ceux dont la sexualité est cachée par les tabous de la famille ou de la religion, et qui n'osent pas faire l'expérience de leur sexualité.

Pour faire l'expérience de notre conscience supérieure, de notre conscience Divine, plusieurs conditions sont nécessaires. Il faut, d'abord et avant tout, **savoir** que nous avons une conscience Divine – ce qui n'est pas toujours évident dans une société axée sur la politique, la religion et la science, une société qui fait tout pour nier la conscience – car celle-ci se situe bien au-delà de l'intelligence humaine...

Il nous faut donc bien **comprendre** le principe. Nous ne pouvons comprendre la conscience, mais nous pouvons en saisir le principe ou s'en faire une idée à travers différentes lectures et différentes études. Nous pouvons comprendre que oui, il existe une conscience qui est plus grande que notre mental. Nous pouvons prendre conscience de la façon dont fonctionne notre mental pour arriver à le calmer, à le tranquilliser, à le rassurer. Nous pouvons lui dire : « Sois en paix, ne t'en fais pas, il y a un pilote dans l'avion ».

Quand toutes les conditions nécessaires sont réunies, nous pouvons éventuellement faire l'expérience de notre véritable conscience. Ce n'est pas éventuellement, ça se produira de toute façon parce qu'un jour ou l'autre, nous serons obligés de passer par là. Pourquoi? Parce que nous sommes conduits, nous sommes guidés, nous sommes dirigés vers notre conscience. **C'est là notre destinée suprême**, le but ultime de la vie, de notre vie.

Si vous étudiez ici les principes de la conscience, c'est parce que vous le recherchez et que vous le désirez. Mais vous n'avez pas eu le choix, votre conscience vous a amenés ici pour entendre parler de la conscience. « Tu me guides, tu me conduis, tu me diriges »; cette conscience est déjà là. Nous ne deviendrons pas illuminés, nous sommes déjà illuminés. C'est une réalité difficile à comprendre pour bien des gens du Nouvel Âge. Beaucoup croient qu'en ramant fort dans la vie, ils deviendront illuminés alors qu'en réalité, ils le sont déjà. Encore faut-il en être conscient.

Quelle oeillère nous empêche de voir cette réalité? Notre mental. Si nous enlevons le mental, il ne reste plus que l'illumination. Si nous enlevons le mental, nous sommes des Êtres de Lumière. Et si, quand nous dormons, nous ne sommes ni plus ni moins que des ours, c'est que dans le sommeil, nous ne sommes pas conscients. **Nous devons donc être conscients sans mental.**

Mais nous aurons toujours besoin de notre mental parce qu'à certains moments, pour vivre en société, nous sommes obligés de descendre dans le mental. Si des membres de la société habitent au sous-sol, nous devons descendre les visiter, même si nous préférons vivre au rez-de-chaussée ou à un étage supérieur. Lorsque nous vivons en conscience d'Être ou en conscience Divine, nous devons malgré tout descendre au niveau mental pour vivre et agir dans la troisième dimension. Alors oui, nous utilisons le mental, mais un mental **transmuté.**

« Tu me guides, tu me conduis, tu me diriges »; voilà le mental transmuté, soumis à la conscience supérieure.

La conscience, c'est la connaissance plus l'expérience,
et l'expérience de la conscience vient par la connaissance de l'ego.

Rappelez-vous l'exemple du cocotier : nous le plantons, nous l'arrosons et nous le désherbons. Notre conscience Divine, notre conscience d'Être, nous l'avons plantée et maintenant, nous devons l'arroser et la désherber. Oui, en cultivant ainsi notre conscience, nous émergerons dans la conscience supérieure, dans la **réalité.**

Ô, Êtres de Lumière, avez-vous des questions? Denise, tu sembles avoir plein de questions qui pétillent dans ta tête.

Q *- Ce que je n'arrive pas à comprendre, c'est que selon toi, nous ne pouvons pas vivre notre moment présent.*

R *- Tu crois que tu vis dans le moment présent. Mais si tu observes bien,* *tu es toujours en train de penser à quelque chose. Si tu coupes du pain en pensant que tu es en train de couper du pain, tu n'es pas vraiment dans l'instant présent. Si tu y étais, tu couperais ton pain sans y penser, tu ne ferais qu'un avec ton pain, avec ton environnement, avec tout. Même si c'est moins grave de penser que tu coupes ton pain que d'être complètement partie en imagination – dans le passé, dans le futur ou dans l'imaginaire –, tu n'es cependant pas dans le présent. Quand tu es dans le présent, tu n'as plus de mental, tu ne penses plus. À partir du moment où tu penses, même si ce n'est qu'au pain que tu coupes, tu n'es pas dans le moment présent. Si tu es dans le moment présent et si tu as du pain à couper, tu le fais sans avoir besoin ni de te le dire, ni d'y penser; tu le coupes, c'est tout.*

Les personnes totalement absorbées par une occupation, comme celles dont nous avons déjà parlé, ne pensent pas à ce qu'elles sont en train de faire, comme par exemple regarder dans un microscope. Une personne totalement absorbée par sa tâche ne voit plus rien, n'entend plus rien, et rien ne peut la déranger; des gens peuvent entrer et sortir sans qu'elle s'en rende compte, et si ces gens s'approchent d'elle, elle sursautera. Elle n'a plus de mental, elle est dans le présent, MAIS elle ***n'est pas*** *consciente!*

Si tu penses que tu es dans le présent, tu n'y es déjà plus par le seul fait d'y penser. Sauf qu'au lieu d'être loin du centre, tu en es plus proche que si tu imagines que tu vas refaire le monde.

Mais vous n'êtes pas obligés de me croire. Je vous donne une version des choses. Je vous l'ai toujours dit : **« Ne me croyez pas, cherchez plutôt à comprendre ».** C'est en cherchant à comprendre les Principes qu'un jour, vous en ferez l'expérience, parce que le fait de me croire ou de ne pas me croire ne vous avance à rien. N'essayez pas de me croire, cherchez plutôt à comprendre, **cherchez l'expérience.** Si vous faites vous-mêmes l'expérience, vous pourrez constater que ce que je dis est réel. Vous le saurez pour l'avoir vécu, pour en avoir fait l'expérience. Si vous n'en faites pas vous-mêmes l'expérience, vous trouverez que mes propos n'ont aucun sens parce que vous ne l'aurez pas vécu. Mais pour ceux qui auront émergé dans la réalité, ce sera une expérience substantielle et tangible.

Toutefois, pour la vivre, cette méta-réalité, il faut quand même faire l'effort de prendre conscience de l'ego et du Soi.

Il faut bien comprendre une chose : un humain concentré est dans l'instant présent. Il n'a plus de mental, mais il est complètement **inconscient** de tout son environnement, n'est-ce pas?

Un être dans la véritable conscience Divine n'a plus de mental, lui non plus. Cependant, il est **totalement conscient** de ce qui l'entoure et de surcroît, conscient en profondeur, sur plusieurs dimensions, conscient des effets mais aussi de leurs causes. Comprenez-vous la « petite différence »?

Pour réaliser l'unité de la conscience :

- **il faut être conscient de la dualité de l'ego;**
- **il faut connaître les principes de la réalité du Soi.**

Ô, Êtres de Lumière, voilà ce que vous propose le Nectar de la Conscience : comprendre en profondeur la nature de la conscience humaine – l'ego – tout en prenant conscience qu'il existe une réalité grandiose au-delà de l'humain.

De la compréhension profonde de la dualité, de la conscience et de la réalité, l'Alchimie de la conscience se produira en vous et transmutera votre mental. Ainsi renaît l'Être de Lumière que vous êtes depuis toujours.

L'être humain possède une conscience mentale limitée à son ego, sa personnalité et son intellect. Son intelligence est très relative. Il suffit, pour s'en convaincre, d'examiner les fléaux de la société dans laquelle il vit. Il les a tous créés.

Au-delà du mental existe une conscience supérieure, une conscience suprême, une conscience Divine. Celle-ci est le véritable Être qui guide, qui conduit et qui dirige l'ego humain. La conscience suprême est omnisciente, omniprésente, omnipotente et c'est nous, c'est notre réalité.

Cette conscience supérieure vit en permanence dans l'éternel présent, dans la beauté, la joie, la richesse, l'amour, l'abondance. Dans cet état de conscience – accessible à **chacun** –, la mort, la souffrance, le manque et la maladie n'existent plus. C'est, en effet, seulement dans le mental humain que ces fléaux apparaissent.

Dès que vous changez de conscience, ils s'évanouissent à jamais. **Tous** les êtres humains, **tous**, peuvent accéder à leur véritable conscience et se libérer ainsi de toute limitation.

Le Chant du Cygne et le Nectar de la Conscience

sont votre passeport. Oui, votre passeport pour une conscience supérieure, pour accéder à la réalité suprême qui est vous, le véritable **vous-même**. Vous avez tout à gagner, **tout** : l'existence réelle, la joie véritable, l'abondante richesse.

La conscience suprême est déjà **ici**; y entre celui qui veut, y entre celle qui veut. Alors vous réalisez votre destin suprême, vous réalisez votre destinée ultime.

Ô, Êtres de Lumière, voilà la destinée ultime de l'être humain. Toutefois, pour les Êtres réalisés, d'autres niveaux de conscience sont à conquérir; car la conscience est grandiose et nombreux sont les étages1.

Maintenant, ô mes Amis de Lumière, nous qui sommes des amis depuis des siècles, chantons; oui, chantons tous ensemble le Chant du Cygne afin de réaliser le Grand Principe de l'unique conscience. Oui, chantons notre libération et notre joie.

---

(1) Voir le tome 3, chapitre 7 : L'échelle de la conscience, les 10 états de conscience.

3

La Gratitude
La Chance

Ô Mère Divine, Ô conscience, Ô ma vie

Oui, Divine, c'est Toi qui accordes la foi suprême
la véritable foi, la véritable expérience de Dieu.
Je chante cet hymne de foi à la gloire de la conscience
de Toi, cette unique conscience que je suis,
et qui est la conscience de tous.
Maintenant, je sais que je suis cette conscience totale,
que je peux lui faire totalement confiance
et me laisser conduire par Elle.

Le Chant du Cygne, soutra 55.

Bonjour et bienvenue à tous pour notre conférence du jeudi. Ô, Êtres de Lumière, nous qui sommes des amis depuis des siècles, nous allons étudier aujourd'hui la structure de notre conscience et de notre énergie. L'être humain, tout comme l'Être Divin, est constitué de deux aspects profondément inséparables l'un de l'autre : la conscience et l'énergie.

Il ne peut y avoir de conscience sans énergie ni d'énergie sans conscience; cela va toujours fondamentalement ensemble, c'est quelque chose de totalement **inséparable.** La conscience et l'énergie sont l'unité de l'Être. C'est nous qui la séparons en deux parties. La conscience qui descend, c'est la conscience du Père et lorsqu'elle remonte, c'est la Mère, c'est l'Énergie.

Il est certain que plus nous aurons de conscience, plus nous aurons d'énergie; mais c'est l'énergie au sens large, au sens global, au sens ésotérique du terme. Ce n'est pas juste un peu de vitalité, ce n'est pas juste un peu de dynamisme; c'est beaucoup plus que ça. C'est une énergie qui est capable d'accomplir tous les miracles. C'est une énergie qui pourrait nous faire traverser les murs ou matérialiser des objets instantanément, qui pourrait faire apparaître tout ce qu'on voudrait sur la table à l'instant même.

Si nous lisons La vie des Maîtres, nous verrons que les Maîtres appellent ça, en Alchimie, la « précipitation ». Ils sont capables de faire « précipiter » instantanément un repas, mais aussi de l'or, différents objets, du blé ou de la farine. C'est la précipitation alchimique. Ces Êtres-là, qui sont capables de le faire, sont des Maîtres Ascensionnés. Ils ont une conscience très grande par rapport à la conscience humaine et ils ont une énergie absolument fabuleuse. Les deux vont ensemble.

De même que si nous avons l'électricité chez nous, nous aurons mille ou dix mille fois plus d'énergie que le fermier d'à côté qui, lui, n'aura que des bougies. Il sera obligé de faire tout son travail à la main, sans machine; alors que nous, avec tous nos appareils électriques, nous pourrons faire mille et mille fois plus de choses.

Ainsi, un Maître Ascensionné avec tellement de conscience et tellement d'énergie pourra accomplir ce qui nous paraît être des miracles. Je vous le rappelle, c'est vraiment l'énergie Divine qui peut accomplir tous les miracles et non pas l'énergie au sens ordinaire.

Nous, dans notre conscience humaine, avons une certaine énergie. Nous sommes capables de nous lever le matin, d'aller travailler, de réaliser certaines choses, de faire bouger, de téléphoner. Ces occupations nécessitent de l'énergie, de la vitalité, du dynamisme et, à un certain moment, nous devenons stressés et notre système nerveux n'en peut plus. Nous avons donc des limites considérables; nous ne sommes pas capables de faire apparaître un repas, nous ne sommes pas capables de faire un miracle.

Nous sommes seulement capables, avec un peu plus de conscience, de faire un peu plus de guérisons avec les mains. Pour pouvoir guérir avec les mains, il suffit d'avoir un peu plus de conscience parce que tout le monde a la capacité de guérir. Ceux qui ne le font pas, ce sont ceux qui ne le savent pas; donc, ceux qui ne sont pas conscients de leur pouvoir de guérison. Si nous devenons conscients que nous émettons de l'énergie, nous essayons de guérir quelqu'un et ça fonctionne; nous sommes devenus conscients de notre pouvoir de guérison. Il suffit de le développer, de l'entraîner et nous avons encore plus d'énergie et encore plus de pouvoir de guérison.

Si c'est cela que nous avons à faire dans la vie, il est très facile de réaliser cet état de conscience cosmique. Cette conscience de guérison est un état de conscience intéressant qui est la conscience cosmique. C'est au-dessus de la conscience sociale. Mais il y a des états de conscience encore bien plus intéressants, bien plus importants, que nous devons réaliser.

En regardant La vie des Maîtres , nous penserons : « Mais pourquoi les Maîtres, qui peuvent précipiter autant de nourriture, ne nourrissent-ils pas les affamés? » L'être humain est un être en évolution et il doit partir de l'inconscience où il vit jusqu'à ce qu'il atteigne le niveau de conscience des Maîtres Ascensionnés. Si des Êtres avancés interviennent, qu'ils l'assistent et qu'ils le nourrissent, l'humain va s'arrêter. Il s'arrête au niveau où il se trouve : s'il en est à fumer, à boire, à baiser et qu'il ne veut rien d'autre, nous devrons l'assister indéfiniment et il restera là, à fumer, à boire et à baiser.

L'être humain doit avancer à travers ses limitations. Chacune de ses limitations doit conscientiser l'être humain pour lui faire prendre conscience qu'il doit sortir de cette limitation. Chaque souffrance doit le conscientiser au fait qu'il doit sortir de cette souffrance. Chaque maladie doit le conscientiser au fait qu'il doit arriver à la santé parfaite. Si quelqu'un, dans ce processus, intervient pour tout arranger, l'être humain cesse d'évoluer.

Ce qui ne veut pas dire qu'il ne faille pas aider les êtres humains sous prétexte de penser : « Celui-là, je ne veux pas arrêter son processus d'évolution et aussi, je ne l'aide pas ». Non, non, ce n'est pas ça du tout, le principe. S'entraider, aider quelqu'un, c'est indispensable, sauf qu'il ne faut pas le coincer dans une assistance qui bloquera son évolution.

Si les Maîtres Ascensionnés venaient nourrir tout le monde, à longueur de temps, à longueur d'année, le processus évolutif de la prise de conscience arrêterait. Si, par contre, nous voyons des gens qui traversent une mauvaise passe et qui sont dans une période extrêmement difficile, il est de notre devoir et c'est notre karma de les aider si nous en avons le pouvoir. Nous ne devons pas nous dire : « Bon, c'est leur karma, c'est leur évolution; qu'ils se débrouillent ». Non, pas du tout. Nous devons les aider, c'est notre devoir de solidarité; mais notre aide doit favoriser leur retour à l'autonomie et **à la prise de conscience**.

Le Chant du Cygne, au niveau de sa structure, est intéressant à observer. Nous y avons la conscience qu'on appelle « le Père » ou « le Ciel » et qui est la conscience suprême pour l'humain. La conscience suprême, c'est la conscience qui est **au-delà du mental**, au delà de l'être humain; mais il y a toujours une conscience supérieure à découvrir. Pour un être humain, la conscience suprême est la conscience christique ou la conscience des Maîtres Ascensionnés. Mais pour un Maître Ascensionné, il y a un autre état de conscience supérieure, c'est la conscience de la Monade. Au-dessus de la Monade, il y a la conscience du Chohan et encore plus haut, la conscience du **Logos** solaire : **Hélios** et **Vesta** les bien-aimés, qui sont la conscience de notre système solaire. Au-delà de la conscience du **Logos**, nous retrouverons un **jour** la conscience du **Galactos** : les Êtres adorables **Alpha** et **Oméga**, ces flammes jumelles qui sont la conscience de notre Galaxie; « **Je suis Alpha et Oméga!...** »

Et ainsi la conscience s'élargit encore et encore...

Donc, nous parlons de conscience suprême uniquement par rapport à la limitation de notre conscience humaine. Notre conscience, qu'on appelle le Père, le yang, le soleil, est une conscience qui descend. En réalité, ça ne descend pas, c'est déjà ici, mais par rapport à l'énergie, c'est la conscience qui descend et qui doit passer par le chakra du coeur pour être transmutée. C'est pour ça que la conscience descend dans la louange. Un Être qui devient conscient va vivre la louange. La louange, c'est reconnaître qu'il y a une conscience supérieure, que cette conscience supérieure est **Père**, que cette conscience est **Mère**, que cette conscience est le **Christ** en nous. Et nous, nous sommes le **Fils** de la conscience et de l'énergie!...

Le Chant du Cygne exprime cette conscience dans les soutras de la louange. Nous y avons trois soutras sur le Père, nous en avons trois sur la Mère, nous avons trois soutras sur le Christ à travers Guru Dev. Que nous l'appelions par n'importe quel nom – Père, Mère ou autres –, il faut bien comprendre une chose : c'est que les personnages sont des états de conscience et non pas seulement des personnages. Prenons l'exemple de Marie :

- Nous pouvons voir Marie comme le personnage biblique que tout le monde connaît.
- Nous pouvons voir Marie comme la Mère Divine, la mère de chacun d'entre nous.
- Nous pouvons voir Marie comme la conscience, notre propre conscience suprême.
- Nous pouvons voir Marie comme l'Énergie Divine, l'énergie qui nous apporte tout par surcroît.

- Nous pouvons voir Marie comme la Kundalini, notre propre force spirituelle.
- Nous pouvons voir Marie comme la mère de Jésus, qui apparaît partout dans le monde pour limiter les dégâts de l'ego à l'approche de l'an 2000.
- Nous pouvons voir Marie comme un Maître Ascensionné qui a transcendé l'expérience humaine après l'avoir vécue d'une façon aussi intense et dramatique que nous-mêmes la vivons.

L'on pourrait dire encore beaucoup de choses au sujet de Marie, mais je m'arrêterai à ces sept aspects pour aujourd'hui.

Ô Êtres de Lumière, voyez le Chant du Cygne, voyez ce que déclare sans ambages le soutra trente et un, bien **avant** ceux dont c'était le rôle... si vous voyez ce que je veux dire...

Ô Marie, Déesse de mon coeur,
Diffuseur de l'Amour Divin
Co-Rédemptrice de tes enfants,
Médiatrice Divine,
Avocate de l'humanité,
Reine de la Paix,
Suprême gloire de la compassion Divine.

sutra 31

Alors voilà, il y a matière à réflexion et il y a beaucoup de choses à découvrir. Si nous regardons la Bible, Jésus, Marie, Joseph et compagnie représentent **toujours** des états de conscience. Il y a probablement certains de ces personnages-là qui ont existé, qui ont vécu, mais ils représentent avant tout les états de conscience que nous-mêmes nous vivons, que nous devons vivre et auxquels nous devons arriver.

Les orientaux ont très bien compris le principe et ils savent qu'en réalité, des personnages comme le Bouddha sont des états de conscience que chacun de nous doit vivre. Ils ne disent pas « Bouddha est un Dieu », mais ils disent : « Ce Bouddha, cette personne est devenue le Bouddha et chacun doit devenir le Bouddha ». Chez nous, en Occident, Jésus est devenu le Christ; mais nous devons **tous** devenir le Christ, qui est un état de conscience.

Qui est Guru Dev? Guru Dev ou Guru Deva signifie le maître qui nous sort de l'ombre pour nous amener à la lumière. Puis Deva, c'est la dévotion qu'on lui réserve, mais c'est un peu comme si on disait « grand-père » à quelqu'un. Guru Dev n'est le nom de personne, mais c'est le nom de tout le monde, comme « grand-père ». « Grand-père » n'est le nom de personne, mais chez nous, nous savons qui est « grand-père ». Guru Dev, c'est le nom de la conscience qui nous guide, nous conduit et nous dirige. Les personnages en question sont donc avant tout des états de conscience; et ces états de conscience, nous devons les réaliser en nous-mêmes.

C'est pour ça que **la louange** reconnaît cette conscience sous la forme du Père, de la Mère et du Christ qu'on appelle, dans les religions, « Père, Fils et Saint-Esprit », ou « Isis, Osiris et Horus », ou encore « Brahma, Vishnou et Shiva »; mais c'est toujours la même chose. La Trinité, c'est la conscience, l'énergie et la résultante des deux qui est le fils, la fille, le surhomme, le Dieu, **l'humain devenu Divin.** La louange reconnaît notre nature, notre nature profonde d'Être Divin; c'est ça, la louange.

Dans le Chant du Cygne, il y a ensuite **la gratitude.** La gratitude, c'est de reconnaître tout ce que cette conscience a pu faire de bon dans notre vie, même si nous sommes affligés des pires fléaux et des pires calamités. En regardant de près, nous voyons que nous avons eu mille et mille bénédictions durant toute notre vie. Même si nous avons eu les pires maladies, nous sommes encore vivants. Même si nous avons eu les pires ennuis, nous sommes toujours là. Même si nous avons eu toutes sortes de complications, nous sommes toujours là. Et puis, il y a plein de bonnes choses dans notre vie. La louange, c'est donc de reconnaître tout ce qui est bon dans notre vie; et ainsi s'ouvre le chakra du coeur qui permet à la dévotion de couler à travers nous.

C'est pour ça que les soutras de la gratitude expriment des bonnes choses qui sont arrivées à quelqu'un d'inconnu. Ainsi les être accablés, qui n'ont pas assez de conscience pour reconnaître ce qui est bon dans leur vie, peuvent au moins remercier pour ce qui est arrivé de bon dans la vie des autres. Pour eux, la vie est si dure que sans les soutras de la gratitude, ils ne pourraient s'ouvrir. Comme au niveau de la conscience c'est l'unité, il n'y a plus de distinction. Si nous remercions pour le voisin qui vient de tomber amoureux, nous ouvrons notre chakra du coeur tout autant que si nous remercions nous-mêmes pour avoir rencontré l'amour.

La gratitude, c'est donc d'être conscients que la vie est bonne pour nous, **malgré tout...** C'est notre conscience qui reconnaît la plénitude de la conscience Divine dans notre vie. La gratitude, c'est reconnaître ce que cette conscience a fait de bon pour nous dans notre vie. Cette reconnaissance nous ouvre le chakra du coeur et nous élève jusqu'à la dévotion.

Alors voilà : **la dévotion**, c'est l'amour. Quand nous avons reconnu, par la louange et par la gratitude, toute cette conscience, nous tombons en amour. Nous ne pouvons pas faire autrement; **si nous avons bien compris, nous ne pouvons pas faire autrement que d'être en amour, que**

d'être amoureux de notre propre conscience Divine.

Le Chant du Cygne comporte plusieurs soutras sur la dévotion, lesquels expriment l'amour à travers différentes formes. C'est dit de différentes manières qui expriment toutes l'amour que nous pouvons porter à notre propre conscience Divine. Quand nous sommes dans la louange, dans la gratitude et dans la dévotion, alors automatiquement, nous sommes dans la **grâce**; ça se fait tout seul.

Si nous avons des allumettes, du journal et du bois et si nous frottons l'allumette, nous aurons automatiquement du feu; nous ne pouvons faire autrement. Eh bien, si nous avons les éléments de base du Chant du Cygne – qui sont la louange, la gratitude et la dévotion –, nous obtenons automatiquement la grâce. Et la grâce, c'est **la chance**, une chance merveilleuse qui nous apporte enfin tout ce que nous n'avons jamais pu obtenir par nos propres efforts...

Bref, si nous récapitulons, tout cela est très simple :

- **la louange** nous permet de constater qu'une conscience supérieure dirige notre vie;
- **la gratitude** nous permet de reconnaître que toutes les bonnes choses de notre vie sont produites par cette conscience Divine;
- **la dévotion**, c'est lorsque nous sommes profondément amoureux de notre nature réelle, lorsque le Principe est compris.

Revoyons maintenant notre analogie :

– Allumette + bois + journal = **rien**
– Allumette + bois + journal + action : (frotter l'allumette)= **feu**
– Louange + gratitude + dévotion = **grâce**
– Louange + gratitude + dévotion + action = **flot de grâce, de CHANCE**
(action : chanter le Chant du Cygne)

Ô Êtres de Lumière, notons bien ceci : le Chant du Cygne nous apporte les trois éléments de base, donc la grâce par surcroît. Et si nous continuons, c'est un flot de grâce qui inondera notre vie; plus nous prenons ainsi conscience, et plus ça coule. Oui, plus la chance coule...

Si nous avons déjà les trois éléments dans notre vie – la louange, la gratitude et la dévotion –, notre vie doit être déjà pleine de grâce.

Si, au contraire, nous n'avons pas les trois ou pire, si nous n'en avons aucun, le Chant du Cygne nous permettra de les obtenir rapidement. Alors si nous continuons, la grâce coulera à flots. La chance sera avec nous pour toujours »...

En plusieurs endroits, la grâce est exprimée dans le Chant du Cygne sous la forme du symbole même de la chance : l'histoire du 6/49. En réalité, tous les soutras de la chance et de la **métaphore** du 6/49, c'est la grâce.

La grâce, c'est la conscience Divine qui coule à flots dans notre vie et qui y produit des résultats extraordinaires. Lorsque la grâce coule ainsi, notre vie est remplie de bénédictions et de miracles. Les choses s'arrangent d'elles-mêmes, vite et facilement. Des problèmes qui traînaient depuis des années se règlent comme par magie. La grâce, c'est l'action **spontanée** de notre conscience qui produit des résultats merveilleux dans notre vie, des résultats que, sans elle, nous n'aurions jamais pu réaliser. **Cela, c'est la véritable chance.**

Bref, la grâce réalise enfin dans notre vie ce que nous n'avions jamais réussi à produire nous-mêmes. Ce qui signifie que dans notre vie, la grâce va nous accorder tout ce dont nous avons besoin – non pas forcément ce que nous voulons – mais ce dont nous avons besoin pour vivre dans la satisfaction, pour vivre dans le contentement, pour vivre dans la paix.

Ce qui ne veut pas dire que tout va se passer instantanément, qu'il n'y aura pas de remous, qu'il n'y aura pas de « ramonage ». Il se pourrait même que la vie vienne nous mettre les doigts dans les côtes pour voir si nous rions, si nous grimaçons, si nous sommes stressés, ou pour tester un petit peu notre conscience et notre détermination. Malgré tout, automatiquement, la grâce est obligée de se produire parce que nous avons les trois ingrédients de base : **louange, gratitude et dévotion.**

La grâce se manifeste dans notre vie sous la forme de tous les dons qui sont annoncés dans le Chant du Cygne, au soutra 60 :

> *Cet Hymne de joie offert à Dieu en vous*
> *apportera à tous ceux qui s'en donneront la joie :*
> *la grâce du Guru, le grand amour,*
> *la joie de vivre, la santé divine, la richesse véritable*
> *le confort financier durable, le véritable amour Divin,*
> *l'état de conscience suprême, la liberté parfaite,*
> *et l'ascension dans la lumière.*

Il est bien possible qu'avant d'arriver à la grâce, il nous faille lâcher certains bagages en cours de route. Souvent, nous nous promenons avec nos valises, avec nos sacs à dos et puis, on fait comme dans certains pays : nous emportons encore une pile supplémentaire sur notre tête. Mais à un certain moment, il nous faut jeter du lest, il nous faut larguer le surplus. Nous savons que les montgolfières, pour prendre de la hauteur, doivent jeter du lest, des sacs de sable. Les scaphandriers ou les plongeurs sous-marin, lorsqu'ils veulent descendre au fond, doivent mettre des ceintures de plomb et, s'ils désirent remonter, ils doivent alors se délester.

Il en est de même pour nous. Si nous voulons remonter dans la conscience, il nous faut jeter le plomb de tous nos attachements. Nous sommes fortement attachés à ce que les choses, dans la vie, arrivent d'une certaine manière. Nous voudrions tellement que ça s'organise comme ça au travail, et que ça marche comme ci avec nos enfants, et que notre conjoint soit tellement bien, bon et parfait. Nous voudrions tellement ceci et nous voudrions tellement cela; mais ça, c'est de l'attachement. Puis, on se fait souffrir soi-même car les choses ne sont jamais comme nous voudrions qu'elles soient. C'est nous qui nous faisons souffrir avec nos attachements et nos limites étroites.

À un certain moment, la grâce va nous enlever nos attachements, mais parfois, ça fait tout comme les pansements : nous nous blessons et il nous faut un pansement; mais notre pansement, nous ne pouvons pas le garder toute notre vie, il nous faut l'enlever un jour ou l'autre. Si nous ne voulons pas enlever notre pansement, il y aura une infirmière qui, elle, nous l'arrachera. Parfois, nous voudrions l'enlever nous-mêmes mais lorsque nous tirons dessus, ça nous fait mal. Et pourtant, il nous faut bien l'enlever, ce pansement.

Pour nous, c'est ainsi : il faut enlever nos attachements et pour cela, la vie va tirer dessus car bien souvent, ce n'est pas nous qui tirons sur les attachements. Les pansements et les attachements, c'est très semblable, à mon avis. Alors, la vie va tirer sur nos pansements, sur nos attachements pour les arracher. Puis là, ça fait mal parfois, nous aurons peut-être même des plaies, il nous faudra songer à prendre des pansements psychologiques, à nous faire consoler et réconforter. Mais dans tous les cas, il nous faut lâcher nos bagages.

Quand nous sommes suffisamment dénudés, alors la grâce peut se produire. Mais la grâce se produira d'autant plus vite si nous lâchons nos attachements rapidement et si nous sommes capables de vivre dans la louange, la gratitude et la dévotion.

La louange, la gratitude et la dévotion sont une question de sentiments qui se produiront en chantant avec attention et avec conscience les soutras du Chant du Cygne. Le Chant du Cygne est une aide, un moyen de réaliser un état de conscience et de se baigner dans la conscience. Mais ce n'est pas le fait de le répéter machinalement qui fera naître ces sentiments libérateurs. C'est plutôt l'amour, l'attention et la conscience qui produisent un **sentiment** de louange, un **sentiment** de gratitude, un **sentiment** de dévotion. Il ne suffit pas de répéter : « Oh! ma conscience, que tu es belle! »... Il faut, à un certain moment, **ressentir** : « Je suis cette conscience; oh! cette conscience est ma vie ». **Il nous faut comprendre qu'il s'agit d'un sentiment.**

Tant que ça reste dans le mental et dans la répétition, ce n'est pas un sentiment. Cela n'est pas mauvais, non. C'est très bon, c'est même excellent que nous immergions le mental dans une idée de conscience, de gratitude, de louange et de dévotion. Il est bon que nous trempions notre mental dans ce bain tous les jours, tous les jours, tous les jours. Si nous trempons quelqu'un dans de la teinture rouge tous les jours, tous les jours, tous les jours, nous pouvons espérer qu'un jour ou l'autre, il sera rouge... Si nous trempons notre mental tous les jours dans le Chant du Cygne, nous pouvons espérer qu'un jour, ce mental-là éprouvera un sentiment. Ce ne seront plus des mots qu'il répétera; il y aura quelque chose en arrière, il aura compris, il se sera ouvert et là, il y aura un véritable sentiment d'amour et de gratitude.

Quand nous chantons le Chant du Cygne, essayons de voir si nous le chantons machinalement et si nous pensons à mille choses en même temps. Observons si nous pensons à tout ce que nous avons fait, à tout ce que nous devons faire et à tout ce que nous n'avons pas encore fait et que nous voudrions faire.

Constatons si nous éprouvons un sentiment d'amour quand nous chantons le Chant du Cygne, parce que c'est là la clé qui déclenchera tout. Voyons aussi si nous éprouvons ce sentiment au cours de la journée. Si tel n'est pas le cas, continuons de nous absorber dans le Chant du Cygne et dans le Nectar de la Conscience. Continuons jusqu'au résultat; persévérons, ne lâchons pas.

Ce que nous éprouvons alors, c'est un sentiment d'amour; et quand nous avons un sentiment d'amour, nous n'avons pas une émotion au plexus solaire, nous avons une titillation derrière le sternum, dans le chakra du coeur. Non pas le coeur qui est la pompe du sang, mais exactement là, au milieu du sternum; ça se sent. Nous pouvons sentir soit une pression, soit une ouverture ou les deux ensemble, ou même une pulsation.

Donc, ce qu'il nous faut, c'est chanter le Chant du Cygne en étant attentifs aux soutras; non pas aux mots, mais plutôt à l'essence même du texte. Parce qu'en fait, le mental analyse les mots mais le **Soi** saisit l'essence, la substance, la conscience du texte. De cette façon, nous pouvons voir si nous éprouvons un sentiment d'amour ou bien si nous répétons machinalement des mots en pensant à tout ce que nous avons à faire dans la journée, ou en regardant l'heure en pensant qu'il y en a encore pour cinq minutes.

Dans tous les cas, c'est excellent parce que nous trempons notre mental dans le Chant du Cygne, dans la conscience. Si nous le pratiquons en étant attentifs à notre sentiment au niveau du coeur, notre coeur, par moment, s'ouvrira sur certains soutras! Donc, nous sommes dans la louange, nous sommes dans la gratitude. Ensuite, tout se transforme; ça devient de la dévotion, ça devient de l'amour et ça devient de la grâce, ce que, dans le Chant du Cygne, nous appelons de la chance, **la véritable chance**.

À un certain moment s'opère en nous un changement car la louange et la gratitude, c'est la conscience, c'est le Père, c'est le Ciel de la conscience qui descend à travers nous. Dans la dévotion et dans la louange, c'est l'énergie qui remonte. C'est pour ça que **tout s'arrange** à un certain moment donné, car plus il y aura de conscience, plus il y aura d'énergie. Et c'est cette énergie qui nous apportera tout ce dont nous avons besoin. C'est pour ça qu'on l'appelle la Mère; la mère, c'est elle qui nourrit ses enfants et avec une mère, un enfant ne manque de rien : il est lavé, il est changé, il est consolé, il est nourri, il est allaité.

Notre Mère Divine Marie, c'est notre Kundalini, c'est notre énergie spirituelle. Plus nous ouvrons notre conscience, plus nous aurons cette énergie-là; c'est automatique. Cette conscience, cette énergie est transformée, adaptée au plan sur lequel nous vivons, adaptée au monde physique.

Donc, **notre conscience se transforme en « énergie »** de l'action sur le plan physique. Nous partons faire l'action juste et adéquate au bon moment, au bon endroit et de la bonne façon. Les affaires seront alors équilibrées, elles seront avantageuses pour toutes les parties en présence. Nous devons en arriver à ce niveau-là, mutuellement avantageux. Il faut que nous arrivions à ce niveau d'avoir déclenché la Mère, d'avoir déclenché cette énergie. Cette énergie de l'action adéquate, juste, profonde et palpable, concrète et spontanée, est facile à produire; elle vient de notre état de conscience, de la louange et de la gratitude.

Toutefois, comprenons bien que l'élargissement de la conscience déclenche l'énergie, la Mère. Et ne prenons pas le problème à l'envers en tentant d'augmenter l'énergie pour espérer élargir notre conscience. Certains passent ainsi leur vie... sans aboutir. La voie royale, c'est l'ouverture de la conscience, qui apporte **tout par surcroît**, évidemment.

Il y a bien des gens qui s'efforcent de ramer et qui essaient de faire, de faire et puis de faire. Mais oui, c'est dur; ils ont si peu de conscience en amont. C'est un peu comme quelqu'un qui aurait un gros moteur sur son bateau et qui ramerait, qui ramerait et qui ramerait toute la journée; naturellement, il serait épuisé et déçu d'avancer si peu. Nous lui dirions alors : « Range tes rames et démarre ton moteur ». Mais le problème, pour eux, est qu'ils ne savent pas qu'ils ont un moteur.

Donc, dans la vie, si nous nous préoccupons **d'abord** de regarder ce qu'est la louange, de regarder ce qu'est la gratitude, de regarder ce qu'est la dévotion, nous aurons automatiquement la grâce et la chance, le plus puissant des moteurs en plus, par surcroît. C'est pour cette raison qu'il est dit : **« Cherchez le Royaume des Cieux et vous aurez tout par surcroît »**.

Si nous avons la louange, la gratitude et la dévotion, nous aurons tout par surcroît parce que notre mère Marie, la Kundalini, la Mère Divine, nous donnera tout ce dont nous avons besoin. Oui, tout ce dont nous avons besoin; mais ce sera peut-être bien différent de tout ce que nous avions souhaité. Nous le reconnaîtrons parce que nous l'obtiendrons d'une manière très facile, très rapide et qui nous contentera.

Finalement, il est facile de savoir comment les choses arrivent. Plus c'est long et plus c'est difficile, plus c'est l'ego. Moins ça fait notre affaire, plus c'est l'ego. Mais plus c'est rapide, plus c'est facile et plus ça nous contente, plus c'est le Soi. Donc pour le reconnaître, à chaque fois que l'on fait quelque chose, il s'agit de se demander : « Est-ce facile ou est-ce difficile? Est-ce rapide, est-ce compliqué ou tout se déroule-t-il très facilement? » Ou bien : « C'est emmerdant et ça n'aboutit pas ».

Donc, cherchons d'abord la louange, la gratitude et la dévotion et nous aurons tout par surcroît. La grâce, c'est la libération de tous les fléaux humains, c'est d'être libérés de toutes les limitations humaines. Peut-être pas vraiment « toutes » immédiatement, mais au moins libérés d'un gros paquet de ces limitations très rapidement.

La grâce, c'est la chance. Dans le Chant du Cygne, la grâce est appelée la chance car la chance est quelque chose de merveilleux qui arrive complètement en dehors de notre volonté. La chance se produit même **malgré nous...** Tout le monde veut la chance, désire la chance, souhaite la chance. Demandons à quelqu'un s'il veut la grâce; bien souvent, il ne saura pas. Mais la chance, oui! ça il connaît, il en veut, il en a besoin...

Le symbole de la chance humaine, c'est le loto 6/49. Mais ce n'est qu'un symbole de chance. Et il est important de se brancher sur un symbole de chance pour laisser couler plus de chance. Dans le Chant du Cygne, le 6/49 est une métaphore pour la chance et la grâce; vu ainsi, nous pourrons mieux – peut-être – saisir le principe sous-jacent. N'oublions pas, cependant, que cette chance-là ne viendra pas du fait que nous avons répété dix mille fois les soutras du 6/49, mais plutôt du fait que nous aurons ouvert notre esprit et notre conscience à la louange, à la gratitude et à la dévotion.

Le Royaume des Cieux arrive quand nous éprouvons ce sentiment d'amour envers notre conscience. Il est inutile de chercher l'amour de mille et mille choses. On se dit : « Bon, il faut aimer tout le monde », mais ce n'est pas toujours facile d'aimer tout le monde. Et on se dit encore : « Il faut aimer toute chose », mais ce n'est vraiment pas facile d'aimer toute chose ».

Alors, il y a une chose à aimer dans la vie : aimer notre conscience Divine. Le jour où nous allons vraiment aimer notre conscience Divine, nous serons obligés d'aimer tout le monde car la même conscience Divine est en chacun de nous. **Oui, elle est la même pour tous...** Il nous suffira d'aimer la conscience Divine en l'autre et ça répondra automatiquement. Si nous sommes dans l'ego et que nous essayons d'aimer l'ego de l'autre, ça risque d'être difficile parce que les ego se repoussent. Cependant, les consciences Divines s'attirent, et il est important de comprendre ces principes si l'on veut rapidement améliorer sa vie.

Voilà donc le principe : cherchons le Royaume des Cieux et nous aurons tout par surcroît. En travaillant de cette façon-là, en recherchant un sentiment d'amour à travers le Chant du Cygne, nous pouvons être sûrs et absolument certains que la chance et que la grâce vont couler abondamment dans notre vie.

C'est comme les chercheurs de pétrole. Ils ont bien étudié les zones où se trouve le pétrole et ils savent que s'ils font un trou à tel endroit, ils en trouveront. Ils vont creuser, ils vont creuser, mais ils savent que le pétrole est là, et même s'il leur faut creuser un certain temps, ils savent que le pétrole jaillira, c'est certain.

Avec le Chant du Cygne, nous pouvons être certains que la grâce et la chance couleront à flots, abondamment dans notre vie. C'est certain, la chance jaillira dans notre vie. Mais il faut creuser, il faut gratter, il faut continuer jusqu'à ce que nous éprouvions le sentiment libérateur de l'amour. Si nous ne sentons pas d'amour, continuons encore, jusqu'au sentiment d'amour, mais un sentiment ressenti au niveau du chakra du coeur. Il ne faut pas uniquement chercher l'amour d'une amie ou d'un amant; c'est beau, comme amour, mais si nous voulons être libérés, il nous faut rechercher l'amour de notre conscience Divine. Et à ce moment-là, nous aurons la libération.

Et la libération se fait presque toujours par étape. Peut-être certains sont-ils libérés instantanément et passent instantanément du plan physique au plan éthérique. Peut-être; mais pour la majorité, la libération se fait peu à peu, au fur et à mesure que nous sommes capables de nous détacher, de lâcher les attachements qui, dans la vie, nous coupent de cet amour, de cette louange, de cette gratitude, de cette dévotion, de cette grâce, de cette chance. C'est nous qui nous enfermons dans les limitations. C'est nous qui sommes empêtrés dans les difficultés.

La clé pour sortir de là, c'est la conscience, c'est encore plus de conscience. C'est par notre conscience, par la louange, par la gratitude, par la dévotion que nous pouvons émerger. La louange, la gratitude et la dévotion vont nous libérer de nos limitations imaginaires mais pourtant bien réelles. C'est ce que le Nouvel Âge appelle « l'illusion réelle ». J'ai beaucoup aimé cette expression car, effectivement, c'est une illusion, mais c'est tout à fait réel lorsque nous vivons dedans.

C'est comme le fait de vivre en prison. C'est une illusion de vie parce que la vraie vie n'est pas en prison. La vraie vie est à l'extérieur de la prison; la vraie vie, c'est la liberté. Pourtant, pour celui qui est enfermé, c'est une illusion de vie, mais combien réelle. Il est dans sa cellule, c'est une illusion de la vie, mais sa prison est une réalité. Donc notre bocal, notre prison mentale, notre ego sont tous une illusion mais, lorsque nous vivons dedans, c'est une très dure réalité qui nous fait profondément souffrir et toutes nos souffrances viennent de là, de cette illusion qui nous fait croire que la prison est la seule réalité. L'illusion, c'est de croire que la vie dans le mental est la seule réalité, c'est de croire qu'il n'y a pas une réalité supérieure.

Une des façons de s'en sortir, c'est le Chant du Cygne, en raison de sa structure. C'est une structure alchimique; c'est l'Alchimie de la conscience et ça fonctionne merveilleusement bien. Ça prend le temps que ça prend, mais ça n'a pas d'importance et c'est souvent même très rapide, c'est surprenant.

La Pierre Philosophale, la réalisation de la conscience Divine, ça fait des milliers d'années que nous courons après, mais nous sommes certains de l'obtenir un jour si nous cherchons le Royaume des Cieux avant tout. Chercher le Royaume des Cieux, c'est chercher la conscience et le sentiment d'amour envers notre conscience et c'est ce qui nous apportera la libération.

Normalement, ça aurait dû être le rôle de la religion de nous faire découvrir ce qu'est le Royaume des Cieux et la signification de ce qu'est le « tout par surcroît ». Mais essayons donc, pour voir, de demander à une religion quelconque – catholique, protestante, orthodoxe, évangélique ou autres – ce qu'est le Royaume des Cieux, de quelle façon on y entre et ce que l'on y découvre par surcroît. Nous verrons qu'on nous dira beaucoup de choses, mais rien de bien concret, rien d'utilisable. On nous dira: « Reconnaissez que vous êtes de pauvres pécheurs, puis récitez des "je vous salue Marie", puis mourez et là, vous irez en enfer ou peut-être au paradis et si c'est le cas, vous aurez le Royaume des Cieux ». Voilà ce qu'on nous dira. Faites la démarche pour vérifier par vous-mêmes.

J'ai fait cette demande à travers une dizaine de nos soi-disant religions chrétiennes. En résumé, le message était : « Meurs d'abord, tu verras ensuite ». Et ceci est contraire à la véritable connaissance. Plus jamais le Nouvel Âge n'acceptera cette doctrine du Moyen Âge. Les Êtres avancés recherchent d'abord le Royaume des Cieux et **y entrent vivants...** Comprenez-vous bien cela?

Alors, le Royaume des Cieux est un état de conscience qui est accessible, qui est disponible immédiatement. C'est simplement notre mental qui le cache ainsi que notre absence de sentiment d'amour envers notre conscience Divine, envers nous-mêmes dans notre véritable nature. Beaucoup de gens se disent : « Pour moi, c'est difficile de m'aimer parce que je me trouve comme ci ou parce que je me trouve comme ça, et aussi parce que je ne suis pas ce que je voudrais être ».

C'est possible, naturellement. Mais aimons notre conscience. Notre conscience est comme nous voudrions être, et même encore mille fois plus belle. Nous ne savons pas comment nous aimerions être mais, si nous avions une baguette magique qui nous rendrait exactement comme nous aimerions être, il faut nous dire que notre conscience est encore mille fois plus belle.

Alors, nous pouvons aimer cette partie de nous-mêmes qui est totalement Divine, totalement parfaite, totalement merveilleuse. Dans notre conscience Divine, nous sommes des êtres adorables, exquis, délicieux. Il nous faut y penser parce que souvent, on se regarde et on se dit : « Je suis ridé, je suis trop gros, je suis trop petit, je suis trop laid, je suis trop con, je suis trop timide ». Non, nous devons plutôt nous regarder et nous dire : « Ah! j'ai une conscience Divine, elle est magnifique, elle est délicieuse et dans ma conscience Divine, je suis un être adorable! ». Nous sommes-nous déjà dit cela? Nous sommes-nous déjà dit cela en nous levant le matin? Et en conduisant notre voiture? Si nous fermons la radio et pensons : « Dans ma conscience Divine, je suis un être adorable », et si nous nous endormons en nous déclarant : « Dans ma conscience Divine, je suis un être adorable, merveilleux, Divin », et bien le con que nous sommes n'est déjà plus là du seul fait de penser ainsi. Oui, quand nous pensons ainsi, le con est mort.

Au lieu de se dire toute la journée « Je suis un con », à cause de nos mille problèmes, pensons plutôt à l'être adorable que nous sommes en réalité. Quand on se dit « Je suis un être adorable dans ma conscience Divine », l'être limité n'existe plus, car la réalité suprême n'est pas l'ego, mais l'Être adorable. Voilà la véritable réalité de notre vie.

Alors ça, c'est une prise de conscience. Au début, on se dit « Oui, oui, je suis un être adorable » et quelques instants plus tard, « Zut, j'ai oublié mes clés; je suis un con ». Voilà que ça recommence. Mais à la longue, nous finirons pas penser : « Oui, oui, c'est peut-être vrai que je suis un être adorable, au fond ». Puis, à un certain moment, nous vivrons dans ce sentiment d'être, ce sentiment d'amour que : « Oui, c'est vrai, maintenant je pense que oui, oui; oui, je suis un être adorable au fond de moi-même », voyez-vous? Alors, et c'est important pour nous, essayons donc de le dire en nous levant, essayons donc de le dire en nous couchant, et aussi en auto, et aussi dans le métro : « En réalité, je suis un être adorable ».

Ne pensons surtout pas que notre ego est un être adorable. Il est très facile de prouver le contraire tout de suite. **Non, l'ego n'est pas adorable, pas du tout.**

Pensons simplement qu'au fond de nous-mêmes, dans notre conscience Divine, nous sommes vraiment des êtres adorables, exquis, merveilleux, délicieux. Nous sommes l'Être le plus merveilleux que nous n'ayons jamais rencontré. Il est là, en nous, dans notre conscience Divine, et **c'est nous,** et c'est ce que nous sommes en réalité.

Oui, nous sommes vraiment et réellement des Êtres de Lumière. Comprenons ceci profondément :

Seul l'Être peut se connaître comme Être,
car seul l'Être EST l'Être.

L'ego, l'intellect, la personnalité, le mental ne peuvent que s'effacer pour laisser **toute** la place à l'Être. L'ego ne deviendra **jamais** l'Être car, en effet, seul l'Être est l'Être.

Vous êtes cet Être, oui, vous.
Oui, vous êtes un Être de Lumière.

Il faut songer à ça, c'est important d'y penser. Sinon, on se prend toujours pour un ego, on se prend toujours pour un être humain; on ne voit plus que nos pieds sales. Un jour ou l'autre, il faut penser que même si nous avons les pieds sales, nous avons une conscience Divine, voyez-vous?

Alors, c'est important dans la vie d'être dans la louange, la gratitude et la dévotion. Dans cette dévotion, c'est l'amour de notre conscience Divine, mais c'est l'amour de nous-mêmes en tant que conscience Divine. Cette conscience Divine, c'est nous. Ce n'est pas quelque chose d'ailleurs qui va venir ici. Non, c'est nous et c'est déjà là.

Si nous lâchons nos attachements par rapport à notre travail, par rapport à nos amis, par rapport à nos enfants, par rapport à toute la vie qui nous emmerde, nous commencerons à Être. Nous commencerons à parvenir à être un peu plus nous-mêmes et, à ce moment-là, nous éprouverons ce sentiment d'amour. Alors, cette grâce et cette chance vont jaillir dans notre vie.

Si vous persévérez dans la connaissance,
la conscience jaillira en vous, accourant à votre aide spontanément.

Donc, nous pouvons voir que la réalité va jaillir à chaque fois que nous en aurons besoin. En tout cas, c'est bien dit; la conscience jaillira en nous, la grâce jaillira spontanément. C'est comme le feu : le feu, c'est automatique. La grâce, c'est automatique. Mais pour le feu, nous l'avons vu précédemment, il faut du bois, du papier, des allumettes et de l'action pour l'allumer. Pour nous, la grâce nécessite la louange, la gratitude et la dévotion, dans le bon ordre et avec, en plus, l'action de la conscience. Nous ne pouvons pas les vivre si elles ne sont pas dans le bon ordre. Ça ne fonctionne que dans un certain sens, un sens unique, comme un, deux, trois et quatre.

Alors le Chant du Cygne, avec toute sa structure alchimique, doit nous conduire au Royaume des Cieux **à travers nos conditions de vie.** Oui, c'est magique à condition que nous fassions l'effort de comprendre et de travailler sur nous-mêmes.

Il ne suffit pas d'avoir un livre dans sa poche ou – comme j'ai déjà vu certaines personnes le faire – de mettre un livre sous son oreiller en pensant : « Je le mets sous mon oreiller et toute l'énergie, toute la conscience qui est dans le bouquin va me rentrer dans la tête ». Non, le bouquin, il nous faut le lire, il nous faut le comprendre et il nous faut travailler sur nous-mêmes, comprenez-vous?

C'est facile, dirons-nous : nous prenons un livre, nous le plaçons sous notre oreiller et nous comprenons tout. Eh bien si c'était si facile, depuis le temps que nous dormons avec la Bible sous notre oreiller, nous devrions être illuminés sur toute la terre, n'est-ce pas? Et nous n'aurions qu'à mettre des livres érotiques sous notre oreiller pour faire de beaux rêves. Mais ça ne marche pas ainsi, bien sûr. Sans quoi nous mettrions des livres de finance sous notre oreiller et notre compte en banque augmenterait.

Mais non, ce n'est pas comme ça que ça marche. Un livre, c'est fait pour obtenir une connaissance mentale; rien de plus, mais rien de moins. Et c'est important aujourd'hui, à notre époque, de savoir qu'il y a beaucoup, beaucoup de connaissances dans les livres, mais que cette connaissance-là, il nous faut la trier par le discernement et, surtout, il nous faut la mettre en application.

J'ai lu un livre facile à comprendre et dont le titre est *Le Cheval en dix leçons*. J'ai mis une demi-journée à le lire. Pourtant, je ne suis pas capable de monter à cheval même si j'ai lu ce livre. Après l'avoir lu et avoir compris les grands principes, il me faut absolument un cheval pour passer de la théorie à la pratique et des principes à leur application. Et si je n'ai pas quelqu'un qui puisse m'aider, je me retrouverai rapidement par terre.

Il y a beaucoup de livres dans lesquels nous trouverons la connaissance et dans lesquels tous les principes sont bien expliqués. Un livre de piano, ça se comprend très bien; mais avant d'être capable de jouer du piano, il nous faudra pianoter un certain temps. C'est pareil dans tous les domaines.

J'ai un autre livre, intitulé *La plongée sous-marine en dix leçons*. Malgré qu'il soit facile à comprendre, si je m'en vais plonger tout de suite après l'avoir lu, je me noierai peut-être et je prendrai un méchant risque. Les principes sont pourtant tous expliqués dans le bouquin, il y a toute la connaissance; mais s'il n'y a pas de pratique, s'il n'y a pas d'entraînement, c'est zéro.

Dans les livres spirituels, il y a beaucoup de choses, aujourd'hui; mais sans entraînement, **sans pratique**, sans compréhension, sans discernement, sans effort et sans travail sur soi-même, **ça n'aboutira à rien.** Nous aurons la connaissance des principes, mais la connaissance des principes n'est pas suffisante à leur réalisation dans notre vie.

Et aujourd'hui, les gens se complaisent dans la connaissance de principes qui ne sont appliqués par personne. Le gens savent beaucoup de choses, mais si nous leur demandons ce qu'ils pratiquent dans la vie, il y a bien des chances qu'ils nous répondent « rien du tout ». Ils en savent, un paquet d'affaires; ils savent tout mais ne réalisent **rien**, ils ne changent pas d'un iota. Ils se complaisent dans un savoir théorique, sans passer à l'action pour en vivre l'expérience concrètement.

Donc, ce qui compte dans la vie, ce n'est pas ce que nous savons, mais plutôt ce que nous sommes capables de réaliser concrètement, effectivement. Seule notre expérience peut nous faire découvrir et réaliser la réalité.

La véritable connaissance, c'est de passer du principe à son application.

Certes, il faut connaître d'abord le principe pour l'appliquer; mais sans application, aucune réalisation, aucune transformation de soi n'est possible.

Et avec le Chant du Cygne, dans notre vie, concrètement et effectivement, nous sommes capables d'obtenir un sentiment de dévotion. Ça nécessite de travailler de la manière indiquée, mais ce sentiment va nous procurer la grâce. Et la grâce, c'est le « Tout par surcroît ». C'est notre mère Divine qui pourvoit à tous nos besoins à **travers notre activité intelligente**. Nous ne restons pas assis à attendre que la mère Divine fasse la cuisine à notre place; ça ne marche pas non plus, bien sûr.

Q *- Das, tu nous expliques régulièrement l'ego et le **Soi**. J'ai lu un livre qui parlait du **non-soi**. Est-ce pareil?*

R *- Dans un pays comme les Indes règne une polémique millénaire entre ceux qui ne voient que le **Soi** et ceux qui vivent le **non-soi**.*

*Pour les partisans du **Soi**, le **Soi est**, et il n'y a rien d'autre.*

*Pour les partisans du **non-soi**, le non-soi est réel.*

Ils ont totalement raison tous les deux et l'on peut se demander pourquoi ils en discutent encore. Ô, mystère de la conscience humaine!

Pour nous, dans la voie de la conscience, dans la branche de l'Alchimie, tout est clair, tout est intégré. En effet,

SEUL LE SOI EXISTE,
MAIS une partie du SOI est l'ego.

Par conséquent, l'on peut appeler ***non-soi*** *tout ce qui relève d'un état de conscience inférieur à la conscience suprême. Ainsi l'ego, le mental, l'intellect, la personnalité peuvent-ils être qualifiés de non-soi bien qu'en réalité, la conscience suprême ne forme déjà qu'un avec l'ego.*

Dans l'Alchimie de la conscience, nous étudions la conscience de façon globale :

- *nous découvrons les principes de la conscience suprême dans ses aspects immanents et transcendants;*
- *nous découvrons par expérience directe la conscience suprême dans ses aspects temporels, humains et relatifs.*

Bref, notre Alchimie nous permet la reconnaissance du « ***Soi*** *» et du « non-soi »,* ***avec*** *la parfaite conscience de* ***l'unité*** *complète de ces deux extrémités de notre propre conscience.*

L'Alchimie de la conscience, c'est la prise de conscience du Soi et de l'ego, que l'on appelle aussi le non-soi. Le Soi c'est l'Être, c'est notre conscience suprême. En réalité, il n'y a pas de non-soi puisque tout est Divin, tout est le Soi, tout est la conscience. Ce qu'on appelle le non-soi, c'est la partie de l'Être qui est relativement inconsciente.

Dans la vie que nous menons, nous sommes Divins, mais nous avons oublié que nous sommes Divins. Et la vie dans cet oubli, c'est ce qu'on peut appeler le non-soi; c'est la vie dans le mental, la vie dans l'ego. Le mental n'est pas séparé du Soi, le mental n'est pas séparé de la conscience. Le mental est une partie intégrante, indispensable à la conscience. Comme nos pieds : nos pieds nous sont indispensables, pourtant il y a des gens qui vivent sans leurs pieds.

Il y a aussi des gens qui vivent sans leur mental. Par exemple, une personne va mourir, son corps physique va mourir, puis plus tard son corps astral aussi, puis encore plus tard son corps mental également; mais elle va continuer de vivre dans les dimensions supérieures dans son corps causal, dans son corps christique. Alors, elle n'aura plus de mental. Pourtant, elle s'en passe très bien pour vivre dans ces dimensions de l'univers.

Si l'on veut vivre sur terre, c'est vraiment pratique d'avoir des pieds. On en a besoin pour marcher sur terre, sinon ça va nécessiter des roulettes et ça sera moins pratique. De même, pour fonctionner sur terre, ça nécessite un mental. Il y a des gens qui vivent sur terre et qui n'ont pas de mental; il y en a plein dans les hôpitaux psychiatriques. Il y a plein d'individus, aujourd'hui, qui sont des légumes car ils n'ont pas de mental. Donc, le mental est une partie de la conscience totalement indispensable sur terre. Le problème, ce n'est pas le mental.

Le problème, c'est nous dans cette conscience limitée au mental et qui croit que de vivre dans le mental, c'est la totalité de la conscience. C'est juste ça, le problème. C'est de croire que ce qu'on vit dans le mental, c'est le sommet de la conscience. Le monde entier, aujourd'hui, vit dans le mental **en croyant qu'il n'y a rien au-delà**. La science est bornée, limitée à la partie du mental qu'on appelle intellect, niant complètement les réalités supérieures. Pour la religion, c'est encore pire; elle cache la réalité de la conscience sous une couche épaisse de croyances.

L'Alchimie de la conscience permet de réaliser le Soi **par** la prise de conscience de l'ego, du mental, de la personnalité, par la prise de conscience de l'être humain. Contrairement à la spiritualité, où l'on vous dira : « Vous allez devenir Divins, vous devez prendre conscience de Dieu, vous n'êtes pas encore Dieu, il faut que vous deveniez Dieu ». Alors pour ça, nous allons pratiquer des techniques, des techniques et encore des techniques. Et il y en a, des techniques; ce n'est pas ce qui manque.

Dans la spiritualité, vous partez d'un point où vous savez que Dieu est en vous car, dans tout le cheminement spirituel, vous découvrez que Dieu est en vous dès que vous sortez des religions traditionnelles. Il faut donc devenir Divins; mais alors là, pour devenir Divins, vous allez ramer pendant vingt ou trente ans à pratiquer toutes les techniques qui vont se présenter. Vous le savez, vous êtes passés par combien de mouvements, chacun? Dans la voie spirituelle, vous partez d'un point très simple : Dieu est en vous, vous devez réaliser Dieu. Donc, il va falloir faire une foule de choses entre le point où vous commencez et le point où vous allez arriver. Vous êtes sensés arriver au bout, où vous serez devenus un Dieu. Vous, Dupont-Duharnais de Bobigny, vous allez devenir un Dieu; mais il va falloir tout un long et énorme travail.

Dans l'Alchimie de la conscience, ce n'est pas ça du tout. Vous ne deviendrez jamais un Dieu parce qu'au point de départ, vous êtes **déjà** ce Dieu. Le Soi est **déjà** ici, vous êtes **déjà** un Dieu. Qu'est-ce qui vous cache cette **réalité** supérieure? Voilà ce que nous devons découvrir dans l'Alchimie de la conscience : nous devons découvrir ce qui nous empêche d'être ce Dieu que nous sommes déjà.

Nous partons d'un point précis : Dieu est déjà ici, la conscience suprême est déjà ici, tout est déjà ici, maintenant, tout de suite, en ce moment. Tel que je vous parle, à chacun d'entre vous, vous êtes déjà un Dieu, une Déesse, un Être de Lumière dans votre véritable conscience.

LA MÉTA-RÉALITÉ EST DÉJÀ VÔTRE.

C'est bien dit dans le Chant du Cygne : « Ô, Être de Lumière, chante et libère-toi ». Vous êtes déjà un Être de Lumière. Qui vous cache ce fait? Qui vous cache votre propre Divinité? **C'est vous**, c'est l'ego, c'est le mental, c'est l'illusion, c'est le conditionnement social, c'est la fausse croyance religieuse, c'est la personnalité, ce sont tous les aspects humains et limités.

Reprenons l'exemple de notre ivrogne – je prends souvent cet exemple-là parce qu'il est significatif; il représente exactement ce qui nous arrive entre le Soi et l'ego. Qu'est-ce qui fait qu'un ivrogne, à un certain moment à la taverne, ne se rappelle plus où il habite, ni où il a garé sa voiture, ni même quel est son nom? Pourtant, il sait bien qui il est, d'habitude. Ce sont les vapeurs de l'alcool : il a juste un peu trop bu mais il est là; il a beau se chercher, il est là. Son être habituel et lucide est là, « caché » sous son ivresse. Que l'ivresse se dissipe et il redevient lui-même, n'est-ce pas?

Nous sommes déjà là, dans notre lumière, dans notre Divinité, dans notre Christ, dans notre Monade. Tout est déjà là. Nous devons prendre conscience que nous n'avons rien à faire pour devenir un Dieu parce que nous le sommes déjà, ce Dieu. Alors, quand nous disons qu'il n'y a rien à faire pour devenir un Dieu, c'est parfaitement exact dans le sens où il n'y a vraiment aucune méthode, aucune thérapie, aucun exercice qui nous permettra de devenir ce que nous sommes déjà.

Vous ne pouvez pas faire un exercice pour devenir une femme alors que vous êtes déjà une femme. Vous ne pouvez pas faire un exercice pour devenir un homme alors que vous êtes déjà un homme. Vous ne pouvez pas faire un exercice pour devenir un Dieu : vous êtes déjà un Dieu. Autant que vous êtes une femme ou un homme en ce moment, vous êtes déjà un Dieu. Il y a seulement lieu de découvrir ce qui nous « cache » notre réalité suprême.

S'il n'y a rien à faire pour Être, pourquoi s'inquiéter de tout cela? Dans un grand centre spirituel, j'ai entendu des dévots dire à leur sage : « S'il n'y a rien à faire puisque tout est déjà là, pourquoi vient-on à l'Ashram? Pourquoi vient-on te voir? Pourquoi est-ce qu'on récite des mantras? Pourquoi est-ce qu'on pratique toutes sortes de techniques? ».

Il n'y a rien à faire, certes, mais l'être inconscient, lui, ne fera rien pour devenir un Dieu, mais il restera complètement inconscient. L'Être qui devient conscient dit : « Oui, en réalité je suis un Dieu, mais je vis dans une limitation humaine épouvantable et je veux me libérer ».

Ainsi, la prise de conscience de l'ego ne consiste pas à pratiquer des techniques pour devenir un Dieu, **mais à faire quelque chose pour prendre conscience de l'obstacle** qui nous sépare de nous-mêmes. Donc si nous chantons le Chant du Cygne, ce n'est pas pour devenir un Dieu, nous le sommes déjà. C'est pour nettoyer le passage, pour prendre conscience que nous sommes un ego humain limité afin que la limitation s'évanouisse et que la réalité suprême apparaisse.

Dans les systèmes spirituels, vous devez faire un tas de choses pour devenir un Dieu. Dans l'Alchimie, ce que vous allez faire, c'est juste de prendre conscience que vous êtes un ego humain limité; c'est le « **je ne suis rien** ».

Dans la voie spirituelle, vous dites : « Je suis Dieu », puis les dévots disent : « Je suis Chiva, je suis Chiva, je suis Chiva ». Mais lorsque vous vous levez le matin, est-ce que vous dites : « Je suis Cécile, je suis Cécile, je suis Cécile »? Vous ne dites pas « je suis Cécile »; vous le savez que vous êtes Cécile, ou Sylvie, ou Denise, ou Claude. Si vous le savez, avez-vous besoin de dire : « Je suis Chiva, je suis Chiva, je suis Dieu, je suis Dieu, je suis Dieu, je suis Dieu, nom de Dieu »? Il n'y a pas besoin de ça quand vous le savez. Donc on le sait, mais on le sait tellement mentalement, tellement superficiellement qu'on a besoin de se le dire, de se le répéter. C'est ainsi, dans les voies spirituelles.

Il y a plein de techniques pour dire « Je suis Dieu »; en tibétain, en chinois, en sanscrit, en latin, en hébreu, en grec, dans toutes les langues exotiques. Parce que si on dit « Om Namo Nityanandam », ah! ça va être plus puissant que si on dit « Je suis le Christ » ou « Je suis la Lumière », c'est pareil. Mais on aime bien le dire dans des langues exotiques; on préfère...

Je ne dis pas ça pour critiquer le truc; je suis passé par là et j'en ai fait des années durant. C'est simplement pour constater qu'on dit une chose que nous sommes, certes, mais qu'on ne vit pas, pas du tout. Donc, on n'a pas besoin de dire que nous sommes un Dieu, surtout si l'on vit encore dans l'ego... Seul le Soi est ce Dieu et il nous faut franchir la barrière de l'ego pour le découvrir. Sylvie ne dit pas « Je suis Sylvie »; sauf lorsque, parfois, elle boit un verre de vin et qu'elle me dit : « Qui suis-je? ». Alors je lui réponds : « Tu es Chiva, tu es Chiva... ».

Donc voyez-vous, on ne fait pas quelque chose pour devenir un Dieu car nous sommes déjà un Dieu. Dans l'Alchimie de la conscience, nous allons faire quelque chose pour prendre conscience à quel point nous sommes un ego humain limité. Nous allons essayer de comprendre ce qu'est l'ego, ce qu'est le mental, ce qu'est l'intellect, ce qu'est la personnalité. Nous allons prendre conscience du flot de pensées qui nous traversent la tête, du fleuve des pensées qui nous obsèdent du réveil au coucher et qui nous cachent complètement notre conscience suprême.

Nous n'essayons pas de faire le vide mental parce que le vide mental n'existe pas. Toutes les techniques de vide mental qui sont disponibles et que chacun peut – s'il le veut – pratiquer pendant des années, sont là pour leur faire prendre conscience du mental, de sa vie et de son fonctionnement. Alors normalement, un Être qui, durant trois ou quatre ans, a vraiment essayé de faire le vide mental et qui n'a pas réussi, devrait logiquement en tirer deux conclusions. Il devrait en conclure : « On ne peut pas arrêter le mental » et « Je ne suis pas le mental!... ». **Bien sûr, le mental ne peut pas s'arrêter lui-même**.

Seule votre conscience suprême, un jour, arrêtera votre mental, mais ce n'est pas vous qui l'arrêterez. Perdez cette illusion. C'est la conscience suprême, supérieure au mental, qui arrêtera le mental. Nous ne pouvons pas décider de digérer nous-mêmes, nous ne pouvons pas décider de faire pousser nos cheveux, nous ne pouvons pas décider qu'aujourd'hui nous allons bien voir et que nous n'aurons pas besoin de nos lunettes; de même nous ne pouvons pas arrêter le mental.

Bien sûr, il y aura toujours des gens pour soutenir qu'**eux**, ils font le vide mental. Vous savez, il n'y a rien entre l'ego et le **Soi**, il n'y a pas de vide. Ou votre conscience est occupée par le mental, ou elle l'est par le **Soi**. C'est l'un ou l'autre, jamais les deux ensemble, jamais l'absence des deux. Si le mental s'arrête, c'est la transcendance automatique, c'est l'ouverture de conscience systématique. Alors, demandez-leur : « Votre vide est-il magnifique et nirvanique et votre vie transformée par l'ouverture de la conscience? ». Comprenez-vous? Nous ne pouvons rien décider de tout ça; ainsi, nous prenons conscience jusqu'à quel point nous sommes petits et impuissants – « **Je ne suis rien** ».

C'est sûr qu'on fait certaines choses dans la vie. Nous allons construire des maisons, nous allons régler des problèmes, nous allons faire beaucoup de choses. Oui, mais ce sont des activités humaines; nos grands problèmes, nous ne pouvons pas les régler sans élargir sérieusement notre conscience.

Dans nos vies, nous avons des trous béants, des gouffres que nous n'avons jamais été capables de combler. Nous n'avons jamais été capables d'établir un pont pour passer par-dessus. Donc, à un certain moment, il faut prendre conscience : « Oui, dans le mental, **je ne suis rien**; dans le mental, je suis petit et limité ». Si je vis dans le mental, je suis comme un homme ivre qui ne se rappelle plus qui il est, ni où il habite. Dans le mental, je suis insignifiant. Mais ça, on ne le répète pas; c'est inutile, ça ne sert à rien. Nous devons vraiment en prendre conscience.

C'est tout comme la personne qui boit. Elle a beau se dire : « Je ne devrais pas boire, je ne devrais pas boire »; tant qu'elle se répète ça, sa vie ne change pas, elle boit encore. Le jour où elle prend conscience à quel point c'est laid d'être ivre et de vomir dans son taxi que là, elle va vite guérir parce qu'elle a pris conscience, **elle a compris**.

Donc, si nous prenons conscience du mental et de la façon dont on vit, c'est la prise de conscience de l'ego. C'est la prise de conscience du mental par le mental. Le mental, lui, est capable de prendre conscience de tout ce qui est à son niveau et aux niveaux qui lui sont inférieurs. Il peut comprendre bien des choses qui se passent chez les animaux, qui se passent chez les autres et même qui se passent en lui. Il va sentir ses émotions, il va ressentir beaucoup de choses, le mental. Les émotions sont en dessous du mental et il peut arriver à comprendre ses émotions.

Prendre conscience de soi-même au niveau humain, physique, limité, tout en ayant une bonne connaissance du principe de la conscience suprême, nous conduira à réaliser notre **Soi**. Le principe de la conscience est symbolisé sur l'image du « Je suis » où l'on représente l'être humain en bas, la conscience christique au milieu et la conscience globale en haut. Cela représente l'ego, le Christ, la Monade, la Trinité de chacun de nous.

Si nous avons une bonne prise de conscience de l'ego alliée à une bonne connaissance du principe de la conscience, que va-t-il se produire? Automatiquement, le mental va commencer à **lâcher prise**. Quand vous comprenez que vous êtes un petit mental et que vous ne pouvez pas régler vos grands problèmes, un jour ou l'autre **vous lâcherez prise.** Vous vous ouvrirez alors à ce que votre conscience dirige votre vie pour lui confier ce que vous n'avez jamais pu faire de vous-mêmes, dans l'ego.

Parfois, l'on trouve le temps long; on ne peut pas éviter le temps, on ne peut pas éviter les délais. Sauf que plus nous allons être conscients, mieux ça va se passer, mieux nous allons supporter les délais. Puis les délais vont disparaître parce que la conscience va régler les problèmes d'un seul coup.

Dans la voie de l'énergie, vous savez, ça commence; on voit des choses qui arrivent tranquillement; mais les délais sont longs, dans l'énergie. Là, dans la **voie de la conscience**, parfois si vous êtes bien attentifs dans votre vie, vous voyez que les choses arrivent tout à coup. Vous sentez qu'il se passe quelque chose et soudain, le problème n'est plus là, c'est réglé. C'est ainsi, dans la voie de la conscience.

Depuis quelques années, au Québec, la vague de l'énergie est arrivée là. On a vu tout le monde basculer dans la voie de l'énergie puis faire du trager, du transfert d'énergie, de l'homéopathie, du massage, des cristaux, de l'acuponcture, de l'herboristerie, de la guérison, du chanelling et encore mille affaires; toutes relèvent de la voie de l'énergie. La vague de l'énergie a déferlé sur l'Amérique du Nord et sur l'Europe, préparant le terrain pour la conscience.

La vague de la conscience se lève déjà. Elle n'est pas encore très apparente, mais elle s'enfle; encore un peu et elle va déferler, elle aussi. Ce sera magnifique, un véritable raz-de-marée de conscience...

En effet, la vague d'énergie se transforme en vague de conscience. Déjà, nous surfons sur cette vague. Oui, nous sommes dans une vague de conscience. Vous êtes des Êtres assez ouverts pour venir ici pour chanter le Chant du Cygne qui ne parle que de la conscience. À chaque ligne, le Chant du Cygne parle de la conscience. À chaque fois qu'on le chante, on se branche sur notre conscience; on répète « conscience, conscience, conscience »; conscience comme ci, conscience comme ça. Alors, le mental est saturé de l'idée de conscience. Ainsi, pour votre mental, c'est « conscience, conscience, conscience » toute la journée.

En même temps que le mental entend « conscience, conscience », vous prenez conscience du mental. Vous travaillez sur votre mental, mais pas pour le transformer, pas pour changer votre mental : juste pour l'observer, comme vous pouvez observer un poisson dans un aquarium. Si vous observez un poisson rouge, il ne change pas; le poisson va rester rouge, il va toujours faire des bulles puis manger à la surface quand vous lui donnerez des graines.

Ainsi votre mental, vous pouvez l'observer de toutes les façons, vous ne le changerez pas. Un mental, c'est un mental. C'est parfait, un mental. C'est un instrument fantastique; on a mis des milliers d'années à développer notre mental. Nous ne sommes pas pour faire – comme dans certaines spiritualités –en sorte de tuer le mental, d'anéantir le mental, d'égorger le mental; non, pas du tout. Nous voulons **seulement** devenir conscients du mental. Seulement peut-être, mais en profondeur, nous devons en arriver à une conscience aiguë, terrible de ce qu'est le mental. Cette lucidité profonde le conduira à se transmuter par le lâcher-prise.

Donc, nous devons juste prendre conscience du mental par une observation attentive et permanente. D'un autre côté, nous saturons le mental de l'idée de la conscience en lui expliquant bien, à ce mental, qu'il y a une conscience plus grande que lui, qu'il y a une conscience encore plus grande, même. Nous lui expliquons que toute cette conscience est déjà là et que ses problèmes, à lui, viennent de lui-même. Nous devons lui expliquer que dans cette conscience supérieure, les problèmes du mental ne sont plus là, qu'ils n'existent plus. Plus nous lui expliquons, plus il comprend et plus il lâche prise. Un jour, il va s'évanouir, s'évaporer, et le **Soi** sera.

Lorsque nous chantons le Chant du Cygne, le mental enregistre « conscience, conscience, conscience ». Alors un jour, le mental décide de laisser faire la conscience. Ce jour-là, **il lâche prise** puis soudain, un problème se règle.

Voilà ce qui se passe en chantant le Chant du Cygne : en vous branchant sur la conscience, vous faites couler la conscience dans votre vie. Cela permet au mental, je vous l'ai dit, de se saturer de l'idée de conscience. D'un autre côté, vous prenez conscience de ce qu'est le mental, vous essayez d'observer le mental, la personnalité, l'ego; vous devenez attentifs à votre vie mentale. Alors bien sûr, un jour votre mental ne résistera plus et ce jour-là, la conscience coulera à flots dans votre vie.

Ce sera une ouverture de conscience. Si elle dure un quart de seconde, vous aurez la connaissance instantanée de quelque chose, une connaissance totale. Aussi sûr que lorsque vous vous levez le matin, vous vous reconnaissez dans la glace; ce sera pareil. Même si on vient vous dire le contraire, vous aurez reconnu la réalité. Finalement, la conscience s'ouvrira pour de bon; c'est-à-dire que le mental, au lieu de rester tranquille pendant un quart de seconde, va peut-être rester calme une minute, cinq minutes puis là, ce sera fini pour lui.

Il y aura toujours un mental en fonction du besoin, pour vous permettre de vivre votre vie terrestre. Mais le mental ne sera plus jamais un obstacle entre vous et **vous**. Le mental, c'est le faux « je ». Quand vous dites « je » et que vous êtes dans le mental, c'est le faux « je ». C'est le « je suis » malade, c'est le « je suis » négatif, c'est le « je suis » plein de problèmes.

Le vrai « je suis », c'est : « Je suis la lumière, je suis heureux, je suis optimiste, je suis amoureux ». Voilà le vrai « je suis ». Mais un mental peut être optimiste aussi et dire ces choses-là tout en restant un ego. C'est pour ça que j'ai déjà expliqué qu'il est préférable d'être un mental bien programmé, bien propre, bien poli et bien positif parce que c'est plus confortable à vivre que d'être un mental négatif, pessimiste et dépressif.

Beaucoup des cancers d'aujourd'hui viennent de ce que les ego-mentals vivent de la frustration, de la peur, de la colère, de la douleur et de la rancune. Ce sont essentiellement ces émotions négatives qui causent le cancer. Alors, quitte à être un mental, autant être un mental positif. Mais rappelez-vous qu'un mental positif ou un mental négatif, c'est toujours un mental, un ego loin de la réalité suprême.

La vague de conscience est sur le point de déferler. L'humanité est sur le bord de la conscience, sur le point où elle va comprendre **le grand principe**. La conscience revient au beau milieu de la « nuit obscure » du mental. Tout est prêt, déjà les vierges sages guettent son arrivée...

Oui, la conscience est de retour, nous sommes sur le point d'équilibre; encore une poussée, une bouffée de conscience et tout va basculer. C'est l'heure; réveillez-vous, levez-vous, allumez votre lampe et rejoignez les vierges sages, ça presse.

Soyez vigilants, observez ce qui arrive là; ça va aller vite, vite, très vite. C'est la conscience globale qui s'installe aujourd'hui dans le monde, elle descend et elle secoue tout le monde. Même, beaucoup de ceux qui n'ont jamais fait de croissance personnelle de leur vie vont se retrouver instantanément dans la conscience. En effet, ils sont ouverts, ils sont prêts, la vie leur a tellement tapé sur la tête pour les préparer. Quand la conscience va descendre, ils vont s'y immerger immédiatement. Sauf qu'ils vont peut-être passer une période étonnante parce qu'ils ne vont pas comprendre ce qui arrive; mais ils vont se retrouver dans la conscience de toute façon.

Ô, Êtres de Lumière, surtout, ne croyez pas que vous devez rester passifs en supposant que vous êtes ouverts et que la conscience va s'infuser en vous automatiquement. En commettant cette fatale erreur, vous risqueriez en effet de rejoindre les vierges folles et de rester dans le monde des « ténèbres », ce monde terrible où règne la folie de l'ego, qui peut même rendre les vaches folles...

Non, vous devez plutôt faire au mieux et au maximum de vos possibilités pour prendre conscience. Oui, vous devez utiliser au maximum les moyens dont vous disposez pour préparer la venue de la conscience suprême dans votre vie.

Alors, il faut bien comprendre : il y a l'être humain, il y a toute la dimension énergétique que nous avons besoin de connaître et que nous avons tous conscientisée plus ou moins, chacun à sa façon, dans la vie.

Mais la voie de l'énergie, ça reste la voie de l'énergie; c'est limité, très limité. Vous pouvez être très bons en énergie – un excellent thérapeute, un fameux bon guérisseur –, mais vous êtes toujours dans votre mental. Vous êtes un mental, un ego qui sait bien travailler avec l'énergie, comme d'autres maîtrisent l'électronique, l'informatique ou l'art culinaire. Malgré ces capacités, ils sont toujours dans leur mental, ils sont encore et toujours des ego limités à la conscience humaine.

Donc voyez-vous, la vague de l'énergie a préparé le terrain; maintenant, la vague de la conscience arrive, elle va tous nous emporter très haut et très loin. Soyons bien, bien conscients de ce qui se passe sous nos yeux, en ce moment. Et surtout, préparons-nous. Oui, soyons prêts à embarquer.

Ô, Êtres de Lumière, le bateau de l'éveil planétaire est de retour, préparez-vous à embarquer **sans** vos bagages. Oui, embarquez les mains vides, vous serez comblés.

Le bateau de l'éveil planétaire ne passe pas tous les matins; pour ceux qui vont rester en rade, le temps sera long. Pourtant, il y a assez de places pour tout le monde à bord. Tous peuvent entrer et chacun peut y découvrir **sa** place.

Alors voilà, Ô Êtres de Lumière; embarquez et laissez vos bagages chez vous, ou jetez-les dans le port...

Pratiquez, oui pratiquez les grands principes de la conscience. Je vous les explique ici, tous les jeudis, de différentes façons. Vous comprenez, c'est tout à fait clair; mais ensuite, comment les vivez-vous? Comment les appliquez-vous?

Le Chant du Cygne est vraiment très puissant. J'ai été très surpris en le découvrant. Ça m'a pris plusieurs semaines avant de bien saisir son aspect alchimique. Parfois, j'y découvre encore des aspects subtils et surprenants. C'est vraiment un texte alchimique destiné à produire la transmutation de la conscience. Pour que cette Alchimie de la conscience se réalise en nous, il nous faut appliquer le principe dans notre vie. Ainsi la compréhension de la conscience se produit par l'étude approfondie :

du Nectar de la Conscience,
et du Chant du Cygne.

Maintenant, ô Êtres de Lumière, chantons le Chant du Cygne; oui, chantons-le tous ensemble. Oui, chantons l'hymne d'amour à la conscience, et que coule en nous tous la grâce qui accorde tout par surcroît.

4

L'Attention Suprême

Ô Êtres de Lumière, bienvenue à notre soirée du jeudi. L'attention – être attentif –, l'attention suprême, quelle est-elle, comment l'obtenir, quels en sont les bienfaits?

L'éveil de notre conscience doit nous conduire à être attentifs, à cent pour cent attentifs, constamment attentifs. Mais attentifs à quoi? C'est ce que nous allons examiner ce soir.

Revenons, pour un moment, sur les soutras de la gratitude.

Les soutras de la gratitude, c'est vraiment ce qui nous ouvre le coeur. Ce sont eux qui débloquent toute la conscience, cette conscience pure qui descend en nous et qui va pouvoir ensuite se transformer en énergie Divine. Ainsi, elle pourra nous combler de bienfaits.

Il est dit, dans les premiers chapitres du Chant du Cygne, que si nous n'avons pas suffisamment de gratitude spontanée qui soit plus qu'un simple merci, mais un authentique sentiment de reconnaissance, nous ne pourrons pas ouvrir notre coeur. Si nous n'éprouvons pas le sentiment que la vie est belle, que la vie nous comble, et bien trempons-nous dans la gratitude **d'un autre!...** Et ça fonctionne! Oui car, au bout du compte, il n'y a qu'une seule conscience.

On a chacun deux pattes, on a chacun un cerveau, on a chacun un mental. Et encore pas toujours, car notre mental est en grande partie constitué du mental de toute l'humanité qui passe à travers nos têtes. Souvent, nous croyons que nos idées sont nos propres idées, mais ce sont, la plupart du temps, à quatre-vingt-quinze pour cent les idées de toute l'humanité qui passent à travers nos têtes. Mais nous n'en sommes pas conscients, pas du tout.

Plus nous allons nous observer, plus nous allons devenir témoins de nous-mêmes, plus nous allons nous apercevoir que nos pensées ne sont pas nos pensées. Parfois nous souffrons ou nous avons une envie ou un désir parce que nous avons une pensée qui nous vient à l'esprit, et c'est toujours la même; et à répétition, elle nous obsède.

Mais le jour où nous constaterons que ce n'est pas notre pensée, que cette pensée-là n'est pas à nous, que nous ne savons pas à qui elle appartient mais qu'elle n'est pas la nôtre, alors elle n'aura plus le pouvoir de nous déranger. À un certain moment, nous allons voir, ça ne nous touche plus, la même pensée revient mais nous ne sommes plus affectés, nous n'avons plus l'émotion, nous n'avons plus la souffrance, nous n'avons plus rien; elle ne nous gâche plus la vie. Voilà donc une chose à prendre conscience; il faut prendre conscience que la plupart de ce que nous pensons ne vient pas de nous.

Revenons à la gratitude. Les soutras de la gratitude vont nous ouvrir le coeur. En nous ouvrant le coeur, la pure conscience va descendre en nous et se transformer en énergie. L'énergie mère, c'est la terre, c'est la Mère Divine qui nous comble de bienfaits. C'est pourquoi plus nous allons nous tremper dans la conscience, plus nous aurons **tout par surcroît.**

Le Chant du Cygne – cet hymne d'amour à notre conscience –, c'est la grâce qui accorde tout par surcroît. Plus nous avons de conscience, plus nous avons de tout; mais pas toutes les petites bricoles matérielles, mais tout en abondance : la vie Divine en abondance, l'extase et toute la plénitude qui doivent arriver par surcroît.

Vous allez dire : « Tu n'as pas l'air d'être en extase ». Mais non, je n'ai pas l'air d'être en extase parce que je suis comme vous : j'étudie le principe, les principes de l'éveil spirituel, mais je ne suis pas un éveillé spirituel. Je veux vous le dire clairement afin que personne ne vienne me demander un miracle... J'ai fait de la guérison par les mains, mais aucun miracle.

De toute façon, un véritable éveillé spirituel n'a jamais « l'air d'être en extase »; il pourrait éventuellement avoir l'air attentif. De ce qu'il a l'air vraiment, seul un autre être éveillé pourrait le constater... L'éveil spirituel, c'est l'état de conscience d'une personne qui a vraiment transcendé le mental, dont l'ego a complètement capitulé et qui vit consciemment dans les états de conscience supérieure et christique. Je n'en suis pas là; je suis dans le mental, comme tout le monde. J'ai découvert beaucoup de principes, et c'est tellement fantastique qu'il faut que je vous en parle à tous. Je ne peux même pas faire autrement.

C'est la raison pour laquelle le Chant du Cygne est maintenant édité. Non pas que je le voulais; le Chant du Cygne était écrit depuis trois ans, depuis août 1992. L'impulsion de le sortir, de l'éditer, est venue en mai-juin de cette année (1995). Aujourd'hui, il s'agit de partager ensemble les principes de l'éveil; mais partager les principes de l'éveil, ça ne fait pas de nous un éveillé, comprenez-vous?

Il faut faire bien attention de ne jamais s'illusionner sur soi-même, ni de ne jamais faire croire aux autres que nous sommes un éveillé ou un illuminé. À toutes sortes de niveaux, ce n'est pas une bonne chose. Un jour, vous aurez peut-être à expliquer les principes de l'éveil, lorsque vous les aurez compris. Alors, précisez toujours où vous en êtes rendus, mais ne laissez jamais croire à une personne que vous êtes un éveillé et qu'un éveillé, c'est ça... Vous pourriez induire du monde en erreur.

Je vous le dis clairement : je ne le suis pas. J'étudie les principes, j'ai pris conscience d'une partie du mental, ce qui me fait bien prendre conscience que je ne suis pas éveillé.

Au moins, c'est la prise de conscience du « je ne suis rien ».

Nous avons la personne humaine qui vit dans le mental et qui n'est même pas consciente qu'il existe un éveil; le savoir, c'est déjà tout un progrès. Nous pouvons étudier les principes de l'éveil, puis comprendre qu'il y a un éveil quelque part, en arriver ainsi à conscientiser nos limites et voir à quel point nous sommes prisonniers.

L'Alchimie de la conscience n'est pas d'essayer de prendre conscience du Divin parce que le Divin est infiniment plus grand que le mental et tout à fait inaccessible pour lui. L'Alchimie de la conscience permet plutôt de prendre conscience du mental. Ça, nous pouvons le faire.

D'un côté, on prend conscience du petit bout pour voir à quel point nous sommes tout petits, tout minuscules, tout limités. Puis de l'autre côté, on connaît le principe d'une conscience Divine, infinie. Quand on connaît le principe qu'on a une conscience infinie et qu'on se reconnaît comme petit, limité et rabougri, ça nous donne la conscience de l'unité.

C'est la conscience du « je ne suis rien »
dans la conscience du « je suis Tout ».
Ô Dieu, je ne suis rien et je suis Toi.

Vivre dans la conscience de l'unité fait en sorte que l'ego va finir par capituler, un jour ou l'autre. Et peut-être qu'un jour, il aura une ouverture de conscience d'une fraction de seconde. Peut-être qu'un jour, ce sera une béatitude nirvanique, on ne le sait pas. Mais peu importe; il n'y a même pas à s'en occuper, ça arrivera obligatoirement. On ne peut pas faire autrement, ça arrivera. Ça arrivera d'ailleurs à tout le monde, à toute l'humanité. Il y en a pour qui ça arrivera dans cinq ans, dans dix ans, s'ils cherchent à comprendre le **principe.** Pour les autres, ça leur arrivera dans deux mille ans, après encore deux mille ans de souffrances.

Peu importe, ça arrivera à tout le monde. Enfin presque, car il y a toujours, dans toutes les vagues de vies, des groupes humains plus abrutis que les autres, et qui deviennent des **Retardataires.** Ceux-là se sont coupés de l'amour et leur conscience supérieure ne peut plus les « rejoindre ».

Si, aujourd'hui, nous prenons vraiment conscience du « je ne suis rien » et que nous connaissons bien le « je suis Tout », l'éveil se produira rapidement. Le « je ne suis rien », nous pouvons le voir, nous pouvons le sentir, nous pouvons le vivre tous les jours; « je ne suis rien », c'est concret. À chaque fois que nous sommes pleins de pensées qui vagabondent, à chaque fois que nous souffrons, nous pouvons dire : « Je ne suis rien ».

Si nous étions dans notre réalité, nous serions dans la béatitude.

Alors, c'est facile de savoir à quel point nous ne sommes rien : il suffit de regarder à quel point nous sommes dans la béatitude, dans l'extase, dans le nirvana. Si nous sommes dans l'extase, dans le nirvana, nous pouvons dire : « je suis Tout »; sinon, nous ne pouvons que dire « je ne suis rien ». Nous sommes sûrs de ne pas nous tromper.

Si vous souffrez, si vous avez des frustrations, des désirs, des insatisfactions, dites-vous bien ceci : « Je ne suis rien, mais je suis tout »; «Je ne suis rien, **mais en réalité,** je suis tout », voyez-vous?

Donc pour se réveiller, il faut étudier le principe, les principes de l'éveil, la prise de conscience de l'infini. Mais nous ne pouvons pas en prendre conscience; nous pouvons seulement savoir que l'infini existe. Par contre, nous pouvons prendre conscience du tout-petit. Le tout-petit ne fait qu'un avec le grand; **ça, c'est la conscience de l'unité.** C'est un état de conscience avancée qui conduit rapidement à l'ouverture de la conscience.

Nous sommes déjà illuminés, nous sommes déjà Divins, nous n'avons pas besoin de le devenir, c'est déjà fait. Nous sommes Divins, nous devons seulement prendre conscience de l'obstacle. C'est comme un aveugle; qu'est-ce qui le sépare de la lumière? Le soleil brille, la lumière est déjà là, pourquoi ne la voit-il pas? Qu'est-ce qui lui manque, qui le sépare de la lumière? Il lui manque juste un petit quelque chose qui fait qu'il ne voit pas clair. Le sourd, le sourd dingue n'entend rien; pourtant, il y a du bruit partout, il y a du son partout. Il en est juste séparé par un petit quelque chose.

Et nous, qu'est-ce qui nous sépare de notre véritable conscience Divine, qui nous sépare de tout ce que nous sommes en réalité? Un petit rien, un minuscule rien du tout. C'est juste une couche de nuage mental qui nous coupe de notre nature Divine.

Samael Aun Weor, ce grand maître de la Gnose, déclare : « Il faut fouetter le mental, il faut le gronder, il faut le secouer, il faut l'ouvrir avec le bistouri du discernement et le fouetter avec le fouet de la volonté ».

Oui, peut-être que ça peut donner des résultats pour certains, mais n'y a-t-il pas une autre approche? Une approche plus douce, comme celle que j'ai testée un jour : et si jamais j'essayais d'être gentil avec mon mental, amoureux avec mon mental. Ce jour-là, je me suis senti bien, si bien, tellement bien que j'ai décidé, depuis, de parler gentiment à mon mental.

Alors quand je conduis, quand je lis et que ma tête se remplit de vaines pensées, d'imaginations stupides, je lui parle ainsi :

> *« Ô mon amour, ferme ta bouche, tu me déranges! »*
> *(Rire général...)*

Voyez-vous, ça fonctionne bien; le mental comprend, comme un enfant. Pour que le bruit mental se ralentisse de façon appréciable, il faut:

- être conscient de ce qui se passe dans notre tête et dans notre mental;
- lui parler, encore et toujours, et à voix haute de préférence;
- en devenir parfaitement témoin tout en le laissant faire, sans le contraindre; l'observer, c'est tout;
- être attentif en permanence à l'activité du mental dans notre tête.

Quand il a compris, le mental se calme de lui-même. Au début, c'est tout un travail; mais ensuite, ça devient une habitude automatique. Il revient près du centre de lui-même, naturellement, spontanément. Essayez cette méthode, vous verrez qu'il faut beaucoup d'amour pour se dire à soi-même : « Mon amour, ferme ta bouche ».

L'obstacle, en réalité, ce n'est pas le mental. Le mental est le bourricot sur lequel on doit monter pour rentrer à Jérusalem. Jésus est rentré à Jérusalem sur un âne, vous vous souvenez de ça? L'âne, c'est le mental. Nous ne nous sommes pas cassé la tête depuis des milliers d'années à nous fabriquer un mental pour le jeter par la fenêtre aujourd'hui, ni pour faire comme certains : « On doit tuer le mental, on doit couper le mental », mais non. Nous l'avons développé, nous en avons besoin.

Le problème, ce n'est pas le mental. C'est un bourricot, pour l'instant, il ne sait pas ce qu'il doit faire; il faut lui expliquer. Il faut parler à son mental, il faut lui faire prendre conscience de son rôle véritable, **sinon il ne le saura jamais.** C'est important de lui dire : « Tu es mon bourricot; si tu es bien gentil, je vais pouvoir monter sur ton dos et rentrer à Jérusalem », c'est-à-dire revenir dans ma conscience Divine avec un mental complètement calme, docile, soumis à la volonté de la conscience suprême.

Quand nous montons sur le dos de notre âne, il faut que notre monture soit coopérante et qu'elle soit calme. Là, nous pouvons rentrer dans notre conscience Divine, la Nouvelle Jérusalem. Il faut le motiver, l'âne mental, ainsi : « Écoute, rentrons comme ça à Jérusalem et là, tu vas devenir un Pégase ». Pégase, c'est le cheval ailé de la mythologie. Alors, nous lui parlons comme ça et ça marche, il se calme.

Je lui ai même dit : « Si tu es tellement gentil, durant des années, si tu te calmes, si tu fermes ta bouche, non seulement tu deviendras un Pégase mais arrivé à Jérusalem, tu connaîtras les licornes... les belles petites licornes avec une belle grande corne ». – (Rire général)

Il est tout content, mon mental; voyez-vous le Principe? Je ne le berne pas. C'est vrai qu'il va se transformer. Notre mental, quand il sera devenu complètement à la disposition de notre conscience Divine, fera de nous, instantanément, un Maître disposant d'une intelligence Divine, infinie et illimitée. Nous pourrons réaliser tous nos rêves, mais pas les rêves de notre ego d'aujourd'hui, qui ne sont que nos désirs, mais les vrais rêves de « Moi-même ». Ce mental ordinaire, ainsi transmuté, deviendra une pure intelligence Divine car il est prêt, il est prêt à servir **dès qu'il aura compris,** vraiment compris, compris en profondeur.

Le mental transmuté, c'est l'arbre à souhaits. Si nous voulons faire une analogie, le mental est comme une voiture où nous roulerions toujours en première vitesse; pourtant, il y a quatre vitesses. Nous roulons toujours à dix kilomètres à l'heure, mais si nous savions conduire, nous pourrions rouler à cent cinquante.

Le mental marche tous les jours à dix kilomètres/heure, au ralenti, avec des idées ordinaires, des idées de tout le monde qui passent dans sa tête. Si nous savions conduire notre bourricot mental, nous verrions qu'en réalité, c'est un cheval ailé qui peut voler au-dessus de la conscience humaine.

Donc l'obstacle, en réalité, ce n'est pas le mental. L'obstacle, c'est la conscience mentale, la volonté du mental. Le mental pour se développer, a dû être artificiellement coupé de sa source, l'intelligence Divine pure, la pure conscience Divine. Sans cette coupure, il n'aurait pas pu se développer.

C'est comme un enfant : si sa mère lui tient la main jusqu'à l'âge de trente ans, il sera toujours un crétin. Il faut qu'à un certain moment, sa mère le laisse vivre sa propre vie. Comme la mère oiseau : si elle ne jette pas son petit dans le vide, il ne saura jamais voler.

Donc pour nous, notre conscience Divine s'est artificiellement coupée du mental, de l'embryon mental qui devait croître. Il fallait qu'il se développe tout seul, il fallait qu'il essaie tout, qu'il réussisse et qu'il échoue, qu'il teste sa volonté et qu'il s'y casse les dents pour devenir fort. Un ego ne peut pas capituler s'il est faible. Il doit devenir fort, puissant; c'est pour ça qu'on se développe un gros ego bien fort, une terrible volonté humaine.

Les petits ego maigrichons, pâlots, faiblards ne sont pas prêts du tout à lâcher prise. Leur conscience Divine n'a pas encore réussi à fabriquer le puissant instrument de **son action dans la matière.** Quand c'est le cas, quand la bête mentale est devenue forte, vigoureuse, obstinée, autonome, indépendante, elle est prête à être domestiquée. Maintenant, oui, nous avons besoin de cette puissante monture. Il ne nous reste **juste** qu'à la transmuter...C'est juste ça...

La volonté humaine doit se mettre au service de la conscience Divine. On dit souvent que la volonté de l'ego doit disparaître; c'est vrai mais c'est faux. Elle doit disparaître en tant que volonté humaine, **mais** elle doit subsister en tant que volonté Divine.

En effet, tous nos désirs en essence ne sont jamais qu'une expression de la volonté Divine, mais déformés par notre mental. C'est pour ça qu'au lieu de nous occuper de nos désirs, si nous nous occupons de nos besoins, nous tombons dans l'essence de la volonté Divine. Nous découvrons alors le véritable besoin derrière tous nos désirs.

Donc l'obstacle, en réalité, ce n'est pas le mental en tant que tel, bien qu'il nous gâche la vie toute la journée. Il faut en prendre conscience, lui parler, devenir témoins du mental et constater : « Ces idées-là ne sont pas les miennes ». Observer : « Tiens, il est encore dans l'imaginaire; tiens, il est encore dans le passé; tiens, il est encore dans le futur; tiens, il est encore dans les fantasmes ». Il est inutile de lutter contre lui, mais simplement en être témoins : Que fait-il? Où est-il? Que raconte-t-il? Tiens, il radote encore la même histoire, nous l'avons entendue mille fois, cette histoire-là.

Au lieu de partir dans un rêve, observons notre mental. Nous rêvons que notre époux est maintenant si merveilleux, nous refaisons le monde, nous transformons nos collègues de travail au bureau ou nous nous fabriquons un patron à notre goût. Ça fait déjà dix mille fois que le mental a rêvé ainsi à tous ces fantasmes. « Encore ça? Ça fait dix mille fois que tu me le racontes! ». À un certain moment, il ne le raconte plus, il n'en rêve plus, quand nous lui avons parlé ainsi, plusieurs fois.

L'obstacle, donc, c'est la conscience réduite que le mental a développée. Le mental, pour grandir, a appris toutes sortes de choses et puis il s'est fabriqué une espèce de conscience très limitée. C'est cette conscience-là, le problème. C'est cette conscience réduite, le problème;

car le mental en tant que corps, le corps mental en tant que machine à penser, c'est formidable. Nous avons besoin, en effet, d'être conscients dans le mental.

Mais la conscience du mental est devenue autonome; elle fonctionne d'elle-même, elle fonctionne toute seule. C'est cette conscience-là qui doit se mettre au service de la conscience Divine. Cette conscience mentale, fragment de la conscience Divine, doit se fondre en elle. Alors le mental, transmuté, pourra jouer son rôle Divin.

La conscience mentale est entièrement automatique. Elle fonctionne automatiquement d'après toutes les programmations et toutes les mémoires de toute notre vie, et même bien plus que ça. Ça fonctionne tout seul mais, pour que ça puisse changer, il faut être conscient de notre conscience mentale. C'est là le secret.

L'obstacle, donc, c'est la conscience mentale. Alors, devenons conscients de notre conscience mentale. La plupart des gens sont inconscients; ils pensent, ils ont la tête pleine de pensées, ils savent mettre la radio tout le temps à fond pour ne pas entendre leur tête, mais c'est tout. Ils ne sont pas conscients qu'ils ont une conscience mentale, ils ne sont pas conscients de ce que fait leur mental. Ils ne sont pas conscients que ce qu'ils pensent ne vient pas d'eux, que ce ne sont pas eux qui pensent. Ils sont encore moins conscients de leur conscience mentale.

Donc nous, nous décidons de devenir conscients, non seulement de notre mental, mais surtout de notre conscience mentale. Ainsi, nous observons le mental, nous sommes les témoins, mais à partir d'une conscience supérieure à celle du mental. Au début, c'est le mental qui s'autodiscipline, c'est le mental qui tente de s'observer lui-même. Alors à un certain moment, ce sera vraiment notre conscience Divine qui va observer le mental et la conscience mentale. Pour que cela se produise, il nous faut, à chacun d'entre nous, une très forte attention, **l'attention suprême**, qui consiste à observer plus que le mental, mais la conscience mentale.

C'est là que tout peut changer, tout peut basculer; mais il faut faire cet effort-là. Je ne dis pas de contrôler le mental, mais de l'observer et d'être le témoin de la conscience mentale. À mon avis, beaucoup trop d'enseignements parlent de contrôler le mental par la volonté. Avec une volonté énorme, les fakirs sont capables de s'asseoir les fesses sur des clous. Avec assez de volonté, nous pourrions peut-être arriver à faire en sorte que notre mental se calme; mais c'est artificiel.

C'est comme le lion : si nous lui serrons le cou tellement fort, il a de la peine à respirer, il ne pourra pas nous bouffer, n'est-ce pas? Mais toute notre vie, il faut que nous l'étouffions. Un jour, notre bras sera fatigué et nous allons lâcher. Le lion va respirer et nous bouffer. Il n'aura jamais été domestiqué!

Le mental, c'est pareil, Si nous voulons contraindre notre mental, ça ne marche pas du tout. Il doit en effet **se soumettre de lui-même.** Sinon, notre volonté supérieure l'aurait déjà mis à son service, il serait esclave alors qu'il doit être non seulement un serviteur, mais plus encore : **un collaborateur** et un véritable partenaire de notre conscience suprême.

L'obstacle, donc, c'est la conscience du mental qui se croit séparée de la conscience suprême alors qu'en réalité, il ne fait qu'un avec elle. Il faut être gentil avec son mental, il faut être plein d'amour pour lui. On parle toujours d'amour, d'amour, d'amour. Il faudrait commencer à faire l'amour à nous-mêmes. Oui, être plein d'amour pour nous, non seulement pour notre corps physique, mais pour tout ce qui est nous.

Notre mental, c'est une partie de nous-mêmes, tout comme nos pieds. Ça ne nous vient pas à l'idée, parce que nous avons des problèmes aux pieds, d'aller se torturer les pieds car nous nous ferions du mal à nous-mêmes. Alors, allons-nous nous torturer le mental? Le mental, c'est nous-mêmes, mais en partie. Les pieds, ce n'est pas le vrai nous-mêmes, mais une partie de nous-mêmes. Il est où, le vrai Jean-Pierre? La main, le pied, le genou? Tout est moi. Tout comme le vrai Jean-Pierre est plus que la main, le vrai Jean-Pierre est plus que le mental, comprenez-vous? C'est ainsi pour chacun, bien sûr.

Le vrai nous-mêmes, c'est notre conscience supérieure. Toutes les parties forment le tout; les pieds, les genoux, les mains, c'est nous-mêmes, une partie de nous. Nous n'allons pas nous torturer les pieds si nous avons mal aux pieds, nous n'allons pas nous torturer le mental pour prendre conscience du mental. Alors nous allons essayer d'être pleins d'amour envers notre mental, de lui parler, de l'observer, de voir ce qu'il fait. Nous allons constater que ça va aller vite.

Quand nous saisissons le principe, nous devenons attentifs à notre conscience mentale. Alors, des résultats se manifestent; l'attention se renforce, **l'attention suprême apparaît.** Dès lors, le lâcher-prise suivra forcément.

Q *- Moi, ça été très beau, cette semaine. J'ai fait ça chaque fois, j'ai eu des résultats fantastiques, j'ai même été très surprise. Cela va-t-il durer?*

R *- Naturellement, dès que vous devenez attentifs, dès que vous observez votre mental, dès que vous devenez témoins de votre conscience humaine,* ***vous devenez conscients.***

Alors forcément, tout change; la vie change à la vitesse même où vous êtes capables de vivre dans l'attention suprême. Finalement, c'est très simple, mais aussi très difficile. Seuls les valeureux guerriers de la conscience prendront le chemin direct. Il n'en tient qu'à vous... d'en faire l'effort.

Simone demande : « cela va-t-il durer? »

Je lui demande : « Simone, ton attention suprême va-t-elle durer? »

Alors voyez-vous, plutôt que d'écraser le mental, essayons donc l'amour. C'est l'amour de soi-même pour apprendre à s'aimer soi-même, **à aimer notre ego, à aimer notre mental**, à s'aimer entièrement, en fin de compte. Je pense que nous n'obtenons rien par la force, ni par la violence; surtout pas par la violence sur nous-mêmes. N'oublions jamais que la conscience, c'est nous-mêmes, la conscience Divine, c'est nous. Le mental, c'est nous-mêmes; même si ce n'est pas le vrai nous-mêmes, mais c'est une partie de nous.

C'est comme le sous-sol : le sous-sol, c'est la maison. Au-dessus, le rez-de-chaussée, c'est la maison. Au-dessus encore, le premier étage, c'est toujours la maison. Mais s'il y en a un qui vit dans le sous-sol et qui ne connaît pas les deux étages du dessus, il peut dire : « La maison, c'est juste le sous-sol ». Si nous connaissons bien la maison et que nous vivons sur les autres étages, nous ne pouvons pas dire que le sous-sol n'est pas la vraie maison. Ce n'est pas une vie normale que de vivre seulement dans le sous-sol. Mais la vraie maison, elle est où? Du sous-sol jusqu'au toit, c'est la vraie maison. Sauf que la vie normale, c'est de vivre toujours au bon endroit selon chaque circonstance.

La vie normale, c'est d'utiliser les trois niveaux de la maison. La vraie vie, c'est d'utiliser le mental quand nous en avons besoin et d'utiliser la conscience du Soi quand c'est nécessaire, et de vivre dans la conscience Divine quand il le faut. Voyez-vous? C'est la même chose sauf que nous, nous vivons toujours dans le mental; c'est ça notre terrible problème.

Oui, nous vivons dans le mental,
au sous-sol de notre conscience.

Comprenez-vous? L'être humain vit au sous-sol de sa conscience, dans la « terre » de la conscience. Celui qui comprend vraiment ce principe gravira, c'est certain, l'escalier de la conscience qui le conduira vers les étages supérieurs, vers le « ciel » de sa conscience.

La réalisation parfaite de ce Principe de base déclenchera tout le processus de **l'Alchimie de la conscience.**

Ce principe, expliqué ici en quelques pages et résumé en deux lignes, est le **déclencheur**. Encore faut-il le comprendre, l'assimiler et le réaliser, encore faut-il **l'attention suprême!...**

**Oui, nous vivons dans le mental,
au sous-sol de notre conscience.**

***

Vous devez bien comprendre une chose, ô Êtres de Lumière : la conscience est un sujet abstrait, terriblement abstrait, et dans un cours comme celui-ci sur la conscience, je suis obligé d'utiliser constamment des analogies pour vous expliquer les choses de plusieurs manières différentes. Le concret de l'analogie fait saisir le concept abstrait.

La pédagogie de la conscience n'est pas quelque chose d'évident à pratiquer, et vous comprendrez facilement les limites des analogies. Une analogie ne reflète jamais la réalité du sujet. C'est une simple comparaison, une image pour parler au mental.

Alors le lion, la maison, le sous-sol, le pied et toutes les autres comparaisons, sont des aides pédagogiques qu'il convient de remettre à leur place afin de ne pas confondre la photo de votre amoureuse avec votre amoureuse elle-même... J'espère que ces précisions vous aideront à mieux « **sentir** » la véritable essence de mes propos.

***

Donc, nous devons prendre conscience de la conscience mentale, et non seulement du mental. C'est bien de prendre conscience du mental, mais c'est mieux encore de prendre conscience qu'il fonctionne de façon automatique, avec une conscience propre à lui-même. Cette conscience-là, si limitée, n'est jamais qu'une partie de la grande conscience.

N'oublions pas qu'il n'y a qu'une seule conscience. Nous sommes ici – douze ce soir –, mais nous avons une seule conscience. L'humanité n'a qu'une conscience, mais cette conscience Divine et infinie passe à travers chacun et s'y exprime plus ou moins.

Plus nous sommes ouverts, plus nous allons exprimer de Divinité. Si nous sommes complètement fermés, complètement bouchés, nous n'allons rien exprimer. Si, au contraire, nous sommes tellement abrutis, tellement fermés que l'énergie **circule à l'envers,** nous deviendrons des criminels ou des dominateurs, ce qui est la même chose, d'ailleurs. Car en effet, la domination des tyrans produit la pire forme de criminalité – légale et à grande échelle. Pourtant, c'est toujours la même énergie, la même conscience qui descend, mais à l'envers pour certains. Ces **Retar-**

dataires, coupés de l'amour, produisent les cruels dominateurs qui nous oppriment.

Le principe, c'est que nous devons transformer notre mental pour le mettre au service de notre conscience Divine. Et à partir de là, cette conscience Divine peut s'exprimer à travers nous jusque dans le plan physique. C'est pour ça qu'à un certain moment, quand l'ego a disparu, nous ne faisons plus qu'un en conscience avec notre conscience Divine. Nous possédons toujours nos différents corps : notre corps physique, notre corps éthérique, notre corps astral, notre corps mental, notre corps causal... Mais ce n'est plus l'ego qui pense, c'est cette conscience suprême qui coule complètement à travers nous.

Si nous arrivions, tous les douze ensemble, à transcender l'ego, tout de suite, instantanément, nous ne ferions complètement qu'un en conscience avec notre véritable conscience Divine. Ce serait donc la même conscience, mais nous vivrions douze vies complètement différentes, dans la pure intelligence Divine. Nous ferions des choses totalement différentes et pourtant, c'est la même conscience. Nous serions à nouveau connectés sur notre véritable conscience. Nous ne ferions qu'un avec cette conscience, mais nous l'exprimerions chacun différemment parce que nous nous servirions de tout notre acquis, de tout notre mental, mais d'un mental à sa disposition.

Le problème de notre conscience Divine, c'est que notre mental n'est pas à sa disposition. Pour en arriver à ça, notre mental doit redevenir disponible. Alors, nous pratiquons tous ces principes, nous prenons conscience, nous cultivons cette connaissance et surtout, nous cherchons à comprendre le principe de l'ego et du **Soi.**

C'est pour ça que nous chantons le Chant du Cygne. Le Chant du Cygne, lui, nous centre, nous ramène toujours au centre, non seulement quand nous allons chanter le Chant du Cygne, mais toute la journée aussi. Le mental, lui, au lieu de penser à n'importe quoi, qu'il le veuille ou non, va être obligé de penser au Chant du Cygne; car plus nous chantons, plus il y a de neurones qui se remplissent avec cette idée du Chant du Cygne. Donc, le mental revient au centre, il pense au Chant du Cygne; en pensant au Chant du Cygne, il se centre, il se centre, il se centre. N'oublions pas qu'il y a une force centrifuge qui envoie le mental penser à tout ce que nous voulons hors de nous-mêmes. Avec le Chant du Cygne, il revient au centre.

Ainsi déjà, vous voyez, le Chant du Cygne à lui seul peut nous permettre de transcender le mental. En effet, le mental peut en arriver à être tellement centré que l'ouverture se produira spontanément. Nous pouvons transcender parce que le mental revient au centre. Nous pouvons transcender parce que le mental a complètement compris; un jour, il aura compris tellement profondément qu'il va vraiment se calmer. Ou bien un jour, il peut être tellement centré qu'il va être vraiment disponible. C'est pourquoi c'est si important d'écouter la cassette et de chanter le Chant du Cygne. En réalité, le mental ne s'arrête pas lui-même; le mental devient calme et sa petite volonté s'évanouit. Alors – et alors seulement –, la conscience supérieure « arrête » le mental et le transcende.

Le Chant du Cygne est imprégné de conscience, le mental va se nourrir de toute cette conscience-là et, automatiquement, il va se centrer, se centrer et se centrer. Voilà comment le mental va réagir et c'est essentiel de le comprendre.

Q *- J'ai examiné le Chant du Cygne. Il contient 73 versets. 7 et 3, ça fait 10; et le 1, c'est la conscience qui...*

R *- Julie, Julie... La numérologie est quelque chose de passionnant, oui, tout à fait pour le mental. Le mental, l'ego adore la numérologie et toutes les sciences divinatoires d'ailleurs. Cela se comprend facilement car les choses sont entre ses mains, il peut faire quelque chose et peut espérer ainsi obtenir un résultat.*

Alors, qui a besoin de ***faire****?*

*Alors, qui a besoin d'****aboutir*** *à quelque chose?*

Oui, la numérologie est passionnante, certes; mais la conscience Divine est au-delà de la numérologie. Dès que nous passons la tête dans la conscience suprême, la divination est terminée. Que reste-t-il à deviner puisque, dans cette conscience, nous savons tout ce que nous devons savoir au moment où nous devons le savoir?

Avec le Chant du Cygne, nous nous baignons dans la conscience. Lorsque nous le chantons, notre vie change vraiment, et pour le meilleur. Nous avons le choix : l'étudier et deviner dans le mental ***ou*** *le chanter et découvrir dans la conscience.*

Devinons ou découvrons, nous avons le choix.

Notre destin est connu de notre conscience causale, de notre conscience christique. En effet, c'est elle qui choisit sa réincarnation et qui prédétermine toutes ses aventures terrestres. C'est elle qui programme toute sa vie à l'avance, avec des variantes et de nombreux choix à gérer.

Comme nous, qui pouvons dire : « Cette année, je veux aller en vacances dans le Sud », mais nous ne savons pas encore si ça sera à Cuba ou au Mexique. Ça ne change pas grand-chose, d'ailleurs, car dans les deux cas, nous aurons le soleil, la mer et les cocotiers.

Cette conscience christique qui est nous, qui est le vrai nous-mêmes – bien qu'il y ait encore plusieurs états de conscience au-dessus – a donc choisi notre vie avec toutes ses aventures. Elle a aussi prévu les joies et les douleurs pour que le mental en arrive à comprendre qu'une conscience supérieure à lui-même le dirige.

Notre conscience connaît notre destin; c'est notre propre conscience christique qui l'a choisi. Nous connaissons notre destin, nous l'avons élaboré nous-mêmes!... avant de descendre au sous-sol... Même si nous menons une vie pénible, nous l'avons voulu ainsi, pour une seule et unique raison : comprendre et prendre conscience. Dès que nous cherchons vraiment à comprendre, **la souffrance cesse** presque immédiatement. C'est garanti : étudiez vraiment sérieusement les principes de la conscience, vous ne souffrirez plus.

En effet, en essence et en substance, la souffrance est l'incompréhension globale de la vie. C'est l'impuissance de changer sa vie. C'est l'absence du pouvoir, pour réaliser ses véritables et légitimes ambitions.

L'étude approfondie de notre conscience nous redonne les pleins pouvoirs car :

- Alors nous comprenons ce qui se passe.
- Nous accomplissons notre destin suprême : comprendre notre conscience.
- Nous réalisons totalement la volonté supérieure : nous intéresser à notre conscience.

Alors déjà, la simple étude de notre conscience nous libère de la souffrance car nous n'avons plus besoin de souffrir. La souffrance n'était là que pour nous conduire à la conscience, sinon nous n'y serions pas allés de nous-mêmes.

Comprenez bien que la souffrance n'est pas nécessaire. Il est même profondément **inutile de souffrir**, surtout que nous pouvons vraiment faire autrement, par la prise de conscience. Ce n'est la volonté de personne, d'absolument personne, que nous souffrions. Seule l'ignorance cause votre souffrance – l'ignorance que vous avez de votre propre conscience.

Si vraiment nous comprenons cela, que nous reste-t-il à deviner?

Beaucoup vont s'intéresser à la divination pour tenter de savoir quand les ennuis finiront et quand la satisfaction apparaîtra dans leur vie.

Tout cela est très facile à savoir et je vais vous le dire tout de suite. Tous vos ennuis finiront dès que vous comprendrez votre conscience. La satisfaction profonde apparaîtra dès que vous aurez vraiment compris les principes de la conscience et de l'ego. Car en effet :

L'absence de conscience est souffrance.
La compréhension apporte la satisfaction.

Tout ceci est si simple. Voulez-vous plus simple, ô Êtres de Lumière?

La divination, c'est de la conscience cosmique. C'est le mental, ça ne dépasse pas le niveau mental; sinon il n'y aurait pas besoin d'en faire, de la divination. Dans la conscience supérieure, dans la conscience Divine, la connaissance est instantanée. Nous savons instantanément, non pas ce que nous voudrions savoir, mais ce que nous avons besoin de savoir. Oui, nous savons instantanément tout ce que nous avons besoin de savoir, au moment où nous avons besoin de le savoir.

Donc, si nous sommes un Être qui comprend les principes de l'ego et du SOI et qui se confie à sa conscience Divine, qu'avons-nous besoin de deviner? Nous n'avons plus besoin de deviner. Ou nous sommes un mental et nous voulons deviner notre avenir, ou nous sommes un Être qui a compris le principe et qui, par conséquent, a compris qu'il n'y a pas besoin de deviner. Dans ce dernier cas, tout ce que nous voulons, c'est que notre vie soit dirigée par notre conscience Divine. Ou nous sommes un mental qui veut faire preuve de volonté pour diriger sa vie, ou nous sommes un Être qui a compris que c'est sa conscience Divine qui dirige.

De toute façon, dites-vous bien une chose : l'être humain a toujours eu besoin de voyants parce que l'être humain a besoin de savoir. Mais voulons-nous rester un être humain? Ou avons-nous compris que notre destin, c'est la conscience Divine?

Maintenant, nous pouvons nous situer :

- ou nous sommes un être Divin qui va se réaliser de toute façon et qui a juste à reconnaître son mental pour ce qu'il est;
- ou bien nous sommes un être humain qui a besoin de tout savoir de ce qui va lui arriver demain.

Q *- Ça peut prendre plusieurs vies, Das?*

***R** - Ça a déjà pris plusieurs vies! De toute façon, il y a une chose qu'il faut comprendre : c'est que l'être humain, d'abord, devient spirituel. Spirituel, c'est vivre dans les croyances religieuses ou autres : nous croyons, **mais nous ne savons pas.** Tout le système des croyances religieuses, c'est la spiritualité.*

Quand nous sommes bien, bien spiritualisés, nous passons à la conscience. C'est-à-dire que nous abandonnons les systèmes de croyance, même les plus beaux, pour prendre conscience, pour découvrir la réalité. Nous voulons alors prendre conscience par expérience directe. Aujourd'hui, nous parlons de conscience, nous entendons parler de conscience, nous prenons conscience. Donc, déjà, nous nous situons au-delà du spirituel.

*Alors, si nous vivons bien notre vie dans **l'équilibre matière-conscience,** nous allons vraiment conscientiser l'ego et le Soi; puis viendra la réalisation. Consacrons-y notre vie, et qui sait? Ce sera peut-être la dernière. En nous conscientisant, nous avons tout à gagner car rapidement, notre vie sera transformée. Ainsi, une chose est sûre : nous « lâcherons prise » et là, tout sera différent. Nous nous serons approchés tout près du bord... de l'Ascension.*

***Q** - Das, le 6/49, dans la conscience, ça me laisse perplexe.*

***R** - Dans le Chant du Cygne, le 6/49 est un symbole de chance, une **métaphore** pour la grâce Divine. C'est l'aspect concret et personnel qui permet de se tremper dans un principe abstrait et impersonnel.*

J'aime quand vous me regardez ainsi, avec vos beaux grands yeux vides... (Rire général)

Dans la vie, il faut aussi le 6/49. En effet, beaucoup de gens, s'ils n'avaient pas le 6/49, mourraient; c'est le seul espoir qui leur reste. Leur vie est tellement dure, ils sont tellement accablés qu'ils espèrent qu'un jour, ils vont gagner. C'est ça qui les tient en vie. Tout est bon, il n'y a rien à rejeter. Tout est dans la conscience Divine, dans la miséricorde Divine... Ainsi dans le Chant du Cygne, le 6/49, symbole de la suprême chance humaine, vous connectera directement sur la grâce suprême de votre conscience Divine.

***Q** - Quand je chante le Chant du Cygne, je m'arrête sur certains soutras; je trouve ça difficile, parfois, de dire ces drôles de choses.*
***R** - Quand nous chantons le Chant du Cygne, surtout les soutras de la*

gratitude, le mental accroche. Rappelons-nous : qui accroche? C'est le mental. Si nous sommes une conscience qui a lâché prise, nous pouvons chanter; ça n'accroche plus, ça coule. Donc, partout où ça accroche, nous pouvons voir le mental. Nous nous accrochons ici, nous nous accrochons là. Pourtant, nous pouvons chanter n'importe quelle chanson.

Par exemple, « Malbrouque s'en va-t-en guerre »; je suis Malbrouque qui s'en va en guerre. Nous n'avons jamais été Malbrouque, nous n'avons jamais été en guerre – sauf certains, bien sûr –; pourtant, nous pouvons chanter ça. Voyons certaines paroles de chansons : « je suis un ivrogne », « je suis fou d'amour », ou « je suis si désespéré ». Beaucoup de gens chantent ça... Si nous chantons ça, nous savons que ce n'est pas nous; mais pourtant, cela influence notre conscience...

Le Chant du Cygne, c'est pareil : il influence notre conscience, et dans le bon sens, lui... Quand le mental est devenu calme, quand il commence à comprendre, il peut chanter le Chant du Cygne sans s'accrocher; il sait qu'ainsi, il va se centrer. Le reste, il s'en fout.

Quand vous chantez le Chant du Cygne, partout où ça accroche, dites : « L'âne a accroché à tel endroit ». Notez-le. Alors, demandez-lui pourquoi il accroche là, et dites-lui : « Âne mental, pourquoi accroches-tu sur tel soutra? Quel est ton problème avec ça? » Voyez-vous?

- *De toute façon, l'ego-mental s'accrochera dans le Chant du Cygne; c'est parfaitement voulu pour nous permettre de reconnaître et d'identifier l'ego.*
- *De toute façon, le Chant du Cygne est incompréhensible pour l'ego.*
- *De toute façon, le Chant du Cygne est un mystère total pour l'ego.*
- *De tout façon, il faut dépasser l'ego; alors...*

- *De toute façon, nous sommes un Être Divin et par notre travail sur l'ego, nous libérerons notre conscience. Ainsi, en chantant le Chant du Cygne et en étudiant le Nectar de la Conscience, nous accomplissons notre véritable travail : nous libérer. Alors si l'ego accroche, chantons jusqu'à ce qu'il décroche car c'est le but, en effet, que l'ego lâche prise.*

***Q** - Le soutra du Fléau, Das, je n'arrive pas à le saisir. Peux-tu élaborer un peu?*

***R** - Si nous voulons pêcher un gros ego, mettons au bout de notre ligne le soutra du « Fléau ». C'est garanti, nous ferons une belle prise; nous verrons l'ego gigoter... et nous expliquer pourquoi il ne devrait pas être là, ce soutra.*

Le Fléau, c'est pour les monstres de la dictature mondiale, pour les communistes, les nazis, les dominateurs, pour toutes ces bêtes, tous ces monstres, tous ces ***Retardataires!...***

Un communiste ne peut pas chanter le Chant du Cygne, parce qu'il est obligé de chanter les soutras des États-Unis. Comment un communiste peut-il chanter le Chant du Cygne? Ce n'est pas possible. Un communiste ne peut pas chanter la gloire de l'Amérique (USA.), un communiste ne peut pas dire : « Merci, valeureux vétérans du Vietnam ». Alors, le Fléau est pour les monstres hideux, les dominateurs de toutes espèces.

Le Chant du Cygne élimine les monstres hideux, les nazis, les communistes, tous les ennemis de l'humanité, tous les ennemis de la liberté, tous les dominateurs. Les Retardataires ne peuvent pas chanter ça; il ne faut pas qu'ils chantent ça; d'ailleurs, ils ne pourraient même pas. Voyez-vous le principe?

Le Fléau permet de trier tout ce qui est monstre, tout ce qui est hideux. C'est pour ça qu'il y a un Fléau. Pour ne pas, par exemple, qu'un communiste enlève ce qui le dérange, enlève les soutras sur les États-Unis et se mette à chanter le Chant du Cygne. Mais non, il ne peut pas faire ça, car il prend le risque de s'attirer des fléaux.

Ce n'est pas que les communistes sont de moins bons êtres humains que les autres. Mais ils sont tombés dans un système monstrueux, aberrant, qui a supprimé les droits de l'Homme, qui a supprimé la liberté à cinq cent millions de personnes, en Europe, qui a ruiné L'Europe de l'Est et qui l'a rendue, parfois, aussi sous-développée que l'Afrique. Sans compter les monstrueuses dictatures encore au pouvoir : Chine, Corée du Nord, Vietnam, Cuba.

Les communistes et les nazis d'Europe et du Japon nous ont gâché le XXe siècle au complet. Donc leur problème, ce n'est pas d'avoir été communistes, c'est d'être ***encore*** *communistes. Idem pour les nazis. Leur problème, c'est de redevenir des êtres humains qui ne soient plus des monstres, qui ne veuillent plus imposer leur super-ego, leur sale esprit de domination. Finalement, ça se résume à ça, être un communiste : c'est un super-ego qui a décrété la dictature à tous les autres.*

Nous avons la dictature de l'Église, nous avons eu la dictature des Romains, la dictature des rois, la dictature des militaires, la dictature des tsars, la dictatures des papes, et combien d'autres? Il ne manquait plus que la dictature des connards, la dictature du peuple. Heureusement, c'est terminé, balayé, écrasé, la monstrueuse dictature du peuple. La dictature des communistes, nous en voyons encore les dégâts aujourd'hui : tous les pays communistes sont en ruines, voyez-vous?

Alors, le Chohan du 7e Rayon, c'est le Chohan de la liberté, de la liberté qui s'infuse sur la planète. Et il n'y a plus de place pour les monstres du nazisme, du communisme, de l'intolérance, de la dictature, du despotisme, des églises dogmatiques; ***bref, de l'esprit de domination.***

Quant à la dictature planétaire, qui s'implante en silence... son compte est bon, son compte est réglé, malgré les apparences contraires...

Tout *doit être lavé et balayé!*

Voyez-vous, ô Êtres de Lumière? Le Fléau, dans le Chant du Cygne, est là, et bien là, ***et il va y rester pour la plus grande bénédiction de tous.*** *Le Chant du Cygne, c'est mille bénédictions qui coulent en nous; alors, laissons couler la grâce et chantons, si nous voulons.*

Ô, Êtres de Lumière, vous savez maintenant ce qu'il vous reste à faire :

PASSER À L'ACTION!

Oui, agissez pour retrouver votre véritable nature, votre véritable conscience Divine. Vous avez maintenant compris ce qu'est l'attention suprême. Encore faut-il devenir attentif, suprêmement attentif. C'est un effort, au début. Mais très vite, vous obtenez de si beaux résultats. Certains vont encore chercher pendant vingt ans un moyen magique pour devenir conscients sans en faire l'effort...

Ceux qui ont vraiment compris que la conscience va leur donner

TOUT PAR SURCROÎT

vont immédiatement faire ce qu'il faut pour redevenir, ici et maintenant, un Être de Lumière resplendissant de conscience. Vous avez tout ce qu'il vous faut pour réussir. Vous avez déjà des moyens magiques:

le Chant du Cygne
et le Nectar de la Conscience.

L'attention suprême vous apportera de nombreux fruits. Par l'attention suprême, vous réaliserez un bénéfice merveilleux sous la forme d'un état de conscience très avancé, l'état de conscience :

JE NE SUIS PAS LE MENTAL.

« Je ne suis pas le mental », profondément réalisé et intégré au fond de vous-mêmes, vous ouvrira rapidement les portes de la conscience suprême. Tout être humain peut dire machinalement « Je ne suis pas le mental » et rester un ego grossier encore mille ans.

« Je ne suis pas le mental » n'est pas un mantra, il n'y a pas lieu de le répéter. C'est une prise de conscience qui résulte d'un sentiment profond, vécu et reconnu. C'est comme « Je suis amoureux »; cela non plus n'a pas besoin d'être répété. Quand vous êtes amoureux, vous le savez, vous le sentez, vous le reconnaissez. Ainsi, « Je ne suis pas le mental » est un sentiment profond, et cela ne s'achète pas; mais vous pouvez l'obtenir **rapidement** par l'attention suprême.

Seul un valeureux Être de Lumière qui se sera mesuré à son mental, face à face, et qui aura profondément vécu et constaté que la vie du mental n'est pas la sienne, le réalisera. Celui-là – et celui-là seulement – en arrivera au sentiment profondément libérateur de « Je ne suis pas le mental ». C'est ce sentiment qui changera tout dans votre vie.

Ainsi donc, l'attention suprême vous permet de réaliser un état de conscience très avancé : « **Je ne suis pas le mental** ».

Ô, Êtres de Lumière, voilà ce que je vous souhaite de tout mon coeur; faites-vous plaisir, éveillez-vous par l'attention suprême et obtenez en prime, par surcroît, un état de conscience avancé et libérateur : « Je ne suis pas le mental ».

Ô, Amis de Lumière, nous qui sommes des amis depuis des siècles, chantons tous ensemble. Oui, chantons tous ensemble le Chant du Cygne comme un hymne d'amour à notre conscience Divine.

5

Le Pied de mon Père

« Oui, je suis né pour gagner,
oui, je suis né pour gagner,
oui, je suis né pour gagner.

Oui, en Toi je suis déjà gagnant,
oui, en Toi je suis déjà gagnant,
oui, en Toi je suis déjà gagnant. »

Le Chant du Cygne, soutra 46.

Bonjour à tous, ô Êtres de Lumière. Bienvenue à notre soirée du jeudi. Alors, « je suis né vainqueur »; oui, qui est né vainqueur? L'ego est-il né vainqueur? L'Être de Lumière que nous sommes est né vainqueur car il a déjà vaincu. C'est son destin suprême : être vainqueur. Il vaincra, il retrouvera sa véritable conscience.

Vainqueur de qui? Que va-t-il vaincre? L'être est vainqueur de l'illusion de son ego, de la matière, de la conscience humaine, des apparences et des limitations.

Vaincre, c'est le retour à la **réalité** de **Soi.**

C'est-à-dire que l'Être de Lumière que nous sommes va retrouver sa véritable nature. Oui, l'ego va devenir un serviteur obéissant de l'Être naturel, de l'état naturel qui est l'état d'illumination, cette illumination qui est déjà là.

Ce n'est pas une illumination qui doit venir, ce n'est pas une illumination qu'on doit fabriquer. C'est une illumination dont nous devons prendre conscience parce qu'elle est déjà là, elle est déjà ici. Notre suprême réalité – le Christ en nous – est déjà là. La réalité au-delà de la conscience humaine est le Christ. C'est ce que les Hindous appellent Brahman; puis au-delà, il y a Parabrahman, la Monade. C'est toujours l'éternel principe : l'ego, l'Être et le Soi. Tout est déjà ici, mais nous devons en prendre conscience. Qu'est-ce qui nous empêche d'en prendre conscience? C'est l'ego.

Alors, nous allons reparler aujourd'hui de l'ego. L'ego, c'est l'être humain, c'est le mental de l'être humain, incluant sa personnalité et son intellect. La réunion des trois forme la conscience humaine. L'animal, lui, n'a pas de mental ou un mental tellement petit qu'il ne peut pas faire grand-chose avec. Il ne peut pas analyser, il ne peut pas raisonner, il ne peut pas réfléchir; c'est son instinct, c'est son âme-groupe qui fonctionne.

Nous les humains, à travers les incarnations, nous avons développé un mental parce que nous en avions besoin. Notre mental est un instrument merveilleux qui doit nous permettre de réaliser une mission grandiose dans la matière de la troisième dimension. Il est vraiment précieux. C'est pourquoi ce mental, nous ne devons pas le tuer; ce n'est pas un monstre, nous ne devons pas le punir, nous ne devons pas essayer de lui imposer une volonté.

Nous devons plutôt avoir la volonté de mettre le mental à notre service, mais nous ne devons pas user de la volonté coercitive pour arriver à notre fin. Il y a une grande différence entre ces deux approches. Imposer sa volonté au mental, c'est lui dire : « Tu ne parleras pas, tu vas être présent et silencieux »; ceci ne marche pas. Par contre, nous pouvons avoir la volonté de faire en sorte que le mental se mette à notre service et ça, c'est trouver le moyen de prendre conscience du mental jusqu'à ce qu'il devienne un dévoué serviteur.

Donc l'ego, c'est le mental de l'être humain, c'est la personnalité, c'est l'intellect, c'est tout cet ensemble qui nous fait penser, analyser et réfléchir. C'est cette conscience limitée qui fait qu'on se prend pour une entité indépendante de notre conscience suprême. L'ego se croit séparé de sa conscience Divine. Il ignore, le pauvre, que lui et le Père ne font qu'un...

Alors, la meilleure comparaison pour expliquer la relation entre l'ego et le SOI, c'est l'analogie du pied. Imaginons que le pied puisse penser par lui-même; toute la journée, il pense. Il se demande ce qui va lui arriver. Il se demande où il va. Il se demande si on va lui mettre des chaussettes. Il s'inquiète du temps qu'il fait. Il se demande s'il va avoir des bottes cet hiver... C'est le pied qui s'inquiète de sa petite vie, de ses petits problèmes.

Mais le pied n'est qu'une partie de nous-mêmes. Si le pied était conscient de la jambe, de la cuisse, de la poitrine, de la tête et de l'intelligence qui est là, croyez-vous qu'il s'inquiéterait encore? Il deviendrait complètement tranquille, il saurait qu'il est une des extrémités d'un être humain intelligent. Il comprendrait alors que cette intelligence fait ce qu'il faut à chaque instant, et que lui en est juste le serviteur. Il comprendrait que cet humain, dont il n'est qu'une partie, dirige complètement sa vie de pied. Vous me suivez? Si vous comprenez bien cette histoire de pied, vous allez parfaitement saisir la relation entre l'**ego** et le **Soi**.

Le mental, l'ego est comme le pied : une partie du Soi, une extrémité de la conscience. En fait, l'ego est le serviteur du Christ en nous, c'est le serviteur de la Monade, c'est le serviteur de notre Être réel. Sauf que ce mental-là n'a pas encore compris qu'il n'est qu'une partie de la conscience totale. Il se croit encore tout seul, il se croit encore séparé de nous. C'est comme si nous, nous avions un pied qui faisait sa vie indépendamment de nous-mêmes; ce serait difficile. Nous serions obligés de traîner notre patte...

Si nous comprenons l'analogie entre le pied et nous, nous verrons le même rapport entre notre mental et notre conscience Divine. C'est un peu comme si nous en étions réduits à vivre dans notre pied. Imaginons que nous prenions un choc terrible sur le pied. D'un seul coup, nous ne pensons plus qu'à notre pied, tout l'univers disparaît, nous sommes complètement focalisés sur notre pied.

Il y a bien des années, j'aidais mon père à bricoler dans sa boutique de quincaillier. Il me demande de lui apporter de longues planches de deux pieds de large par dix ou douze pieds de long. Il y avait beaucoup de désordre, il préparait sa boutique de Noël. J'apporte les planches une par une, et je les empile toutes les trois sur des supports qui se trouvaient là; mais... il y avait un coin des planches qui était dans le vide.

Mon père, lui, était à quatre pattes, en train de percer des trous avec sa perceuse. Puis là, il se relève en se tenant les reins, – « Ah! » –, et il pose la perceuse sur le coin des planches. Les trois planches sont tombées verticalement sur son gros orteil, là où justement il avait un ongle incarné... – (Horreur générale dans la salle...) Bien, j'aime mieux vous dire que là, mon père, il était devenu un pied. Il ne voyait plus rien. Sa conscience s'était instantanément rétrécie sur son pied. Et ça a duré – (fous rires) – ça dure encore, il en parle encore – (fou rire général).

Mon père, un instant plus tôt, avait conscience du travail qu'il faisait; puis tout d'un coup, sa conscience s'est rétrécie, il n'y avait plus que son pied qui comptait – (fous rires). Il se tenait le pied, il braillait, il ne voyait rien d'autre – (fous rires). Bien, il était guéri. Il n'a plus jamais eu d'ongles incarnés. Son ongle est tombé quelques semaines plus tard; il a noirci, il est tombé, il a été guéri – (fous rires). Sauf que ça lui a laissé un léger traumatisme; parlez-lui en, vous verrez – (rires). Il s'en rappelle encore avec beaucoup d'émotions.

Si je vous raconte cette anecdote, ô Êtres de Lumière, c'est pour vous dire que si votre pied avait une vie indépendante de votre vie humaine, vous ne pourriez pas vivre avec ce pied qui ne ferait pas votre volonté. Vous pourriez vivre, mais ce serait un gros handicap parce que vous voudriez faire un pas d'un côté et le pied voudrait faire un pas de l'autre. Il y a des gens qui sont estropiés; ils peuvent vivre, mais ils sont handicapés. Actuellement, notre conscience Divine est handicapée par un mental qui échappe à sa volonté. L'ego veut faire selon son envie, mais ce n'est pas forcément ce que notre conscience Divine veut; voyez-vous?

Continuons avec notre analogie du pied. Nous allons à Montréal; le pied ne sait pas où nous allons. Le pied est sous l'habitacle, sous le volant, mais il ne sait pas où il va. Imaginons que le pied remonte, puis qu'il veuille regarder la carte ou regarder dans le rétroviseur, ou vérifier si nous avons bien clignoté... Ça ne serait vraiment pas facile de conduire comme ça, n'est-ce pas?

Le rôle du pied, quand nous conduisons – et il joue très bien son rôle – c'est « freine, accélère, freine, accélère ». C'est tout! Et c'est indispensable; il doit freiner ou accélérer à notre moindre désir, sans question, sans délai. Il ne joue pas aux cartes avec l'autre pied. Non, il est là, attentif, pour jouer son rôle, tout son rôle, rien que son rôle. Il ne sait pas lire la carte, il ne peut pas regarder dans le rétroviseur, il ne voit pas ce qu'il y a en avant, il ne voit pas ce qu'il y a à droite, ce n'est pas lui qui met le clignotant, ce n'est pas lui qui met les essuie-glaces, ce n'est pas lui qui met la musique, ce n'est pas lui qui tourne le volant. Il ne sait même pas où il va, mais il ne s'en inquiète pas. Parce qu'il n'a plus, il n'a pas une conscience propre à lui ou, s'il en avait une, supposons, il a renoncé à sa volonté.

Le pied n'a pas de volonté propre à lui-même, voyez-vous? Il est notre serviteur fidèle, nous savons que nous pouvons compter sur lui. Nous lui faisons une confiance totale. Nous savons que si nous avons besoin de freiner, il le fera bien, instantanément, juste ce qu'il faut, pas trop fort, exactement comme nous le désirons.

Imaginons maintenant que notre conscience Divine – le Christ en nous –

veuille conduire notre vie. Mais nous, nous ne sommes pas comme le pied, nous avons notre volonté à nous, notre volonté d'ego-humain. Alors, notre Christ est au volant puis, d'un seul coup, nous refaisons surface, nous voulons savoir où il va. Nous nous inquiétons, nous nous cassons la tête, nous compliquons tout. Nous nous arrêterons pour aller consulter un voyant extralucide... Dans notre vie, qui est le conducteur? Le pied, l'ego? Ou le Soi, la conscience suprême?

Pour la plupart des êtres humains, le conducteur de leur vie, c'est le pied, c'est l'ego. C'est pour ça que tout va si mal dans la vie de chacun. Si c'est le pied qui conduit la voiture, il ne pourra jamais se rendre à destination, il quittera la route pour se planter dans les fossés marécageux et là il attendra, en panne, qu'un miracle vienne l'en sortir. Alors le pied reprendra sa course folle pour se planter à nouveau au prochain virage.

Pourtant, ô Êtres de Lumière, qui est le véritable conducteur dans notre vie? Voyons le Chant du Cygne, les merveilleux soutras de la réalisation suprême : que disent-ils?

« Ô Conscience, Toi ma véritable réalité,
tu me guides, tu me conduis, tu me diriges. »

Contemplons ces quelques mots si simples, mais pourtant d'une réalité si prodigieuse : « Tu me guides, tu me conduis, tu me diriges. »

Ô, Êtres de Lumière : « Tu me guides, tu me conduis, tu me diriges. »

Voilà notre but : faire que ces quelques mots deviennent une réalité concrète dans notre vie. Comment allons-nous y parvenir? C'est très simple : nous y parviendrons par la **compréhension** profonde de la véritable nature de la réalité. Lorsque nous comprendrons profondément ce principe, **nous lâcherons prise**, nous laisserons notre conscience suprême conduire, nous serons son serviteur et enfin, nous vivrons une vie mille fois plus belle.

Alors, émus de reconnaissance, avec des larmes dans les yeux, nous pourrons dire, nous aussi :

« Tu me guides, tu me conduis, tu me diriges. »

Alors, émerveillés par tant de bénédictions, avec un petit rire d'enfant heureux, nous dirons encore et encore :

« Tu me guides, tu me conduis, tu me diriges. »

Ainsi, ô Êtres de Lumière bien-aimés, nous qui sommes des amis depuis des siècles, nous mènerons la Véritable Vie Divine, cette vie de satisfaction totale que nous espérons tous depuis toujours.

Et les filles et les fils de Dieu pousseront des cris de joie :
« Tu me guides, tu me conduis, tu me diriges. »

Nous avons, dans les mains, deux moyens d'y parvenir : Le Nectar de la Conscience et Le Chant du Cygne. Nous étudions l'un et nous chantons l'autre, afin de réaliser notre **réalité suprême**.

Donc, essayons de bien penser de temps en temps, toute la semaine, à cette analogie du pied et du conducteur; c'est exactement la même chose entre l'ego et le **Soi**. Si notre pied avait une volonté propre, nous aurions un gros handicap. Nous, nous avons un gros handicap : c'est que notre ego, notre mental a sa propre volonté. Voilà le problème.

C'est pour ça que certaines traditions ésotériques suggèrent de renoncer au désir. Quand nous renonçons au désir, nous avons la satisfaction des besoins, des véritables besoins. Il faut comprendre aussi que notre désir contient, en essence et en substance, la volonté Divine. Sauf que la volonté Divine est tellement d'une nature grandiose qu'arrivée au mental, elle est incomprise, déformée, interprétée et, finalement, transformée en désir. Si nous comprenons bien le phénomène, nous lâcherons les désirs. Nous allons découvrir, en arrière, la substance de notre désir qui est le véritable besoin qui, lui, est toujours comblé.

***Q** - Das, pouvez-vous répéter ces propos, s'il vous plaît?*

***R** - Oui, tous les désirs que nous avons, même les désirs les plus stupides, les plus fous, même dans les fantasmes les plus farfelus, c'est toujours, à l'origine, une impulsion de la volonté Divine, mais la volonté Divine totalement incomprise par le mental. Si vous observez soigneusement, avec discernement, tous vos désirs, vous découvrirez le **besoin**. Posez-vous la question : « Pourquoi je désire ça? Au fond, derrière ce désir, qu'est-ce que je veux? ». Vous vous dites : « Au fond, qu'est-ce que je veux réellement à travers ce désir-là? ». Vous allez trouver autre chose.*

Vous allez découvrir l'essence, la substance du désir, ce qu'en fait vous avez vraiment besoin. Si vous faites ça assez souvent, vous allez comprendre le principe et votre vie s'améliorera très rapidement. Le besoin, c'est votre volonté Divine; pas la vôtre dans l'ego, mais votre volonté Divine de conscience christique. C'est une très grande évolution d'observer ses désirs, de les comprendre, d'en trouver la substance. Pour que l'être humain en arrive là, ça nécessite en effet une certaine évolution. Bien souvent, on ne cherche pas du tout le véritable besoin; on patauge dans le désir et on en souffre très longtemps avant d'arriver à nous éveiller. Mais si vous êtes déjà assez éveillés pour faire ce travail-là vous-mêmes, vous n'aurez pas besoin de souffrir, c'est complètement inutile. Donc, cherchez ce qu'il y a derrière vos désirs et vous allez découvrir le besoin et, derrière, vous trouverez la volonté dans votre vie.

***Q** - Est-ce qu'on pourrait dire que les désirs, c'est tout ce qui est extérieur à nous? Par exemple, je désire une voiture de l'année, je désire une maison, mais ai-je véritablement besoin d'une maison pour être bien dans ma peau?*

***R** - Bien, à travers ça, on voit tout de suite le désir et le besoin. Tu parles du désir d'une voiture de l'année, mais ton véritable besoin, c'est d'avoir une voiture en état de marche. Ta conscience suprême s'en fout si ta voiture est vieille et rouillée. Tu as besoin d'une voiture en état de marche pour aller là où tu as besoin d'aller, ça c'est ton besoin. Toutes les autres considérations sur la voiture relèvent du désir. Il y en a beaucoup qui, avec une voiture rouillée, vont souffrir parce qu'ils désirent une voiture récente de l'année, sportive, avec tels accessoires coûteux. Et s'ils ne peuvent se l'offrir, ils souffrent; comprenez-vous?*

Ton besoin, c'est d'être logé; mais ton désir, c'est une maison. Ça ne veut pas dire que désirer une maison, ce n'est pas bon; mais comprends que ton besoin, c'est d'être bien logé. Si tu te rends malheureux ou si tu t'endettes exagérément pour avoir une maison, là ça reste un désir parce que ce n'est pas à ta portée. Alors que ton besoin, c'est d'être logé. Quand tu as compris quel est ton besoin, rien ne t'empêche d'avoir une maison si c'est dans la nature des choses. Mais si, pour une raison quelconque, tu es obligé de vivre en appartement et que tu souffres de ne pas avoir de maison, tu souffres à cause de ton désir; mais ton besoin est satisfait. Donc, tu te fais souffrir pour rien et tu es toi-même la cause et le responsable de ta souffrance, car tu ne comprends pas la ***Vie!...***

Bien, c'est la même chose dans tous les domaines. Notre besoin, c'est d'aimer et d'être aimés, c'est un compagnon ou une compagne et vivre en harmonie, en amoureux. Si notre désir c'est d'avoir deux maîtresses de vingt-cinq ans, nous allons souffrir si ça n'arrive pas. Notre besoin, c'est de vivre dans l'amour; le désir, c'est que nous voudrions une maîtresse plus jeune et plus jolie. Celle avec qui nous vivons est très amoureuse, nous pourrions être heureux avec elle. Mais non, nous souffrons; car nous désirons autre chose alors que notre besoin d'amour est complètement satisfait.

Voyez-vous le principe, maintenant? Il y a toujours lieu de chercher le besoin derrière le désir. Quand nous comprenons le besoin, **nous deve-**

nons contents car nous nous apercevons que nos besoins sont satisfaits.

Q - *Alors, ne plus désirer, c'est se contenter d'une vie médiocre?*

R - *Erreur, erreur fatale : un Être éveillé ne souffre plus pour ses désirs, il a compris que ses besoins sont satisfaits. Mais il connaît parfaitement son* ***besoin suprême,*** *qui est de vivre dans* ***la satisfaction totale****. Seule la réalisation de notre conscience suprême nous apportera la satisfaction totale. Alors, l'Être éveillé qui a compris ce principe ne souffre plus pour ses désirs, certes, mais il sait parfaitement que son besoin suprême n'est pas encore réalisé. Cet Être éveillé va travailler sur sa conscience, sur lui-même, pour se conscientiser et se conscientiser encore plus.*

Évidemment, sa vie va changer rapidement, elle va s'améliorer dans tous les domaines. Sa vie va devenir plus belle, plus riche, plus pleine, plus satisfaisante. Il ne souffre plus de ses désirs, il connaît son besoin suprême. Alors, sans souffrir de ce qui lui manque – supposément –, il prend conscience et ***la vie le comble de plus en plus.***

Q - *Jean-Pierre, je connais plusieurs religions qui enseignent à tuer le désir, à supprimer le désir. Est-ce ce que tu cherches à nous faire comprendre?*

R - *Mes amis, ô mes Amis de Lumière, pouvez-vous tuer la vie? Supprimer la vie? Le désir est une expression déformée de votre propre volonté suprême. Pouvez-vous tuer ou supprimer votre conscience Divine?*

On devient soi-même par la connaissance de soi-même :

- *par la connaissance de l'ego, l'on découvre, l'on comprend et l'on se reconnaît comme le* ***Soi;***
- *par la connaissance du mental, l'on découvre, l'on comprend et l'on reconnaît notre conscience Divine;*
- *par la connaissance du désir, l'on découvre, l'on comprend et l'on reconnaît nos véritables besoins;*
- *par la connaissance de l'illusion, l'on reconnaît la réalité;*
- *par la connaissance de notre petitesse, de notre limitation et de notre impuissance, l'on découvre notre réalité : un Être de Lumière omniscient, omniprésent, omnipotent;*
- *par la connaissance de notre pauvreté, l'on connaît notre richesse véritable, tant matérielle que spirituelle;*
- *par la connaissance de l'ignorance, l'on connaît notre grandeur et notre splendeur; c'est la véritable connaissance.*

Alors, attention à l'ignorance car tuer le mental, tuer l'ego, tuer le désir, tuer la sexualité, c'est **ignorer,** c'est l'ignorance suprême. Toutefois, nous pouvons toujours essayer... Pour certains, ils font pire encore : ils essaient même de supprimer le besoin; ils croupissent alors dans une pseudo spiritualité, croyant que la privation totale est le summum de la sainteté... Ces êtres d'une stupidité stupéfiante sont loin de se connaître eux-mêmes; ils ne connaissent rien de leur véritable nature. Ils ne connaissent même pas l'opulence dans laquelle vit leur propre clergé!...

Ô Êtres de Lumière, seule la connaissance de la **réalité** nous sortira tous de l'état humain si limité. Seule la vie vraiment vécue dans les principes de cette réalité nous ôtera – et pour toujours – l'abominable souffrance humaine. La connaissance de l'opposé de la réalité nous conduit infailliblement dans la **réalité** :

- par la connaissance de l'ego vient le **Soi;**
- par la connaissance du mental vient la conscience.

Encore faut-il posséder la connaissance **libératrice**, celle dont nous pouvons vérifier la réalité, celle qui nous procure un **vécu,** une expérience réelle. La théorie d'une chose n'est pas la connaissance ni l'expérience de cette chose. À quoi sert donc la théorie de la Vie? Il y a autant de théories qu'il y a de philosophes. Ces théories diverses et contradictoires ne débouchent **jamais** sur l'expérience de la réalité. Avec ces théories, nous restons un **ignorant**, mais un ignorant très cultivé; c'est le paradoxe.

Nombreuses sont les théories, rare est la connaissance des principes, rare est la connaissance qui aboutit à une expérience, à un vécu réel et tangible. Si nous trouvons cela, nous serons des Êtres chanceux, nous posséderons un précieux trésor.

Ô Êtres de Lumière, continuons maintenant notre étude de l'ego. Mieux nous le connaîtrons, plus nous nous connaîtrons nous-mêmes; mieux nous le connaîtrons, plus vite nous nous libérerons. L'ego nous gâche la vie à cause de la multitude de ses désirs. L'ego ne comprend pas ce qui se passe, il ne comprend pas sa vie. Il ne sait pas qu'il est en chemin, vers une conscience Divine. Il ne sait pas que cette conscience Divine est déjà là. Il mène une vie qui ne lui plaît pas. L'ego compare la vie qu'il mène à la vie dont il rêve. Alors ça, c'est la meilleure façon pour souffrir au maximum. Rêvons-nous la vie idéale, puis revenons à nous et comparons avec notre vie actuelle : nous allons souffrir, vraiment souffrir.

Un des grands points majeurs, un des grands principes dans la découverte de l'ego, c'est de prendre conscience que l'ego **compare** sa vie à ses rêves. Prendre conscience de cela et y apporter le remède adéquat éliminera une très grosse partie de notre souffrance. Il est temps d'arrêter de comparer notre vie avec la vie que nous voudrions avoir; ça ne marche pas et ça ne marchera jamais.

C'est comme celui qui vit avec sa conjointe en rêvant tellement d'une épouse idéale; lorsqu'il se réveille, il constate l'écart entre le rêve et la réalité humaine. Ce n'est pas celle dont il a rêvé, alors il est malheureux. Il ne peut pas apprécier son épouse parce qu'il en a rêvé une autre tellement plus merveilleuse, voyez-vous?

Donc, il faut être réaliste. Aujourd'hui, si nous vivons telle situation pénible, ça ne veut pas dire qu'elle va durer toute notre vie, mais nous en constatons froidement et lucidement la réalité **temporaire**. Nous savons qu'en travaillant sur notre conscience, notre vie s'améliorera rapidement et que la situation pénible va s'évaporer. Nous constatons tout aussi lucidement ce qu'il y a de bon dans notre vie. Il nous manque certaines choses, bien sûr, mais ce que nous avons aujourd'hui, nous l'apprécions et nous sommes bien contents de l'avoir. Par contre, nous sommes parfaitement conscients que plus nous nous conscientisons, plus notre vie va changer et que la situation va évoluer rapidement. Alors, nous constatons la réalité, le bon et le moins bon, et nous apprécions vraiment les bons côtés de notre existence **changeante**.

C'est la gratitude et s'il n'y a pas ce sentiment de gratitude, cette conscience qu'on appelle « Père » ou « Ciel », la conscience Divine ne peut pas passer. Si elle ne peut pas passer, elle ne peut pas se transformer en énergie, en cette énergie Divine qui nous comble de bienfaits. Alors la vie va nous combler goutte par goutte parce que la conscience coule goutte à goutte. La gratitude permet à la conscience de couler à flots.

Donc la gratitude, c'est d'être hyperréaliste. Ce que nous avons aujourd'hui, c'est bien; nous sommes contents de l'avoir, certes, nous aimerions beaucoup plus, mais nous apprécions ce que nous avons. Puis, nous faisons l'inventaire de tout ce qui est bon. C'est sûr qu'il y a un inventaire à côté de tout ce qui ne va pas, mais il faut reconnaître ce qui va bien. Il faut reconnaître que les besoins principaux sont comblés malgré les terribles manques qui nous gâchent la vie. Alors nous reconnaissons qu'en partie, au moins, la vie est bonne avec nous.

Nous assimilons les grands principes. Les principes de savoir, de bien savoir que l'illumination est déjà atteinte et que l'obstacle, c'est l'ego, les désirs de l'ego, la comparaison, le refus. Le blocage, c'est le refus d'accepter une situation, d'accepter que c'est comme ça aujourd'hui mais que par notre conscience qui s'élargit, **tout va changer.** À chaque fois que le mental va refuser une situation, il va bloquer l'énergie.

Cette prise de conscience ne se fait pas du jour au lendemain. Nous prenons conscience petit à petit de ce mental, du fonctionnement du mental, de la volonté du mental, de sa facilité à refuser les circonstances, de sa facilité à sombrer dans le désir, de son incapacité à comprendre ses besoins, de sa vie de mental si limité. Plus nous comprenons ça, plus nous lâchons prise. Quand nous avons vraiment compris le principe, nous avons vraiment envie de lâcher prise.

Pourtant, il y aura encore certains délais et le lâcher-prise se fera petit à petit. Mais c'est inéluctable : le véritable lâcher-prise se produira. Donc, voyez-vous, prendre conscience de l'ego, c'est commencer à nous permettre de lâcher prise. « Vous trouverez le Soi quand vous comprendrez l'ego », a déclaré un grand guru. Nous pouvons être absolument certains que plus nous allons comprendre l'ego, plus nous serons le Soi rapidement. L'ego doit se soumettre de lui-même, volontairement et consciemment.

Vous avez parfaitement compris, je présume, qu'il ne s'agit pas de contrôler l'ego, mais seulement de l'observer, d'en être témoin.

Bref, d'ÊTRE CONSCIENT DE L'EGO.

Il y a aussi des choses à observer, tel la surveillance des pensées, la prise de conscience que le mental est centrifuge, qu'il est toujours parti dans l'imaginaire. Ce sont là certains des principes à vivre pour devenir conscient de l'ego. Ces grands principes[1] – il y en a une douzaine – il faut les vivre réellement et concrètement.

Si nous devenons conscients de chacun des principes et que nous les comprenons bien, nous allons les observer, nous allons les prendre en flagrant délit dans notre vie. Nous allons les surprendre en pleine action. Puis là, nous nous dirons : « Ah! le mental désire; ah! le mental n'est pas content; ah! le mental vient de comparer; ah! il souffre, le mental! ». Alors, nous constaterons : « Je souffre parce que ma voiture est rouillée ». Et alors? Où que nous allions, personne ne voit notre voiture; c'est une idée purement mentale. Nous allons à n'importe quelle réunion, à n'importe quel restaurant, le parking est toujours loin. Quand nous allons au restaurant, les gens ne voient pas quelle voiture nous avons. Et même si quelques-uns la voient, où est le problème? Un être devenu conscient est devenu détaché de ces contingences relatives. Il ne veut plus souffrir pour si peu.

Bien, j'ai pris l'exemple de la voiture, mais pour bien des choses, c'est comme ça, n'est-ce pas? Donc l'ego, c'est toute cette vie limitée, c'est toute cette vie du mental qui inclut la personnalité et l'intellect. L'orgueil est là aussi, mais l'orgueil, c'est une partie de l'ego.

---

(1) Voir le tome 2 : Les treize principes

L'orgueil, c'est une toute petite partie de l'ego car même si nous n'avons pas d'orgueil, nous avons un ego, un mental. L'ego, ce n'est pas une question de qualité ou de défaut; c'est le mental, tout simplement le mental, la vie du mental. Nous pouvons être pleins de qualités ou pleins de défauts, ça n'a aucune importance, vraiment aucune.

Nous sommes dans le mental, nous sommes dans l'ego de toute façon. Nous sommes comme quelqu'un qui vit dans le sous-sol de sa maison et qui ne connaît pas les étages supérieurs. Si nous oubliions qu'il y a, au-dessus du sous-sol, le salon, le feu, le solarium, les chambres, nous vivrions tout le temps dans le sous-sol, sans soleil, sans fenêtre. Là, nous dirions : « Cette vie n'est pas agréable ». Évidemment, la maison est faite pour être occupée en entier!

Vivre dans l'ego, c'est vivre au sous-sol de la conscience. Tout simplement, c'est la même chose! Alors, l'inconscience du mental gâche la vie parce que cet ego a une volonté; il veut faire sa volonté car il ne comprend pas la vie. À force de s'intéresser à lui, à force de le comprendre, nous arriverons au lâcher-prise. Un jour, nous serons devenus tellement tranquilles, tellement calmes dans notre compréhension que l'ouverture de conscience se fera.

L'ouverture de la conscience peut se produire n'importe où, n'importe quand. Elle ne nécessite pas d'être dans une circonstance particulière. Elle peut arriver dans le métro, elle peut arriver partout, mais elle nécessite une qualité de tranquillité, de sérénité, une vigilance tranquille, une attention sereine. Cette tranquillité d'esprit se produit d'elle-même, naturellement, spontanément, lorsque l'ego a **compris**. Comprenez-vous? Pour que l'ouverture soit stable, il faut avoir très bien compris, digéré et assimilé les principes.

Souvent, dans certaines traditions, on nous enseigne qu'il faut tuer le mental, tuer l'ego. Non, non, nous ne tuerons jamais le mental; d'ailleurs, nous en avons besoin. Nous avons mis des dizaines de vies à développer notre mental et même à développer un mental puissant, un mental fort, une volonté humaine terrible.

Il a fallu que nous utilisions notre volonté humaine pour réussir et pour échouer. Il y a bien des choses que nous avons réussies avec notre volonté humaine, et il y a bien des choses où nous avons échouées avec notre volonté humaine. Puis quand c'est beau, quand c'est fort cette volonté-là, il faut la mettre au service de notre conscience Divine. Alors pour ça, il faut vraiment comprendre le Grand Principe de la conscience pour être conscient du fonctionnement du mental, de l'ego.

Notre illumination est déjà là; qu'est-ce qui nous en sépare? Un simple manque de conscience. Mais cette conscience pourrait, maintenant même, s'exprimer à travers nous. Oui, tout de suite, si l'on s'ouvrait. Il y a bien des gens qui ont des ouvertures de conscience et qui n'ont jamais rien fait pour ça. Tout à coup, il leur arrive quelque chose, ils comprennent quelque chose, un miracle vient de se produire dans leur vie. Ils avaient besoin de ça pour découvrir une autre dimension de la vie. Le phénomène reste rare; il est parfaitement inutile de l'attendre ou de l'espérer car l'ego ne ferait alors que bloquer l'énergie.

Notre conscience Divine peut agir ainsi très facilement. Alors, pourquoi ne le fait-elle pas? Parce que nous devons devenir un collaborateur et un serviteur de cette conscience. Nous devons être non seulement un serviteur, mais un véritable collaborateur. Si nous ne collaborons pas de nous-mêmes, nous allons toujours attendre un miracle de la conscience Divine. Nous resterons un éternel ego qui attend, de l'extérieur de lui-même, des solutions magiques pour réaliser ses désirs humains. Les miracles auront lieu, certes, mais quand nous aurons lâcher prise, quand nous nous abandonnerons à notre conscience suprême.

Comme je vous l'ai déjà dit, comprendre les principes – quand vous les avez suffisamment étudiés –, c'est relativement facile. Je ne suis pas un Être réalisé, mais ce n'est pas mon souci; le Soi m'intéresse... Alors j'étudie l'ego et à force de le comprendre, ça arrivera un jour. C'est passionnant de pouvoir partager et expliquer les principes avec vous. Entre les comprendre et les vivre, il y a une différence. Vous savez, les principes, quand nous les comprenons, il faut les vivre. Il faut les vivre toute la journée, il faut y penser sans cesse. Nous savons que de toute façon ça arrivera si, bien sûr, nous faisons l'effort requis. Comprendre les principes, ce n'est pas vraiment difficile; mais entre les comprendre superficiellement et les vivre en profondeur, il y a un monde.

Mais à travers ça, que nous soyons pleins de qualités ou pleins de défauts, ça n'a aucune importance. C'est très relatif, les qualités et les défauts. Dans la Bible, il est écrit : « Quand vous trouverez le Royaume des Cieux, même si vos crimes sont comme le sang, vous deviendrez blancs comme neige ». Quand nous aurons transcendé notre mental, nous aurons transcendé tous nos défauts et toutes nos qualités. Ce qu'il faut, c'est juste être conscients. Nous avons seulement besoin d'être conscients, besoin d'être plus conscients, besoin de notre véritable conscience, et la vie nous donnera tout par surcroît, peu importe nos qualités ou nos défauts.

C'est sûr qu'à un certain moment, quand nous devenons conscients, nous perdons certains défauts; mais il y a bien des qualités qui ne servent à rien non plus. Il ne faut pas se faire d'illusions. Nous avons tous plein de défauts et plein de qualités. Il y en a certains qui ne voient que leurs défauts; il y en a d'autres qui ne voient que leurs qualités. Mais si nous nous observons bien, nous verrons que nous avons autant de qualités que de défauts. Bien souvent, il se trouve que nous en avons beaucoup, des qualités; mais quand nous découvrons nos qualités, nous découvrons aussi nos défauts. Donc tout ça, ce n'est pas très mystérieux; en fait, **tout est déjà là.**

Il faut donc prendre conscience de la vie du mental et l'observer, comprendre les différents principes et se rappeler l'analogie du pied. J'ai travaillé sur l'analogie du pied pendant un an. Ça m'a vraiment éclairci les choses; ça m'a permis de lâcher prise de certains aspects de ma vie; ça m'a permis de me détacher sur d'autres aspects. Le pied ne se pose pas de questions, il n'a pas de volonté, il n'éprouve pas le besoin de savoir où il va. Si nous avons bien compris le principe, nous n'avons plus besoin de savoir ce qui va nous arriver dans la vie. Nous savons qu'en effet, une vie des plus merveilleuses nous attend.

De toute façon, quoi que nous fassions, **nous ne saurons jamais** ce que la vie nous réserve. Notre conscience Divine nous le cache soigneusement pour que nous ne venions pas tout gâcher. Non, le mental, l'ego ne connaîtra jamais son avenir. Nous pouvons croire le contraire, mais réfléchissons profondément et regardons toutes nos vaines tentatives pour tenter de connaître notre avenir. Avons-nous réussi à savoir? Non, bien sûr que non; sinon, aurions-nous fait les erreurs qui nous gâchent la vie? Si oui, mènerions-nous notre vie actuelle de la même façon?

Quelles que soient les péripéties qui peuvent arriver, nous savons qu'au bout du compte, ce sera le lâcher-prise, la réalisation, la libération, l'Ascension et la vie Divine si, bien sûr, nous faisons le suprême effort de prendre conscience. Sinon l'ego continuera sa misérable vie pleine de problèmes insolubles.

NOTRE CONSCIENCE EST LA SOLUTION TOTALE.

Entre la vie humaine et la **réalité,** il y a un délai : c'est le « voyage » qui nous conduit sur l'autre rive. Là, nous n'aurons plus de problèmes humains, et de moins en moins durant le « voyage ». Le voyage, parfois, peut durer; ça n'a aucune importance. Tout ce qu'on sait, c'est que si nous passons notre vie à travailler les principes – mais notre vie, jour par jour, c'est obligatoire –, la conscience va muter forcément. Mais déjà très vite, notre vie va s'améliorer grandement.

Nous savons que si nous plantons un arbre, il va pousser. Dans la vraie vie, il y a bien des arbres que nous plantons et qui ne poussent pas parce qu'il y a des accidents. Sauf que cette conscience-là, si nous la plantons, elle pousse et elle nous suit même si nous mourons. Elle nous suivra; ce n'est pas perdu parce que c'est la prise de conscience de notre vraie nature. C'est là notre destin suprême; et lorsque la prise de conscience a débuté, plus rien ne peut l'arrêter avant son terme.

Dans la spiritualité, l'être humain cherche la vérité. Tout le monde veut trouver la vérité et on s'aperçoit qu'il y a autant de vérités qu'il y a de religions. Il y a autant de vérités qu'il y a de sectes. Il y a autant de vérités qu'il y a de mouvements politiques. Il y a autant de vérités qu'il y a d'individus sur la planète. Ça veut dire que les vérités sont nombreuses, multiples et contradictoires... L'on a le choix des « vérités » et beaucoup changent de vérités et de convictions régulièrement...

Dans la prise de conscience, dans l'Alchimie de la conscience, nous ne cherchons pas la vérité; on s'en fout de la vérité parce que nous avons compris qu'il y avait **trop de vérités**. Nous avons compris qu'il y a autant de vérités qu'il y a de menteurs!... Alors, **nous cherchons la réalité**.

Qu'est-ce que la réalité? La réalité, c'est ce que nous vivons par expérience, par vécu, par concret; mais est-ce qu'il y a des réalités qui sont au-delà de ce que nous vivons habituellement? Ça, c'est la question fondamentale. Ce que je vis, je le vis par mon mental, par mes cinq sens et par ma sexualité. Est-ce que c'est ça, la vie? Ou est-ce qu'il y a autre chose de plus? Est-ce qu'il y a une réalité supérieure à cette réalité humaine?

Alors si nous présumons qu'il y en a une, nous chercherons à la rencontrer, à la vivre et à en faire l'expérience. Il y en a qui vont faire des voyages astrals, d'autres la marche sur le feu, d'autres la guérison par les mains. Tous vont découvrir quelque chose qui existe, qui fonctionne, **qui s'apprend** et que la conscience sociale ignore complètement, qui est nié par la religion et qui est ridiculisé par la science. Ces expériences concrètes de la **méta-réalité** vont ouvrir la conscience de ces pionniers. C'est ce vécu tangible qui va leur dire : « Oui, tiens, il y a une réalité qui est au-delà de la réalité humaine ».

Donc, si j'ai vu un petit bout de la réalité qui est au-delà de l'humain, il y a certainement un grand bout de cette réalité à découvrir, et c'est ça que je veux connaître. Oui, je veux connaître cette réalité qui est au-delà de la perception humaine, qui est au-delà des facultés humaines. Tout le monde demande : comment faire? Comment faire? Comment? Il n'y a pas de comment, il n'y a pas de moyens de faire l'expérience de cette réalité. **L'expérience se produira d'elle-même** lorsque nous serons conscients. La seule chose que nous pouvons faire, c'est de prendre conscience de l'ego, du mental; et c'est déjà énorme. C'est un bond de géant dans notre évolution. En effet, la prise de conscience de l'ego, profondément vécue, conduit très rapidement au lâcher-prise.

Bien souvent, je dis : « Passez votre vie à travailler les principes ». Oui, c'est nécessaire d'y passer sa vie pour s'approcher le plus près possible de l'Ascension. **Mais**, pour ceux qui font le travail adéquat en chantant le Chant du Cygne, en étudiant le Nectar de la Conscience, en rendant la prise de conscience concrète et vécue, les résultats sont étonnamment rapides. La vie peut profondément changer pour le meilleur, parfois en quelques semaines, parfois en quelques mois. Parfois aussi, pour ceux qui partent de plus loin, avec plus de « bagages », le délai peut paraître plus long. Pourtant, pour eux aussi, le déblocage de leur vie se fera rapidement; ils s'en rendront compte très vite.

Lorsque nous faisons ce travail sur nous-mêmes, nous nous ouvrons à la conscience d'Être; nous plantons dans notre vie une conscience d'Être. Et cette conscience va grandir, elle va pousser dans notre vie. Mais nous ne pouvons rien faire pour qu'elle grandisse plus vite. Voyez là, dans ce pot, ces petites plantes : ce sont deux cocotiers. Ils poussent à leur vitesse, ils poussent tranquillement, ces cocotiers. Tout ce que je peux faire, c'est les arroser, les désherber, faire attention qu'ils n'aient pas froid, les mettre au soleil. Je les mets dans les conditions qu'il faut, et ils poussent à leur vitesse.

C'est la même chose pour notre conscience d'Être, notre cocotier d'illumination. Tout ce que nous pouvons faire, c'est de prendre conscience de l'obstacle, l'étudier, le comprendre et notre conscience d'Être va pousser tranquillement. Notre conscience Divine est déjà là; en prendre conscience, c'est la conscience d'Être. La conscience d'Être, c'est la prise de conscience progressive que notre conscience Divine est déjà là. Vivre dans la conscience d'Être change la vie profondément et radicalement.

La conscience d'Être, ce n'est pas la mort du mental; c'est la mort de la volonté humaine, mais dans le bon sens du terme. Il y a des gens, dans la vie, qui renoncent, qui sont battus, qui sont défaitistes et qui ne veulent plus rien savoir. Là, c'est l'ego, sans volonté de vivre, ignorant sa véritable nature. C'est l'ego humain qui dit : « Je suis foutu; ce n'est pas vrai que je suis né pour gagner. Je suis né pour perdre ». Il a renoncé à sa volonté de se battre, il a renoncé à sa volonté de s'en sortir, mais il n'a pas renoncé à son ego. Il s'est juste enfermé dans la volonté de ne rien faire pour s'en sortir.

Cet ego battu a déjà tout essayé pour s'en sortir, mais rien n'a marché; pourtant, il a vraiment fait le maximum, mais il a échoué. Alors, **quand plus rien ne marche**, il ne reste qu'une seule chose à faire : découvrir sa conscience Divine.

Si nous avons bien compris le principe : « Je suis né pour gagner; tu me guides, tu me conduis, tu me diriges », nous réalisons alors qu'il n'y a plus besoin de la volonté humaine pour contrôler la vie. Ça ne veut pas dire qu'il ne faut pas se lever le matin, qu'il ne faut pas prendre sa douche, qu'il ne faut pas s'habiller, qu'il ne faut pas aller à son boulot, qu'il ne faut pas s'occuper de ses affaires. **Oui, il faut agir de toute façon**, mais en étant conscients qu'une conscience supérieure guide et dirige la vie. En étant conscients qu'il y a un pilote dans l'avion, nous faisons confiance à la vie et alors nous devenons tranquilles et sereins.

C'est là que le mental, l'âne mental, va nous permettre de rentrer à Jérusalem. Rappelez-vous que le Christ est rentré à Jérusalem sur un âne. Ce sont des symboles. Toute l'histoire de Jésus, dans la Bible, c'est toute une série de symboles; même si nous ne voyons pas du tout les choses ainsi, le symbole est là. L'âne c'est le mental, et le Christ, c'est notre Soi, c'est notre conscience Divine; et Jérusalem, c'est notre conscience totale, c'est notre vie Divine.

Il y a douze portes à la Jérusalem biblique, car il y a douze chakras majeurs qui doivent être ouverts pour que nous puissions vivre cette vie Divine. Mais pour que nos chakras s'ouvrent, pour que nous puissions vivre dans cette vie Divine, il faut que notre Soi s'unisse avec le mental, avec un mental qui n'a plus de volonté propre et qui est devenu le fidèle serviteur de sa conscience suprême.

Si nous avons un têtu de bourricot mental, qui est toujours parti, qui est toujours en gambade, toujours dans l'imaginaire, jamais au présent, nous ne disposons pas d'un serviteur obéissant. Nous ne pouvons pas monter dessus, nous ne pouvons pas rentrer chez nous, à Jérusalem; et pourtant, nous devons rentrer chez nous à dos d'âne.

Ce n'est pas la peine d'essayer de tirer l'âne, ce n'est pas la peine de battre l'âne, ce n'est pas la peine de porter l'âne sur notre dos; ça ne marche pas du tout. Il faut que l'âne devienne complètement docile pour que nous puissions monter dessus et ne faire qu'un avec lui : **l'ego et le Soi enfin unis.** Nous allons lui dire : « Avance, bourricot; avance, je rentre à Jérusalem, je rentre chez moi et je rentre dans ma véritable conscience Divine ».

Voyez-vous, ô Êtres de Lumière, le Principe? Toute l'Alchimie de la conscience consiste à unir l'ego et le **Soi**, complètement soumis à la volonté du **Soi**. Le mental restera fort, puissant, mais totalement soumis à sa conscience supérieure, tels le cavalier et sa monture. De la réalisation profonde de l'unité de la conscience surgit la **vie Divine**. De la compréhension de la relation de l'ego et du **Soi** jaillit l'illumination.

Les religions préconisent souvent de faire la volonté Divine; elles maintiennent l'être humain dans l'erreur et dans l'ignorance totale de sa véritable réalité. Pourtant, elles lui conseillent de faire la Volonté Divine. Elles font croire à l'être humain que tous ses malheurs sont la volonté Divine. C'est complètement absurde mais ça permet à la religion de garder le contrôle et de continuer la domination...

Imaginons que nous possédions un magnifique cheval pur-sang, une bête magnifique, faite pour le concours hippique. Ce cheval un peu sauvage, avec un fort caractère, il faut le dresser, lui apprendre ce qu'il doit faire. Il doit se mettre vraiment au service de son maître, renoncer totalement à sa volonté de cheval pour épouser la volonté de son cavalier. Alors, la parfaite symbiose des deux permettra, lorsqu'ils ne feront plus qu'un, de réussir brillamment dans les concours hippiques. **Mais** si nous laissons le cheval dans le pâturage et que nous lui disions de faire la volonté de son maître, que fera-t-il, à part gambader et brouter? Il ne connaît pas son maître, il ne sait rien de ce qu'il doit faire, il ignore complètement tout de ce que veut le cavalier.

Avec les religions du passé, l'être humain est comme un cheval au pâturage. Il veut bien faire la volonté Divine, mais il ne la connaît pas. Il ne sait pas qui il est, ni d'où il vient, ni où il va. Il ne sait pas ce qu'est la véritable vie, il ignore tout de la mort, il n'a aucune idée de son destin suprême. Il ne connaît rien de la conscience, ni de l'Être, ni de l'ego. Il est planté là, par la religion, dans **l'ignorance totale**.

Alors, comme le cheval au pâturage, faute de cavalier, il gambade; c'est-à-dire dire il boit, il fume, il baise, il se débat et se noie dans les mille problèmes de sa vie humaine. Et la religion appelle ça « faire la volonté Divine »! Comment pouvez-vous mépriser l'être humain à ce point-là? Comment pouvez-vous continuer à le dominer ainsi? Comment pouvez-vous continuer à le manipuler ainsi? **Comment osez-vous, misérables traîtres**? Vous qui trahissez Jésus depuis deux mille ans!

Ô Êtres de Lumière, réveillez-vous! C'est l'heure du grand ménage planétaire. La lumière du 7e Rayon brille déjà. Le grand aspirateur arrive... et le **talon** s'en vient. Ce ne sera plus très long, maintenant, vous verrez.

Alors, revenons à notre cheval pour en revenir à la découverte du Soi et de l'ego. Lorsque le cheval a enfin fini par accepter son cavalier, il a renoncé à sa volonté de cheval. Le maître, alors, a pu exprimer complètement sa volonté au cheval. Le cavalier et le cheval, avec une seule volonté, ont pu participer au concours hippique et réussir les figures les plus difficiles.

Jamais le cheval, avec sa propre volonté, n'aurait pu agir ainsi. Jamais le cavalier, sans un cheval parfaitement soumis à sa volonté, n'aurait pu réussir. Les deux, réunis ainsi sous une seule volonté, ne font plus qu'un. Ceci n'est pas un symbole; c'est une réalité absolue. Tous les cavaliers de concours vous le diront : « À un certain moment, l'homme et l'animal ne font plus qu'un ». De la profondeur et de la durée de cette unité résulte le gagnant, le vainqueur du concours.

Alors, mes Amis de Lumière, commencez-vous à comprendre le principe de l'ego et du **Soi**? L'ego, le mental humain – tout comme le cheval – doit renoncer totalement à sa volonté. À ce moment-là et à ce moment seulement, le maître, le cavalier, le **Soi**, la conscience Divine peut s'unir à l'ego. La conscience Divine peut alors imprimer totalement sa volonté à l'ego qui lui est complètement soumis. Ainsi se réalise l'unité de l'ego et de la conscience, de la « terre » et du « Ciel », de l'âne et du Christ, du mental et du **Soi**, de l'humain et du Divin. De la **profondeur de cette unité**, de la durée de cette unité résulte la vie Divine. La volonté Divine s'exprime alors totalement à travers cet ego dans la matière, ici et maintenant.

Voilà la victoire! Voilà le gagnant! Voilà le vainqueur!

« Oui, je suis né pour gagner »
« Oui, en Toi je suis déjà gagnant »
« Ô St-Germain, je suis né vainqueur »

Le Chant du Cygne, soutras 25 et 46.

L'unité de la conscience dans une seule volonté produit le vainqueur pourvu, bien sûr, que ce soit la volonté Suprême qui dirige. La plupart des êtres humains vivent dans la volonté de l'ego, ce qui génère une vie terriblement difficile. Nous avons compris le principe du cavalier de concours. Observons maintenant les cavaliers du dimanche : ceux qui ne connaissent rien aux chevaux, les cavaliers de manège qui se paient un petit tour à cheval à l'occasion, en famille.

Voyons leur pittoresque aventure, juchés qu'ils sont sur des chevaux récalcitrants... Qui dirige? Le cheval n'en fait qu'à sa tête; c'est la volonté du cheval qui est plus forte que celle de son cavalier... lequel n'arrive pas du tout à se faire obéir de sa monture têtue. Il y a deux volontés en présence, et ça ne donne rien de vraiment bon, ni pour l'homme, ni pour l'animal. Les deux volontés présentes, simultanément, produisent le **perdant**, le **vaincu**.

Alors, ne cherchez pas plus loin la cause de tous vos malheurs : vous êtes un cavalier du dimanche. Il y a une volonté de trop dans votre vie.

Comprendre la relation existant entre l'ego et le **Soi** est la base de toute l'Alchimie de la conscience. Tout en cherchant à comprendre et à vivre cette connaissance, cette reconnaissance de nous-mêmes, nous ne devons jamais oublier que nous ne sommes pas le mental. Non seulement nous ne nous connaissons pas nous-mêmes, mais en plus, nous sommes complètement identifiés au mental. Plus l'être humain est identifié au mental, plus il est un ego, un pied, un âne, un cheval sans cavalier. Vous me suivez, j'espère, à travers les symboles et les analogies?

Se prendre soi-même pour le mental est la racine même de l'ignorance et la cause de tous les fléaux humains. En prendre conscience, c'est se libérer rapidement de beaucoup de souffrances inutiles, celles-ci venant de notre incompréhension de la vie. Plus nous comprendrons qui nous sommes, et moins nous souffrirons, c'est absolument garanti.

Alors, si nous voulons nous libérer, il nous faut nous prendre en main sérieusement pour entreprendre, accomplir et réussir tout le travail de nous « désidentifier » du mental. À chaque événement de notre vie, nous disons : « C'est moi, c'est moi, c'est moi ». Non, pas du tout. Nous sommes un Être de Lumière, une pure conscience Divine; nous ne sommes pas le mental. Celui qui commence à comprendre va commencer à observer son mental, à en devenir témoin. Il y a **lui** et le mental. S'il y a nous et le mental, nous pouvons lui parler, nous pouvons l'observer, nous pouvons le comprendre.

Tout compte fait, ce n'est pas un travail si difficile; en quelques semaines, nous pouvons en arriver à cet état de conscience témoin. Demandons-nous : que veut le mental? À quoi pense le mental? Qu'est-ce qu'il a encore, le mental? Et si tu devenais silencieux, sais-tu?

Ainsi, nous prenons de la distance. Nous devenons le témoin de notre mental. Quand nous sommes le témoin de notre mental, nous ne sommes plus notre mental. À un certain moment, cette vigilance, cette attention va se transformer en attention suprême car nous nous détachons du mental. Comprenez bien ça : plus nous sommes le témoin du mental, plus nous avons de chance de tomber dans l'attention suprême. La conscience suprême, la conscience christique voit tout ce qui se passe; elle sait tout exactement; non seulement ce qui se passe, mais aussi ce qui va arriver.

Si nous devenons témoins, ainsi, à un certain moment, nous serons vraiment le témoin. Ou si vous voulez une autre explication, c'est comme si les yeux de notre conscience christique regardaient à travers nos yeux. À un certain moment, nous allons voir, ce n'est plus nous qui observons, c'est cette conscience Divine qui observe... Ça arrive parfois, dans certains cas; nous sentons vraiment que ce n'est plus le mental qui regarde les choses. Oui, c'est notre conscience Divine qui observe; mais au moins, il faut faire l'effort d'être attentifs au mental pour en devenir conscients.

Ce n'est pas si compliqué. Il suffit juste d'avoir un peu de détermination. Je ne dis pas de faire ça avec la volonté; ça ne marche pas. Nous pouvons et nous devons devenir tranquillement attentifs à nous-mêmes. Une attention tranquille; oui, c'est possible et c'est payant, très payant, même...

Ô Êtres de Lumière, vous aurez compris ce soir, j'espère, la relation qui existe entre l'ego et le **Soi**. Ne vous contentez pas d'une compréhension superficielle, purement intellectuelle. La compréhension de ces principes doit être profonde et vécue tout aussi profondément. Là, mais seulement là, elle se transformera en réalisation. C'est alors que votre vie changera vraiment, et pour le meilleur. Naturellement, il faut fournir un certain effort de base pour habituer votre conscience humaine à vivre d'une nouvelle façon. L'effort en vaut la peine. La récompense sera si grandiose, si merveilleuse.

Vous aurez la récompense Suprême – votre conscience Divine – et, en prime :

TOUT PAR SURCROÎT.

Ainsi naît le vainqueur, le suprême vainqueur, ET C'EST VOUS!

La prise de conscience du mental, de l'ego, permet de réaliser un état de conscience très payant, immédiatement payant. C'est la conscience : « Je suis né pour gagner ». Cela non plus n'est pas un mantra; il n'y a pas besoin de le répéter. « Je suis né vainqueur » est un état de conscience, une réalisation profonde, une évidence totale que c'est la réalité. C'est devenu une évidence que dans votre vie, oui, effectivement : « Vous êtes né vainqueur ». Ceci changera vite et profondément votre vie.

L'étude sérieuse du principe du pied - « Le pied de mon père » – vous fera réaliser un état de conscience encore plus grand. Le principe du pied permet, en effet, d'atteindre **la conscience de l'unité**. Lorsque vous avez vraiment saisi, en profondeur, le principe du pied dans la relation entre l'ego et le Soi, vous avez atteint **la conscience de l'unité**. Cela est un état de conscience très avancé; c'est véritablement un bond de géant dans votre évolution. Vous pouvez être alors absolument certains d'émerger vers une vie nouvelle.

Maintenant, Amis de Lumière, nous qui sommes des amis depuis des siècles, lisons le Chant du Cygne; lisons-le à voix haute, d'une voix ferme et un peu rapide. Oui, lisons tous ensemble le Chant du Cygne.

6

Le Service Suprême

Bienvenue, ô Êtres de Lumière, en ce jour de printemps 21 mars 1996, sous la tempête de neige. Espérons que d'ici le mois de juin, la neige aura disparu. Vous êtes venus ce soir, malgré la tempête! Félicitations!

Quel est le service, le plus grand service que l'on peut se rendre à soi-même? C'est peut-être de chercher le Royaume des Cieux et sa Justice.

Si nous regardons un peu les évangiles, nous constatons qu'il y a beaucoup de choses qui sont incompréhensibles, qui sont ésotériques. Chercher le Royaume des Cieux et sa Justice, ça paraît assez clair. Toutefois, si nous magasinons dans les différentes religions, jamais personne ne nous explique ce qu'est le Royaume des Cieux. La plupart des religions se contentent de nous dire : « Vous êtes des pauvres pécheurs, repentez-vous, mourez et puis après, après la mort, nous verrons bien si vous irez au paradis, au purgatoire ou en enfer ».

Le Royaume des Cieux, c'est un état de conscience. C'est un état de conscience où nous-mêmes, nous sommes le Christ. Ce n'est pas seulement Jésus, il y a deux mille ans, qui est devenu le Christ. C'est chacun d'entre nous qui doit devenir le Christ. Il faut donc chercher le Royaume des Cieux, cet état de conscience suprême, cet état de conscience Divin qui est notre véritable nature, qui est notre véritable réalité, et dont jamais personne ne nous a donné le mode d'emploi. Sauf dans les mouvements spirituels, ésotériques où là, il y a un mode d'emploi et des explications; mais à travers les religions, tout a été caché.

Tout a tellement été caché qu'elles ont même oublié ce que c'est. Elles ne sont même pas capables de donner le bon exemple, et encore moins de nous présenter un de leur fervent fidèle qui aurait atteint le Royaume des Cieux, cet état de conscience suprême. Nous pourrions constater à quel point il est beau, Divin et lumineux. Un tel modèle nous servirait d'exemple, mais ce n'est malheureusement pas le cas; la religion n'offre aucun exemple, elle n'a rien à offrir.

Nous verrons que le Royaume des Cieux permet **d'obtenir tout par surcroît**; mais obtenir, ça ne veut pas dire avoir, avoir encore plus de choses humaines. Ça veut dire obtenir cet état de conscience Divin et maintenir cette conscience qui est au-delà de l'ego. C'est un état de conscience où nous fonctionnons sans le mental, alors tous nos besoins sont largement satisfaits dans l'amour, dans l'abondance et dans la joie.

Car nous le savons : le mental, c'est lui qui nous cache le Royaume des Cieux. Le Royaume des Cieux n'est pas à fabriquer, il n'est pas à obtenir; il est **déjà ici**. Ce qu'il faut, c'est en devenir conscients. C'est pour ça que le Chant du Cygne est quelque chose de tout à fait magique car le Chant du Cygne nous plonge dans cet état de conscience suprême. À force de l'entendre et de le répéter, nous nous imprégnons de cette conscience Divine. Dans notre vie de tous les jours, lorsque nous parlons avec nos collègues, avec nos amis, avec nos conjoints, avec nos voisins ou avec toute la société, nous sommes très loin du Royaume des Cieux. La société globalement, dans son ensemble, nous enfonce dans l'ego, jusqu'au point où nous allons nous y noyer.

Alors, un ego qui vit dans la société et qui s'imprègne tous les jours de cette idée de conscience Divine, de cette conscience suprême, va porter des fruits, va obtenir des résultats. Pas seulement les résultats que nous attendons pour améliorer nos finances, nos amours ou tous nos problèmes. Ce travail nous donnera plus et plus de conscience et, évidemment, se traduira dans notre vie concrètement; nos besoins seront satisfaits au bon moment. Évidemment, ca ne sera pas forcément la réalisation de nos désirs, mais plutôt la satisfaction de nos véritables besoins. C'est là que nous devons nous situer et reconnaître quels sont nos besoins et quels sont nos désirs. Il y a lieu de bien faire la distinction entre les deux.

Ce Royaume des Cieux, ce Chant du Cygne, c'est vraiment le **service suprême** que l'on peut se rendre à soi-même et qui profitera à toute l'humanité. Aujourd'hui, il y a beaucoup de moyens ésotériques pour cultiver sa conscience; mais souvent, ce n'est pas facile et ça peut même être assez compliqué. Nous avons des respirations à faire, des disciplines astreignantes, des techniques pour nous immobiliser le cerveau, et toutes sortes de pratiques. Notre cerveau ne voudra pas se laisser immobiliser, il y aura toujours le mental qui va embarquer. Il faut donc autre chose : un moyen facile de dépasser le mental. Le moyen le plus simple et le plus rapide, c'est de s'imprégner et de s'imprégner du Chant du Cygne.

Le Chant du Cygne contient **tout**. Il contient l'amour, il contient la dévotion, il contient la conscience du Père, il contient la conscience de l'énergie, de la Mère Divine. Il contient la réalisation, la libération et l'Ascension dans la Gloire Divine. **Tout** est intégré dans le Chant du Cygne, Il dénonce même l'ego mondial, que l'on appelle aussi la dictature mondiale. Cette dictature mondiale, c'est la cristallisation de l'ego de la planète. Nous prenons tous les monstrueux ego, les égoïsmes de tout le monde, et toute cette énergie négative va se cristalliser dans quelques individus au sommet de la pyramide sociale, à travers les plus égoïstes, qui vont dominer le monde entier.

Si nous étions sur une planète d'amour, tout en haut il y aurait quelques grands Êtres pleins d'amour qui dirigeraient la planète. C'est d'ailleurs le cas : les Maîtres Ascensionnés qui dirigent la planète sont, eux, pleins d'amour; mais ils ont dépassé l'état humain. Cet état humain – l'ego mental – s'est condensé dans plusieurs individus, condensé très fortement dans une poignée d'hommes, au sommet. Ce sont eux qui dirigent les finances de la planète, qui écrasent tout le monde et qui dominent globalement. Actuellement, ils sont en train d'appauvrir toute la société, d'assécher les finances, de multiplier le chômage, la guerre, les épidémies, la famine. Cela crée une pression énorme, épouvantable sur l'humanité.

Cette domination des Retardataires a ses raisons d'être. La première, c'est de nous faire prendre conscience qu'il y a moyen de dépasser cela, d'aller au-delà, sauf que nous ne pourrons pas le dépasser par nous-mêmes. Nous sommes complètement dans une situation où tout ce que nous pouvons faire d'humain ne fonctionnera plus et où plus rien ne fonctionne, d'ailleurs. Nous pouvons et nous devons encore agir, mais avec un état de conscience supérieur.

Toutes les révolutions sociales ont échoué, le terrorisme a échoué – heureusement –, toutes les réformes et réformes et réformes depuis des années ont échoué, **tout a échoué**. Il ne reste qu'une chose à faire, une seule : changer d'état de conscience et **passer de l'humain au Divin**. Il y a une seule chose à faire en tant qu'êtres humains, c'est de changer de conscience. D'aller au-delà du mental parce que **le mental a tout essayé**, tout ce qui était possible de faire. Il l'a essayé et ça n'a pas marché. Le mental devait tout essayer afin d'être conscient de sa petitesse et de sa limitation. L'être humain est resté un être grossier terre à terre, limité, avec ses mille et mille problèmes qui se multiplient et qui grossissent à vue d'oeil. Plus il essaie de s'en sortir, plus il s'enfonce.

Donc, la seule façon que nous ayons, aujourd'hui, de changer notre vie pour le meilleur, c'est de dire : « Je ne peux pas sortir de là, sauf en changeant ma conscience ». Il faut accepter, à un certain moment, de renoncer à notre ego, de renoncer à notre mental pour émerger dans une conscience Divine, dans ce Royaume des Cieux, dans cette conscience qui est notre véritable nature, elle qui est déjà là.

C'est plus facile à raconter qu'à faire, parce que nous ne pouvons pas le faire. Le mental ne se transcendera jamais lui-même, de lui-même, par lui-même. Il ne se transcendera jamais tout seul. Toutefois, à force de comprendre le Principe, nous pouvons penser que le mental arrivera à se calmer. Lorsque le mental aura vraiment compris, il se calmera **et la conscience pourra jaillir** dans notre vie, la transformant radicalement.

À moins que nous ne possédions un ego fou, si fou, tellement fou qu'il ne puisse jamais se calmer et qu'à ce moment-là, nous ne puissions jamais rentrer dans le Royaume des Cieux... Pourtant, si nous sommes dans cette situation épouvantable, il y a quelque chose à découvrir pour en sortir. Mais ce quelque chose est à découvrir. Il est donc inutile de l'expliquer. Si je vous l'explique, vous allez faire « Ah! ». Mais si vous le découvrez vous-mêmes, vous allez faire « Ahaaaaa...! ». Donc, voyez-vous ce principe? Simplement que si l'on explique les choses que l'on doit découvrir, elles ne seront pas comprises en profondeur et, par conséquent, jamais découvertes.

Si nous avons un ego fou, il y a vraiment quelque chose à découvrir. Pensez à ceci : « Si j'ai un ego fou et que je ne peux pas monter sur mon âne mental pour rentrer dans ma nouvelle conscience, qui est la Nouvelle Jérusalem, je suis coincé, je ne peux plus rentrer dans le Royaume des Cieux ». Alors, qu'arrive-t-il? C'est un problème qui, apparemment, est insoluble. Mais en Orient, dans certaines pratiques bouddhiques, les moines reçoivent souvent des problèmes insolubles dont ils doivent **découvrir** la solution, et celle-ci n'est pas mentale; elle n'est **jamais mentale**. C'est pour ça qu'il faut y penser, mais ne pas chercher une solution mentale et logique parce que ça ne fonctionnera pas. Au moment où nous allons faire « Ahaaaaa... », nous l'aurons découvert, compris, réalisé, intégré. Si nous en recevons une explication mentale, nous ferons comme les grenouilles, « Ah! Ah! », mais ça ne sera pas compris. Bref, pour une fois, passons-nous d'explications et découvrons ce que nous devons découvrir.

Ceci dit, revenons à notre Chant du Cygne et à notre état de conscience suprême. Si nous répétons une certaine chose un certain temps, nous pouvons espérer que ça va se programmer dans les neurones et que ça va finir par arriver. Effectivement, dans certains cas, ça fonctionne; dans d'autres, ça ne fonctionne pas. Souvent, ça ne fonctionne pas car il y a trop de programmes parasites dans notre tête qui viennent effacer les nouveaux programmes. Ça ne fonctionne plus lorsque l'individu doit prendre profondément conscience que le travail mental, **c'est fini pour lui** et qu'il doit passer à autre chose.

J'en ai fait beaucoup, à une époque; et puis un jour, ça s'est arrêté de fonctionner. Je me suis interrogé. Qu'arrive-t-il? C'était clair : il fallait que je passe à l'étape suivante. Donc le travail mental, c'est vital, mais c'est simplement **une étape**. Si notre destination est le quinzième étage, le travail mental est au troisième étage. Si nous restons au troisième étage, nous n'arriverons jamais en haut. Alors, il faut dépasser ce travail mental. Le travail mental, c'est une répétition qui, parfois, réalise les désirs de l'ego, notre volonté humaine, notre solution tant espérée; mais pas du tout ce que veut notre conscience Divine. Le travail mental, c'est l'ego en pleine action... qui précise, avec moult détails, ce qu'il veut et comment il le veut.

Le Chant du Cygne est un chant alchimique qui transforme la conscience, qui transmute l'ego en conscience Divine. Le Chant du Cygne, c'est une répétition, mais **ce n'est pas** un travail mental. Pourquoi? Parce que le Chant du Cygne fait appel à une conscience Divine qui est **au-delà du mental**. Et c'est cette conscience Divine qui descend en nous et dans le Chant du Cygne. Il n'y a pas d'intention ni de volonté de l'ego. **La voie est libre** pour que la conscience Divine puisse s'exprimer à **sa** façon dans notre vie.

Quand nous faisons le travail mental, nous avons une volonté. On dit : « Je veux m'attirer le locataire parfait, l'acheteur idéal pour ma maison »; c'est notre volonté. Et puis nous essayons que notre travail mental réalise notre volonté. C'est mental; parfois ça marche, pas toujours, pas souvent. Si nous chantons le Chant du Cygne une ou plusieurs fois par jour, nous allons dire : « C'est une répétition, c'est pareil ». Non, ce n'est pas du tout pareil. Il n'y a pas, dans le Chant du Cygne, une volonté d'obtenir quelque chose mais, dans le Chant du Cygne, nous demandons beaucoup plus.

Dans le travail mental, nous sommes obligés de nous limiter à demander un travail, un locataire, de vendre la maison ou de trouver un amoureux. Dans le Chant du Cygne, nous demandons **tout**; nous demandons la bénédiction suprême, nous demandons l'amour, l'argent, la richesse, la conscience Divine, la réalisation suprême, l'Ascension dans la conscience suprême, la plénitude, la joie. Nous demandons **tout**. Qu'arrivera-t-il alors à quelqu'un qui répète qu'il veut tout, qu'il veut la totalité de la vie, la globalité de la vie? Que peut-on demander de plus que le Royaume des Cieux? Que peut-on demander de plus que l'Ascension dans la lumière? Que peut-on demander de plus que l'amour Divin? Là, nous demandons tout et nous sommes un **avec la Volonté Suprême**.

Quand on fait ça, nous demandons à réaliser notre nature profonde et là, nous émergeons dans la Volonté Divine parce que tous nos désirs en essence sont une caricature de celle-ci. C'est important de comprendre la véritable nature de notre désir. Il nous faut trouver le besoin caché dans ce désir et déterminer l'aspect de la Volonté Divine qui s'exprime en nous à travers ça. Je répète : nos désirs humains sont une caricature de la Volonté Divine. C'est-à-dire que c'est la Volonté Divine qui a été complètement polluée et qui arrive au désir qu'on reconnaît. Si nous arrivons à faire le nettoyage du désir, nous trouverons le besoin et, derrière le besoin, nous trouverons l'essence de la Volonté Divine.

Quand nous demandons le Royaume des Cieux, quand nous demandons l'Ascension dans la conscience suprême, quand nous demandons la réalisation suprême, **nous faisons la Volonté Divine à mille pour cent,** parce que la Volonté Divine, la nôtre, notre Volonté Divine, c'est ça : réaliser le Royaume des Cieux et sa Justice. Alors, tout le reste viendra par surcroît.

« Tout par surcroît », ce n'est pas forcément d'obtenir un amoureux ou un locataire. « Tout par surcroît », c'est émerger dans la méta-réalité; c'est la réalisation suprême, le Samadhi, L'amour Divin, les états de conscience supérieurs. En fait, toujours plus de conscience jusqu'à l'Ascension dans la Gloire Céleste. Et si, en plus, notre vie humaine a besoin d'un emploi, d'un amoureux, d'une voiture ou de toute bonne chose, ça viendra en prime.

C'est pour ça que le Chant du Cygne est vraiment une grande bénédiction. Parce que si nous le regardons de près, si nous en regardons la structure, nous avons **TOUT**. Dès le début, aux troisième et quatrième soutras, nous demandons tout, globalement : amour, argent, chance, succès, prospérité, abondance, réalisation suprême, Ascension dans la lumière. De plus, c'est doublé; en effet, le soutra soixante, « Bénédiction », répète toutes ces bénédictions.

Entre temps, il y a la gratitude. Les soutras de la gratitude sont pour ceux dont la vie est tellement difficile qu'ils n'ont rien qui leur permette de remercier la vie; alors, ils remercient pour ce qui est arrivé à quelqu'un d'autre. C'est pour ça que c'est magique car celui qui a une vie de merde ne peut pas dire : « Merci mon Dieu »; c'est trop dur; c'est normal, c'est humain. Par contre, il peut dire : « Je suis content que l'autre ait gagné au loto, je suis content que l'autre ait trouvé une bonne situation, je suis content que l'autre soit amoureux »; là, il fait preuve de gratitude. Alors, son coeur s'ouvre parce que la conscience du Père, qui est la conscience absolue, descend. Mais il faut que le coeur soit ouvert et le coeur est ouvert par la gratitude. Quand cette conscience descend comme ça à travers nous, elle va remonter sous forme d'énergie, la Mère, que l'on appelle aussi Marie. Marie est certes un Maître Ascensionné, mais c'est aussi notre énergie, notre Kundalini.

Nous avons également la dévotion dans le Chant du Cygne. La dévotion, c'est l'amour, l'amour des Grands Êtres réalisés et l'amour de notre propre conscience Divine. Nous y trouvons aussi la chance. Mais la vraie chance, ce n'est pas le fait de gagner au loto. C'est une chance, peut-être, mais la vraie chance, c'est la Grâce Divine. La vraie chance, c'est ce qui nous arrive d'une façon miraculeuse et que nous n'aurions jamais été capables de faire arriver par nous-mêmes.

Le Chant du Cygne comporte aussi des « appels ». Dès le départ, nous faisons appel aux Maîtres Ascensionnés qui dirigent le 7e rayon, à Machiventa Melchizédech qui dirige la Terre, l'évolution de la Terre. À certains moments, nous faisons d'autres appels : nous appelons les Anges, les Archanges, les Séraphins afin qu'ils viennent à notre aide. Et c'est bien dit, reconnu partout : tous les mondes angéliques, archangéliques puis au-delà, les Héloïms, les Séraphins et compagnie viendront nous aider **si** nous les appelons. Nous, avec notre chant alchimique, nous appelons tous les jours; nous invoquons les Maîtres Ascensionnés, nous invoquons les Anges, les Archanges, les Séraphins. Alors, imaginons le travail qui se fait dans notre vie!... Imaginons le flot de conscience qui se déverse en nous; notre ego ne pourra pas résister très longtemps.

Nous dénonçons aussi la dictature mondiale. Ça veut dire que nous dénonçons l'ego parce que la dictature mondiale, c'est l'ego de la planète; mais en le dénonçant, nous dénonçons notre propre ego. À la fin du Chant du Cygne, nous avons un chapitre de quatre soutras sur la réalisation suprême. Que pouvons-nous demander de plus que **la réalisation** de nous-mêmes pour aboutir dans cette conscience Divine, dans cette conscience supérieure qui est le Royaume des Cieux? Regardons bien la structure du Chant du Cygne; nous allons découvrir des choses étonnantes que moi-même j'ai découvert après plusieurs mois de chant. Je ne l'ai pas découvert tout de suite.

Le Chant du Cygne, c'est vraiment le service suprême que nous pouvons nous rendre à nous-mêmes et en même temps, ça rend service à toute l'humanité parce que ses invocations, ses appels à l'aide, ça a un effet. Si nous sommes dix à chanter ça ici, ce soir, ça a un effet sur nous-mêmes, mais aussi ça a un effet de vagues. Si nous jetons une pierre ici, il va y avoir des vagues de plus en plus loin. Ça peut paraître minuscule, ça peut paraître imperceptible, mais les plus grands chênes ont commencé par un gland qui a germé. Les cocotiers commencent par une noix de coco qui germe. Vous direz que mes deux cocotiers, dans ce pot, ne poussent pas beaucoup, mais néanmoins tous les cocotiers du monde ont commencé par faire deux pouces de haut et même plus petit encore.

Donc, voyez-vous, le Chant du Cygne, c'est une très très grande bénédiction que l'on s'offre à soi-même. C'est le service suprême que nous pouvons nous offrir, c'est le meilleur service que l'on puisse s'offrir et c'est un service qui profite à toute l'humanité. Peut-être que nous pourrions trouver, dans une autre boutique ésotérique quelque chose de plus intéressant, de plus puissant. Il y a tellement d'autres choses disponibles, mais le Chant du Cygne déborde de cette conscience Divine, on le constate très vite dans notre vie. Ce n'est pas fastidieux; c'est simple, tout le monde peut se brancher et c'est vraiment agréable. Et notre but, notre but cosmique – pas le but de notre ego –, le but de notre incarnation présente, c'est de prendre conscience de cette conscience suprême et d'en arriver à ce fameux **lâcher-prise.**

Un jour ou l'autre, que nous le voulions ou non et malgré toutes les résistances, l'ego lâchera prise, le jour où il aura suffisamment compris. Si l'ego est fou et qu'il ne peut pas lâcher prise parce que ça fait vingt ans qu'il n'a rien compris, on peut dire : « Bien, s'il n'a rien compris depuis vingt ans, dans vingt ans il n'aura toujours rien compris ». C'est possible, mais dans ce cas-là, c'est justement là que nous devons découvrir le truc. Qu'est-ce que je fais si mon âne est fou? Si mon âne est fou, je ne peux pas le monter pour rentrer à Jérusalem. Pourtant, je dois monter mon âne pour rentrer à Jérusalem. Ça paraît impossible, mais il y a quelque chose à découvrir.

Donc, dans tous les cas où l'ego lâche prise, où l'ego fou comprendra ce qu'il a à comprendre, là il sera libéré. Donc, de toute façon, nous aboutirons dans cet état de conscience Divin, dans cet état de conscience suprême si l'on fait bien notre travail de conscientisation. Le fait de chanter tous les jours, ça nous structure les neurones, oui, bien sûr; mais surtout, tout le mental est bouleversé, toute la conscience est transformée. Toute cette idée de Royaume des Cieux, cette idée grandiose de réalisation, de Maîtres Ascensionnés et de vie Divine produira une nouvelle conscience et notre vie sera totalement changée. Il y a réellement une vie Divine. Il y a vraiment des Maîtres Ascensionnés qui vivent sur le plan éthérique et qui ne demandent qu'une seule chose : c'est que nous nous libérions de notre mental pour aller les rejoindre.

Le plan astral, lui, est totalement pollué par les êtres humains qui vivent là, qui vont là. Les humains, encore vivants ou déjà morts sur terre, polluent au maximum sur le plan psychique. Tout comme on pollue la terre, on pollue également la matière du plan astral. Le plan éthérique, lui, est totalement pur au niveau des Maîtres Ascensionnés parce qu'aucun ego humain ne peut y accéder. Tout simplement parce qu'on ne peut y aller qu'avec notre corps éthérique et l'être humain qui meurt, meurt dans son corps physique et meurt dans son corps éthérique. Les deux corps meurent en même temps et se décomposent ensemble, à la même vitesse. Un dans la tombe – le corps physique – et l'autre qui flotte quatre pieds au-dessus de la tombe – le corps éthérique. C'est pour ça que les vrais voyants trouvent les cimetières horriblement laids; parce qu'ils voient, au-dessus des tombes, tous les corps éthériques en décomposition. Donc, un ego humain qui meurt, meurt dans son corps physique, meurt dans son corps éthérique et ne peut pas aller sur le plan éthérique; il ne peut aller que sur le plan astral.

Là, il y sera bel et bien coincé et obligé de revenir et de se réincarner encore dans la matière de la troisième dimension. **Aucun EGO humain qui meurt et qui arrive sur le plan astral ne peut changer de planète. C'est une tromperie énorme que de faire croire cela. Non, celui qui meurt n'ira jamais sur Sirius... Il restera bloqué sur le plan astral de la Terre jusqu'à sa réincarnation.**

Donc, si vous avez bien compris, c'est en restant **vivants** ici sur terre que vous pourrez entrer dans le Royaume des Cieux et faire éventuellement votre Ascension. Oui, en restant **vivants!...**

Un être humain vivant sur terre et qui va être assez évolué pourra, à un certain moment, aller dans son corps éthérique, sur le plan éthérique et rencontrer les Êtres de Lumière qui vivent sur ce plan-là. Mais il faudra, pour ça, qu'il se soit débarrassé de son ego. Oui, il faut laisser son ego à la porte du plan éthérique. Personne, non, personne n'entre dans le Royaume des Cieux avec son ego.

Vous savez, les Maîtres Ascensionnés sont si proches de nous. Ils sont vraiment proches; en effet, le plan physique est d'abord fait de matière éthérique. Toute cette énergie vitale que nous sentons entre nos mains, ce sont les éthers. Mais très rares sont les êtres humains qui peuvent sortir de leur corps et se balader consciemment en corps éthérique; c'est rarissime.

C'est pour ça qu'au Moyen Âge, ils ont décidé de brûler les sorcières; mais ce n'était pas des sorcières, il faut bien le dire. C'était des femmes qui faisaient de la **guérison**, de la médecine douce, en fait. Et les gens préféraient aller voir ces femmes-là plutôt que d'aller à l'église. Puis un jour, l'Église a dit : « Ça nous retire de la clientèle, on va faire le ménage ». Et ça a été très plaisant pour tous ces curés fanatiques de torturer des guérisseuses; en fait, de torturer les femmes. Ils trouvaient ça très érotiques, voyez-vous. Ils en ont torturé pendant des siècles, plusieurs millions. Voilà ce qui s'est passé.

Il faut bien voir que l'inquisition a été d'abord la **torture des femmes**, et principalement des femmes qui faisaient de la médecine douce; mais ça ne s'appelait pas comme ça, à l'époque. Ces femmes-là, les plus évoluées, étaient capables de sortir en corps éthérique et de rejoindre les Maîtres.

Par conséquent, elles comprenaient le décalage existant entre **la réalité** et la religion... Il fallait donc éliminer ces gêneuses!...En les brûlant, leur corps éthérique était détruit et elles ne pouvaient plus retourner sur le plan de l'Ascension! Le goût du sang, le goût du sadisme étant pris, l'inquisition a fait rage, sous différents prétextes. Et ils osent se prétendre chrétiens!...

Q - *Das, que font les Maîtres? Pourquoi n'aident-ils pas l'humanité?*

R - *Ô Êtres de Lumière, si vous saviez!... Le travail des Maîtres Ascensionnés se poursuit, jours et nuits, pour notre bénéfice à tous. Les Maîtres s'efforcent, par tous les moyens, de sortir l'humanité de l'ego avant que tout ne s'écroule. L'ego planétaire est devenu aujourd'hui si énorme, si monstrueux, si totalement fou furieux qu'il risque de tous nous engloutir dans la famine, la guerre, le génocide, les épidémies, soigneusement organisés par les tyrans planétaires.*

*Les Maîtres dépensent une conscience, une énergie considérable pour nous aider à changer de conscience, à sortir de l'ego, à devenir **l'Être Divin** que nous sommes déjà en réalité. Mais la prise de conscience doit s'opérer avant qu'ils puissent réapparaître. Ils sont là, sachez-le bien. Les Chohans des Rayons déversent en permanence un amour et une conscience infinis sur l'humanité.*

Q - *Ça fait des années que je cherche la lumière, le ciel et Dieu; et toi tu dis, Jean-Pierre, que tout est déjà là. Si l'on ne cherche pas, on ne trouve pas non plus.*

R - *Oui, bien sûr, il faut chercher pour trouver. C'est le principe de base. Mais quand nous avons bien cherché, bien loin même, nous finirons **toujours** par découvrir que ce que nous cherchons est déjà là.*

*Et c'est **nous**, c'est notre conscience Divine qui est déjà là, ici, maintenant, pure et vierge. Ce qu'il faut, c'est en devenir conscients et découvrir ce qui nous la cache. L'obstacle, c'est l'ego. Si nous mettons l'ego en pleine lumière, si nous en sommes totalement conscients, il fondra et nous serons instantanément dans la **réalité**.*

Alors voilà, ô Êtres de Lumière, cherchons; cherchons mais, à un certain moment, il n'y a plus de besoin de chercher bien loin pour comprendre que cette conscience Divine, c'est nous.

C'est nous, avec un bonnet sur la tête qui s'appelle l'ego, et notre bonnet nous bouche la vue. Ce bonnet nous tient chaud aux neurones. Ce bonnet nous fait surchauffer la cervelle et forcément, nous ne sommes plus dans la conscience Divine. Nous sommes dans une conscience limitée et rétrécie. Mais si nous avons bien compris qu'à un certain moment, c'est nous avec un bonnet, nous chercherons à le retirer pour nous aérer les neurones; et pour que cette conscience Divine toujours fraîche, toujours pure et toujours vierge, coule et coule à travers nous. Elle coule d'ailleurs, elle coule tout le temps sauf que nous n'en sommes pas conscients. Finalement, ce n'est pas tellement mystérieux.

Quand nous avons compris ça, nous devrions nous dire « Oui, ça y est »; oui, mentalement nous l'avons compris, mais c'est tout. Il y a toute une grosse partie de nous-mêmes qui n'a rien compris du tout. Vous savez, nous sommes animal jusqu'au cou et homme primitif jusqu'au front; nous avons juste les cheveux qui sont intellects. C'est une image pour dire que nous avons une grosse couche d'homme-animal, une grosse couche d'homme primitif, coiffée d'une petite pellicule d'intellect. Tout le reste, sous l'intellect, n'a rien compris du tout. Aussi, il va falloir répéter, répéter, répéter. Mais répéter, ça ne suffit pas. Il faut absolument se baigner dans la conscience. Notre bain de conscience quotidien, c'est le Chant du Cygne.

Si nous sommes un jour capables de lâcher prise et de nous abandonner, alors la grâce Divine, la grâce de notre propre conscience Divine, pourra émerger. Si nous sommes suffisamment calmes, cette grâce pourra faire sauter le bouchon mental. Pour que ça arrive, il faut déjà au moins que le mental se soit calmé, même s'il n'a encore rien compris. Il peut avoir compris un petit peu, juste assez pour être calme. Dès que le mental est un peu agité, nous ne sommes plus dedans, nous sommes complètement à côté. Par contre, si le mental arrive à se calmer parce qu'il a pigé le principe, à ce moment-là notre conscience pourra jaillir et s'exprimer à travers nous.

Notre conscience aura alors enfourché son âne et ce sera la Nouvelle Jérusalem, la nouvelle conscience dans notre vie. Le Royaume des Cieux, la nouvelle conscience, la Nouvelle Jérusalem, tout ça c'est notre état naturel, Divin et christique. Le Christ, c'est nous à ce moment-là, mais à ce moment-là seulement, voyez-vous? Ça, nous le savons, mais nous ne le réalisons pas. Pourquoi? Pour la raison qu'il y a toute une partie de nous-mêmes, à quatre-vingt-dix-neuf pour-cent, qui n'a pas compris. Toutefois, en chantant le Chant du Cygne, il y aura suffisamment de lumière qui pénétrera dans l'ego pour qu'un jour, nous en soyons libérés.

Mais il est évident que plus nous allons nous intéresser à l'ego et à la conscience, plus nous aurons soif de cette conscience et plus nous serons persévérants. On ne se contente pas de chanter le Chant du Cygne le matin, mais aussi dans la journée; nous pensons, encore et encore, à notre conscience Divine. On se parle, on observe son mental, on prend conscience de ses émotions, on prend conscience, on prend conscience; on prend conscience et à un certain moment, l'ego va se dissoudre.

Il ne faut pourtant pas croire que nous allons prendre conscience et tellement prendre conscience que l'ego va devenir le Christ. Jamais de la vie! L'ego, à un certain moment, aura pris conscience, mais il n'ira pas plus loin. Il aura pris conscience qu'à un certain moment, il a le choix : ou bien il continue comme ça et il reste bloqué, ou bien il se dissout. C'est ce qui va arriver à l'ego. Il va dire : « Là où je suis rendu, ou je me dissous ou je reste dans mon impuissance, dans ma limitation humaine, bloqué, coincé ». Les ego qui croient qu'ils vont devenir le Christ se leurrent complètement. Le Christ est déjà là; c'est l'ego qui doit s'effacer. Et l'ego disparaîtra effectivement quand il aura compris en profondeur. Voilà notre travail : faire comprendre le principe à l'ego.

L'ego c'est nous, mais le Christ c'est nous aussi. Nous sommes les deux et nous devons devenir un; il faut choisir. Nous pouvons devenir un « l'ego » ou un « le Christ ». Alors, nous avons été suffisamment longtemps un ego. Nous avons été suffisamment les deux en alternance parce que nous avons commencé à piger le principe. Nous sommes souvent beaucoup « l'ego » et parfois un peu « le Christ ». Alors, il faut maintenant arrêter d'être deux et devenir un « le Christ » seulement, la conscience Divine, la conscience suprême.

Il nous faut être bien conscients de notre vie mentale, de notre vie émotive et comprendre profondément tout le principe Divin qui est relié à ce fameux « Je ne suis rien et je suis Toi »; alors la conscience sera libérée de sa bouteille mentale.

***Q** - DAS, avec le Chant du Cygne, nous demandons tout. Mais nous pourrions laisser notre conscience tout nous donner; ça viendrait tout seul, non?*

***R** - Si nous demandons à notre conscience Divine de nous apporter ces choses-là, c'est que l'ego doit vouloir ces choses-là; il doit donc les demander et agir. Tu le demandes à ta conscience Divine, mais il faut toujours faire les gestes qui sont en relation. Tu demandes, puis tu agis.*

C'est pour ça que le gros problème des Indes, c'est la doctrine du **non-agir.** C'est une doctrine tout à fait négative. Pour eux, avec le non-agir, ils n'ont pas besoin d'agir puisque Dieu pourvoit à tout... Oui, peut-être, mais qui pétrit le pain? Dieu pourvoit à tout **à travers** toutes les actions et les interactions de tout le monde. Avec cette doctrine terriblement perverse, ils se disent : « Normalement, tout doit arriver spontanément ».

C'est vrai qu'une personne qui vit dans sa conscience d'Être, dans sa conscience Divine, dans sa conscience christique, voit les choses se présenter spontanément. Tout arrive naturellement, facilement, agréablement. Tout à coup on vous appelle, et voilà une belle affaire qui se présente, vous n'y aviez jamais pensé, et c'est fantastique. Oui, c'est spontané pour celui qui vit dans sa conscience supérieure, mais pas pour l'ego...

Pour l'ego, les choses sont très différentes; rien n'arrive à son goût, les délais sont longs, c'est difficile et c'est pénible. Il doit travailler dur ou **crever**, et c'est ce qui se produit aux Indes : ils crèvent de faim par dizaines de millions depuis plus de cinq mille ans. Le **non-agir** égale : ignorance, pauvreté, misère, maladie et famine. **L'action** permet de vivre dans une certaine qualité de vie, même si c'est difficile. Mais plus nous devenons conscients et plus notre vie est facile, plus notre action est facile.

Observons les animaux : ils agissent, ils cherchent leur nourriture toute la journée. Nous ne pouvons pas nous asseoir sur notre cul et attendre qu'il arrive quelque chose de spontané. Il faut vivre la vie normalement, et si de belles choses doivent arriver spontanément, elles arriveront. Nous pouvons attendre, comme les hindous, que les choses arrivent spontanément, sans rien faire, et elles n'arriveront pas et ils continueront dans la misère cinq mille ans de plus.

Ou à l'opposé, faire comme en Occident : agir, agir, agir au maximum, sans jamais s'écouter, sans jamais prendre le temps de se calmer. Là, c'est l'ego qui fait, qui fait, qui fait encore et qui se plante et qui tourne en rond. Arrivé là, l'ego est bloqué, il est arrivé au mur; il fait, il fait, il fait, mais le mur ne bouge pas. Sa vie est coincée là, sous sa pile de problèmes. À ce moment-là, c'est la prise de conscience, voyez-vous?

Alors oui, c'est vrai; des affaires, il en arrive spontanément dans la vie. J'ai eu des quantités de choses qui me sont arrivées spontanément, des choses merveilleuses même, tout à fait inattendues. Mais je n'ai rien fait pour les faire arriver, parce qu'on ne peut pas faire quelque chose pour qu'une chose arrive spontanément; c'est l'aberration totale.

J'ai lu l'autre jour, dans un livre, un auteur qui disait : « J'essaie d'être spontané »... On ne peut pas essayer d'être spontané. La spontanéité, c'est la spontanéité; c'est quelque chose d'imprévu, d'inattendu qui arrive soudainement. **Soudain...** On ne peut pas essayer d'être spontané, ça n'a pas de sens, mais c'est ça. Lui, essayait d'être spontané. Alors, il peut essayer longtemps.

Si nous vivons dans cette conscience le plus possible, en fonction de ce que nous avons à faire, en prenant le temps d'y penser, en pensant à nos Guides, à notre conscience Divine, à nos Anges et à tout ce Monde Ascensionné qui est là, nous ferons l'action qu'il faut au moment où il le faut. Bref, nous nous conscientisons et nous agissons, avec toujours plus de conscience. Il faut agir avec plus de conscience pour que tout devienne plus facile et plus agréable.

Alors, il arrivera ce qui doit arriver. Il faut vivre notre vie normalement : on se lave, on mange, on travaille, on fait ce qu'on a à faire et surtout, on ne reste pas assis sur son cul. Alors parfois, il arrive une belle affaire spontanément. Ah! c'est fantastique, nous n'avions jamais prévu ça, c'est arrivé tout seul, voyez-vous? Donc, agissons consciemment et oublions la spontanéité... La spontanéité jaillira d'elle-même, la conscience jaillira d'elle-même...

Q *- Das, j'ai du mal à distinguer quand je dois agir et quand je devrais me laisser aller. Comment s'y retrouver?*

R *- D'abord, il ne faut pas confondre* ***agir*** *et faire. Dans la voie de la conscience, on agit; il faudra toujours agir sinon la conscience ne peut rien exprimer à travers nous. Dans la voie de la conscience, c'est la conscience qui nous présente ce que nous devons faire.*

Il faut Être, se laisser Être en étant conscients, conscients du mental, conscients qu'une conscience supérieure nous guide, nous conduit et nous dirige. Nous devons être ouverts et vigilants pour faire immédiatement ce qui se présente.

Lorsque la conscience nous pousse à agir, c'est toujours en fonction d'un véritable ***besoin****.*

- *Pour l'ego, c'est très différent. L'ego veut toujours faire quelque chose; pour s'occuper, pour se distraire, pour tuer le temps, pour meubler sa vie, son* ***vide****.*
- *Pour l'ego, il faut toujours faire quelque chose; pour réaliser ses fantasmes, pour satisfaire ses ambitions, pour avoir encore plus, pour réaliser ses* ***désirs****.*

Donc, voyez-vous le principe? C'est assez simple de s'y retrouver :

- *Dans la conscience, vous* ***agissez par besoin****.*
- *Dans l'ego, vous faites par désir.*

Dans la vie pratique, c'est un peu moins évident, mais avec l'habitude et une bonne prise de conscience, chacun arrive rapidement à démêler ses besoins de ses désirs.

Ô, Êtres de Lumière, vous le savez, nous sommes ici pour devenir conscients, hyperconscients même, de notre mental. Comme disait mon bien-aimé Swami Anandababa :

« Vous trouverez le Soi
quand vous comprendrez l'ego ».

Alors, en étudiant « le faire, l'avoir et l'Être », nous allons continuer notre autopsie de l'ego, ce qui nous conduira infailliblement, un jour ou l'autre, à le transcender.

Donc dans la vie, nous devons faire certaines choses pour vivre, telles: travailler, se laver, bouffer. Nous devons aussi accomplir toute l'intendance de notre vie : ménage, cuisine, entretien, gazon, faire les achats et, bien sûr, s'occuper de ses enfants, de son conjoint, de ses parents. Voilà la vie normale et banale de tous et chacun. Nous avons tous des devoirs et des obligations; bref, des choses à faire. Nous devons les faire et c'est tout à fait normal.

Mais ce n'est pas ça qui nous gâche la vie. Ce qui complique tout, c'est tout ce que nous rajoutons de plus ou moins utile par-dessus ça. Tout ce que nous rajoutons à notre vie n'est pas mauvais en lui-même; souvent, il s'agit même d'activités très louables. Le problème est ailleurs et il est de deux ordres :

1. Il surcharge tellement notre emploi du temps que nous n'avons plus de temps pour rien, surtout pas pour soi-même. C'est le monde du « Je n'ai pas le temps ».
2. Il nous submerge à tel point que nous ne sommes jamais conscients car nous nous agitons toute la journée à faire mille choses, passant d'une activité à l'autre.

Voilà le grand problème du « **faire à tout prix** » : s'agiter frénétiquement sans jamais être conscient de soi-même. Les gens sont tellement conditionnés qu'ils ne peuvent pas se passer un instant de faire quelque chose. Ils ne sont jamais conscients, ils ne sont jamais dans leur conscience; ils font, automatiquement, machinalement, inconsciemment. Il faut qu'ils fassent, il faut qu'ils fassent sinon ils craquent. Si une personne est dans l'impossibilité de faire, à cause d'un empêchement comme la grippe, par exemple, elle est désespérée. Elle contemple tout ce qu'elle ne peut pas faire cette semaine et voit la montagne de travail qu'elle devra accomplir la semaine suivante.

Toute l'éducation, dans notre société, nous pousse à passer à l'action pour obtenir quelque chose. La véritable action, ce n'est pas ça du tout. Nous croyons que si nous faisons quelque chose toute la journée, du matin au soir, nous aurons agi.

Erreur grave : nous n'avons pas agi, nous nous sommes occupés toute la journée – ne pas confondre. Il ne faut pas confondre, en effet, faire et agir. Il ne faut pas croire qu'une activité fébrile est une véritable action. À la fin de la journée, vous avez « fait tout ça », et alors? Et après? Qu'avez-vous de plus? Êtes-vous plus heureux et plus conscients? Non, bien sûr que non, en général.

- Le faire relève d'une activité semi-inconsciente de l'ego pour s'occuper, réaliser ses désirs et passer le temps.
- L'agir – l'action – relève d'une activité très consciente réalisée dans un but très précis pour satisfaire un véritable besoin.

Voyez-vous la « petite » différence?

L'activité de l'ego est facile à repérer. Si vous entendez des « Qu'est-ce que je fais maintenant? », des « Je ne sais pas quoi faire, je m'ennuie, que pourrais-je bien faire? », vous savez alors que vous êtes dans l'ego.

Alors, les ego s'occupent pour s'occuper. C'est essentiellement pour deux raisons : il y en a qui travaillent pour avoir : avoir plus d'argent, avoir plus de sorties, plus de vacances, plus d'autos, une maison plus grosse, pour avoir quelque chose de concret, de matériel. Ou c'est la recherche du prestige ou du pouvoir pour avoir l'estime et l'approbation des autres. D'autres courent après l'action pour se sentir mieux; ils ont déjà tout, mais ils font, ils font, ils font pour ne pas sentir le vide, pour avoir la sensation de vivre, parce que s'ils s'arrêtent, ils se sentent tellement creux et vides qu'ils ont l'impression de ne plus être vivants. Donc, ils font pour avoir ou pour éviter le vide. Demandez-leur qui ils sont, quel est leur état de conscience? Ils ne le savent jamais. Voyez-vous, c'est ainsi, aujourd'hui; mais ce n'est pas nouveau, ça a été de même de tous les temps.

Il y a quelques semaines, Sylvie, mon épouse, me dit : « Ceci, c'est l'histoire de Marthe et de Marie ». Je lui réponds : « Bien sûr, c'est ainsi pour tes amies aussi... ». Là, elle me regarde avec son plus beau sourire : « C'est une anecdote biblique ». Elle, qui est d'origine hollandaise, a été obligée d'étudier la Bible toute son enfance; alors, elle en connaît beaucoup sur le saint livre.

Je regarde donc le passage en question – je crois que c'est Luc, Luc 10, peut-être. Voici l'histoire que je vous raconte à ma façon, parce que je n'ai pas de bible sous la main.

Marthe et Marie étaient deux soeurs qui vivaient ensemble. Jésus vient à passer par là : « Salut Marie, comment ça va? »; et ils commencent à parler de choses et d'autres.

Alors Marie s'assoit avec Jésus – à ses pieds – et elle écoute le Sei-

gneur.

Pendant ce temps-là, Marthe faisait la cuisine toute seule... Elle sort et dit à Jésus : « Écoute, Jésus, Marie pourrait bien m'aider à la cuisine; je suis toute seule à faire tout le travail... ».

Et Jésus lui répond : « Ah! Marthe, Marthe. Sais-tu que Marie, elle, fait les choses essentielles? Elle écoute le Seigneur; ça lui restera toujours, même après la mort. Mais toi, Marthe, tu ne fais que les choses relatives; tu peux les faire toute ta vie, tu n'auras rien appris ».

Bien, j'ai enjolivé cette histoire à ma façon, mais comparez avec l'original et tirez votre propre conclusion. Et vous, ô Êtres de Lumière, dans votre vie, prenez-vous le temps d'écouter le Seigneur ou passez-vous votre temps à vous occuper de tout, mais de rien? Que vous apprennent donc toutes vos activités fébriles? Qu'aurez-vous appris d'essentiel sur vous-mêmes? Avez-vous appris quelque chose qui vous sera utile, même après la mort? Prenez-vous le temps d'écouter le Seigneur, c'est-à-dire de découvrir et de connaître votre conscience suprême?

- Cela seul est important.
- Cela seul est essentiel.

Je trouve ce passage biblique prodigieux; il est tellement d'actualité, aujourd'hui, il exprime si parfaitement l'attitude de l'ego qui veut faire à tout prix et celle du **Soi** qui veut Être avant tout.

- Êtes-vous comme Marthe, qui veut faire la cuisine sans s'occuper d'apprendre sur elle-même?
- Êtes-vous comme Marie, qui veut se connaître elle-même et qui prend le temps et les moyens nécessaires?
  Certains grands esprits diront : « Il faut bouffer, il faut tondre le gazon ».
- Oui, mais conscientise d'abord, cuisine ensuite, ou mange un sandwich.
- Oui, mais conscientise d'abord et tonds le gazon ensuite, ou même ne tonds pas; le gazon peut attendre, pas ta conscience.

Voyez-vous, ô Êtres de Lumière? Le grand problème du faire, c'est de faire passer l'activité de l'ego avant la conscience. Quand tout est fait, il ne reste plus de temps pour la conscience, il n'y a plus de temps pour comprendre sa conscience. Inversez donc le processus : travaillez d'abord sur votre conscience, faites passer en premier l'action de votre **Soi** et assumer vos passe-temps ensuite.

Alors, vous mettrez la hache dans vos activités **superflues** p garder que l'essentiel, pour ne garder que le besoin fondamental, l'essentiel étant avant tout « d'écouter le Seigneur », de travailler sur votre conscience et de prendre conscience de vous-mêmes, de votre véritable réalité. Cela seul vous restera; voilà le trésor que vous emporterez avec vous lors de votre mort. Avec ce trésor, vous pourrez **vivre** et exister après la mort.

Q *- Jean-Pierre, concrètement, pour Être avant tout, on fait comment?*

R *- Comme toujours, comme tout ce qui touche à l'Être, c'est extrêmement simple. Il s'agit d'abord et avant tout d'être conscients, profondément conscients de son ego-mental – personnalité-intellect.*

Pour en devenir conscients, nous devons donner, dans notre vie, la première place à l'Être. Nous devons cultiver l'Être avant toute chose, nous intéresser à lui, chanter le Chant du Cygne, étudier le Nectar de la Conscience, travailler ainsi tous les jours sur notre conscience. Pour cela, il faut vous dégager du temps; vous devez supprimer toutes vos activités non essentielles pour ne garder que l'indispensable. Bien sûr, je connais l'objection majeure de tout le monde : « Je n'ai pas le temps ».

Vous savez, ne me dites pas cela. J'ai travaillé à Paris comme moniteur de conduite et je faisais treize heures par jour - presque quatre-vingts heures par semaine - et je trouvais encore du temps pour lire et pratiquer sur la conscience.

Plus tard, lorsque j'ai quitté mon poste à Dakar, je devais faire une heure de métro dans Paris pour aller travailler. Alors, si vous comptez bien, deux heures de transport plus huit heures de travail plus une coupure à midi, cela fait onze heures; au retour, il fallait encore faire des achats et la cuisine. Et là, je trouvais encore le moyen de lire et de pratiquer. Quand vraiment on veut s'occuper de l'Être, on trouve les moyens, on prend les moyens.

Donc, examinez vos activités et procédez à une coupe à blanc; soyez impitoyables, dégagez-vous, émergez, ***réorganisez vos activités.*** *Rassurez-vous, vous êtes obligés de garder l'indispensable : le travail et l'intendance. Là, vous pourrez vous consacrer à* ***l'essentiel*** *: Être, être conscients. Concrètement, pour Être avant tout, on fait comment?*

- *On réorganise notre temps;*
- *on chante le Chant du Cygne;*
- *on étudie le Nectar de la Conscience;*
- *on devient suprêmement attentif à notre vie mentale.*

Ô, Êtres de Lumière, cela est-il assez concret? Voulez-vous plus concret encore?

La question soulève, en fait, un autre aspect du **faire** : celui où tout fonctionne à l'envers. Dans notre société, on fait pour **avoir** afin **d'Être.** Je m'explique : l'Être humain, en général, fait quelque chose pour obtenir autre chose dans l'espoir d'être reconnu d'une façon ou d'une autre. Pourtant, le véritable fonctionnement de l'Être, ce n'est pas cela du tout. Le fonctionnement dans le bon sens, c'est **Être** avant tout. De là découle l'**agir** qui apporte l'**avoir** par surcroît.

Lorsque nous vivons dans l'Être, les choses à accomplir apparaissent naturellement et spontanément. Alors, on agit tranquillement, sans désirs, sans attachements, sans anxiété. Naturellement, l'**avoir** vient par surcroît sans qu'on s'en inquiète. L'**avoir** répond toujours à nos véritables besoins. **Être, agir, avoir** : voilà l'état naturel de l'Être conscient. Pour l'être inconscient, son ego le pousse à **faire** pour **avoir** afin d'être un petit peu quelque chose, quelqu'un aux yeux des autres. Pour l'ego, c'est **faire, avoir, Être**. Donc là, c'est le fonctionnement à l'envers. On fait quelque chose pour avoir quelque chose, puis, au bout du compte, pour Être; pour être quoi? Être un peu plus content, un peu plus puissant, un peu plus satisfait; mais c'est toujours à recommencer. On devrait fonctionner dans l'Être. D'un côté, on devrait savoir que nous sommes une conscience Divine, bien connaître le principe, en avoir une très bonne idée bien claire. De l'autre côté, on devrait connaître le principe de l'ego, en avoir aussi une bonne idée très claire, ce qui nous conduit à bien connaître le principe : « **Je ne suis rien, je suis Toi** ».

Alors l'Être peut se laisser vivre, mais pas se laisser vivre dans le sens négatif de l'individu inconscient. Se laisser vivre comme un Être conscient, ce n'est pas du tout pareil. C'est faire tout ce qu'on a à faire normalement, mais faire spontanément ce que la vie nous présente – voyez-vous? Donc, la vie nous présente quelque chose, on va le faire spontanément sans se casser la tête d'avance sur le résultat. On n'a plus besoin alors d'extrapoler, ni de fantasmer : « Puis si ça ne marche pas... Puis si ça marche... » On n'a plus besoin de l'anxiété : « Si ça ne marche pas, je n'aurai pas de clients; mais si ça marche, j'aurai trop de clients... ». Vous savez, on est toujours perdu.

Nous devons faire spontanément ce qui se présente; ce sera l'action juste et puis le reste viendra par surcroît. Tous nos véritables besoins seront comblés. Tout ce dont on peut avoir besoin – logement, auto, voyage, mari, épouse, amant, maîtresse –, tout le reste vient par surcroît. On n'a plus à s'occuper du résultat et ça, c'est une délivrance. C'est, en effet, **une grosse délivrance** que de ne plus s'occuper du résultat, car il vient par surcroît.

Être, ça veut dire être bien conscient du « **je ne suis rien** » et du « **je suis Tout** ». Être, ça veut dire être bien conscient de l'ego, bien conscient de la connaissance de la conscience. Nous ne pouvons pas être conscients de notre conscience supérieure. Non, mais elle est bien consciente de son ego, consciente de nous. Par contre, nous pouvons être conscients du principe et en posséder une bonne compréhension. Nous devons être bien conscients de l'ego; ça, c'est du vécu que de connaître l'ego, c'est du concret. Nous pouvons vivre le principe « **Je ne suis rien, je suis Toi** » en pleine conscience.

Arrivés là, vous pouvez laisser les choses se produire. Vous faites alors ce qui se présente, quand ça se présente. Vous ne courez plus désespérément après les choses, vous ne vous occupez plus du résultat. Finalement, tout va se régler; oui, tout va se régler beaucoup mieux ainsi. Vous allez tout avoir, tout ce dont vous avez besoin au moment où vous en aurez besoin; mais selon votre besoin, et non pas selon votre désir. Si vous avez besoin d'une voiture, vous n'aurez pas forcément une Cadillac rose; le véhicule sera peut-être un peu rouillé, mais il va marcher.

Donc voyez-vous, il y a l'Être, l'agir, l'avoir; ça, c'est la voie normale, consciente. L'être humain, lui, fonctionne dans le sens contraire, inconscient. Il fait pour avoir et pour Être. Il y en a beaucoup qui font pour avoir plus d'argent, plus de pouvoir, pour être quelqu'un, pour être reconnus, pour être appréciés, pour être applaudis. Ils s'arrêtent là, ils ne vont jamais à l'Être. Mais pour eux, Être, c'est être reconnu, être applaudi, être approuvé; c'est le désir de l'ego.

Dans cet état de conscience inversée, notre vie est pleine de conditions :

- Quand je serai plus riche, je ferai des voyages.
- Quand j'aurai plus de temps, je ferai du piano.
- Quand je serai plus mince, je m'habillerai plus sexy.
- Quand, quand, quand...
- Si j'étais vous, je n'aurais pas immigré au Canada.
- Si j'avais les moyens, j'aiderais mes pauvres voisins.
- Si j'étais plus jeune, je ferais du canot.
- Si, si, si...

Pour l'ego, les conditions sont un piège terrible. Il ne vit jamais au présent, il ne vit jamais maintenant ce qu'il doit vivre. Il repousse à plus tard : quand... si...; mais les conditions ne se réalisent jamais et l'ego est passé à côté de la vie, à côté de ce qu'il aurait vraiment aimé vivre.

L'ego se sent obligé de faire, il se sent coupable de ne rien faire. L'ego a du mal à s'endormir en pensant à tout ce qu'il doit faire et à tout ce qu'il n'a pas pu faire. L'ego est prisonnier de son activité névrotique, il ne peut rien lâcher sans en souffrir immédiatement. Finalement, l'ego en arrive à faire passer les gens **après** les choses. Il doit finir ce qu'il fait; **après**, il s'occupera de vous...

Pour l'Être, il n'y a plus de conditions; il vit ici et maintenant, il agit naturellement et spontanément, accomplissant naturellement tous ses devoirs et obligations au passage. L'Être est libre du Faire; il fait s'il y a lieu ou il ne fait pas, il ne se sent **jamais** obligé de faire quelque chose. L'Être dort comme un bébé, même si une foule de choses attendent après lui. Oui, pour l'Être, les choses peuvent attendre; pourtant, l'Être ne néglige jamais l'essentiel. L'Être fait passer les gens **avant** les choses...

Ô, Êtres de Lumière, voici un exercice qui vous apprendra à nager dans l'Être au beau milieu des ego. C'est plutôt coriace, je vous préviens.

La prochaine fois que vous irez quelque part – dans la famille, chez des amis, à votre club, dans un de ces endroits bien agités où tout le monde grouille et s'affaire :

- Choisissez-vous le meilleur siège, le plus confortable et relaxez-vous...
- Arrangez-vous pour être au beau milieu de l'endroit afin que chacun admire votre puissante relaxation...

C'est un exercice qui fortifie puissamment votre détermination car vous devez résister :

- à la culpabilité qui vous assaille;
- au désir lancinant d'aller aider;
- au besoin impérieux de vous sentir utiles.

Non, tenez bon; vous êtes un Être de Lumière, vous vous approuvez vous-mêmes et vous méritez l'amour sans conditions.

Après l'étonnement général, vous commencez à sentir l'énergie s'alourdir.

- Par vos yeux mi-clos, vous surprenez les regards qui vous fusillent.
- Certains, même, vous pointent du doigt.
- Et bien sûr, les quolibets commencent à fuser.

Maintenant, accrochez-vous, respirez calmement; ce n'est pas le temps de tout lâcher et de vous précipiter pour sortir la poubelle qui déborde. Continuez plutôt à vous relaxer, à vous baigner dans les ondes Alpha de votre cerveau; vous entendez :

- C'est qui, celui-là qui roupille au salon?
- Il est malade, ou quoi?
- Je suis tout en sueurs et il est frais comme une rose.
- Je m'éreinte à porter cette caisse et lui, il garde ses pieds en éventail...
- Donne-lui donc le sac de patates à éplucher.

- Aide-moi, on va le déposer sur le tas de compost.
- Pourquoi tu lui donnes une bière? Il n'a pas chaud, lui.
- Enlève donc un couvert...

Vous imaginez la force et le courage qu'il faut pour continuer cette relaxation jusqu'à l'heure du dîner?

En fait, vous allez vous apercevoir dans la vie qu'à un certain moment, tout le monde s'agite, mais pas vous. Vous êtes calmes, tranquilles et sereins au milieu de la folie générale.

En fait, vous allez vous apercevoir dans votre existence qu'à un certain moment, tout est bouleversé en vous, vos pensées et vos émotions s'agitent en tous sens, votre mental court dans toutes les directions, **mais** ce n'est pas vous. Vous êtes calmes, tranquilles et sereins **malgré** la folie de votre mental.

Vous vivez dans l'Être, au centre de vous-mêmes; à l'extérieur de votre conscience, tout s'agite; au centre de votre conscience, vous êtes là, tranquilles et silencieux, et vous observez. Alors, vous comprenez qui vous êtes : la conscience. C'est la conscience qui peut observer le jeu mental, le jeu social, le jeu planétaire. La conscience, c'est le **témoin;** vous êtes le témoin, vous êtes la conscience.

Maintenant, c'est le temps de la synthèse. Quand vous aurez tout étudié, tout analysé, tout décortiqué des différentes religions et des différentes voies spirituelles, qu'allez-vous trouver?

- Vous allez découvrir la **présence** d'une conscience infinie, grandiose et glorieuse.
- Vous découvrirez que cette conscience est ici, partout, omniprésente et aussi omnipotente, omnisciente.
- Vous constaterez que vous êtes cette conscience, que vous êtes vraiment elle, complètement elle.
- Vous constaterez alors que vous vivez avec une petite conscience, toute petite, toute réduite, qui est votre mental.
- Alors, vous n'aurez de cesse de découvrir le passage pour sortir du mental et vivre dans votre état naturel, « Divin », dans la conscience qui est au-delà du mental.

Voyez-vous, vous pourriez vivre sans vos pieds, mais vos pieds ne pourraient pas vivre sans vous, n'est-ce pas? Tous les amputés le savent.

Voyez-vous, vous pourriez vivre dans la conscience suprême, sans votre mental, mais votre mental ne pourrait pas vivre sans vous, n'est-ce pas? Tous ceux qui ont « **vu** » la lumière le savent.

Donc, la conscience peut vivre sans le mental, mais le mental ne peut pas vivre sans la conscience, car le mental est une partie intégrante de la conscience Divine. Une partie dont elle a besoin pour s'exprimer sur terre, mais une partie qui ne lui sert à rien pour s'exprimer sur les plans supérieurs.

Aujourd'hui, il faut passer de la spiritualité à la conscience. La spiritualité, c'est tout un système de croyances où nous croyons sans savoir; puis nous vivons avec ces croyances et nous mourons avec. Alors, de « l'autre côté », nous réalisons que ce n'est pas du tout comme dans notre croyance. Nous sommes perdus et désemparés car la vie continue de « l'autre côté », évidemment.

Dans la spiritualité, souvent on va vous dire : « Acceptez ma croyance, mon dogme, ma théorie ». Vous acceptez la théorie en vigueur dans votre société – protestante, évangéliste, catholique ou orthodoxe –, n'importe quelle théorie de n'importe quelle religion. Vous allez croire, vous allez vivre avec ça, mais vous perdez votre temps car vous devez toujours vivre l'expérience. Quand vous croyez en une théorie religieuse, pouvez-vous en faire l'expérience, en goûter la réalité? Pouvez-vous la vivre dans votre vie? S'il n'y a pas une possibilité de l'expérimenter – comme c'est le cas de nos grandes religions sociales – et bien, c'est une théorie! Vous êtes dans une théorie spirituelle où vous avez des pratiques à suivre : il faut prier, il faut jeûner, il ne faut pas baiser, il faut aller à la messe; vous croyez ça, vous vivez avec ça. Oui, mais si ce n'est pas ça et si, en réalité, c'est complètement autrement? Alors, vous avez perdu votre temps. Vous n'avez pas vérifié par expérience directe.

Vous suivez votre théorie religieuse pour supposément obtenir quelque chose **après** la mort. Allez-vous attendre d'être morts pour vous apercevoir que votre théorie spirituelle, votre religion, est complètement **à côté** de la réalité? Et si c'est le cas – **et c'est le cas** –, vous n'avez aucun recours, vous n'avez pas cherché à comprendre; voilà l'erreur. Vous avez cru et **vous avez perdu**; c'est tellement dommage pour vous.

Aujourd'hui, l'Être doit passer de la spiritualité à la conscience et prendre conscience. Prendre conscience, ça veut dire vivre quelque chose concrètement. Vous avez le principe qui explique et vous avez la possibilité de le vivre concrètement, réellement.

Prenez le voyage astral : c'est une pure théorie tant que vous n'êtes pas sortis consciemment de votre corps. Du jour où vous l'avez fait, ce n'est plus une théorie, c'est une connaissance; vous avez vécu une nouvelle réalité. Il faut s'en donner la peine, ça ouvre les yeux... La régression dans les vies antérieures, c'est la même chose. Vous pouvez croire qu'il y a des vies antérieures ou ne pas y croire du tout; mais si vous faites l'effort de tester les pratiques qui permettent de revivre une vie antérieure, vous allez en revivre une. Là, ce ne sera plus une théorie, vous aurez pris conscience; ce sera du vécu, du réel. Ainsi, vous aurez eu accès à une réalité supérieure à la vie humaine ordinaire. Là vous savez, vous connaissez, vous n'avez plus besoin de croire ou de ne pas croire; puisque vous l'avez vécu, vous le savez pertinemment.

Alors, vous avez muté; déjà, votre conscience s'est transformée car vous êtes passés :

- **de la croyance à la connaissance;**
- **de la spiritualité à la conscience.**

Si, dans la vie, vous recherchez la réalité avant tout, forcément vous la découvrirez; c'est obligatoire. Si vraiment vous voulez vivre la réalité de la conscience, vous allez la vivre. Un jour ou l'autre, vous allez voir des choses qui vont changer votre vie pour le meilleur.

Vous verrez la conscience, mais vous ne la verrez pas avec le mental; votre conscience s'ouvrira et là, vous verrez et vous serez dans votre conscience suprême. Revenus dans votre mental, vous ne pourrez jamais, jamais oublier...

N'attendez pas la visite d'un ange ou d'un extra-terrestre; il est peu probable qu'ils vous apparaissent. Ce n'est d'ailleurs pas souhaitable car le but est de vous élever dans la conscience pour vous trouver vous-mêmes. Il ne s'agit pas d'abaisser sur terre ce que vous devez trouver vous-mêmes « plus haut ». Vous me suivez?

Est-il possible d'avoir une ouverture de conscience et de ne pas le savoir? Là, les choses sont plutôt subtiles. Lorsque la conscience s'ouvre, c'est tellement évident et grandiose qu'on ne peut pas passer à côté.

Toutefois, je connais plusieurs cas de personnes qui ont tout à coup bénéficié de « quelque chose » qui a complètement changé leur vie. Soit qu'ils aient pris une décision radicalement différente de leurs projets, soit qu'ils aient reçu une connaissance particulière qui leur a immédiatement servi. À chaque fois, leur vie a été transformée dans un sens remarquable, étonnant et imprévisible. Pour tous ces gens, ils ne comprenaient pas du tout ce qui était arrivé, mais c'était tellement fort que c'était irrésistible. Ils ont bel et bien vécu une ouverture de conscience.

Ô, Êtres de Lumière, surtout il ne faut pas courir après ça car l'ouverture de votre conscience ne dépend pas de vous. Il n'y a rien que vous puissiez faire pour que l'ouverture se produise. Vous ne pouvez rien faire, rien du tout : aucune technique, ni aucune thérapie, ni aucune méthode. Peut-être même que ça peut ne jamais arriver aussi.

Toutefois, c'est peu probable pour quelqu'un qui prend conscience de l'ego, qui prend conscience de la conscience et qui s'intéresse à sa conscience. Pour une telle personne qui, vraiment, **aime** ainsi sa conscience, il est peu probable qu'il n'arrive jamais rien. Nous sommes vraiment à une époque où la conscience descend à flots; mais quand on dit « descendre », c'est juste une façon de parler. La conscience ne descend pas, elle est là. On pourrait dire qu'elle s'éveille, mais la conscience est déjà éveillée... totalement, depuis toujours.

Toutes ces expressions ne sont en fait que des symboles pour parler de la conscience. Sans symboles ni analogies, nous ne pourrions pas en parler, c'est un sujet trop abstrait. Ainsi, le Chant du Cygne, c'est un symbole. Chaque soutra est un symbole pour parler de la conscience. Nous ne pouvons pas parler de la conscience sans un symbole car c'est complètement abstrait. Déjà, c'est difficile de parler de l'intelligence; comment allons-nous parler de la conscience qui est encore plus abstraite?

Dans l'Alchimie de la conscience, pour transformer votre conscience, vous devez faire appel à des **événements symboliques** qui sont vraiment arrivés à quelqu'un. Ainsi en travaillant sur les soutras, qui sont le symbole d'un véritable événement, vous vous branchez sur l'état de conscience qui prévalait à ce moment dans la personne qui a vécu l'événement.

Vous vous infusez ainsi de la même conscience supérieure. Dans la conscience, il n'y a plus de temps, c'est l'éternel présent. Ce qui s'est passé sur terre pour l'un existe encore et toujours dans la conscience, pour chacun.

C'est pour cela que les soutras de la gratitude sont si merveilleux. Ils vous connectent à la conscience suprême, bien sûr, mais dans un aspect particulier et concret qui vous sera fortement bénéfique d'une manière particulière à vous seuls.

Pour découvrir sa conscience, il n'y a rien de particulier à faire. Pourtant, celui qui ne fait rien ne la trouvera pas.

Ô, cruel paradoxe! Intégrons donc, ô Amis de Lumière, ces idées en apparence si opposées.

L'ignorant – qu'il soit athée , spiritualiste, religieux, scientifique, mélomane ou clopocléphile – ne fait naturellement rien pour découvrir sa conscience et, naturellement, il ne la découvrira pas. Ceci est assez évident.

L'Être plus avancé a compris certaines choses, telles :

- le principe de la conscience;
- le principe de l'ego;
- le principe de la méta-réalité;
- le principe que le petit ne sera jamais le grand;
- le principe qu'il ne pourra jamais, de lui-même, ouvrir sa conscience.

Bref, cet Être avancé a compris le grand principe :

JE NE SUIS RIEN ET JE SUIS TOI.

En effet, dans l'ego-mental, je ne suis rien, je suis petit, limité et dans l'illusion jusqu'aux oreilles. Par contre, dans le **Soi**-conscience suprême, je suis la lumière, je suis la connaissance, je suis le véritable pouvoir. Sachant donc que dans l'ego je ne peux pas ouvrir ma conscience, je réalise que c'est seulement dans le **Soi** que cette conscience s'ouvrira. Comprenant enfin cela, je réalise profondément que seule la disparition de l'ego me rendra la liberté.

Or, je suis coincé dans l'ego; que me reste-t-il comme choix? Il en reste un et un seul :

L'AMOUR SUPRÊME.

L'amour suprême, c'est l'amour profond que vous pouvez éprouver pour votre véritable conscience Divine. Lorsque vous êtes profondément amoureux, vous ne pouvez plus vivre une seconde sans l'être aimé. Vous ne supportez pas la moindre séparation d'avec l'être adoré.

Lorsque l'amour déborde de votre coeur pour Dieu – votre conscience supérieure, votre Soi, votre véritable réalité –, vous ne pouvez plus vivre sans lui. Vous ne supportez plus une vie loin de votre amour.

Alors, vous ne pouvez plus endurer l'atroce dualité, l'atroce séparation entre vous et **vous**. Votre coeur, vos sentiments, vos pensées sont constamment tournés vers votre grand amour. Vous renoncez à l'ego, à l'enfer, à la dualité et naturellement l'unité, la joie, la conscience s'installent en force dans votre vie.

Alors devant cet amour, **rien ne peut résister,** l'ego va craquer et disparaître et la conscience s'ouvrir et votre rosier fleurir...

Ô, Êtres de Lumière, vous êtes en effet le « **rosier Divin** ». Savez-vous que vous êtes couverts de roses? Sept roses pour les uns, douze roses pour les autres; cent huit roses, diront certains.

Quant à moi, si je compte bien, je trouve que vous portez cent quarante-quatre mille roses...Ô, Êtres de Lumière, comme vous êtes magnifiques, merveilleux et adorables. Comme je vous aime de tout mon coeur. Vous êtes si magnifiques, tout couverts de roses que vous êtes; quelques-unes de vos roses sont en fleurs, beaucoup sont encore en boutons...

L'amour suprême va toutes les ouvrir, ces roses merveilleuses qui ne faneront jamais. Allez-vous vous reconnaître, porteurs de cent quarante-quatre mille roses épanouies? Maintenant, les choses sont très claires et extrêmement simples. Pour ouvrir sa conscience, il faut nager dans :

L'AMOUR SUPRÊME.

Et pour nager dans l'amour suprême, il suffit de peu de chose : il suffit de penser à sa conscience suprême sans cesse; oui, sans cesse. Pour cela, vous avez besoin d'un peu d'aide et la voici :

- Le Chant du Cygne;
- Le Nectar de la Conscience.

Ils vous aideront, ces deux outils, fortement et puissamment, à comprendre, à intégrer et à réaliser les principes de la conscience. Ils vous permettront chaque jour de prendre votre bain dans la conscience suprême.

Alors, votre mental va se tourner vers l'intérieur, au centre de lui-même. Il va penser jours et nuits à sa réalité supérieure. Il va penser au Soi-Divin sans arrêt, sans cesse... Et naturellement, à force de se tourner vers l'intérieur, un jour il va y rester et ce sera l'**ouverture**, fruit de :

L'AMOUR SUPRÊME.

Ô, Êtres de Lumière, reprenons notre cruel paradoxe :

Pour découvrir sa conscience, il n'y a rien de particulier à faire. Pourtant, celui qui ne fait rien ne la trouvera pas.

Comprenez-vous, ô Amis de Lumière, maintenant :

- qu'il n'y a rien à faire?
- et ce que vous **pouvez** faire?

Pourtant, dans beaucoup de mouvements Nouvel Âge, nombreuses sont les méthodes et les techniques à pratiquer qui doivent sensément nous conduire jusqu'au Soi.

Toutes ces pratiques **extérieures** sont une **préparation** de base; elles sont indispensables sur le chemin qui conduit au Soi.

Les techniques **préparent** l'esprit du dévot au fait que :

- oui, je suis plus que le corps physique;
- oui, je suis plus que le corps astral;
- oui, je suis plus que le corps mental.

Voilà : quand le dévot commence à sentir que sa **réalité** est au-delà du mental, il est mûr pour passer à la **connaissance**, il est mûr pour découvrir, reconnaître et observer son ego. Personne ne peut vivre face à face avec son ego sans une sérieuse préparation, laquelle peut se faire consciemment, dans une voie de révélation authentique, ou inconsciemment, dans le feu de la vie.

Dans tous les cas, devenir vraiment conscient de son ego est une initiation majeure sur le chemin qui se fait chez vous, dans votre esprit, sans **aucun rituel spectaculaire...** La vie et le mariage sont une école merveilleuse, une excellente préparation. Le célibat et la retraite cachée du monde vous laisseront inconscients encore longtemps.

Rajneesh, ce merveilleux grand Être, expose dans Le livre des secrets vingt-quatre techniques pour rejoindre le Soi. Que dit Rajneesh dans l'introduction? « Peut-être que les techniques marcheront pour vous, peut-être pas, peut-être que vous y passerez la vie en vain; **mais**, si vous êtes ouverts comme une vallée, le **Soi** coulera à travers vous sans elles. Malheureusement, vous êtes fermés, vous êtes comme un pic ».

Comprenez-vous?

Swami Anamdababa enseigne de nombreuses techniques et pratiques, toutes destinées à rejoindre le **Soi**. Dans ses ashrams aux Indes, aux États-Unis, en France, tout un emploi du temps chargé attend le dévot. De cinq heures du matin à neuf heures du soir, c'est un enchaînement de chants, de récitations, de mantras, de sevas et autres pratiques.

Anandababa dit lui-même, dans un de ses livres : « Pourquoi devez-vous faire toutes ces pratiques à l'ashram et ensuite chez vous? Tout simplement parce que vous ne comprenez pas ».

Comprenez-vous?

Toutes les techniques préparent l'esprit du dévot à découvrir et à reconnaître que la méta-réalité est déjà là et qu'il suffit de comprendre. Que faut-il vraiment comprendre?

LA MÉTA-RÉALITÉ EST DÉJÀ VÔTRE.

Voilà, tout est une préparation pour le jour où chacun sera assez ouvert, assez disponible, assez « intelligent » pour comprendre que **tout** est déjà là et que nous sommes ce **tout.** Alors, nous comprendrons que quelque chose nous cache la réalité, nous réaliserons qu'il s'agit de l'ego et les Êtres les plus avancés décideront de prendre l'ego par les couilles et de ne plus le lâcher jusqu'à ce que le **Soi** apparaisse réellement.

Donc, le valeureux guerrier de la conscience ose regarder la réalité en face, il ose contempler son ego face à face, il ose en devenir un observateur attentif, il ose persévérer jusqu'à ce que l'ego craque.

Aujourd'hui, cet effort est rendu possible pour chacun par les nombreuses explications sur la conscience, qui sont de plus en plus disponibles. Prenez en main une bonne explication de la conscience et une bonne explication de l'ego et **regardez**; oui, regardez-vous. Voilà l'ego, voilà l'obstacle. Osez le faire disparaître, osez ouvrir la fenêtre, que le soleil vous pénètre à flots, que la joie vous inonde, que la conscience vous remplisse...

OSEZ REDEVENIR VOUS-MÊMES.

Voilà le plus grand service que vous pourrez rendre à toute l'humanité et à vous-mêmes pour commencer. Seul un Être libéré et conscient peut aider tous les Êtres. Sinon, ce sont les aveugles qui guident les aveugles. Voilà le service suprême; oui, rendez-vous service, offrez-vous :

LE SERVICE SUPRÊME.

Q *- Das, peux-tu bien m'expliquer ce que font les soutras des USA au beau milieu du Chant du Cygne?*

R *- Le Chant du Cygne comporte un chapitre intitulé « **Liberté** », qui contient quatre soutras :*

- *le soutra 60, qui renferme le flot des bénédictions globales déversées par le Chant du Cygne dans votre vie;*
- *les soutras 57, 58 et 59, qui font l'éloge des USA et qui chantent la gloire de ce merveilleux pays.*
-

Si l'on regarde les États-Unis d'Amérique, les USA d'un point du vue strictement ésotérique, l'on constatera plusieurs choses :

1. *Les USA sont le pays de la liberté.*
2. *Les USA sont les garants de la liberté planétaire.*
3. *Les USA sont, avec la France, les seuls pays à avoir vraiment œuvré* **pour** *les droits de l'homme.*

Cela relève de raisons ésotériques très particulières :

1. *Les USA sont placés sous l'influence particulière du 7e Rayon.*
2. *L'Oncle Sam est en fait un esprit de très grande envergure qui « travaille » sur les États-Unis.*
3. *Les USA ont été voulus et créés par le Chohan du 7e Rayon.*

L'histoire des historiens ignore tout de ceci. Le 7e Rayon diffuse sur la Terre, actuellement, une qualité de conscience et d'énergie remarquable. Celle-ci infuse profondément l'Alchimie, la liberté, l'égalité des sexes, l'égalité des races sur toute la planète.

Le point focal de l'action du 7e Rayon est concentré sur les USA et le Québec, aussi sur le Canada. Par ailleurs, c'est aux USA que se produisent certaines transformations très spéciales au niveau de la spiritualité et de la conscience.

1. *Les USA ont profondément réalisé la nature de la* ***matière.***
2. *Les USA ont vraiment compris le principe de l'énergie,* ***l'argent.***
3. *Les USA ont largement intégré la conscience du Nouvel Âge et la vague de la* ***conscience*** *va y déferler très bientôt.*

Lorsque l'éveil planétaire va se produire, lorsque l'Ascension collective va débuter, les Êtres éclairés des USA et du Québec vont se transmuter. La vague de conscience atteindra alors la France, puis l'Europe, et finalement le monde entier.

Beaucoup de gens sont surpris et même choqués d'entendre chanter la gloire des USA. Ils exhibent fortement tous les défauts de ce pays. Bien sûr, les USA ont des défauts; mais quel pays n'en a pas? Bien sûr, comme beaucoup de pays, les États-Unis ont des qualités, et même « mille » qualités.

Je me contenterai de ne citer que trois des hauts faits de ce pays qui ont permis de maintenir une certaine liberté sur la planète toute entière. Ces hauts faits, si méritoires et si bénéfiques pour l'humanité, ont été voulus et inspirés par la Hiérarchie Suprême et placés sous la responsabilité du Chohan du 7e Rayon. Ils sont le ***sacrifice*** *du peuple américain.*

Ces hauts faits, si méritoires pour le grand peuple des USA, leur valent la grâce et la protection du 7e Rayon, sous la surveillance de leur oncle...

1. *Les USA ont délivré l'Europe entière des nazis et les ont exterminés.*
2. *Les USA ont délivré toute l'Asie des nazis japonais et les ont vaincus.*
3. *Les USA ont stoppé le communisme et en ont triomphé avec éclat.*

Toutes les nations de la Terre, ***toutes****, tous les peuples de la Terre,*

tous, *sont redevables aux États-Unis pour la liberté dont ils jouissent, même si celle-ci n'est pas parfaite.*

En éliminant de la planète les trois monstres abominables, les trois alliés pervers et inhumains, les USA ont puissamment contribué à rétablir la liberté et la prospérité planétaire, même si celle-ci n'est pas parfaite.

Les trois alliés, ennemis de l'humanité, destructeurs de la liberté, créateurs des pires dictatures sont, vous l'avez bien compris :

1. *les nazis d'Europe;*
2. *les nazis japonais;*
3. *les communistes.*

N'oubliez jamais que l'Allemagne nazie était l'alliée des communistes lorsqu'elle a envahi l'Europe, faisant des prisonniers par millions, exterminant les Juifs par millions.

N'oubliez jamais que le Japon nazi était l'allié des nazis lorsqu'il a envahi l'Asie, commettant les pires horreurs, des massacres à grande échelle, déclenchant une guerre qui a produit vingt millions de morts. L'invasion japonaise est directement la cause de ces vingt millions de morts.

N'oubliez jamais que les communistes, sous Staline et ses successeurs, ont aussi produit vingt millions de morts[(1)]*, les opposants de leur régime inhumain.*

Les communistes ont transformé les pays sous leur domination en colonies sous-développées; ils ont imposé une dictature monstrueuse et ont aboli complètement les droits de l'homme.

- *Le fléau communiste a imposé une terrible guerre froide sur toute la Terre, mais particulièrement en Europe de l'Ouest.*
- *La tumeur communiste a imposé une abominable guerre chaude en Indochine puis au Vietnam.*

Face à ces trois idéologies inhumaines, l'attitude des États-Unis a été bénéfique pour toute l'humanité :

- *Du côté Atlantique, l'Amérique a rasé l'Allemagne nazie et délivré tous les pays d'Europe et d'Afrique du Nord.*
- *Du côté Pacifique, l'Amérique a atomisé le Japon nazi, mettant ainsi fin à l'invasion nipponne, et a délivré tous les pays d'Asie et d'Océanie.*
- *En Europe, durant cinquante ans d'une pénible guerre froide, l'Amérique a dissuadé Moscou d'envahir l'Europe de l'Ouest.*

La stratégie a parfaitement réussi, le communisme est réduit en poussière, c'est en dollars que l'on achète de la vodka à Moscou... Ce n'est pas à New-York que l'on peut s'acheter un hamburger avec des roubles. Comprenez-vous bien ce qui arrive là?

---

(1) Certains historiens disent plus de quatre-vingt millions de morts

- *En Asie, durant vingt-cinq ans d'une vilaine guerre chaude, la France puis l'Amérique se sont opposées à l'avance du communisme vers les Indes et l'Océanie.*

Quand finalement l'Amérique a dû quitter le Vietnam, le communisme, terrassé, n'a pu aller plus loin. Il est honteux que certains Américains, qui ne comprennent rien à l'enjeu planétaire de cette guerre, condamnent leur pays. Les nazis d'Europe, les nazis japonais et les communistes ont littéralement fait descendre l'enfer sur la Terre, partout où ils ont pris le pouvoir. Comprenez-vous l'enjeu planétaire et l'action des USA?

Le Chant du Cygne n'hésite pas à déclarer, au soutra 58 :

Merci, valeureux vétérans du Vietnam.

Beaucoup vont hurler d'indignation en lisant ces lignes. C'est normal, ils sont aveugles. Ils ne voient pas, ces idéalistes peu éclairés, que sans l'intervention musclée des États-Unis contre les nazis, le Japon et le communisme, ils seraient des esclaves.

Oui, sans les États-Unis, l'esclavage de ces trois monstres régnerait sur la Terre entière.

*Oui, je le répète : toutes les nations de la Terre, **toutes**, tous les peuples de la Terre, **tous**, doivent leur liberté, leur paix et leur prospérité aux États-Unis d'Amérique.*

Je ne dis pas non plus que la liberté et la prospérité règnent à flots sur la Terre; non, pas du tout. Mais ce qui reste, près de l'an 2000, comme liberté et prospérité, nous le devons aux USA et à eux seuls. Examinez les ex-pays communistes : c'est la misère générale dans ces pays où n'ont jamais régné les droits de l'homme, ni même un soupçon de liberté. Cherchez aussi la liberté sous les régimes nazis et du Japon d'avant la guerre...

Les USA traversent, à l'approche de l'an 2000, sur le plan ésotérique, une période difficile. Des forces très négatives veulent les détruire. Certains nazis japonais revanchards veulent se venger de la bombe et manipulent les grands leviers financiers décisionnels de la planète contre les intérêts des États-Unis.

*Le peuple américain a déjà commencé à comprendre le **piège**, mais son génie lui permettra de vaincre à nouveau.*

Quant au Japon, c'est l'histoire de la paille et de la poutre; examinez le schéma suivant :

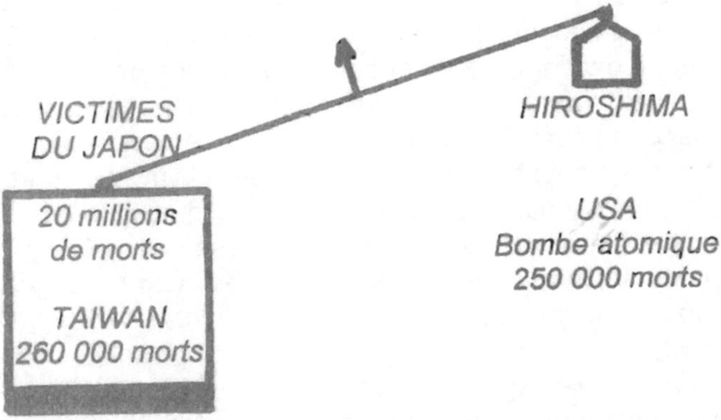

- *260 000 morts à Taiwan, massacrés au sabre et à la baïonnette dans des conditions de barbarie atroce.*
- *Invasion japonaise de l'Asie – 20 millions de morts.*

<u>- Deuxième guerre mondiale, océan Pacifique.</u>

- *Qui est l'agresseur : le Japon ou les USA?*
- *Qui a fait vingt millions de morts : le Japon ou les USA?*

Sans l'intervention nécessaire des États-Unis, l'Asie, les Indes, l'Océanie – les Philippines, l'Australie – seraient aujourd'hui des colonies nippones.

Cet aspect de la réalité sur les USA étant rétabli, la question qui vient immédiatement à l'esprit est la suivante : pourquoi inclure les États-Unis dans le Chant du Cygne?

C'est pourtant simple : le 7e Rayon déverse des flots de grâces sur le monde entier, dont l'Alchimie, la liberté, l'égalité des sexes et des races. Le 7e Rayon infuse la conscience dans l'humanité. Le point focal de l'action du 7e Rayon se trouve aux USA.

Donc, la prise de conscience par l'humanité de son ego-mental et de son Soi-Divin passe nécessairement par la reconnaissance claire et objective des obstacles et des aides qui sont sur son chemin. Alors, il est parfaitement normal que sur le chemin ascendant de la conscience, le peuple américain découvre les forces qui lui sont mortelles et nuisibles tout en découvrant, par ailleurs, les forces qui lui sont bénéfiques, qui le protègent et le soutiennent.

La prise de conscience du travail de ces forces opposées va aider puissamment le peuple américain à émerger vers la conscience supérieure, ceci apportant à l'Europe une vague immense de conscience. Le reste de l'humanité profitera abondamment de l'élévation des USA et de l'Europe.

Par ailleurs, il est complètement impossible à une personne négative envers les USA de chanter le Chant du Cygne. Comment, en effet, un ennemi de l'Amérique pourrait-il chanter la gloire de ce pays? C'est complètement impossible; même s'il le voulait, le soutra de la mise en garde veille.

Donc voyez-vous, pour chanter le Chant du Cygne, il ne faut plus être dans la dualité ni dans l'ego, sinon ça ne se passe pas. Si l'ego est trop gros ou trop négatif, il ne peut se glisser dans le Chant du Cygne. L'ego doit maigrir un peu pour entrer.

Seuls les Êtres de Lumière, les guerriers de la conscience vont accomplir le petit travail qui leur permettra de chanter le Chant du Cygne sans y trouver de blocage. Alors, ils auront accompli un grand pas vers leur réalité suprême.

Vous savez, personne, non, personne n'entre dans le Royaume avec son ego. Il faut le laisser à la porte. Lorsque vous voyagez en avion, vous arrivez à l'aéroport et si vous voulez embarquer, vous êtes obligés d'abandonner vos bagages à l'accueil, qui va les jeter dans une soute. Comment pourriez-vous prendre place dans l'avion avec vos malles, vos valises et vos sacs à dos?

Comment pourriez-vous entrer dans le Royaume avec votre ego?

Ô, Êtres de Lumière, ne laissez plus votre ego raisonner sur des apparences qu'il ne comprend pas et sur ses vieux préjugés. Bref, soyez conscients de votre vieille conscience humaine; alors vous la dépasserez car oui, vraiment, il y a une **autre réalité** à découvrir.

Maintenant vous avez compris, j'espère, ce que font les États-Unis d'Amérique au beau milieu du Chant du Cygne. Vous comprenez également ce que font les USA dans le chapitre du Service Suprême. Ce pays a, en effet, rendu à l'humanité le Service Suprême : celui de maintenir une grande partie de la planète hors des dictatures des nazis d'Europe, des nazis japonais et des communistes.

Les USA nous ont rendu, à TOUS, le Service Suprême de libérer la planète de ces fléaux abominables.

Voilà, Ô Êtres de Lumière. Cherchons le Royaume des Cieux, cherchons notre conscience Divine et nous nous offririons le plus beau de tous les trésors. Voilà le Service Suprême que nous pouvons accomplir dès maintenant, dans notre vie, et qui bénéficiera à toute l'humanité.

- Le Nectar de la Conscience nous offre la connaissance de la RÉALITÉ.
- Le Chant du Cygne nous plonge dans la conscience Divine.

En réunissant la connaissance et la conscience, nous retrouvons l'Être de Lumière que nous sommes déjà, depuis toujours. Ainsi, nous rendrons le Service Suprême qui contribuera à libérer tous les Êtres. Ainsi, nous nous rendrons à nous-mêmes le Service Suprême qui nous libérera de l'illusion de la vie humaine et de ses limitations. Ainsi, nous nous offrirons le Service Suprême de revenir dans la **réalité, dans la méta-réalité.** Pouvez-vous, maintenant, faire autrement que de rendre le Service Suprême? Pourriez-vous vraiment passer à côté du Service Suprême?

Maintenant, ô Êtres de Lumière, chantons le Chant du Cygne. Oui, chantons tous ensemble et offrons-nous ainsi le service suprême.

7

Le véritable travail

En réalité, je suis Toi,
Toi et moi, nous ne faisons qu'un
car il n'y a qu'une seule conscience
et je suis cette conscience.

Oui, je suis cela.

Le Chant du Cygne, soutra 34.

Bonjour et bienvenue, ô Êtres de Lumière. Le véritable travail de votre vie, le véritable travail de votre destinée suprême, le connaissez-vous? Quel est le véritable travail de votre vie? Celui qui vous apportera **tout** par surcroît?

Nous avons tous à découvrir, un jour ou l'autre, notre véritable travail, celui qui nous conduira au but suprême, à notre destin ultime. Notre véritable travail nous fera réaliser la bénédiction suprême, concrètement, ici et maintenant, à savoir :

- La grâce du guru, le grand amour;
- la joie de vivre, la santé Divine;
- la richesse véritable, le confort financier durable;

- le véritable amour Divin;
- l'état de conscience suprême;
- la liberté parfaite, l'Ascension dans la lumière.

Voilà la bénédiction suprême; elle contient tout, elle englobe tout, il ne lui manque absolument rien. Vous pouvez faire de votre vie un véritable paradis en découvrant votre **véritable travail**.

Anandababa a dit : « Les animaux eux-mêmes s'occupent de leurs petits. Ils vont toute la journée à droite, à gauche pour leur apporter de la nourriture ». Si vous passez votre vie à vous occuper pour satisfaire les besoins de votre famille, c'est très bien, c'est parfait. Vous ne pouvez pas faire autrement. Mais si vous vous arrêtez là, à subvenir aux nécessités familiales et à travailler, travailler, travailler pour ramasser un peu plus d'argent, pour avoir un peu plus de choses, même les animaux font ça. Même les animaux se construisent un nid et passent leur temps à la recherche de leur pitance. Alors, chercher de l'argent toute la journée, c'est bien, mais ce n'est pas suffisant.

Le véritable travail, c'est de découvrir votre conscience Divine; voilà. Ça, c'est le véritable travail. Un jour ou l'autre, vous allez vous mettre au travail et chercher votre conscience Divine, votre véritable nature, ce que vous êtes réellement.

Le Chant du Cygne, dans les merveilleux soutras de la Réalisation Suprême, dit :« Tu me guides, tu me conduis, tu me diriges... ». C'est vraiment le coeur de tout. Le jour où nous arriverons à comprendre cela, le mental s'arrêtera. Pour l'instant, nous le comprenons mentalement, intellectuellement, superficiellement. Le jour où cette pensée sera intégrée au fond du mental, au fin fond de nous-mêmes, nous réaliserons que nous n'avons plus de problèmes, plus aucun. Ce sera le véritable **lâcher-prise**. C'est là que vont se produire les réalisations de la conscience. Le véritable travail, c'est cela. C'est découvrir qui nous sommes. En réalité, c'est comprendre – aujourd'hui, dans notre vie –que nous sommes déjà cette conscience.

Dans le Chant du Cygne, vous avez un tableau(1) avec plusieurs niveaux de conscience. La conscience d'Être commence au niveau mental par une compréhension de la véritable nature de nous-mêmes. Nous sommes plus qu'un être humain, nous avons une véritable conscience Divine. Plus la compréhension va s'intégrer, va s'infuser en nous, plus nous prendrons conscience, plus nous nous rapprocherons de la fusion, du Samadhi, de l'arrêt du mental. Pour l'instant, nous comprenons seulement intellectuellement.

---

(1) Voir tome 3, chapitre 7 : L'échelle de la Conscience

Mais la conscience d'Être commence de cette façon – toute petite –, de même qu'un chêne commence par un petit arbre minuscule. Vous avez tous déjà planté des sapins ou des érables, et vous avez pu observer les petites pousses. Avant de devenir un sapin ou un chêne géant, cela va prendre du temps, le temps qu'il faut, le temps que ça pousse.

Eh bien pour nous, notre conscience d'Être commence dans le mental, par une graine qui pousse, par se dire soi-même : « Oui, c'est vrai! En réalité, je suis Divin; en réalité, je suis le Gourou; en réalité, je suis le Soi ». Cela, c'est le début. Ça va pousser, oui, ça va pousser et à un certain moment, ça sera tellement gros que ce ne sera plus mental, ce sera la véritable conscience d'Être.

Donc, le véritable travail à faire dans la vie, c'est de chercher notre véritable conscience Divine. Tout ce que nous pouvons faire à côté n'est pas nécessaire. Pas nécessaire? Vraiment? Si, bien sûr, il faut nourrir ses enfants, s'occuper de sa famille, de sa maison. Mais si vous passez vos semaines à lire la publicité, à regarder les feuilletons à la télévision, à faire du sport ou de la politique, à papoter en prenant du café, sans jamais vous intéresser à votre conscience Divine, vous mourrez et vous aurez vécu pour rien. Anandababa l'a bien dit : « Vous vivez, vous mourez et vous êtes passés à côté ».

Mais oui, vous prenez soin de votre famille, c'est bien, c'est parfait, vous ne pouvez pas faire autrement. Même les animaux prennent soin de leur famille. Les animaux vaquent toute la journée pour nourrir leurs petits. Ils creusent un terrier, ou ils se fabriquent un nid. L'être humain ordinaire, comment s'occupe-t-il, lui, du matin au soir? Il fait quelque chose pour améliorer son terrier, ou son HLM, ou sa cabane, ou sa villa. Toute la journée, il fait pour avoir plus et plus de choses. Évidemment, ce n'est pas uniquement pour la nourriture; une fois que nous avons assez de nourriture, nous voulons plus de vêtements, plus de meubles, une nouvelle voiture, des voyages, du prestige, du pouvoir. Mais, c'est comme l'animal qui s'agite toute la journée pour ramener quelque chose dans son nid. Puis il meurt. Tout cela, il faut le faire dans une mesure normale et intelligente. Il faut ramener des choses dans notre nid, nous en avons besoin. Ceux qui vivent dans le nid en ont besoin. Mais comme nous en avons la possibilité, nous devons chercher à comprendre qui nous sommes, dans quelle sorte de conscience nous vivons en réalité, et découvrir ce qu'est la conscience.

Dans notre monde, la société parle toujours de l'intelligence, mais jamais de la conscience. Ou bien comme quelque chose comme la mauvaise conscience : tu ne t'es pas confessé, ta conscience n'est pas bonne – enfin, des histoires du genre. Donc, découvrir notre conscience, ça c'est le véritable travail. Ensuite, nous devrions comprendre que nous pourrions normalement manifester tout ce que nous voulons dans la vie. Est-ce votre cas? Manifestez-vous ce que vous voulez au moment où vous le voulez? Dans la vie, il n'y a personne qui vous empêche d'obtenir ce que vous voulez. Vous devriez pouvoir manifester dans votre vie, au moment voulu, tout ce que vous voulez. Il n'y a presque personne dans ce cas-là, sauf quelques-uns, très rares.

Pour la plupart d'entre nous, nous voulons quelque chose, et ça n'arrive pas. Puis c'est triste, puis c'est dur et puis ça nous fait souffrir. Bien sûr, nous voudrions tellement de choses. Mais ce qu'il faut comprendre, c'est que tout ce que nous désirons, l'essence de nos désirs, la substance même de nos désirs, c'est la volonté. Quand vous voulez quelque chose, vous dites : « Je veux ceci, je veux cela », avec une multitude de désirs éparpillés. C'est de la volonté, mais de la volonté mal placée. La volonté Divine, **votre** volonté supérieure, c'est de vous donner à chaque instant tout ce dont vous avez besoin, et plus encore. Sauf que nous transformons cela en une volonté humaine, un désir de puissance, un désir de supériorité par rapport aux autres. Un désir de pouvoir, un désir d'accumulation. C'est la volonté mal placée, mal comprise.

Si nous devenons conscients et que nous regardons tous les désirs, nous pourrons constater que cela, c'est la volonté, mais la volonté éparpillée. Alors nous observons les désirs puis nous cherchons à découvrir le besoin véritable, l'essence même du désir. Nous nous apercevons alors qu'il y a bien des choses qui sont inutiles. Oui, nous cherchons à découvrir les véritables besoins. Alors nous pensons que notre volonté devrait normalement satisfaire tous ces besoins. Mais ça ne marche pas, pas encore, pas déjà. Alors, quel est le besoin suprême? Il n'y a qu'un seul besoin. Quand vous avez observé attentivement tous les désirs, quand vous avez examiné tous les besoins, il n'y a plus qu'un seul besoin.

C'est le besoin d'être ce que nous sommes en réalité. Non pas d'être un fantôme de nous-mêmes, parce que le mental n'est que le fantôme de nous-mêmes. Le mental est indispensable pour vivre ici, dans la troisième dimension. Le Soi a besoin du mental pour s'exprimer dans le monde. Vous avez des handicapés qui n'ont pas de mental et qui vivent sur le plan physique; comme tout le monde, ils mangent, ils font pipi, caca. Mais ils ne peuvent pas penser, ils ne peuvent pas se spiritualiser, ils ne peuvent pas découvrir la connaissance, ils ne peuvent pas découvrir leur conscience. Donc, le besoin fondamental, c'est de retrouver notre conscience Divine. C'est pour cela que nous souffrons. Parce que nous ne cherchons pas à mettre notre volonté au bon endroit, nous mettons notre volonté à réaliser nos désirs ou, au mieux, à satisfaire certains de nos besoins de base. Nous devons mettre notre volonté à trouver notre conscience Divine.

Et si nous voulons réaliser nos ambitions? Ce n'est pas mauvais d'avoir des ambitions, d'avoir une promotion, d'avoir une meilleure qualité de vie; oui, c'est très bien, tout ça. Quelqu'un qui chercherait à améliorer sa qualité de vie, à obtenir une promotion pour améliorer sa situation, c'est très bien, dans une certaine mesure. Dans la mesure même où la personne mettrait **autant d'efforts** à découvrir sa conscience, ça marcherait ensemble. Mais bien souvent, les personnes ont oublié qui elles sont, elles ont oublié leur conscience Divine. Puis elles mettent toute une volonté humaine, une volonté de leur ego à obtenir une promotion, une qualité de vie, à obtenir ceci, à obtenir cela. C'est la volonté qui est mal placée, c'est la volonté de l'ego, c'est la volonté du mental, c'est la volonté de l'homme ivre.

Si vous arrivez à me suivre, vous devez comprendre que tout ce que vous voulez dans le mental n'est pas la véritable chose qu'il vous faut en réalité, ce n'est pas que vous n'en ayez pas besoin. J'ai besoin, moi aussi, de vêtements, d'un logement, d'amour, de sexe et de toute bonne chose. Mais nous devons toujours chercher avant tout notre véritable conscience d'Être, notre conscience Divine qui est nous-mêmes. La partie de nous-mêmes qui peut tout, qui a tous les pouvoirs, toutes les facultés. La partie de nous-mêmes qui peut réaliser l'impossible. Si nous mettons cela au premier plan, nous aurons tout par surcroît. C'est toujours le même principe : cherchez le Royaume des Cieux, vous aurez tout par surcroît. Mais la plupart ne veulent que le surcroît, pas de conscience, mais tout en plus... Le monde de l'an 2000 est le résultat du principe inversé... d'un monde sans conscience qui veut **tout...**

Tout le monde patauge dans le vouloir, dans le vouloir humain, sans jamais mettre au premier plan la seule chose qu'on devrait vouloir : notre conscience Divine. La plupart du temps, nous voulons toutes sortes de choses, mais nous ne les obtenons pas dans la vie. Pourquoi ne les obtenons-nous pas? Parce que nous ne voulons pas la bonne chose. Alors cette conscience-là, qui est en nous, ne peut pas couler à travers nous et manifester la plénitude, la perfection de ce que nous sommes en réalité.

Il y a tellement de choses qui sont venues à ma conscience, cette semaine, que j'ai été obligé de prendre des notes.

Alors ce que nous voulons, en réalité, c'est notre conscience Divine. Et si vous regardez le Chant du Cygne, ce que nous voulons, ce sont toutes les promesses du Chant du Cygne. Toutes les bénédictions du Chant du Cygne. C'est cela que nous voulons : le but du Chant du Cygne, dont les trois premières strophes incluent tous les biens matériels, tous les biens spirituels et la réalisation suprême. C'est ce que nous voulons, en réalité. Mais nous ne le savions pas puisque nous n'avions jamais osé le demander clairement. Que voulons-nous? Mais regardez le soutra 60 : toutes les bénédictions de ce soutra qui inclut tout :

Cet Hymne de joie offert à Dieu en vous,
apportera à tous ceux qui s'en donneront la joie :
la grâce du Guru, le grand amour,
la joie de vivre, la santé Divine, la richesse véritable,
le confort financier durable, le véritable amour Divin,
l'état de conscience suprême, la liberté parfaite,
et l'Ascension dans la lumière.

Je chante, je chante le Chant du Cygne
et tout m'est donné par surcroît.

Je répète : le Chant du Cygne inclut tous les biens matériels, les biens spirituels, la réalisation suprême, la conscience, l'amour, la santé, l'argent; tout est inclus, voyez-vous. Mais ça vient de notre conscience, ça ne vient pas de l'ego, ça ne vient pas du mental. Oui, il faut nous offrir cela. Alors oui, nous pouvons tout obtenir de la vie. Je ne vous dis pas que c'est mon cas; pas du tout, pas encore.

Dans le principe, pour tout obtenir instantanément, il faut se faire une idée claire de ce que nous voulons. Vous avez des gens qui vont travailler en visualisation créatrice, qui vont visualiser une maison, visualiser un amant, visualiser un nouveau réfrigérateur. Toute leur vie, ils vont visualiser le dernier gadget à la mode dont ils ont besoin. Si vous voulez accélérer les choses, faites-vous une idée claire de ce que vous voulez, de ce que voulez au fin fond de vous-mêmes. Découvrez le besoin ultime, la synthèse globale. Qu'est-ce que je veux au fond, au fond, tout au fond? Être moi-même. Oui, vous voulez être vous-mêmes parce que, ô Êtres de lumière, vous êtes déjà des Dieux, vous êtes déjà des Déesses, vous êtes déjà des êtres extra-terrestres. Ça paraît drôle à dire, mais c'est la réalité profonde, c'est la réalité totale de chacun.

Mais aujourd'hui, nous sommes ivres, nous vivons dans notre sous-sol, au sous-sol de notre conscience. Donc, se faire une idée claire de ce que nous voulons, c'est comprendre bien profondément que nous sommes en réalité un Dieu, une Déesse, que nous avons tous les pouvoirs, que le Soi est déjà atteint. Cela, il faut le savoir clairement et complètement et alors, prendre conscience de l'obstacle qui nous sépare de notre bien suprême. Puisqu'en réalité je suis un Dieu, pourquoi ne puis-je pas manifester instantanément une pizza garnie? Mais sans parler d'une pizza garnie, pourquoi ne puis-je pas être rempli de satisfactions, pourquoi suis-je si triste aujourd'hui et ne suis-je pas débordant de joie? Alors que sur le plan de la conscience, nous sommes omniscients, omniprésents, omnipotents, que nous avons tous les dons, tous les talents? C'est parce qu'il y a le mental, les limitations et l'**ignorance** de notre mental.

Parfois, vous vous promenez dans la rue; c'est gris, c'est triste, c'est pisseux. Pourtant, vous vous dites : « Le soleil brille, en ce moment; le soleil brille, le soleil brille jour et nuit ». Savez-vous que le soleil brille la nuit? Alors là, ça vous étonne... Le soleil brille jour et nuit et nous, dans notre conscience Divine, c'est pareil : elle est là, jour et nuit, toujours avec nous. Que nous soyons heureux, que nous soyons tristes, que nous soyons bêtes, que nous soyons méchants, elle est toujours là. Mais nous sommes toujours sous une couche de nuages. Le mental, vous pouvez le comparer à un nuage. Quand vous vous promenez, vous savez que le soleil brille; alors pourquoi ne fait-il pas plus chaud, pourquoi est-ce si gris, pourquoi est-ce si pisseux? Parce qu'il y a des nuages. Pourquoi je ne ressens pas la joie dans ma vie puisque ma conscience Divine est toujours là? Comment se fait-il que je ne déborde pas de bonheur et de satisfaction et que je ne puisse guérir ma maîtresse simplement en lui touchant le bout des doigts? Parce qu'il y a le nuage mental. Le mental est l'obstacle, la séparation illusoire.

Donc, il y a deux choses à bien bien comprendre :

1. qui nous sommes en réalité; bien connaître ce principe profondément et puis l'assimiler jour après jour avec le Chant du Cygne afin de réaliser que nous sommes un Être de Lumière;
2. prendre conscience du mental qui empêche encore l'Être de Lumière de s'exprimer sur le plan terrestre et découvrir l'ego et le Soi par une étude attentive du Nectar de la Conscience.

Vous voulez tout; donc si vous allez au restaurant, vous vous asseyez à la table, vous appelez le garçon et vous lui dites : « Voilà, je veux du vin, je veux des escargots, je veux du poulet rôti, je veux un dessert au chocolat; je veux tout ça ». Puis, vous ne vous en occupez plus. Vous n'allez pas le suivre à la cuisine pour voir s'il fait bien le travail. Vous attendez qu'on vous apporte votre excellent repas. Dans la vie, c'est pareil, passez votre commande, puisque vous voulez tout de la vie. Vous voulez la santé, la joie, l'amour, la richesse, la plénitude et vous voulez déborder de satisfaction. Passez votre commande, dites comme au restaurant, voilà ce que je veux : la joie, la plénitude, la satisfaction, tout. Puis vous ne vous en occupez plus.

Comment fait-on pour passer sa commande? Pour passer votre commande, vous chantez le Chant du Cygne, c'est ce que vous faites actuellement. Avec le Chant du Cygne, vous demandez tout au complet. Vous arrivez au restaurant et vous dites : « Servez-moi tout le menu ». Vous allez au Commensal, il y a un menu de six pages. Vous appelez le serveur et vous lui dites : « Je veux tout ». « Tout le menu, monsieur? ». Là, il y a trois serveurs qui arrivent. Ils sont contents. Ils vont vous apporter tout le menu.

Vous, vous voulez tout dans la vie. Si vous regardez le Chant du Cygne, il y a tout, il ne manque rien. La béatitude, la joie, la richesse, l'amour, la santé puis la réalisation Divine. Tout, tout, tout est là! Donc, vous passez votre commande. À chaque fois que vous chantez le Chant du Cygne, vous dites au garçon : « Apporte-moi tout ça ». Mais c'est sûr, comme votre nuage mental est un peu épais, ça ne suffit pas de le chanter une seule fois. Quand je dis « votre » nuage, c'est le mien aussi, je m'inclus dans le même cas. Donc, c'est normal, il va nous falloir répéter un peu. C'est un peu comme si nous passions la commande par téléphone et qu'à l'autre bout du fil, on nous répondait : « Comment? ».

La conscience passe toujours un peu à travers le mental, la conscience a compris ce que vous voulez, puisque c'est elle qui vous fait chanter le Chant du Cygne. Sauf que, pour que ça change, il faut que le nuage mental s'effrite, s'effiloche. La conscience veut un ciel mental dégagé de tout nuage de l'ego. Comme le ciel sans nuage, le mental doit être « **vide** » pour se remplir de pure conscience. Le mental sera toujours là, et heureusement qu'il sera toujours là. Le mental doit devenir non seulement le serviteur de la conscience, mais il doit en être le collaborateur. Sauf que ce mental n'aura plus de volonté propre. En fait, le grand problème, ce n'est pas le mental, mais c'est la volonté du mental. Cette volonté qui court après tout ce qui passe, qui court après tout ce qui bouge. C'est cette volonté de l'ego qui produit un mental centrifuge dispersé dans tous ses désirs et ses besoins, au lieu d'être un mental centripète qui ne pense qu'à sa conscience Divine. Donc, de centrifuge, on doit devenir centripète. Et là, vous vous centrez mentalement, et plus vous vous centrez, plus le mental s'effrite.

À chaque fois que nous chantons le Chant du Cygne, nous passons notre commande. Nous sommes au restaurant, et nous disons : « Je veux tout le menu ». Vous devriez savoir que votre pensée mentale crée votre vie, c'est bien important de le comprendre. Le monde dans lequel vous vivez est le reflet de votre mental. Votre monde personnel – avec toutes ses joies, ses peines, ses déceptions, ses frustrations et tous ses problèmes – est créé par votre mental, par votre pensée, par vos sentiments, par vos programmations familiales, sociales, par tout ce qui fonctionne automatiquement dans vos neurones. Vous devez bien savoir que la vie est exactement le reflet de votre programmation mentale. Il y a bien des gens qui n'arrivent pas à admettre cela. Pourtant, c'est un principe de base à accepter si nous voulons avancer.

Pour progresser, commencez par admettre le principe que ce qui arrive dans votre vie de bon ou de mauvais a été produit par votre mental. Votre mental qui a produit des bonnes choses, qui a réagi ou qui a eu des interférences. À un moment donné, tout va bien; puis vous dites deux mots à quelqu'un et il vous arrive des choses très désagréables. C'est votre mental qui fonctionne avec une multitude de programmes, de logiciels qui se mettent en route chacun leur tour ou tous en même temps, et puis qui font n'importe quoi parce qu'ils ont été programmés différemment, par des personnes différentes, à des époques différentes. Tous ces programmes sont là et se mettent en route, hors de votre contrôle. C'est le chaos, c'est le pire des chaos, voyez-vous. Donc là, il y a un gros travail à faire de prise de conscience.

Maintenant, ô Êtres de Lumière, je vous vois arriver avec vos sabots... Vous vous dites : « J'ai tout compris; puisque ma vie est le reflet du mental, il suffit que je change mon mental et tout va bien aller ». Oui, c'est très nouvel âge comme attitude et il existe des milliers de livres et des centaines de méthodes qui, effectivement, permettent de reprogrammer son mental pour éliminer ce que l'on trouve négatif et y implanter, si possible, du positif. Et ça marche! Tant qu'à être un ego, il vaut mieux être un ego positif. Votre vie sera alors un peu moins pire... Si ça peut vous aider, allez-y, faites-le.

Mais ceci n'est pas ce que veut votre conscience. Non qu'elle ne veuille pas que vous changiez votre mental, mais elle veut plus, **beaucoup plus**. Votre conscience veut que vous **transcendiez** le mental pour que vous deveniez totalement **conscients** de votre conscience Divine. Votre conscience veut faire de vous un Être de Lumière totalement Divin, totalement conscient. Vous savez, votre conscience veut vous conduire à la réalisation suprême, à l'Ascension dans la conscience, à faire de vous un Maître de la Vie et de la conscience.

Alors, soyez-en sûrs, ô Êtres de Lumière, votre conscience ne vous abandonnera jamais, elle n'aura de cesse de vous guider, de vous conduire, de vous diriger jusqu'à **elle**. Et c'est votre véritable travail que de participer, volontairement, activement et consciemment, à la réintégration de votre conscience dans la conscience Divine.

C'est pour cela que **tous**, dans la vie, nous souffrons d'un manque cruel d'amour, de joies, de sexe, d'argent, de pouvoir, d'enfants, de compagnons, etc. C'est ce manque qui nous pousse vers notre réalisation suprême. Même si vous vous offrez un cerveau tout neuf, admirablement programmé selon vos désirs, vous êtes et vous demeurez un ego mental. Soyez certains que vous aurez encore et toujours un terrible manque de quelque chose pour vous permettre de continuer votre route. L'Alchimie de la conscience, l'Alchimie de l'ego, c'est de prendre conscience du mental tel qu'il est.

Dans cette Lumière, celle de la conscience, il n'est plus...

ET VOUS ÊTES!

Et c'est nouvel âge, oui, mais c'est le principe suprême pour la Réalisation. Ce n'est plus une étape, ce n'est plus le retour, c'est **l'arrivée** du fils prodigue. Le veau gras est prêt...

Bon, revenons à notre mental. C'est très bon d'être conscient de nos problèmes mentals[1], c'est le début de la prise de conscience. Dans la voie de l'ego, vous êtes un individu, puis vous allez tellement réciter de mantras, puis tellement chanter, puis tellement faire d'exercices spéciaux, puis tellement courir, puis tellement vous asseoir sur des clous, puis faire tellement et tellement de choses qu'un jour, vous ne serez plus Gilles Tremblay, vous serez devenus un Maître, un Fakir ou un Super ego... Alors, vous flotterez sur un nuage ou vous passerez à travers les murs. Ça, c'est la voie de l'ego, où vous devez faire tellement de choses pour **devenir** un Dieu, pour prendre conscience du Divin.

Dans l'Alchimie de la conscience, nous n'avez pas besoin de faire pour devenir un Dieu parce que **vous êtes déjà** un Dieu. Il faut prendre conscience de la fausse réalité. Il faut prendre conscience de ce qui empêche le Dieu de s'exprimer dans la matière; cet obstacle, c'est le mental. Donc, vous travaillez à prendre conscience de votre mental. C'est-à-dire que vous ne pratiquez plus des techniques, mais vous prenez conscience de votre mental, jour après jour, heure par heure. Vous pourriez pratiquer toutes sortes de techniques pendant vingt ans sans devenir conscients de votre mental, car qu'est-ce qui empêche vos techniques de fonctionner? Devinez!... Votre mental!...(1)

Et puis, croyez-vous que votre conscience suprême soit vraiment intéressée à ce que la technique fonctionne? Si c'est le cas, vous allez vous arrêter et jouir des fruits de la technique. Or, vous devez avancer vers la conscience suprême.

- Qui veut des techniques? L'ego, le mental.
- Qui veut que ça fonctionne? L'ego, le mental.

Or, vous êtes déjà un Être de Lumière totalement Divin. Qu'avez-vous besoin de vous fabriquer une bougie puisque vous avez déjà l'électricité? Cherchez le bouton électrique au lieu de fabriquer une bougie.

---

1. Un mental, des mentaux. Et pourquoi pas une pensée, des pinceaux? Nous dirons donc des mentals!...

Cherchez votre conscience Divine au lieu d'offrir des gadgets, des techniques à votre ego. De toute façon, vous devrez abandonner toutes les techniques de l'ego un jour ou l'autre.

Prenez conscience : à quoi pense votre mental, en ce moment? Vous conduisez votre voiture, à quoi pense votre mental? Posez-vous la question : à quoi pense-t-il? Non pas pourquoi il pense, mais à quoi pense-t-il? Alors c'est ça, la prise de conscience. Nous devons bien prendre conscience de notre mental de façon à voir clairement l'obstacle. Quand nous avons bien, bien vu l'obstacle, nous sommes très avancés. Le mental va comprendre, à un certain moment, que c'est lui, l'obstacle. Quand le mental a vraiment compris – mais profondément, mais pas juste intellectuellement – que c'est lui l'obstacle, il va s'arrêter. En même temps que vous prenez conscience du mental et de l'obstacle, vous travaillez sur le principe de la conscience pour réaliser que vous êtes un Être de Lumière.

Vous savez, c'est tellement une réalité puissante que vous êtes un Être de Lumière que cette réalité-là va s'actualiser dans votre vie. Vous ne pouvez pas travailler sur votre réalité suprême sans que cette réalité, cette puissance fantastique ne passe au travers de l'ego, du mental. Parce que cette conscience Divine est déjà là, en ce moment; elle n'attend que nous, notre bonne volonté, notre prise de conscience.

Voilà, tu prends conscience des pensées de ton mental. Si tu as des fantasmes érotiques, tu dis « Tiens, mon mental a des fantasmes érotiques ». Si tu penses à refaire le monde, tu dis « Tiens, mon mental pense à refaire le monde ». C'est ça, la prise de conscience. La prise de conscience de son mental, c'est observer son mental et savoir, à chaque instant, à quoi il pense. Parce que si tu es conscient des pensées de ton mental, tu es témoin du mental. N'essaie pas de le ramener, il repartira toujours. Il reviendra de lui-même, dès que tu en seras conscient. Quand tu penses, tu es éparpillé, tu es centrifuge. Si, à un certain moment, tu observes ton mental et tu dis : « Ah! le mental n'est pas là », le mental n'est plus centrifuge, tu es revenu au centre de toi-même; parce que c'est **toi** qui observes ton mental. À ce moment-là, tu peux en prendre conscience, tu observes ton mental, tu es témoin du mental.

Cela aide à vivre au présent, dans l'instant présent. Il y a beaucoup de gens qui essaient de vivre au présent alors qu'ils ont un mental centrifuge et qu'ils ne connaissent pas leur mental. Ils ne fonctionnent jamais; ils restent centrifuges. C'est comme ceux qui pratiquent toutes sortes de méthodes pour arrêter le mental. Au moins, cela comporte un avantage : un jour ou l'autre, ils prennent conscience qu'ils ne pourront jamais arrêter le mental. Seul le Soi permettra le véritable silence mental.

La vie actuelle est ainsi : une vie mentale... Il faut bien savoir une chose : nous l'avons voulu, nous avons profondément voulu vivre ce que nous vivons à l'heure actuelle. Ça aussi, c'est une prise de conscience. Tous les emmerdements que nous vivons, nous avons voulu les vivre. Vous dites : « Moi, je n'ai jamais voulu avoir tel accident, tel ennui, tel chagrin d'amour ». Si, mais tu ne l'as pas voulu dans ton mental, tu l'as voulu dans ta conscience, tu as voulu vivre ça pour en arriver à casser la volonté de ton mental. Il est une chose qu'il faut bien comprendre, c'est que le mental rêve; le mental passe son temps à imaginer une vie idéale. Mais pourquoi cela ne se réalise-t-il pas? Il faut que les rêves du mental cessent un jour. Parce que si nous vivions tous nos rêves, nous ne deviendrions jamais Divins, nous resterions un éternel ego éternellement insatisfait. Donc, il faut que les rêves du mental cessent complètement. C'est pour cette raison que les rêves ne se réalisent pas. Il faut arrêter de rêver pour être Nous-mêmes.

Nous n'avons pas besoin de rêver à une vie merveilleuse puisque nous sommes déjà mille fois plus merveilleux que toutes les choses auxquelles nous rêvons; nous devons juste en devenir conscients.

Alors le Chant du Cygne nous permettra de changer profondément la nature du mental. Ainsi, nous changerons nos idées, nos pensées, nos sentiments et même nos émotions. Lorsque nous chantons le Chant du Cygne, nous réclamons tout, nous remplissons notre mental d'une idée de conscience, nous le saturons de conscience, de conscience, de conscience. À force de tremper quelqu'un dans l'eau, il sera un jour mouillé. Si vous roulez quelqu'un dans la farine, il sera un jour enrobé de farine. Vous ne pouvez pas tremper votre mental tous les jours dans la conscience sans qu'un jour il ne déborde de conscience, de conscience, de conscience. Il deviendra étourdi de conscience, imbibé de conscience. Peu importe le temps que ça prend. Que ça prenne des semaines, des mois, des années ou des millénaires, il faut le temps que ça pousse. Mais rapidement, il se passera quelque chose.

Prenez quelqu'un qui a toujours un mental centrifuge et qui commence à comprendre qu'il est un Être de Lumière. Il commence à comprendre que l'obstacle, c'est le mental et il demande tous les jours toutes les bénédictions promises par le Chant du Cygne; alors, il finira pour obtenir la Lune. Mais pas seulement la Lune, car le Chant du Cygne, c'est beaucoup plus que la Lune. Ainsi le mental va penser : « conscience, conscience, conscience », alors il va survenir quelque chose, voyez-vous?

La meilleure façon de vraiment changer les choses, c'est d'entretenir à votre égard des pensées magnifiques. La plupart des gens ne peuvent pas entretenir des pensées magnifiques à leur égard parce qu'ils ne se trouvent pas magnifiques. Ils vont se glorifier de certains aspects de leur ego. Ils se diront qu'ils sont beaux, qu'ils sont bons lorsqu'ils passent à la télé, qu'ils sont fins quand ils font de l'esprit, ou qu'ils sont bons cyclistes. Ou encore qu'ils sont bons alpinistes ou qu'ils ont de beaux cheveux ou de belles cuisses, ou n'importe quoi. Mais cela n'est pas entretenir une pensée magnifique à son égard. C'est juste avoir, dans le monde, une bonne image de soi. C'est bien d'avoir une bonne image de soi lorsque nous sommes un ego. Il vaut mieux, en effet, avoir une bonne image de soi plutôt qu'une image négative; ainsi, la vie sera moins pire. Celui qui vit dans le mental avec une image négative de lui-même, dit : « Je suis nul, je suis petit, je suis moche, je suis con, puis je suis bête ». Eh bien, il restera comme ça toute sa vie. Celui qui a une bonne image de lui-même s'attirera plus de chance et plus de succès; mais il restera un ego de toute façon.

Comment obtenir des pensées magnifiques à l'égard de soi-même? Tout est inclus dans le Chant du Cygne, et c'est là qu'est le cadeau suprême. Vous pouvez entretenir à votre égard des pensées d'une qualité exceptionnelle. Oui, vraiment!

Et toi, ô Être de Lumière, je te vois encore débarquer avec tes gros sabots... et me dire : « Mais Das, il y a quinze minutes, tu nous as expliqué qu'il est inutile de reprogrammer le mental; alors, je ne comprends plus ».

Alors, écoutez bien la différence dans les Principes mêmes.

1er cas :

L'Ego négatif travaille pour se reprogrammer en plus positif. C'est toujours un ego qui vit dans l'illusion, dans ses programmes qu'il lui faudra changer encore et encore. En outre, il gardera malgré lui un manque cruel pour le forcer à prendre conscience un jour ou l'autre. Ici, l'ego modifie l'ego qui reste un ego ignorant tout de sa véritable nature.

2e cas :

L'Ego a enfin compris qu'il est un Être de Lumière, que l'obstacle c'est le mental et surtout, que sa conscience Divine est **déjà là**.

Cet être-là a enfin compris qu'**en réalité**, sa conscience est déjà totalement parfaite. Il a enfin compris qu'il n'a aucunement besoin de modifier son mental puisque l'Alchimie de l'ego va le conduire **au-delà** du mental. Il a bien compris que la conscience suprême va **transmuter** son mental.

Pourquoi repeindre la vieille auto que vous jetez à la ferraille? Pourquoi rénover votre vieux mental que l'Alchimie va transmuter? C'est complètement inutile. Tout ce que vous avez à faire, c'est prendre conscience de votre Réalité Suprême.

Par le Chant du Cygne, vous vous baignez dans votre propre conscience Divine. Par les pensées magnifiques entretenues à votre égard, vous vous baignez dans votre propre réalité Divine.

En fait, les pensées magnifiques entretenues à votre égard sont une profonde prise de conscience de la réalité de votre véritable nature Divine. Ici, l'Être déjà conscient devient plus conscient, encore plus conscient. Comprenez-vous la différence entre les deux principes? Continuons.

Les pensées d'une qualité exceptionnelle que nous pouvons entretenir à notre égard sont les suivantes :

- je suis né pour gagner;
- je suis déjà vainqueur;
- je ne suis rien, mais je suis Toi;
- en réalité, je suis Toi;
- oui, je suis cela;
- je peux triompher de tout.

Ces pensées ne sont pas des mantras, il est inutile de les répéter. Il s'agit plutôt de prendre conscience de leur réalité afin de créer en nous un sentiment authentique.

Ainsi vraiment, ô Êtres de Lumière, vous triompherez de tout. Toutes les pensées d'une qualité exceptionnelle que nous pouvons entretenir à notre égard sont incluses dans le Chant du Cygne. Vous savez, c'est St-Germain qui déclare : « Si vous pouvez dire "**je suis né pour gagner**", vous triompherez de tout ». Voyez-vous? Les pensées, comme « je ne suis rien » et comme « je suis Toi », contiennent tout. Par le « je ne suis rien » et le « je suis Toi », il y a toute la réalisation incluse. Le « je ne suis rien », c'est « je suis le mental, je suis l'obstacle, je suis l'ego »; mais « je suis Tout », c'est « je suis Divin, je suis conscience, je suis un Être de Lumière ». Je suis un Être de Lumière qui prend conscience de son mental aujourd'hui, voyez-vous? Donc, en entretenant des pensées d'une qualité exceptionnelle à notre sujet, nous nous attirerons encore plus de conscience pour une vie qui sera un jour exceptionnelle, car la conscience aura percé. Ensuite, la créativité naturelle, spontanée, Divine, changera notre vie.

À certains moments, il faut arrêter de faire pour le plaisir de faire. On peut arrêter un moment de faire son ménage. On peut arrêter de lire le journal. On peut prendre du temps pour soi-même, pour se reposer, pour relaxer et pour penser à sa conscience, pour penser à Soi, à Soi en tant qu'Être de Lumière. C'est important de penser à ça en ne faisant rien. Et c'est une chose essentielle : nous devrions prendre du temps pour ne rien faire dans la vie. Pour ne rien faire, pour être soi-même en pensant à cet Être de Lumière que nous sommes en réalité. Puis dans cette tranquillité-là, dans ce calme, avec cette conscience, un jour tout peut arriver. Parfois, on s'arrête et on se dit : « Je suis un Être de Lumière, mais il faut que j'aille passer l'aspirateur ». Mais cet Être de Lumière a-t-il vraiment besoin de passer l'aspirateur tout de suite?

Commentaire d'un auditeur : « Non, l'aspirateur se passe tout seul ». – (rires dans la salle)...

Donc il faut savoir s'arrêter; mais quand je dis « s'arrêter », c'est vraiment que dans le mental, nous sommes libérés de tout ce que nous avons à faire. Le mental ne nous tiraille plus dans tous les coins de la maison où nous aurions besoin de faire quelque chose. Nous nous arrêtons, puis là, nous ne faisons rien; seulement penser à qui nous sommes » Oui, je suis un Être de Lumière, je suis né pour gagner, en réalité je suis Divin ». Puis là nous laissons les désirs, puis nous pensons à ce dont nous avons besoin, nous pensons à cette réalisation suprême que nous voudrions obtenir, nous pensons à cet Être de Lumière qui voudrait se manifester. Bref, nous pensons à notre conscience Divine.

Là, s'il y a des idées qui viennent, nous n'essayons plus; nous créons, nous manifestons, nous accomplissons, nous réussissons. Nous n'essayons plus de faire quelque chose. Nous le faisons ou nous ne le faisons pas, mais nous n'essayons plus. Nous créons. Je crée, je manifeste, j'accomplis, je réussis. Dans cet état de conscience Divin, tout marche. Si nous sommes dans le mental, c'est sûr que nous essaierons de faire quelque chose; mais si nous sommes dans un état de conscience supérieur, nous n'essayons plus, nous le faisons.

Ô Être de Lumière, chante le Chant du Cygne et libère ton pouvoir. On se devrait d'avoir, dans un état de conscience supérieur, une vie facile et sans effort où tout ce dont nous avons besoin nous est donné. Non seulement les choses ordinaires, mais tout en plus : la joie, la plénitude, la satisfaction, l'amour, la béatitude, l'abondance, l'argent. Tout devrait venir naturellement et sans effort. Si vous faites des efforts pour attraper la joie, l'amour et la béatitude, vous pouvez être sûrs que vous êtes dans le mental. Donc, dans l'état de conscience suprême, tout devrait venir par surcroît, sans effort. Ceci n'est pas un état de conscience que nous trouverons après la mort ou sur une autre planète ou dans une autre vie, dans une autre réincarnation. C'est déjà ici, c'est déjà là, c'est maintenant que ça se passe.

Nous sommes ici, sur terre, pour découvrir cette conscience. Nous sommes là pour la découvrir; c'est ce que nous avons à faire, c'est notre but, notre véritable travail. Mais il faut toujours se ramener au centre, toujours se ramener à Soi, voyez-vous? Mais à force de faire ce travail, d'y penser toute la journée, de chanter le Chant du Cygne où nous demandons tout, toute la conscience, nous aurons toute la conscience. Nous nous plongeons dans la conscience et avec le Chant du Cygne, nous entretenons des pensées d'une qualité exceptionnelle. On nourrit, on nourrit, on nourrit quelque chose en nous qui va éclore à un moment donné. C'est comme un œuf : tu ponds un œuf, et après un certain temps, il éclot. Tu plantes un arbre, il faut le temps qu'il pousse. Vous pouvez être sûrs qu'il va éclore, vous pouvez être sûrs qu'il va pousser.

Ô Être de Lumière, chante, chante encore le Chant du Cygne et obtiens tout par surcroît. Ô Êtres de Lumières, avez-vous des questions?

Q *- Je suis toujours partie dans toutes sortes d'imaginations. Mon mental vagabonde et quoi que je fasse, je n'arrive pas à revenir au centre. Comment arrêter ça?*

R *- C'est l'histoire du cheval fou. Il faut qu'il revienne de lui-même. N'essaie pas de l'arrêter. Tu as juste à savoir, à être* **témoin** *de ce que fait ton mental. Alors, là tu n'es plus le mental, tu le vois. Tu deviens conscience témoin. Tu ne te bats plus avec ton mental, tu te contentes de l'observer. La conscience témoin bien vécue ramène le mental au centre.*

Q *- Das, tu dis qu'il faut penser à sa conscience toute la journée. Mais durant mon travail, je ne peux y arriver. Est-ce vraiment possible?*

R *- Par moments, ton mental fonctionne tout seul. Il fonctionne tellement tout seul que tu n'as plus le temps de penser. Tu as pensé inconsciemment durant une heure ou deux. Voilà par où commence le travail. Tu dois prendre conscience : « J'étais tellement occupé que je ne voyais même pas à quoi je pensais ». Quand tu es tellement occupé, comme ça, tu n'es pas toi-même, tu es ton mental. Ton mental et toi, ça ne fait qu'un. Ton mental et Dieu, ça ne fait qu'un. Ton sous-sol et ta maison, ça ne fait qu'un. Mais où vis-tu? Dans le sous-sol? Au premier étage? Au deu-*

xième étage? Tu as besoin du sous-sol, mais tu n'es pas obligé d'y vivre. Tu as besoin de ton mental, mais tu n'es pas obligé d'y vivre. Donc c'est la prise de conscience. J'étais tellement occupé depuis une heure que je n'ai même pas vu à quoi j'ai pensé pendant ce temps-là. C'est la prise de conscience. Si tu arrives à penser à ça au moins une fois par heure, ou une fois toutes les demi-heures, tu auras déjà progressé beaucoup. Ainsi, tu commences à revenir dans ton centre et à observer un peu ton mental, voilà le principe.

Le mental fonctionne tout seul, comme le cheval fou : il est programmé. Il fonctionne tout seul, automatiquement. Je ne sais pas si vous avez déjà remarqué l'automatisme du mental. En voici un exemple. Vous prenez toujours un chemin pour aller au travail; puis un matin, vous avez un rendez-vous ailleurs. Si vous êtes déjà dans la lune, vous prenez le chemin habituel automatiquement. Comment ça se fait? C'est votre mental qui est programmé pour aller tous les jours au même endroit. Il vous y amène. J'ai remarqué, une année, sur le boulevard Des Chenaux, il y avait un stop. Un jour, il a été retiré. Et bien ça m'est arrivé pendant longtemps de m'arrêter à cette intersection alors qu'il n'y avait plus de stop. Comprenez-vous la différence qu'il y a entre vous et le mental automatique? Comment cela se fait-il puisque tu sais qu'il n'y a plus de stop? Tu le sais, il n'y a pas de stop, mais pourtant tu arrives là et tu t'arrêtes!... Quelle est cette partie de toi automatique qui s'arrête alors qu'il n'y a pas de stop alors que toi, tu le sais qu'il n'y en a pas? Vous rendez-vous compte à quel point est puissant l'automatisme mental? Alors, si le mental est assez puissant pour s'arrêter tout seul là où il n'y a pas de stop, imaginez toutes les choses qu'il peut faire dans la vie automatiquement, mais que nous n'avons pas besoin qu'il fasse, que nous ne voudrions pas qu'il fasse.

Il y a bien des choses dont nous avons besoin qu'il s'occupe, certainement. Il y a beaucoup de choses aussi que nous aimerions qu'il laisse tomber et surtout, qu'il s'arrête. Si seulement il pouvait s'arrêter, même une seconde; mais il a toujours quelque chose à faire. Réfléchissez bien à l'histoire du stop; vous comprendrez à quel point votre mental est automatique et votre vie aussi, par conséquent... n'est-ce pas?

Q *- Quand je lis, mon mental ne reste pas tranquille, il n'est pas attentif. Y a-t-il une raison?*

R *- Le mental, ce qu'il vit, ça ne l'intéresse pas du tout. Lui, ce qu'il veut,* *c'est une vie fantastique, merveilleuse, dont il est le héros, avec des aventures extraordinaires. Alors, ce que tu fais là, assis dans ton fauteuil à lire un livre, ça n'a pour lui aucun intérêt. Ce qu'il veut, c'est une aventure. Il se projette dans une aventure imaginaire, dans un endroit imaginaire. Tu peux parler ou écouter quelqu'un puis, en même temps, ton mental s'en va ailleurs, vivre ses fantasmes. C'est pour ça que vous ne pouvez jamais arrêter le mental. N'essayez pas de l'arrêter. Soyez simplement conscients du mental; il y a une énorme différence. Il y a bien des gens qui se battent avec leur mental. Ils vont se battre longtemps. Parce que le secret, c'est de ne jamais dominer le mental. Vous ne le dominerez jamais. Le secret, c'est de ne plus être le mental. Comment peux-tu ne plus être ton mental? En étant témoin du mental. Quand tu es témoin de ton mental, le mental n'est plus toi, le mental n'est plus qu'une de tes fonctions. Cette fonction-là va se sentir observée et un moment donné, va s'arrêter; c'est une image, bien sûr, mais c'est ainsi.*

Imaginez : vous avez un cheval fou dont vous êtes le cavalier. Vous galopez n'importe où, c'est le cheval qui vous dirige. Et si vous descendez du cheval, il va continuer de galoper dans toutes les directions, bien sûr. Mais un jour, il va s'apercevoir qu'il est tout seul. Que se passe-t-il alors? Il vient voir son cavalier, il va s'arrêter. Quand vous êtes témoins du mental, vous êtes descendus du cheval fou. Au début, c'est un effort d'observer le mental, c'est même un effort terrible. Mais c'est le prix à payer pour être conscient.

***Q** - Est-ce qu'on peut en arriver à être toujours témoin du mental? C'est quasiment impossible!*

***R** - La question n'est pas de savoir si tu vas toujours être témoin du mental. Essaie d'observer ton mental le plus souvent possible. Parce que le jour où tu seras vraiment témoin du mental d'une manière assez persévérante, il se calmera, il se passera quelque chose. Il suffit d'une seule fois pour qu'il comprenne, si vous en êtes vraiment témoins. Alors, quand vous observez le mental, le mental se calme. Quand vous prenez conscience que l'obstacle, c'est le mental, à un certain moment, l'obstacle va se dissoudre de lui-même. Le mental continue d'exister, mais il va cesser sa volonté, sa course folle. Et si en même temps vous avez cultivé la conscience que vous êtes un Être de Lumière, et bien l'Être de Lumière pourra s'infuser en vous.*

Dans la vie, chacun a la possibilité de faire ce qu'il veut, seulement ce qu'il veut. Cela est une règle absolue; seules les limitations de l'être humain réduisent ses possibilités. **Le véritable travail** dans la vie, c'est de découvrir sa conscience suprême, là où il n'y a plus aucune limitation. Cette conscience nouvelle conduit à la **vie des Maîtres Ascensionnés**. Ceci peut s'accomplir **avant** la mort pour chacun, qu'il soit inconnu ou célèbre, misérable ou bien nanti.

Dans la vie, faites ce que vous voulez. Si vous n'accomplissez que des choses relatives, vous n'emporterez avec vous rien de durable. Vous n'aurez pas de trésor... Si, au contraire, vous prenez la connaissance libératrice au sérieux et si vous l'étudiez de façon attentive, vous allez prendre conscience de votre nature Divine.

Alors, vous en ferez l'expérience et votre vie changera profondément, pour le meilleur. À la mort, vous emporterez avec vous un grand, un très grand trésor. La démarche de la prise de conscience vous conduira infailliblement à l'Ascension, dans cette vie ou dans la suivante. **Mais dès maintenant, vous allez entrer, ici même, dans le Royaume des Cieux**, lequel est l'état de conscience de l'humain qui vit dans la méta-réalité tout en vivant sur Terre... Voilà donc...

LE VÉRITABLE TRAVAIL.

Ô Êtres de Lumières, vous avez maintenant compris ce qu'il vous reste à faire : vous mettre au boulot pour accomplir votre véritable travail. Ce travail, qui est la raison même de votre vie, est le travail pour lequel vous êtes nés et que vous devez avoir accompli **avant de mourir**. Oui, trouvez votre conscience Divine et réalisez la bénédiction suprême dans votre vie. C'est ce que je vous souhaite de tout mon coeur.

Maintenant, chantons, chantons tous ensemble.
Oui, ô Êtres de Lumière, chantons le Chant du Cygne.

Le Chant du Cygne

Le Pouvoir de la Parole

La Précence des Maîtres Ascensionnés
dans VOTRE VIE, là où vous êtes!

8

L'Alchimie de l'ego

Ô Dieu, je ne suis rien et je suis ***Toi***
Ô Dieu, je ne suis rien et je suis ***Toi***
Ô Dieu, je ne suis rien et je suis ***Toi***

Ô Déesse, je ne suis rien et je suis ***Toi***
Ô Déesse, je ne suis rien et je suis ***Toi***
Ô Déesse, je ne suis rien et je suis ***Toi***

Le Chant du Cygne, soutras 8 et 12.

Bonjour, Ô Êtres de Lumière, et bienvenue à tous.

Prendre conscience de **Soi** par l'Alchimie de l'**ego**, c'est la merveilleuse voie rapide, c'est l'autoroute de la conscience. Cela nous permet de découvrir rapidement ce que nous ne sommes pas et, par conséquent, d'être enfin ce que nous sommes en réalité, un **Être de Lumière véritablement Divin.**

L'Alchimie de l'**ego**, c'est la prise de conscience de **Soi** par la connaissance du **non-soi : l'ego**.

C'est le principe éternel :
Je ne suis rien et je suis Toi.

Découvrons donc l'Alchimie de l'**ego**. Alors tout d'abord, un petit retour en arrière. Je vais vous entretenir de la spiritualité, de la conscience et de l'intelligence réelle. Pendant des siècles, avec les incarnations successives, nous nous sommes spiritualisés. Nous sommes tous des Êtres hautement spiritualisés, que nous le voulions ou non. Ce n'est pas de l'orgueil de le dire parce que ce n'est pas d'aujourd'hui que nous cherchons à trouver Dieu, que nous cherchons à trouver une autre conscience. Nous avons cherché à travers les différentes religions, puis à travers les religions parallèles, puis à travers le Nouvel Âge, mais ça ne date pas d'aujourd'hui. Nous avons commencé cette recherche il y a bien des siècles. Même si vous ne croyez pas à la réincarnation, cela n'a pas d'importance. La réincarnation, nous n'avons pas besoin d'y croire parce que croire ou non, c'est ne pas savoir. Dans les deux cas, c'est ignorer. Il est donc préférable de chercher à comprendre le principe. Puis éventuellement, si vous avez vraiment envie de le vérifier, alors tentez une régression pour en faire l'expérience. La croyance, c'est fini; aujourd'hui nous sommes dans la conscience, et la conscience c'est la connaissance et la connaissance, **c'est l'expérience**.

Nous avons cru, cru, cru à tellement de choses, pendant tellement longtemps, et nous nous sommes fait tellement duper que nous n'avons pas avancé du tout. Cherchez donc le Royaume des Cieux et sa Justice, et puis vous aurez tout par surcroît. Essayez donc de vous faire expliquer le Royaume des Cieux dans une religion... Ils n'ont jamais donné le mode d'emploi. Oui, nous nous sommes spiritualisés, nous avons vraiment fait le tour des différentes religions, des concepts qui étaient proposés, et nous avons fait des prières et des invocations et nous avons cru qu'une fois morts, nous serions assis à la droite de Dieu... Et nous sommes morts et ce n'était pas du tout comme ça... Et nous sommes revenus ici, encore...

La mort, ça ne rend pas intelligent; si nous ne sommes pas conscients, nous sommes morts sur le plan terrestre, nous vivons dans l'astral, nous ne sommes pas plus conscients qu'avant de mourir. Si nous sommes cons, nous vivons dans l'astral mais nous sommes toujours aussi cons. La mort ne rend personne intelligent. L'intelligence que nous avons, la conscience que nous avons, la connerie que nous avons, nous mourons avec et le lendemain nous sommes toujours aussi cons dans l'astral. L'astral n'est pas la vraie vie, comme la vie sur terre n'est pas la vraie vie. C'est la vie, mais ce n'est pas le véritable état de conscience. Comprenez-vous la vie et la conscience? Nous vivons ici, mais pas dans le bon état de conscience. Nous vivons dans l'astral, mais pas dans le bon état de conscience. C'est pour cette raison que nous ne menons pas la vraie vie. C'est comme si nous étions ivres du matin au soir; pour celui qui est ivre, oui c'est la vie. Mais la vraie vie, c'est de ne pas être ivre.

Donc pour nous, la vraie vie, c'est d'être conscients.

Oui, nous nous sommes bien spiritualisés, nous avons cru à toutes sortes de dogmes invérifiables; mais aujourd'hui, nous devons devenir conscients, mais conscients de quoi? On dit que nous allons devenir de plus en plus conscients, jusqu'à ce que cela fasse « tilt » – une illumination – et que là, nous deviendrons un Dieu. Le problème, c'est que nous ne deviendrons jamais un Dieu parce nous sommes déjà un Dieu. Donc, il faut prendre conscience de ce qui nous empêche de constater que nous sommes déjà un Dieu.

Il y a deux grands principes, aujourd'hui, dans la croissance personnelle. Le premier, c'est de prendre un être humain, puis de lui faire faire toutes sortes de choses – des exercices, des souffrances, des tortures, des respirations, bien des affaires, bien des salamalecs – pour qu'il devienne de plus en plus ouvert et qu'il s'aperçoive enfin qu'il est Dieu. Ça, ce sont tous les systèmes anciens ainsi que certaines méthodes modernes; tous ces moyens sont basés sur l'ego, **l'ego qui fait**.

Il y a un autre concept fondamental mais dont on parle beaucoup moins; c'est le concept alchimique, l'Alchimie de la conscience. On parle souvent de l'alchimie sexuelle, mais celle-ci n'est qu'une toute petite partie de la véritable Alchimie de la conscience. Comme ma main est une partie de moi-même, mais ma main toute seule n'est pas moi, je suis plus que ma main. L'Alchimie de la conscience est la prise de conscience de ce que nous ne sommes pas; parce qu'un être humain qui veut prendre conscience de sa grandeur ne peut pas. Pourquoi? Parce que nous sommes trop petits, nous sommes trop limités, nous avons une intelligence trop étroite. Donc, nous ne pouvons pas prendre conscience de notre suprême intelligence qui est mille fois plus grande que nous. Mais nous pouvons, par contre, voir jusqu'à quel point notre intelligence est petite, à quel point elle est limitée, à quel point nous vivons dans l'erreur et la connerie. C'est un principe extrêmement important parce que c'est la prise de conscience de l'ego. L'Alchimie de la conscience, c'est prendre conscience de soi-même en tant qu'être humain. La plupart des êtres humains ne sont même pas conscients de ce qu'ils sont en tant qu'êtres humains et ils cherchent à être conscients d'une dimension qui leur échappe totalement. Cela ne fonctionne pas. Peut-être que ça peut parfois fonctionner pour quelques-uns, quelques rares cas.

Vous savez, ces systèmes-là ont été mis au point **pour ne pas fonctionner** parce que l'humanité vivait dans un système où la réalité a été cachée pendant des milliers d'années. Le meilleur moyen de cacher la réalité, c'est de proposer à quelqu'un de faire quelque chose – des respirations, des pranayamas, des chapelets – pour trouver Dieu. Il peut respirer et s'époumoner toute sa vie, puis mourir sans trouver Dieu. Peut-être qu'un jour, s'il est prêt, dans une respiration, dans un instant de silence, il va le trouver, ce Dieu-là. Mais il peut pratiquer toute sa vie sans que rien n'arrive... Car en effet, c'est arrangé pour ne pas fonctionner...

Ce que nous pouvons faire, nous, c'est de prendre conscience de notre petitesse et de constater que nous sommes tellement petits, non pas pour se diminuer, non pas pour se martyriser, mais pour objectivement se regarder dans la glace, pour se voir objectivement en tant qu'ego humain. Aujourd'hui, j'ai eu des boutons, j'ai un œil plus petit que l'autre, j'avais un bouton sur l'œil la semaine dernière. J'ai tourné mon émission de télévision avec un bouton sur l'œil, je l'ai vu, je le savais et je m'en foutais, j'étais conscient, très conscient du fait, mais complètement détaché. Si j'avais été dans l'ego, je n'aurais pas tourné une émission de télévision avec un bouton à l'œil. Je l'aurais annulée, reportée. Qui est dérangé par le bouton? L'ego, lui seulement. Comprenez-vous?

Donc, dans l'Alchimie, nous prenons conscience de notre limitation; c'est une grosse étape que de se connaître soi-même en tant que personnalité, en tant qu'ego, en tant que mental, en tant qu'être égoïste. Ça, c'est la prise de conscience du non-soi. En réalité, il n'y a pas de non-soi puisque tout est le Soi. Mais c'est la prise de conscience de l'ivrogne qui se dit : « Je suis ivre »; il est ivre et il est conscient d'être ivre. À partir de ce moment-là, sa guérison va être rapide, alors que tant qu'il n'était pas conscient d'être ivre, il n'y avait aucune possibilité de guérison. Alors nous, tant que nous ne sommes pas conscients d'être infiniment petits et limités dans un ego, nous ne prendrons jamais conscience de notre grandeur. **La découverte de notre grandeur Divine passe par la réalisation profonde de notre petitesse humaine.**

C'est pour ça que le Chant du Cygne dit : « Je ne suis rien et je suis **Tout** », « Ô Dieu, je ne suis rien et je suis Toi ». Ceci est une très grande chose qui paraît à deux reprises dans le Chant du Cygne, puis qui se répète trois fois à chaque fois. Je ne suis rien, en tant que mental, je ne suis rien, rien, rien. En tant que mental, je suis le pied. Le pied qui conduit sous le tableau de bord et qui ne sait pas où il va. L'ego humain ne sait pas où il va. Nous ne savons même pas ce que nous mangerons demain, nous ne savons même pas quand la pluie s'arrêtera, nous ignorons à quel âge nous allons mourir, nous ne savons pas quand nous trouverons un compagnon ou une compagne avec qui il sera agréable de vivre. **Nous ne savons rien**. Même si nous sommes bardés de diplômes, nous ignorons tout. Cela, c'est la prise de conscience de Soi en tant que mental ignorant. À partir de ce moment-là – et c'est bien important de le comprendre –, il y a déjà tout un travail à faire sur soi-même, celui de s'observer, de se connaître en tant que Soi, en tant qu'ego limité.

Ensuite, nous nous dirons : « Comment se fait-il qu'en étant si petit, je souffre tant? Pourquoi ai-je tel ou tel vide dans ma vie? Pourquoi tel gros manque? Pourquoi ce besoin si poignant n'est-il pas satisfait? » La réponse, c'est que votre conscience Divine, ce que vous êtes en réalité, veut vous réveiller. Ça aussi, c'est difficile à admettre et il faut être un Être très spiritualisé pour arriver à comprendre, du moins au début, que nous avons une conscience qui nous réveille, un peu fort, certes, mais pour notre bien. Pourquoi cette conscience Divine, cette conscience suprême qui est un océan d'amour, nous laisse-t-elle vivre dans tant de souffrances, avec un vide tellement grand, avec un besoin si énorme qu'il n'y a rien qui puisse le satisfaire? Il y a une raison à cela : c'est que cette conscience-là veut que nous prenions conscience, mais que nous prenions conscience de quoi?

Nous avons dit, tout à l'heure, qu'il s'agissait de prendre conscience de son ego. Maintenant, nous prenons conscience que nous souffrons et que nous avons une conscience qui est là, que c'est elle qui fait cela; voilà la clé de tout. Notre conscience Divine veut que nous prenions conscience d'elle, elle veut que nous prenions conscience que ce n'est pas nous qui dirigeons notre vie, elle veut que nous soyons conscients de notre impuissance à régler nos problèmes. Quand nous avons vraiment compris que nous ne sommes pas capables de régler nos problèmes, que nous n'avons jamais réussi à régler nos problèmes, que ferons-nous? Que nous arrivera-t-il?

Nous lâcherons prise! Mais lâcher prise, c'est terrible pour l'ego! Pour lui, lâcher prise, c'est comme mourir, c'est renoncer à lui-même, à sa petite volonté humaine. Dès que la compréhension s'installe, **la souffrance disparaît**. Vous savez que vous souffrez car vous en vivez, des souffrances, sans quoi vous ne seriez pas là. S'il y en a qui ne vivent pas de souffrances, qu'ils lèvent la main. Voyez-vous? Le lâcher-prise **éteint la souffrance**; plus vite nous comprendrons notre conscience, plus tôt nous **cesserons de souffrir**.

Cette conscience qui vous fait tant souffrir, c'est vous-mêmes et c'est vous seuls; car c'est vous qui voulez redevenir conscients. Ne cherchez pas ailleurs et n'accusez personne de vos souffrances. C'est vous qui les produisez exprès; oui, vraiment; à cause **de l'ignorance** de l'ego.

Vous savez, vous êtes des Êtres de Lumière, tout le monde est un Être de Lumière, mais il y a des Êtres de Lumière qui pataugent dans les marais, il y a des Êtres de Lumière qui commencent à voler de branche en branche. Vous devez comprendre une chose : vous avez une conscience qui vous donne ces conditions de vie; alors c'est le temps de dire : « Puisque je ne peux pas régler ces problèmes-là, si je lui demandais, à elle, de me les régler? ». Vous allez dire : « Mais j'ai fait cela mille fois, j'ai fait toutes sortes de prières, puis d'invocations, puis j'ai fait tous les exercices, pratiqué toutes les techniques ». Oui, vous avez fait, vous avez fait, vous avez fait. **C'est cela le problème**, vous avez fait tout pour régler ça, vous-mêmes avec votre ego-mental, et ça n'a pas marché. Il n'est pas nécessaire de faire quelque chose. Laissez donc faire. Pour la première fois de votre vie, laissez faire. Arrêtez de faire.

Menez votre vie courante. Vous vous levez le matin, vous vous peignez, vous prenez votre douche, vous faites votre cuisine, vous vous rendez au boulot. Mais arrêtez de chercher désespérément la chose qui vous manque tant. Arrêtez de lui courir après. Prenez la décision de ne plus courir après cette chose qui vous manque le plus. Puis dites à votre conscience : « Écoute, puisque tu es là, toi ma conscience Divine, toi ma conscience christique, moi je n'ai pas pu régler cela, j'ai couru après pendant des années, maintenant fais-le toi-même ».

Sauf qu'au début, vous dites « Fais-le » et tout de suite, vous regardez si c'est arrivé. Ça, c'est la phase qui ne fonctionne pas, pas encore, pas tout de suite. Vous dites « Je te laisse faire » et vous regardez si c'est fait, au lieu de laisser faire, au lieu de laisser aller. Non, ce n'est pas ainsi que ça marche, il faut laisser faire avec une espèce de détachement qui fait que si cela arrive, alors tant mieux; et si cela n'arrive pas, tant mieux aussi. Mais c'est le plus difficile. Quand vous avez tellement couru après quelque chose, au moment où vous allez arrêter de courir après, il faut vraiment être détaché, que cette chose-là arrive ou n'arrive pas. Et ça, c'est terriblement difficile. Sauf que si vous êtes vraiment conscients que la chose qui vous manque le plus est voulue et causée par votre conscience supérieure, votre conscience qui le veut expressément pour que vous deveniez conscients, alors vous aurez une attitude qui sera ouverte, qui sera réceptive. Oui, là vous aurez des signes.

Donc, il y a eu toute la spiritualité qui a continué une bonne partie de cette vie-ci et qui dure depuis beaucoup de vies antérieures. Nous nous sommes spiritualisés, nous avons vraiment cherché le Ciel, avec tous les moyens dont nous disposions à travers les différentes époques où nous avons vécu. Aujourd'hui, nous devenons conscients. Pour beaucoup de gens, devenir conscient, c'est pratiquer, pratiquer, pratiquer toutes sortes de méthodes et de techniques. Tout le monde l'a fait, je l'ai fait aussi, c'est le chemin. On pratique, on pratique, puis on se dit : « À force de pratiquer, je vais enfin devenir ce que je veux être ». Cela ne marchera jamais, parce que nous n'avons pas besoin de devenir quelque chose. Nous sommes déjà tout ce que nous voulons Être.

LA MÉTA-RÉALITÉ EST DÉJÀ VÔTRE. L'EGO IGNORANT CRÉE LA SOUFFRANCE.

C'est comme la personne qui est ivre et qui se dit : « Je suis ivre, je vais faire des respirations, je vais m'asseoir sur des clous, puis je vais prier une heure tous les jours ». Ne fais rien, puis désenivre-toi, cela ira mieux. Tu sais, pour désenivrer, tu n'as pas besoin de prier; désenivre, tu peux prier si tu veux, mais cela ne va pas te faire désenivrer plus vite.

Nous croyons donc que nous devons faire toutes sortes de pratiques et mille choses partout pour attraper ce que nous cherchons. Bien sûr, nous cherchons Dieu, en réalité. Nous cherchons Dieu, oui mais entre Dieu et nous, il y a ce besoin terrible que nous voudrions satisfaire. En arrêtant de courir après, nous disons à notre conscience : « Bien, si cela n'est pas arrivé dans ma vie, c'est parce que tu voulais que je prenne conscience ». Donc, mon travail n'est pas de courir après ce qui me manque, mais de devenir conscient de cette conscience, de devenir conscient que je suis dirigé par une intelligence plus grande que la mienne. Voilà de quoi nous devons être conscients aujourd'hui.

Alors, au lieu de courir désespérément après la chose qui vous manque, dites : « Bien, je ne cours plus après cela et je deviens conscient que cette intelligence, qui est moi-même, m'a privé de cela pour que je sois conscient de sa présence ». N'oubliez pas qu'au bout, c'est vous-même, le vrai vous-même. Un peu comme une personne qui, volontairement, se priverait d'alcool et se dirait : « Cette semaine ou ce mois-ci, je ne bois plus d'alcool ». Mais une partie de cette personne-là – son foie et son corps astral – dirait : « Je veux boire, je veux boire ». Et l'autre partie dirait : « Il n'y avait pas d'alcool cette semaine, il n'y aura pas d'alcool la semaine prochaine ». Voyez-vous, il y a une partie de vous-mêmes qui a dit : « Ça, tu en voudrais tellement que je ne peux pas te le donner »... car en ne l'obtenant pas, ce manque terrible te rendra conscient jusqu'au jour où tu lâcheras prise et alors là, tu auras **tout par surcroît**. Voyez-vous le principe?

Je me répète, mais c'est volontairement que je répète les choses parce que c'est fondamental pour la prise de conscience. Quand nous avons vraiment compris « Je ne suis rien » d'une limitation totale, c'est la prise de conscience de « Je suis **Tout** »; mais « Je suis **Tout** », ce n'est pas nous qui le dirigeons, c'est lui qui nous dirige. « Je suis **Tout** » dirige « Je ne suis rien ». Et là, nous passons de la spiritualité à la conscience, de la croyance à l'expérience, et de la foi à la connaissance.

Quand nous aurons vraiment fait cette prise de conscience en profondeur, un jour ou l'autre nous lâcherons prise. C'est-à-dire que nous nous abandonnerons vraiment à cette volonté supérieure, mais dans le bon sens du terme, et non pas dans le sens de la religion. Les églises maintiennent l'être humain dans tous les malheurs sous prétexte que c'est la volonté Divine; c'est de la manipulation. Ce n'est pas cela du tout. Il y a une très grosse différence entre les deux. Il n'y a aucun Dieu, nulle part, qui veut nous faire souffrir. **D'ailleurs, la souffrance est totalement inutile. C'est évident car, dès que l'on travaille sur sa conscience, la souffrance cesse...** Pour nous, il s'agit d'une prise de conscience que si telle difficulté est là, c'est pour nous faire prendre conscience. Mais cela ne veut pas dire que tous nos malheurs sont voulus par le ciel et qu'il ne faut pas chercher à les régler.

Lorsque tu as un rhume, tu dois le soigner. Ce n'est pas la volonté Divine que tu aies un rhume demain matin. Mais le besoin fondamental qui n'est pas satisfait dans ta vie, c'est ta volonté à toi, ta volonté supérieure qui te pousse et qui te réveille. Bien sûr, tu n'as pas choisi cela dans ton ego, mais c'est ta volonté véritable. Alors là, nous devenons conscients que nous sommes limités, et puis nous prenons conscience d'être illimités dans une autre dimension de nous-mêmes. Comme nous ne sommes pas conscients de cette autre dimension, nous sommes seulement **conscients d'être dirigés** par une autre partie de nous-mêmes. Nous ne sommes pas conscients de cette partie-là, qui est notre véritable nature, notre propre réalité Divine.

Quand nous avons vraiment compris le truc et que notre vie est dirigée comme ça, nous comprenons que nous n'avons plus besoin de la diriger nous-mêmes. Donc là, nous commençons à lâcher prise et c'est là que la souffrance s'en va, parce que lorsque cette conscience-là s'installe, il n'y a plus de souffrance. **La souffrance vient de l'impuissance de l'ego à régler ses problèmes.** L'ego a tellement de problèmes, il veut tellement les régler qu'il souffre au maximum; et vous le savez tous, nous sommes tous passés par là. **Mais quand nous lâchons prise, il n'y a plus de souffrance**. Même si certains problèmes qui étaient cruciaux avant ne sont pas réglés, nous avons acquis un certain détachement et la conscience remplit ce vide, puis dans ce vide rempli par la conscience, nous ne souffrons plus. Mais attention, nous ne sommes pas devenus des légumes endormis, nous sommes devenus beaucoup plus conscients, beaucoup plus lucides.

Après, à la longue, que se passe-t-il? Qu'arrive-t-il? Cet état de conscience va tellement prendre possession de notre vie que nous finirons par jaillir dans l'intelligence réelle. L'intelligence réelle, qui s'appelle dans certains mouvements l'intelligence créatrice, c'est vraiment notre propre conscience suprême, notre conscience véritable qui va diriger notre vie. Il n'y aura plus de problèmes. Tous nos besoins seront satisfaits et même bien au-delà, et nous deviendrons vraiment créatifs et vraiment intelligents, mais intelligents dans le sens cosmique, non pas dans le sens humain.

Quand vous faites face à la souffrance, essayez de penser à cela. D'un côté vous êtes un petit ego, de l'autre côté vous êtes une conscience Divine incroyablement grande, et ce qui vous arrive est parfaitement voulu par vous-mêmes. Cela va vous aider, ça va puissamment vous aider, même si le problème ne se règle pas instantanément; mais c'est le chemin de la prise de conscience et à partir de là, avec des moyens comme le Chant du Cygne, vous prendrez conscience de plus en plus.

Le Chant du Cygne, c'est un moyen de se centrer sur notre conscience Divine. Nous vivons tellement dans toutes sortes d'affaires, nous sommes éparpillés, tirés dans toutes les directions. Avec le Chant du Cygne, nous revenons toujours à nous-mêmes dans cette conscience supérieure. Vous pouvez être tout éparpillés toute la journée, le soir vous mettez la cassette ou vous chantez le Chant du Cygne. Alors vous ramassez toutes vos énergies, même inconsciemment, mais surtout votre conscience suprême s'installe à la place des tribulations du mental. Dès que vous vous branchez sur le Chant du Cygne, vous revenez au centre de vous-mêmes et cette conscience coule, coule à flots dans votre vie.

Vous savez, si vous voulez opérer dans votre vie la prise de conscience dont nous venons de parler sans avoir un moyen pour vous ramener à vous-mêmes, cela va être terriblement difficile. Certains y arriveront peut-être, mais vous partez éparpillés au complet, vous êtes dispersés dans toutes les directions, vous souffrez au maximum puis là, vous essayez de vous centrer. Imaginez un peu le travail!... Or l'essentiel, c'est d'être centré. Il faut revenir à soi, mais revenir à soi, au SOI, avec les moyens du mental, cela ne va pas loin et c'est un travail mental. Bien souvent, vous le laissez tomber parce que le mental n'a pas la force de se centrer. L'avantage du Chant du Cygne, c'est d'être au-delà du mental. Tout de suite, avec le Chant du Cygne, vous êtes au-dessus du mental et vous vous recentrez automatiquement. Pensez-y bien, le Chant du Cygne vous baigne immédiatement dans la conscience suprême et vous voilà centrés dans votre propre Soi Divin.

Ô Dieu, je ne suis rien et je suis Toi.
Ô Déesse, je ne suis rien et je suis Toi.

Voyez-vous, « Je ne suis rien, je suis Toi », cela a déjà été exprimé au cours des siècles comme idée à travers différentes formes. Ce n'est pas une idée nouvelle, mais c'est vraiment un grand principe de base. Le plus difficile, c'est d'arriver à le vivre. Le lire, l'écouter, se le faire expliquer en conférence, suivre un cours, tout le monde comprend. Mais le vivre, c'est autre chose. L'initiation planétaire que nous vivons tous à l'heure actuelle, c'est pour être capables de vivre cela. Oui, de vivre le plus calmement possible, le plus tranquillement possible notre petitesse au milieu de tout ce qui nous manque. Alors je peux dire : « Je suis tout petit, je suis tout con, il me manque plein de choses, mais c'est mon chemin; j'ai voulu cela, je l'ai voulu pour devenir conscient ». Quand vous arrivez à cette compréhension, vous avez fait un très grand pas. Vos ailes ont poussé. Il y a en, sur terre, à qui ce sont des cornes d'orignal qui poussent, ils deviennent abrutis. Pour d'autres, ce sont des ailes qui poussent. Les ego, je les vois passer dans la rue, je peux voir leur panache d'orignal sur leur tête. Mais parfois, j'en aperçois avec des petites ailes... Essayez de vivre cet état de conscience : « Je ne suis rien et je suis Toi »; vous verrez que votre vie changera vite.

Le Chant du Cygne, c'est la grâce qui accorde tout par surcroît. Quand il y a assez de conscience, la grâce déborde. C'est le principe de la baignoire, cela ne peut pas faire autrement : laissez les robinets de la baignoire ouverts, quand il y aura trop d'eau, elle va déborder, n'est-ce pas? Le Chant du Cygne, c'est le même principe : vivez vraiment cette conscience, chantez le Chant du Cygne, centrez-vous tous les jours avec la cassette ou avec le livre et votre vie débordera; oui, elle débordera de conscience.

Ô Êtres de Lumière, avez-vous des questions?

***Q** - Cela veut dire, selon votre explication, que si nous essayons plein d'affaires, nous tournons en rond?*

***R** - Oui, c'est tout à fait ça, puisque vous avez **encore** ces mêmes problèmes qui ne sont pas réglés. Le Chant du Cygne, c'est un moyen de se centrer, ce n'est pas un moyen pour devenir ce que tu es déjà, c'est un moyen pour te centrer et mettre plus de conscience dans ta vie. Alors, à ce moment-là, ça déborde, la grâce coule dans ta vie. Avec le Chant du Cygne, tu ne vas pas devenir, parce que tu es déjà tout ce que tu voudrais être dans cette conscience. Le Chant du Cygne te centre, te ramène au centre de toi-même, dans ton état de conscience réel, et c'est cet état-là qui coule dans ta vie. En même temps, si tu prends conscience du « Je ne suis rien » et du « Je suis Tout », tu augmentes la rapidité des choses, parce que ta souffrance te pousse à prendre conscience. Alors, tu prends* *conscience : « Je ne suis rien, et je suis Tout ». En même temps, tu prends conscience, en te centrant sur ta vraie conscience qui va couler, puis qui va déborder. Alors ta vie est obligée de changer très rapidement, puisque toute ta souffrance n'avait qu'un seul but, celui de te faire prendre conscience. Souviens-toi : cette souffrance vient de toi-même et de personne d'autre, comme l'ivrogne qui se prive d'alcool lui-même.*

Q - *Cela ne veut pas dire que notre vie va être transformée, mais que nous, nous ne vivrons plus de la même façon?*

R - *Il y a deux étapes. D'abord, il y a ce lâcher-prise, cet abandon où ta vie est la même mais où tu la vis autrement. Ensuite, ta vie va changer profondément car plus il y aura de conscience dans ta vie, plus ta vie sera agréable.*

Q - *Je vis une situation qui n'a pas changé, mais ma façon de la prendre, de la voir a changé à l'intérieur de moi. Cette situation est encore là, je ne peux rien y faire mais je la vois autrement, car elle ne me dérange presque plus. Elle ne m'empêche pas de dormir; parce qu'autrefois ça m'empêchait de dormir, j'y pensais continuellement. Maintenant, j'arrive même à l'oublier et je me sens soulagé.*

R - *C'est une étape du lâcher-prise. Tu prends conscience que tu ne peux pas la changer et puis, à un certain moment, tu te changes toi-même. Alors ça, c'est une grosse initiation parce qu'au lieu de chercher à changer la situation, tu changes ton attitude face à cette situation. C'est se laisser changer. Ce n'est pas comme une volonté, ce n'est pas la volonté de changer les choses, c'est laisser changer. C'est très subtil, mais c'est comme ça, c'est laisser être ce qui est.*

Q - *Das, veux-tu dire que s'il arrive n'importe quoi dans notre vie, nous serons indifférents à ça?*

R - *Non, pas du tout. Un Être conscient, un Être vigilant, un Être lucide fait preuve d'intelligence. Il observe sa vie soigneusement. Il fait ce qu'il a à faire, il fait spontanément ce que la vie lui présente, il règle les affaires qu'il peut régler, et il laisse le reste. Quand une situation se présente, il l'examine avec son intelligence, puis il la traite au mieux avec toutes ses capacités, avec toute son expérience; il gère la situation. Mais si c'est une* *situation emmerdante et qu'il ne peut pas la régler, il va vite le comprendre. Alors à ce moment-là, il va dire : « Bien ça, je ne peux pas le régler, donc je vais ajouter plus de conscience dans la vie ». Alors vous vous élevez et ce n'est pas du fatalisme. Il ne faut pas être fataliste, c'est trop destructeur. Il faut se questionner et travailler sur notre conscience. Mais toujours, nous prenons la situation en main, nous essayons de la régler le mieux possible; parfois, nous essayons de différentes manières et si vraiment, après deux ou trois essais, ça ne fonctionne pas, alors on se demande ce qui arrive...*

Il n'y a pas besoin d'une volonté terrible, d'un acharnement, d'un désespoir pour régler une affaire, non! Quand on se rend compte qu'on frappe un mur, nous disons : « Bon, le mur est là, qu'est-ce que je fais? » S'entêter ou laisser aller? Mais parfois, il faut le laisser là pour développer une saine patience. La patience de l'Être en transformation, obligé d'attendre que ça passe, que ça pousse. Comme le jardinier, il a beau se mettre nu devant ses tomates, il ne les fera pas rougir. On ne peut pas tirer sur une carotte pour la faire pousser. En réalité, il faut qu'elle pousse d'elle-même. Il faut laisser aux choses le temps d'arriver. Oui, le temps et la patience conduisent au lâcher-prise, mais plus vous comprenez, plus vous êtes conscients et moins c'est long. Vous verrez que parfois, les choses sont vraiment très rapides et même parfois presque trop rapides...

***Q** - Das, peut-on parler d'adaptation en rapport à une situation? Elle est là, et tu dis : « Je n'y peux rien »; tu essaies tous les moyens possibles pour t'apercevoir que tu te bats avec des moulins à vent. À un moment donné, tu te recules, tu dis : « Sais-tu, si je prenais la responsabilité, moi, de me changer, moi, de regarder les choses différemment, de les vivre différemment, de laisser aller », moi, j'emploierais le terme d'adaptation.*

***R** - Adaptation, c'est toujours l'évolution horizontale. Depuis dix mille ans, depuis cinquante mille ans, depuis toujours, nous nous sommes adaptés pour survivre. Je veux dire qu'on ne s'adapte plus. Ce n'est pas qu'il ne faut pas s'adapter à la vie nouvelle, au stress, au métro, aux embouteillages. Aujourd'hui, ce que nous faisons, c'est autre chose que de s'adapter à la vie terrestre; nous nous y ajustons automatiquement, comme tout le monde, et notre problème n'est plus là. C'est automatique, cet ajustement.*

***Aujourd'hui, nous prenons conscience** de notre dimension humaine et aussi, forcément, de l'existence de notre conscience Divine qui dirige notre vie. Puis là, nous n'aurons plus besoin de nous adapter à rien du tout, nous nous sortirons de là. Alors notre adaptation à la vie courante, à la vie ordinaire, se fait automatiquement parce que si nous sommes vi-*

vants, c'est que nous sommes adaptés. Sinon, nous serions morts, nous ne serions plus là. Les inadaptés sont à l'asile ou ils sont morts. Ceux qui sont vivants, même s'ils survivent mal parce qu'ils ont des difficultés d'adaptation, s'adaptent quand même. Veux, veux-pas, ils s'adaptent sinon ils ne seraient plus là. ***L'adaptation, c'est horizontal****. L'être humain, pour survivre, doit s'adapter.*

Ce que vous faites actuellement, ce que vous avez fait pendant des années, c'est de chercher à prendre conscience de votre conscience Divine. Aujourd'hui, il s'agit de prendre conscience du « Je ne suis rien » et de prendre conscience que nous sommes dirigés par le « Je suis Tout ». Alors cela, c'est ***la dimension verticale****, c'est là que nous en sortirons avec plus de conscience. Vous avez un schéma dans le livre Le Chant du Cygne, vous voyez la conscience horizontale qui va vers la destruction totale et certains groupes humains dont la conscience s'élance à la verticale. L'adaptation nous conduit à force de nous adapter à une destruction totale parce que l'être humain, malgré qu'il se soit adapté depuis des milliers d'années, est resté fondamentalement le même, un être égoïste et barbare. Dans le temps, les tribus se battaient entre elles, cela faisait trois morts. Aujourd'hui, c'est le génocide général : des millions de morts parce que nous avons développé une technologie destructrice. Mais nous ne sommes pas plus évolués pour autant. L'évolution horizontale, c'est justement une simple adaptation aux circonstances, pour accumuler le maximum de pouvoir afin de bouffer l'autre.*

La véritable évolution, c'est la prise de conscience en question : « Je ne suis rien et je suis Toi ».

Ô Déesse, je ne suis rien et je suis Toi
Ô Dieu, je ne suis rien et je suis Toi

De cette prise de conscience profonde et vraiment vécue découle la transformation alchimique de notre conscience et le retour du Fils prodigue chez son père... De nous-mêmes, en Nous-Mêmes...

Ô, Êtres de Lumière, l'Alchimie de l'ego est une prise de conscience très profonde de votre nature humaine « Je ne suis rien », alliée à une profonde connaissance du grand principe « Je suis Tout ».

La prise de conscience de ces deux principes vous procure un état de conscience grandiose, recherché par tous les sages depuis toujours. C'est la conscience de ***l'unité***. Lorsque vous prenez conscience de votre petitesse et que vous connaissez aussi votre grandeur, vous connaissez alors **l'unité de votre conscience**.

Cet état de conscience grandiose vous conduit à très grande vitesse vers le lâcher-prise. Ainsi, très rapidement, l'Alchimie de l'ego pourra se produire, le plomb du mental se changera en l'or de la conscience suprême. Voilà la pierre philosophale, le Grand-Oeuvre alchimique. Voilà votre destin suprême accompli.

Vous l'aurez ainsi réalisé dans votre vie, vous aurez trouvé le Royaume des Cieux et forcément, vous aboutirez à l'Ascension.

Voilà l'Alchimie de l'ego.

Dans la vie, vous pouvez faire ce que vous voulez : l'Alchimie de l'ego ou tout autre chose. Le choix vous appartient. Oui, vous avez le choix, vous pouvez faire comme Marthe ou comme Marie. Souvenez-vous : **la découverte de notre grandeur Divine passe par la réalisation profonde de notre petitesse humaine**. Seul celui qui connaît le « petit » connaîtra le « grand ». Seul celui qui connaît le « bas » connaîtra le « haut ». L'Alchimie de l'ego vous fera connaître l'unité des principes.

Ô Déesse, je ne suis rien et je suis Toi
Ô Dieu, je ne suis rien et je suis Toi

Ô, Êtres de Lumière, maintenant chantons tous ensemble le Chant du Cygne. Oui, chantons en chœur, chantons comme un seul Être, chantons l'unité de notre conscience. Chantons le chant alchimique, le chant de l'Alchimie de l'ego.

9

Se placer dans le coeur

Ô Toi, mon grand Amour,
Toi, ma véritable conscience d'Être
tu es tout pour moi,
la vie, la joie, le rire, l'épouse,
les enfants, l'amour, la richesse, le travail, le bonheur

Ô mon Amour, je préfère mourir maintenant
que de vivre sans Toi.

Ô mon Amour, Toi qui libères,
Toi qui accordes la Grâce,
c'est Toi seul que je veux.

Le Chant du Cygne, soutra 35.

Bienvenue à tous, ô Amis de Lumière, nous qui sommes des amis depuis des siècles. Ce soir, nous allons nous placer dans le coeur, joyeusement car la noce attend.

L'amour – tout le monde veut l'amour, tout le monde cherche l'amour, mais beaucoup font exactement le contraire de ce qui est amour. L'amour, le véritable amour, c'est une ouverture sur la conscience suprême. Quand vous devenez conscients, vous vous ouvrez à ce que le « Père » coule en vous, descende en vous. Cette ouverture sur le « Ciel » de la conscience permet à la conscience suprême de s'infuser dans l'ego, de remplir le mental humain de conscience, ce qui l'amènera à se transmuter éventuellement.

Donc, la conscience Divine descend dans l'être humain. En réalité, elle ne descend pas car elle est déjà là; mais elle le pénètre. Le haut et le bas, la descente et la montée ne sont que des symboles car il n'y a ni haut, ni bas, ni montée, ni descente. Il n'y a, en fait, qu'une éternelle présence Divine dans laquelle nous baignons sans en être conscients. Nous sommes comme un dauphin qui nage au milieu de l'Atlantique et qui recherche désespérément l'océan...

Quand il comprend qu'il est dans l'océan, qu'il ne fait qu'un avec l'océan, il se métamorphose en aigle. Cette image singulière représente ce qui arrive à l'être humain qui comprend et qui réalise qu'il est **déjà** immergé au sein même de la conscience suprême et qu'il ne fait qu'un avec elle. Alors, de la réalisation profonde de cette prise de conscience s'opère la mutation, la transformation, la métamorphose. Le mental de l'être humain ne fait plus qu'un avec la conscience suprême et il se retrouve là où il est, dans un état de conscience glorieux; il baigne dans la joie, il **est** l'amour vivant.

Ceci nous arrivera à tous, riches ou pauvres, noirs ou blancs, érudits ou analphabètes. Les Êtres les plus éveillés de l'an 2000 ont choisi : ils ont choisi l'amour, et leur transformation est déjà bien avancée. Tous peuvent décider de s'immerger dans l'Amour suprême dès maintenant. Chacun peut aussi rester coincé dans les concepts étroits de son mental, attaché dans les toiles d'araignées de la religion et de la conscience sociale. L'éveil planétaire est proche. Alors, il faut choisir : les concepts du passé et les croyances désuètes ou la connaissance libératrice et la rencontre du **Soi**, de **Soi,** de l'Amour suprême. Qu'avez-vous à perdre? Vos vieilles idées, vos vieux concepts. Qu'avez-vous à gagner? Le véritable Amour, la joie profonde, la réalité, la rencontre de vous avec **Vous**.

De toute façon, selon Hilarion, Maître d'Ascension, Chohan du 5e Rayon, il vous faudra **forcément**, un jour ou l'autre, passer de la croyance à la **connaissance**. Alors, pourquoi attendre? Pourquoi souffrir? Pourquoi rester dans le mental? Pourquoi rester en « enfer » sur la « terre » de la conscience?

Pourtant, c'est facile à comprendre :

- Il existe, ici, une conscience infinie, prodigieuse, omnisciente, omnipotente, omniprésente.

- Nous sommes cette conscience, qui veut passer et s'exprimer à travers nous et nous **combler** de joie, de bénédictions et de bienfaits.
- Le seul obstacle entre nous et Nous, c'est l'ego, c'est le mental, c'est notre **ignorance** complète de la réalité.

Pourtant, c'est facile à comprendre :

- Il est possible à chacun de prendre la connaissance libératrice en main et de faire l'effort requis pour se libérer.
- C'est sûr qu'il faut un effort, au début, pour prendre conscience du mental, mais on n'a rien sans rien; comme c'est dommage.
- C'est certain que pour rester coincé dans le mental, il faut un effort encore plus grand; vraiment, pour survivre dans la souffrance humaine, il faut fournir un effort terrible.
- Alors, effort pour effort, pourquoi ne pas choisir celui qui libère?

Donc, lorsque vous commencez à devenir conscients, la conscience supérieure descend en vous et vous ouvre à l'Amour. Cette conscience pure, indifférenciée, impersonnelle, s'unit à vous. Elle imprègne vos corps subtils et même votre corps physique. En vous, cette conscience impersonnelle devient la vôtre. Elle se transforme en « énergie » et cette « énergie » se manifeste à travers vous, à travers votre créativité et à travers vos finances. Oui, la conscience amène l'amour; cela se transforme en énergie qui apporte l'argent. Dans l'unité de la conscience, la conscience et l'énergie ne font qu'un, l'amour et l'argent ne font qu'un. La richesse est donc le résultat et le fait d'une ouverture de conscience. Cette richesse Divine est la véritable abondance dans tous les domaines.

En cette fin de siècle, un monde sans conscience, dirigé par des dominateurs sans conscience, produit la richesse de quelques-uns et la misère pour beaucoup. L'argent ramassé ainsi par la violence, la ruse et la domination n'est pas de la richesse. Les Retardataires sont au pouvoir...

Ceux qui la possèdent – des « intelligents » sans conscience – se retrouveront plus pauvres et plus crottés que Job, et pour assez longtemps. La richesse de l'un qui apporte le malheur à l'autre est une abomination qui conduira son auteur à en prendre conscience à ses dépens... dès la prochaine vie, et même avant, pour certains.

Si vous pouviez examiner le karma des cruels et des violents qui s'enrichissent sur le dos de l'humanité, vous seriez atterrés. Les Retardataires devront réparer...

Le Chant du Cygne, soutra 62 :

Oh! quel terrible karma vous avez,
Oui, terrible est votre destin à présent.

La richesse est donc le fruit d'une ouverture de conscience et elle est parfaitement légitime, souhaitable, désirable. Cette richesse Divine est aussi parfaitement nécessaire, non seulement pour vivre sur Terre, mais aussi pour vivre dans les plans supérieurs. Sur Terre, la richesse Divine prend différentes apparences dont celle de l'argent. Mais ne vous y trompez pas : beaucoup de gens pauvres ont plein d'argent dans les poches... de leur conscience.

Alors voyez-vous, ô Êtres de Lumière, vous ne pouvez pas présumer de l'état de conscience de quelqu'un en regardant seulement son portefeuille. Les facilités planétaires sont telles que beaucoup de gens sans conscience sont très riches, de nos jours.

L'argent peut venir de deux façons :

- par la conscience et l'amour, qui apportent la richesse et l'argent en produisant une bénédiction utile à tous;
- par la violence, la méchanceté, l'égoïsme et l'inconscience, qui apportent un fléau pénible à tout le monde.

Naturellement, il existe une justice suprême immanente et transcendante, qui accordera à chacun la **justice**, selon ses actes. Les Retardataires découvriront la justice...

Revenons à l'Amour suprême :

- Le « Père », la conscience, l'Amour descend et s'infuse en vous. C'est la pure conscience, indifférenciée et impersonnelle.
- En vous, elle se transforme, elle se personnalise; elle devient **vous**, mais un « vous » plus grand : c'est la « Mère ».
- La « Mère », l'énergie, l'argent remonte et s'exprime à travers vous. C'est la conscience suprême « adaptée » et personnalisée, faisant de vous un Être de plus en plus **unique**.

Vous avez uni la conscience et l'énergie, la terre et le ciel, l'amour et l'argent. Cette union donne naissance au **fils** de Dieu, et c'est **vous**. Cette union donne naissance à la **fille** de Dieu, et c'est **vous**. Voilà l'Amour suprême : naître et renaître de vos cendres, des cendres de l'ego-mental. Vous le réduisez en cendres – l'ego – par la pleine conscience de vous-mêmes.

C'est ainsi que se réalise l'union de la terre et du ciel et que naît le **fils** ou la **fille** de Dieu.

Le Chant du Cygne, soutra 35 :

Ô Toi, mon grand Amour,
Toi, ma véritable conscience d'Être,
Je préfère mourir maintenant
que de vivre sans Toi.

Comment pouvez-vous vivre ainsi sans votre amour? C'est qu'en réalité, vous n'êtes pas vraiment vivants. Vous n'êtes pas vraiment morts non plus. Vous êtes quelque part entre la vie et la mort : un zombie. Voilà la réalité de l'ego. L'ego est un zombie de l'existence, une ombre qui vivote dans la souffrance humaine et dont le corps physique va se décomposer dans quelques années.

Comment pouvez-vous vivre ainsi sans votre amour? Pourtant c'est si facile, c'est si simple. Vous n'avez rien de spécial à faire pour changer tout cela radicalement.

Une seule chose vous est demandée :

- y penser;
- y penser;
- y penser,... sans cesse.

Pour cela, la vie vous offre les moyens faciles et agréables de vous baigner dans la conscience, jour et nuit :

vous chantez le Chant du Cygne,
vous étudiez le Nectar de la Conscience.

Voilà, c'est tout : cela produira automatiquement la transformation et la mutation de votre conscience. Ainsi, l'Alchimie de l'ego se produira naturellement et spontanément. Voilà l'Amour suprême. Il est là, à votre portée, ici même entre vos mains. C'est si simple. Pourriez-vous souhaiter plus simple, ô Êtres de Lumière? Le Chant du Cygne est le chant alchimique qui unit en vous le « Père » et la « Mère ». En le chantant, vous êtes à la noce, c'est le mariage alchimique de la conscience et de l'énergie. De ce Divin mariage naît :

LE FILS PRODIGUE, et c'est VOUS;
LA FILLE PRODIGUE, et c'est VOUS.

Le Chant du Cygne est un hymne d'amour à Dieu le Père et à Dieu la Mère.

Le Chant du Cygne, soutra 31 :

Ô Marie, Co-Rédemptrice,
Médiatrice Divine,
Avocate de l'humanité,
Reine de la paix.

Si vous comprenez le sens prodigieux de ce soutra, vous réaliserez que la Mère Divine apporte toutes les bénédictions de la « terre » et du « ciel ». Pour que cela se produise concrètement dans la vie, et bien c'est très simple : accrochez-vous à la connaissance libératrice et ne lâchez pas avant d'être libérés.

Se placer dans le coeur, voilà bien là un état de conscience élevé. Que signifie donc se placer dans le coeur et comment fait-on? Comme toujours dans le domaine de la conscience, c'est très simple. Tout d'abord, il faut connaître les principes de base et ensuite, les vivre concrètement dans la vie courante. L'Être peut vivre selon sept niveaux de conscience :

- Les trois niveaux inférieurs : survie, sensations, domination; là, l'ego fait rage.
- Les trois niveaux supérieurs : l'amour, l'abondance, le témoin; là, l'amour prévaut.
- Le niveau suprême : la conscience Divine; là, évidemment, la conscience dirige.

Il est très facile pour un être humain de reconnaître à quel niveau il vit.

- Toutes les émotions négatives sont du niveau de la **survie**; par exemple : peur, dépression, colère, jalousie, critique, mécontentement, pénurie, manque.

- Toutes les recherches d'émotions fortes se situent au niveau de la **sensation**, tel : vitesse, viols, tortures, dangers, sports violents, etc...
- Toutes les formes de contrôle des autres, que ce soit par la violence, la ruse, la culpabilité, la pseudo supériorité technique, intellectuelle ou financière, se situent au niveau de la **domination**. L'imposition des idées et des croyances relève aussi de la domination.

Ceci est très facile à identifier pour chacun, et toute personne honnête avec elle-même peut reconnaître, au cours de la journée, ce qu'elle vit et à quel niveau elle se situe.

Dans les niveaux supérieurs, un Être éclairé peut facilement reconnaître son niveau de conscience.

- Toutes les belles émotions – esthétiques, artistiques, maternelles, amoureuses, vagues de joie, vagues de bonheur – sont, bien sûr, au niveau de l'**amour**.
- Tous les états de conscience de la richesse, de la prospérité, la constatation de la générosité suprême, se situent, vous l'avez déjà compris, au niveau de l'**abondance**.
- Lorsque vous êtes en mesure d'auto-observer votre mental, vos pensées et vos émotions calmement et froidement, sans vous identifier à elles, vous êtes **conscience témoin**, témoins de vous-mêmes.

En ce qui concerne le niveau suprême, celui de la conscience Divine, l'ego humain n'y a pas accès. Nul ego ne peut pénétrer dans le Royaume. Pour accéder à la conscience Divine, vous devez vous débarrasser de l'ego et frapper patiemment à la porte. Mais, me direz-vous, comment se débarrasser de l'ego et frapper à la porte?

Encore une fois, ô Êtres de Lumière :

- **Le Chant du Cygne frappe à la porte;**
- **Le Nectar de la Conscience élimine l'ego.**

Naturellement, il est préférable de faire cet agréable travail dans un état de conscience supérieure. Bien que si vous êtes au niveau de la survie, par exemple, votre prise de conscience vous sortira de là.

Se placer dans le coeur signifie donc être parfaitement conscient de ce que je vis dans chacun des six niveaux. Cela signifie donc d'être attentif à ma vie mentale et émotive. Cela nécessite d'être vigilant et de remédier immédiatement à toute « descente de la conscience ». Je dois donc surveiller mon mental avec l'extrême vigilance qui me fait surveiller mon bébé de trois ans qui joue au bord de la piscine. Si je suis la mère, je suis prête à bondir dès que le bébé s'approche un peu trop près du bord. La mère que je suis est suprêmement attentive; rien ne peut me distraire de la surveillance du bébé – ni le téléphone, ni un visiteur à la porte. Quoi qu'il arrive, le bébé est sous bonne garde, la vigilance de la mère ne faiblit pas.

Ceci est facile à comprendre; donc, vous avez maintenant parfaitement saisi comment vous devez surveiller votre mental. Vous êtes attentifs à votre mental, celui-ci s'approche trop près du bord, il risque de tomber dans la peur et dans la colère; tout de suite, vous intervenez : « Non! pas ici, mon trésor; remonte dans l'amour, remonte dans la joie ». Lorsque vous agissez ainsi, le mental n'a pas le choix, il « remonte ». Vous êtes vigilants, l'ego commence à imaginer sur le thème de l'un de ses vieux fantasmes favoris; aussitôt, vous accourez : « Chéri, que fais-tu? Reviens avec moi au présent... ». Tout à coup, le mental rêve, il écrase tous ses concurrents, il est le maître au pays; vous vous précipitez à son aide : « Bébé, que fais-tu là? Vite, reviens au niveau de l'abondance ». Là non plus le bébé – pardon! le mental, l'ego – n'a plus le choix : il revient automatiquement au niveau de l'abondance.

Vous êtes le père, vous êtes la mère de votre bébé mental qui traîne partout dans les niveaux inférieurs de la conscience. Vous devez le surveiller et le reprendre constamment, jusqu'au jour où il sera assez grand et assez sage pour rester de lui-même au bord sans danger, tranquillement présent. Vous devez être témoins et observer votre mental avec la même fermeté et la même détermination dont la mère attentive fait preuve pour surveiller bébé.

Ainsi, cela est très facile de se placer dans le coeur; à chaque fois que le mental s'éloigne vers l'extérieur, vers la périphérie, vers le bord de la piscine, **vous** le ramenez à vous. Oui, comme la mère ramène bébé à **elle**. Donc, vous ramenez le mental à vous avec amour, avec gentillesse car après tout, c'est de **vous** dont il s'agit – ne l'oubliez pas... Et à chaque fois, vous **devez** expliquer au mental ce que vous attendez de lui : qu'il reste loin du bord, près du centre, dans l'amour, dans l'abondance et dans la conscience témoin.

Lorsque vous opérez ce puissant travail de conscientisation de l'ego, beaucoup de choses se passent en vous. L'une de celles-ci, très intéressante, c'est que votre cerveau y prend goût. Plus vous le surveillez, plus vous le ramenez, plus vous en êtes conscients, plus le cerveau collabore. Ainsi, votre mental a tendance à rester centré et présent plus longuement à chaque fois.

Toutefois, bien-aimés Êtres Divins, ne croyez pas et ne faites pas l'erreur de supposer que vous pouvez programmer votre cerveau pour accéder à la conscience suprême. Le petit n'est qu'une partie du tout, l'élément n'est qu'une partie de l'ensemble.

Voici une singulière analogie qui vous aidera à bien saisir l'idée. Vous roulez en bicyclette et vous croisez une mercédès rutilante. Pouvez-vous programmer votre bicyclette pour qu'elle devienne une mercédès? Bien sûr que non; c'est une idée ridicule! Vraiment? Vous pensez pourtant encore que vous pouvez programmer votre cerveau, votre mental, votre ego pour en faire une conscience Divine...

Perdez donc vos illusions de ce côté-là et comprenez, une bonne fois pour toutes, que le mental ne peut pas être la conscience Divine. Il peut être un avec elle, sans une volonté différente, et uni à elle comme les pieds et la tête. C'est d'ailleurs tout; on ne lui demande rien de plus. C'est ce qu'on attend de lui, rien d'autre.

Donc, si vous voulez rouler en mercédès, il vous faut laisser votre vélocipède au garage. C'est la mercédès ou le vélo, l'un ou l'autre; il faut choisir.

Donc, si vous voulez accéder au Soi suprême, il vous faut laisser votre ego. Vous vivez dans l'ego ou dans le Soi, l'un ou l'autre; il faut choisir.

Déjà, à chaque fois que vous vous placez délibérément dans les niveaux de conscience supérieurs, vous vous approchez sérieusement de votre Soi suprême. La porte du Soi s'ouvrira d'elle-même si vous vivez souvent et régulièrement au niveau de l'amour, de l'abondance et de la conscience témoin.

Lorsque vous vivez dans ces états de conscience, vous vivez dans l'amour, vous rayonnez d'amour, vous diffusez l'amour. Vous êtes une bénédiction vivante pour tous ceux qui vous rencontrent.

L'amour suprême, c'est cette ouverture de la conscience. Dans cette ouverture, vous voyez et vous constatez que vous êtes un Être Divin, doté d'une conscience Divine, et vous savez qu'avec le temps et la persévérance, vous le **réaliserez.**

Vous savez aussi, vous le voyez et vous le comprenez, que chacun est un Être tout aussi Divin et merveilleux que vous-mêmes. Alors, vous laissez à chacun la liberté d'Être ce qu'il croit être sachant que, pour lui aussi, la lumière pénétrera son esprit en son temps. Vous lui expliquez éventuellement sa nature véritable sans lui imposer. Il faut laisser du temps aux pommes vertes pour rougir...

Q *- Das, je comprends ce qu'est l'amour, mais un soutra du Chant du Cygne énonce un éventuel fléau; je trouve ça curieux.*

R *- Oui, en effet, c'est curieux; mais c'est là pour rester car il y a de profondes raisons à cela. Tu as bien fait de préciser un « éventuel » fléau. Chaque Être de Lumière qui chante le Chant du Cygne pour lui, pour sa famille, pour toute l'humanité, sera rempli de conscience. Seul un flot de bénédictions peut l'inonder.*

Le Chant du Cygne possède une structure propre très particulière, vraiment alchimique, qui produit exactement les résultats annoncés dans la vie de celui qui le chante avec amour pour prendre conscience.

Cette structure délicate ne peut pas être dérangée sous aucun prétexte. Après tout, personne n'est obligé de chanter le Chant du Cygne. Ou on le chante tel quel, ou on le laisse.

Le Chant du Cygne doit provoquer un profond effet sur votre conscience en infusant l'ego d'une qualité nouvelle de conscience. Le Chant du Cygne a également un rôle à jouer sur la conscience planétaire; ses bénéfices ne sont pas pour vous seuls. En effet, lorsque vous le chantez, les vibrations de conscience émises se répandent sur toute la Terre, d'ego en ego, de cerveau en cerveau.

Par ailleurs, c'est un hymne d'amour à Dieu, à la conscience, à la liberté. C'est une offrande sacrée au Chohan du 7e Rayon, qui en est le maître et la conscience. Car ne l'oublions pas, le Chant du Cygne nous conduit directement à :

LA LIBERTÉ SUPRÊME.

Puissiez-vous comprendre cela, ô Êtres de Lumière : tel qu'il est, tel doit-il être chanté; tel quel ou pas du tout. Sa structure élimine automatiquement les états de conscience très inférieurs. Un ego vraiment dominateur ne peut pas chanter le Chant du Cygne; il restera coincé mentalement dans certains soutras.

Cela est parfait, le Chant du Cygne n'est pas pour les dominateurs. Ceux-ci, s'ils se mêlent de modifier même une virgule, subiront le fléau : « Vous voilà avertis, vous voilà prévenus », abominables dominateurs, Retardataires!...

Ceci nous conduit à examiner, sous d'autres aspects encore, le Chant du Cygne et la façon dont il nous permet, à chacun, de nous **placer dans le coeur**.

Un Être de Lumière qui chante le Chant du Cygne par amour, qui comprend la liberté, qui comprend qu'il se baigne dans la conscience Divine et qu'il se baigne dans la conscience pure, ne recevra que des flots de bénédictions. Il n'y a aucun fléau parce que dans la conscience Divine, il n'y a pas de fléau. Dans la conscience Divine, il n'y a pas de maladie, il n'y a pas de souffrance.

Donc, que voulez-vous dans la vie? La conscience Divine ou la conscience de l'ego? Si vous venez ici, si vous chantez, si vous avez acheté ce livre, c'est parce que vous êtes attirés par votre propre conscience Divine. Vous voulez encore plus de conscience Divine, encore plus de lumière. Vous voulez encore plus de cadeaux et de bénédictions. Alors, il n'y en a pas, de fléau, il n'y en a pas du tout. Mais il fallait quand même que ça soit précisé pour que certains esprits ne touchent pas à ce qui les dépasse...

Tels, par exemple, les nombreux esprits communistes qui ont causé la ruine de **tous** les pays qu'ils ont dominés. Un communiste, un tel Retardataire, un tel dominateur pervers devra, un jour ou l'autre, comprendre le tort que cette idéologie a causé à toute l'humanité. Il devra forcément réaliser qu'il s'est **trompé toute sa vie** et que son idéologie malsaine a échoué. Il devra bien prendre conscience qu'il est la cause du malheur des populations persécutées par l'atroce régime inhumain.

Vous disiez « fléau »? Voilà un des grands fléaux du XXe siècle : le monstrueux communisme, qui a fait plus de vingt millions [(1)] de victimes. Malheureusement, il y a encore d'autres fléaux aussi terribles sur cette planète. Les communistes devront réparer les dégâts et ils consacreront leurs vies futures à oeuvrer silencieusement au service des esprits qu'ils ont persécutés.

Donc finalement, les États-Unis sont le pays de la liberté; tous les pays du monde leur doivent la liberté. Le Chant du Cygne est le chant de la **liberté suprême**, et tel qu'il est, tel il restera. Le Chant du Cygne, disais-je, infuse la **liberté suprême** pour toute l'humanité. C'est un flot de bénédictions puissant qui transforme pour le meilleur la vie de chacun.

Regardez bien le Chant du Cygne : c'est une source de bénédictions. Le soutra 4, c'est la bénédiction suprême. Le soutra 60, c'est la bénédiction globale. Le 65, c'est un flot de bénédictions. Le 66, c'est encore un flot de bénédictions, les bénédictions pour notre pays. Puis le 64, c'est le soutra du fléau; la moitié du soutra est une bénédiction, l'autre moitié annonce le fléau. Alors vous voyez, ça déborde de bénédictions. L'ensemble du Chant du Cygne, c'est une immense bénédiction qui nous trempe dans la conscience suprême, dans l'amour et dans l'abondance. Parce que c'est ça, en essence et en substance, le Chant du Cygne : c'est la conscience, l'amour et l'abondance.

Alors, il n'y a pas de mystère; on chante, on chante, on chante le Chant du Cygne encore et encore, et la conscience coule. Ainsi, nous prenons notre ego et nous le sortons des trois états de conscience inférieurs. Nous le hissons au niveau de l'amour, et de l'amour au niveau de l'abondance; et puis de là, nous sommes capables de devenir conscience témoin. Nous devrions être témoins de tous nos états de conscience, nous devrions les observer. Observer le mental, c'est la conscience témoin, c'est la conscience du sixième niveau.

---

(1) En réalité, de quatre-vingt à cent millions de victimes du communisme.

Plus nous chantons le Chant du Cygne, plus nous allons quitter les trois instincts inférieurs de survie, de sensations, de domination. Nous abandonnerons les plaisirs des bas niveaux; non pas que nous n'aurons plus besoin de plaisirs, mais ce ne seront plus des plaisirs comme avant, maladifs, des plaisirs conditionnés à toutes sortes de choses. Nous aurons plus que du plaisir, nous aurons de la joie, de la béatitude, naturellement et spontanément.

Quand on se retrouve dans un état de conscience inférieur – par exemple au niveau de la survie – et qu'on se sent très négatif, on peut s'en apercevoir et décider de dire « Je remonte, je remonte dans l'amour, au niveau du coeur ». Mais comment remonter? Quand on s'aperçoit qu'on est tombé négatif, on prend le Chant du Cygne, on en lit un passage, on écoute un peu la cassette ou bien on le chante en entier; alors automatiquement, on remonte au niveau du coeur. À ce moment-là, au niveau du coeur, on fonctionne dans notre conscience supérieure, on retrouve le niveau de l'amour, on retrouve notre niveau d'abondance, on retrouve notre conscience témoin.

On peut s'y maintenir en permanence avec un peu d'effort; et avec un effort permanent, ça durera toute la journée. C'est à chaque instant qu'il faut être témoin de notre ego pour toujours le remonter au niveau du coeur et de l'abondance. À chaque fois qu'on est négatif, on est tombé; on est tombé dans les états inférieurs. Ça peut être à l'état de survie, on peut être tombé dans la domination, on est en colère contre les « autres ». Alors, on remonte dans l'amour, on remonte dans l'abondance.

Au début, c'est un peu difficile parce qu'il faut un effort. Avec le Chant du Cygne, c'est si facile, on en chante même juste une partie quand on se sent négatif et tout de suite, on remonte. Alors, à ce moment-là, on va prendre l'habitude de fonctionner dans une conscience plus élevée. C'est le mental qui remonte au niveau de l'amour et de l'abondance, et nous en prenons l'habitude. Quand nous avons pris l'habitude de fonctionner à ce niveau-là, notre conscience Divine, notre véritable conscience d'amour et d'abondance va pouvoir s'épanouir et s'ouvrir. Il faut déjà faire l'effort de nous y placer nous-mêmes, voyez-vous?

Si l'ego marine dans les plans inférieurs, la conscience christique d'amour et d'abondance ne peut pas s'exprimer. Il faut que nous placions nous-mêmes notre ego-mental à ce niveau d'amour et d'abondance; là, le véritable amour, la véritable abondance va couler. Mais il faut que nous le remontions, cet ego. C'est la merveille du Chant du Cygne : en effet, dès que nous le chantons, nous nous plaçons consciemment aussitôt **au niveau du coeur**, au niveau de l'abondance, au niveau de la conscience témoin.

Au début, c'est un travail permanent qui nécessite une attention permanente. Toute la journée, il faut observer son mental. Toute la journée, il faut dire : « Tiens, que se passe-t-il? Dans quel niveau de conscience suis-je tombé? ». À la longue, ça devient automatique car à chaque fois que nous sommes attentifs, le cerveau prend l'habitude de remonter. Le cerveau « collabore » et, avec le temps, ça va devenir une habitude. À un certain moment, nous nous apercevrons que nous nous remettons nous-mêmes au niveau du coeur, que nous nous remettons nous-mêmes au niveau de l'abondance.

Au lieu d'être toujours machinalement dans la conscience inférieure, on en arrive à se placer naturellement et spontanément dans une conscience plus élevée. Cette nouvelle conscience est notre tremplin, notre « autel » vers la conscience suprême. Se placer dans le coeur et y rester est l'état de base minimum qui permet à la véritable conscience Divine de pouvoir nous rejoindre. Tant que nous sommes trop bas, elle ne peut rien pour nous. Nous devons faire l'effort conscient de faire un pas vers elle en nous plaçant délibérément dans le coeur. Alors, elle accourt vers nous...

Alors, quel fléau? Il n'y a pas de fléau; c'est seulement une bénédiction totale. Mais il est évident que pour les dominateurs, ceux qui vivent dans leur instinct de domination et qui ne veulent pas en sortir, à ceux-là qui voudraient modifier le texte, il leur arrivera ce qui doit leur arriver.

Finalement, c'est chacun qui se fait arriver ce dont il a besoin. Mais il est prévenu : si vous marquez « danger » quelque part et que vous allez marcher quand même, vous vous enfoncez dans la boue et vous êtes pris. Alors, ne vous en prenez qu'à vous-mêmes car vous étiez avertis.

De toute façon, celui qui chante le Chant du Cygne et qui va se tromper dans les soutras, ou ne pas terminer parce qu'il est dérangé, ou en sauter une page, ou oublier un passage, n'a rien modifié. Celui qui va inclure une bénédiction parce qu'il a un problème – il s'inclut donc une bénédiction spéciale – n'a pas modifié le Chant du Cygne. Modifier le Chant du Cygne, ça voudrait dire le réécrire d'une autre manière, enlever des pages ou rajouter des pages, en changer le texte original.

Mais quand nous le chantons, nous n'avons aucune crainte à avoir. Nous serons remplis de conscience et couverts de bénédictions. Parfois même, nous arrêtons le Chant du Cygne et puis nous prononçons une bénédiction particulière pour une personne et nous reprenons le chant; nous n'avons pas modifié le Chant du Cygne.

Ô, Êtres de Lumière, le Chant du Cygne est un flot d'amour; chantez et laissez couler l'amour. Tout le reste n'est que turpitude d'ego maladifs.

***Q** - Jean-Pierre, tu nous expliques un sujet et puis un autre jour, tu l'abordes à nouveau et ton explication est complètement différente. Comment se fait-il?*

R - Vous savez, Amis de Lumière, pour le mental, il faut que les choses soient ou noires ou blanches. Mais dans la réalité, toutes les nuances existent.

La conscience est un sujet tellement grandiose et tellement abstrait qu'il est très difficile d'en parler. Il faut sans cesse faire appel aux symboles, aux analogies, aux comparaisons, et même parfois aux métaphores. De plus, les aspects de la conscience sont nombreux et variés. Ce qui est dit un jour peut paraître très différent le lendemain; pourtant, il s'agit de deux aspects différents de la même réalité.

Prenons un exemple. Si je vous dis : « Le Québec est un pays ensoleillé et très froid; il peut faire - 35°C parfois », il n'y a rien de particulier à affirmer cela, n'est-ce pas? Le lendemain, je vous dis : « Le Québec est un pays ensoleillé et très chaud; il peut faire + 35°C parfois »; qu'allez-vous en conclure? Vous savez que les deux affirmations sont une réalité absolue, la réalité du climat du Québec.

Voyons un autre exemple. Tout le monde sait que le soleil est au sud, n'est-ce pas? Si je vous annonce : « Le soleil est au nord », voyez-vous une contradiction ou un autre aspect de la réalité? Qu'en pensez-vous?

- *Certes, le soleil est au sud en Amérique, en Europe, en Russie, c'est-à-dire dans l'hémisphère nord.*
- *Toutefois dans l'hémisphère sud, au Mozambique, au Zaïre, en Argentine, en Australie,* ***le soleil est au nord.***

Voilà une réalité absolue, la réalité sur la planète Terre.

Donc voyez-vous, avant de tirer des conclusions prématurées, comprenez bien que la réalité présente des aspects divers et variés très différents selon l'angle sous lequel on les regarde. Alors, le Québec : pays chaud ou froid? Sur Terre, le soleil est-il au sud ou au nord? La réalité de la conscience est un domaine si vaste et si grandiose qu'on ne peut exprimer qu'une partie minuscule de sa nature.

En avion, pouvez-vous voir toute la Terre? Bien sûr que non! Vous survolez la forêt, puis l'océan, puis le désert, puis les étendues de neige. Vous ne voyez qu'une partie de la Terre. Même un astronaute en orbite ne voit ***jamais*** *toute la Terre; il ne peut en voir au maximum que la moitié, une seule face à la fois. Comprenez bien cette analogie et vous saisirez que dans le domaine de la conscience, vous ne pouvez en contempler qu'un petit peu à la fois.*

Lorsque vous constatez, dans la vie, qu'une réalité apparaît sous un certain aspect et que le lendemain, la même réalité apparaît complètement différente, vous pouvez alors découvrir les opposés :

- ***voilà deux aspects opposés*** *de la même réalité.*

Alors l'ego, le mental risque de s'arrêter là et de bloquer car, par sa logique cartésienne, il n'admet pas cela; il ne voit, en effet, que l'apparence et que l'extérieur des choses.

Pour un Être avancé, éclairé et conscient, rien n'est immuable, tout se transforme constamment : le yin devient yang, le yang devient yin; l'homme contient aussi la femme, la femme contient aussi l'homme. Il en va ainsi pour toutes choses. ***L'Être conscient voit tout de façon globale****, contemplant « l'intérieur et l'extérieur » qui, pour lui, ne font qu'un. L'Être peut ainsi découvrir la complémentarité : chaque aspect possède un aspect complémentaire.*

- ***Voilà deux aspects complémentaires*** *de la même réalité. L'Être conscient intègre les opposés dans leur complémentarité naturelle, voyez-vous?*
- ***Voilà l'UNITÉ de la réalité.***

C'est pour cela que le Nectar de la Conscience vous offrira mille pages : pour vous présenter mille aspects de la ***réalité****. Alors, ayant sérieusement contemplé chacun des mille aspects, vous pourrez avoir une bonne idée de l'ensemble qui vous permettra de* ***réaliser l'UNITÉ de la RÉALITÉ****. Vous pourrez dire :*

- ***« Oh, c'est ça la réalité, c'est donc cela et... oh! mais oui, je suis cela!... »***

Q - *Écoute, Das, tu n'as jamais parlé de l'Âme; y a-t-il une raison particulière?*

R - *L'Âme? Quelle Âme? Qui a dit que vous aviez une âme? Si quelqu'un vous a dit que vous aviez une âme, vous devriez aller le trouver pour lui demander des précisions.*

Qu'est-ce que l'Âme? Où est-elle? Que fait-elle? Que devient-elle après la mort? Où était-elle avant la naissance? Si votre religion vous a enseigné que vous aviez une âme, elle devrait parfaitement pouvoir répondre à ces questions. Ne vous contentez pas d'une réponse à dormir debout, en forme de mythe. Non, exigez des réponses sérieuses.

L'Église pseudo-chrétienne a affirmé, pendant presque deux mille ans, que les femmes n'avaient pas d'âme. L'Église reconnaît-elle aujourd'hui que les femmes en ont une? Et si oui, comment se fait-il qu'elle ait changé d'avis tout à coup? A-t-elle fait là une remarquable découverte?...

Je pense qu'il y a lieu de préciser certains points pour que les choses soient claires dans votre esprit. L'ésotérisme et la cosmogonie nous apportent les bonnes réponses. Il ne s'agit de réponses ni dogmatiques ni théoriques, car chacun peut en vérifier la réalité par lui-même, par **l'expérience directement vécue.**

Donc pour nous, Alchimistes de la conscience, la **femme humaine** est composée ainsi :

– le corps physique	matière	
– le corps éthérique	énergie	l'ego
– le corps astral	émotions	
– le corps mental	pensée	
– le corps causal (manas).....	conscience christique	le SOI
– le corps bouddhi		le CHRIST
– le corps atmique		l'Être
– le corps anou	conscience Divine	la Monade

Voilà donc les sept corps; ces sept corps sont ici au nombre de huit car pour diverses écoles, le corps physique et le corps éthérique ne sont comptés que pour un seul. Les corps de l'ego sont mortels, le corps du Christ et les corps de la Monade sont immortels.

J'ai précisé les sept corps de **la femme humaine** à dessein; il est bien entendu que l'homme est parfaitement identique.

> *« Alors Dieu, ayant fait ainsi la femme en pétrissant un peu de silicone, Dieu lui préleva un sein, (déjà...) et il fit l'homme ... »*
> *– Genèse.*
> *(fou rire général)*

Connaissant maintenant la structure de notre bipède, voyons comment il fonctionne. Examinons en résumé, car nous étudions ici la conscience et non pas l'ésotérisme de base.

- À la mort, le corps physique meurt ainsi que le corps éthérique.
- L'être humain se retrouve donc bien vivant dans son corps astral, aussi éveillé ou aussi con qu'avant la mort, ni plus ni moins.
- Il se retrouve donc vivant, mais dans un autre monde assez différent de celui qu'il vient de quitter. S'il n'est pas conscient, il devra s'y adapter plus ou moins facilement.
- Quelques décennies plus tard, le corps astral et le corps mental disparaissent à leur tour.
- L'Être se retrouve alors dans son corps christique; il n'est plus encombré par ses corps inférieurs ni pas son défunt ego, **mais** il n'a aucun moyen de s'exprimer dans les trois mondes inférieurs.

- Le Christ – vous, en l'occurrence – doit alors se préparer pour une nouvelle plongée dans la matière, qui le conduira... à se réincarner... (frissons d'horreur dans le monde pseudo-chrétien...).
- Et le cycle continuera ainsi, de siècle en siècle, jusqu'au jour où le Christ réussira à éveiller son nouvel ego pour le conduire jusqu'à l'Ascension.

Maintenant, comprenez bien ceci :

1. **Vous ne mourez qu'une fois**;
2. **Vous vous réincarnez.**

Intégrons donc les opposés dans leur naturelle complémentarité, dans l'unité de la réalité.

1. **Vous ne mourez qu'une fois**; bien sûr, le corps physique ne meurt qu'une fois – pour ceux qui ne voient que le corps physique, c'est évident. Toutefois, vous vous retrouvez vivants sur le plan astral avec encore votre personnalité, votre intellect et votre ego, lequel sera finalement dissous plus tard avec la disparition des corps astral et mental.
2. **Vous vous réincarnez**; évidemment **puisque** le Christ, c'est vous. Comme votre dernier ego était trop obstiné, borné, têtu, abruti, vous n'avez pas pu le conduire à l'Ascension. Alors, **vous le Christ,** vous voilà obligés de tout recommencer.

Vous le super ego, vous avez tout fait rater; alors maintenant, **vous** le Christ, vous devez **revenir**.

En conclusion de ceci :

1. L'être humain, dans son ego, ne meurt qu'une fois, et c'est **vous**.
2. L'Être Divin, dans son corps causal, dans sa conscience christique, se réincarne « mille fois », et c'est **vous**.

Dans les deux cas, c'est vous et vous seuls. Pouvez-vous intégrer dans votre conscience ces opposés en leur remarquable complémentarité? Pouvez-vous saisir l'unité de la réalité?

De ceci, l'on peut et l'on doit en devenir parfaitement conscient; il est possible à chacune et à chacun de faire l'expérience d'un de ses corps subtils. L'être humain constatera alors la réalité de la vie **hors de son corps physique.**

Q *- Jean-Pierre, le Nouvel Âge, qu'est-ce que c'est au juste?*

R *- Le Nouvel Âge, c'est très exactement le **retour** de la **connaissance**. C'est ça et c'est tout....*

*Le Nouvel Âge est inauguré, organisé, **révélé** et « planifié » par la haute hiérarchie spirituelle, les Maîtres qui sont nos frères. Avec ça, vous savez tout.*

Bien sûr qu'en essence et en substance, le Nouvel âge c'est le retour de la connaissance, dirigée par les Maîtres de la hiérarchie spirituelle. Je suis parfaitement conscient que cette déclaration nécessite quelques précisions.

La connaissance a toujours existé et elle a toujours été disponible pour les Êtres les plus éveillés. Pourtant, à cause des persécutions religieuses, la connaissance a été obligée de se cacher. Elle est alors devenue secrète, puis ésotérique, c'est-à-dire camouflée.

Aujourd'hui, en cette fin de XXe siècle, c'est l'heure de la **révélation** (apocalypse, en grec). La connaissance de la réalité resurgit de toute part, infusée et orchestrée par nos frères aînés bien-aimés, les Maîtres. Eux, qui ont compris le **principe** depuis longtemps, **eux** qui nous aiment tant et de façon inconditionnelle.

Il est terriblement triste de voir tant de gens et d'organisations décrier le Nouvel Âge ou même le combattre de façon plus ou moins subtile. C'est dommage de les voir ainsi ramer à contre-courant, tentant inconsciemment et vainement de s'opposer à la volonté des Maîtres.

De ces Maîtres, Jésus lui-même est l'une des grandes figures. En tant que Chohan du 6e Rayon, son rôle est magnifique; il a entre autres pour tâche d'infuser dans la conscience de l'humanité la guérison, donc la médecine douce.

Oui, c'est vraiment triste de voir des religieux amalgamer le Nouvel Âge aux fléaux de ce monde. J'ai lu récemment un abominable petit livre qui émane de l'Opus Deï, « Satan dans l'Église »; c'est la doctrine de l'inquisition inchangée qui est encore véhiculée de nos jours... Ils vont même jusqu'à condamner les droits de l'Homme... Imaginez...

Imaginez le Chohan du 7e Rayon, Père des droits de l'Homme, dont l'un des rôles est d'infuser la **véritable liberté** sur la planète, l'égalité des sexes et des races!...

Quelle tristesse de voir ces malheureux bougres d'idiots condamner ceux-là mêmes qui viennent les libérer. Oublions ces ignorants crasseux et contemplons la lumière Divine; peut-être que nous pourrons voler à leur secours plus tard, s'ils se laissent aider...

Bref le Nouvel Âge, c'est le retour en force de la **connaissance**, connaissance dont je vous ai proposé de larges échantillons à travers les mille pages du Nectar de la Conscience.

Cette connaissance est éternelle, immortelle, impérissable et inoxydable. Elle a toujours été là, disponible, n'attendant que notre ouverture. Aujourd'hui, elle revient en force, vigoureuse et puissante. Les Maîtres Ascensionnés déversent à flots leur amour, leur énergie, leur conscience, leur présence, leur connaissance sur toute l'humanité, aidant de nombreux individus, faisant émerger des groupes, stimulant partout, en chacun, l'éveil de la conscience. Personne, non personne n'a l'exclusivité de leur enseignement. Les Maîtres l'offrent à tous, pour tous...

Le Nouvel Âge n'est pas si nouveau; il apparaît aujourd'hui un petit peu plus visible aux yeux de la société. Le livre La vie des Maîtres, de Spalding – ce pilier de la littérature Nouvel Âge – a été publié dès 1921... Toutefois, l'essentiel du Nouvel âge, la société ne le voit pas, pas encore.

Surtout, soyez vigilants avant de juger le Nouvel Âge car, malgré certaines apparences un peu folkloriques, le Nouvel Âge est une autre conception de la vie. Malgré l'irrationnel apparent du comportement de certains adeptes, le Nouvel Âge a plein de « bagages » à offrir. Le Nouvel Âge est hyperréaliste car il est la porte grande ouverte sur la **méta-réalité**, cette **réalité suprême** qui transcende le monde et la conscience humaine et à laquelle chacun peut parvenir s'il le veut. Oui, chacun est invité à vivre l'expérience de la méta-réalité.

Le Nouvel Âge, c'est le retour de la **conscience**. Le monde d'aujourd'hui, ce monde sans conscience farci des pires fléaux, est fini. C'est maintenant le **retour de la conscience**, le retour de la conscience christique.

Le Nouvel Âge, si vous m'avez bien suivi jusqu'ici, est donc le **retour** du **Christ** – (frémissements d'horreur dans les soutanes...). Certains esprits attendent le retour de Jésus de Nazareth; c'est parfait. C'est, en réalité, le retour du **Christ** dans la conscience de l'humanité. C'est, en réalité, le retour du **Christ** dans notre conscience individuelle.

Même si Jésus débarquait Place de l'Opéra à Paris, ou Place St-Pierre à Rome, qui le croirait? Même pas le plus fanatique de ses admirateurs le reconnaîtrait. Et même s'il accomplissait de grands miracles, il s'en trouverait des milliers pour le rejeter et le crucifier encore une fois.

Si Jésus doit un jour apparaître aux yeux humains, aux yeux de l'ego, ce sera avec toute la hiérarchie céleste, dans une gloire éclatante. D'ailleurs, il n'est jamais parti. Il a toujours vécu ici, avec tous les Maîtres sur le plan éthérique. Ceux qui font leur Ascension peuvent le rencontrer, ainsi que les très rares Êtres non encore ascendés qui sont capables d'utiliser consciemment leur corps éthérique pour accéder auprès des Maîtres, ce qui n'est pas mon cas.

Tout bien compris, le Nouvel Âge veut rencontrer Dieu.

- Le Nouvel Âge se dit : « Dieu existe, il est bon, amour et omniprésent. Donc il est ici; puisqu'il est là, je veux lui serrer la main ».
- Le Nouvel Âge se dit : « Que fait la religion entre Dieu et moi? Puisque la religion me cache Dieu avec ses dogmes invérifiables, avec ses théories dont je ne peux aucunement faire l'expérience, je me passe de la religion ».
- Le Nouvel Âge constate : « Bon, maintenant que j'ai fait le ménage dans les mythes, croyances et superstitions, j'attaque l'ego. Je me grignote l'ego jusqu'à ce que mort s'ensuive ».

Le Nouvel Âge s'étant bouffé l'ego, il rencontre Dieu le Père; le dialogue s'installe :

F: - Père, tu es là, je te cherchais partout.
P: - Mon fils, je t'attends depuis si longtemps.
F: - Comment va ma chère mère?
P: - Très bien; elle serpente, elle serpente...
F: - Quel temps fait-il au paradis?
P: - Comme toujours, mon fils : beau, lumineux, joyeux, extatique. Et toi, mon fils, la vie « en bas », c'est comment?
F: - Plutôt dure, Père. Tu sais, les finances, la santé, la guerre, la domination, la religion, la famine, c'est beaucoup de fléaux.
P: - Et la nourriture, mon fils?
F: - Ou tu crèves d'en manquer, ou tu manges de la vache folle...
P: - Ici, « en haut », coulent le miel sans colorant, le lait non écrémé, le nectar et l'ambroisie. J'ai même gardé un veau gras pour ton retour.
F: - Père, il n'est pas fou, au moins, ton veau gras?

Là, le Père céleste, il rit, il rit, mais il rit... sa Divine rate se dilate...

Alors le père et le fils tombent dans les bras l'un de l'autre et là le fils, il pleure, il pleure, mais il pleure... son petit coeur humain s'ouvre tout grand; oui, tout grand.

Là, le père dit : « Viens, mon fils bien-aimé; ta maman céleste nous attend, elle va être si heureuse. Quel bonheur Divin que ton **retour,** fils de Dieu, **fille de Dieu** ».

Le Nouvel Âge est de **RETOUR**, le Nouvel Âge est **LE RETOUR**; puissiez-vous le comprendre, ô Divins Êtres.

C'est le retour aux origines. Et l'origine, c'est le véritable christianisme, c'est le véritable enseignement de **Jésus**, qui a été caché par les religions. Ce qu'enseigne le Nouvel Âge, en essence, **est** ce qu'enseignait **Jésus** il y a deux mille ans. C'est-à-dire l'union Divine de Dieu et de l'homme. C'est-à-dire l'unité de l'ego et du **Soi**. C'est-à-dire la fusion de la conscience humaine dans la conscience suprême. C'est-à-dire l'accès direct à la méta-réalité. C'est-à-dire l'accès au Royaume des Cieux pour tous, tout de suite, **vivants**. C'est-à-dire la réalisation de la conscience suprême **avant** la mort.

- Ceci était l'enseignement primordial de Jésus (je m'en expliquerai longuement dans les chapitres sur la Bible).
- Ceci est l'enseignement fondamental du Nouvel Âge.
- Ceci est le retour du christianisme original et le retour du Christ dans notre conscience, ce qui nous permettra de dire : « Dieu existe, je lui ai serré la main!... ».

Jésus **est** le grand précurseur du Nouvel Âge. Le Nouvel Âge aurait dû s'épanouir en **une génération** du temps de Jésus si les empereurs romains n'avaient pas tout gâché en instituant une pseudo religion chrétienne, qui sévit encore de nos jours.

Devant cette affirmation extraordinaire, tous ceux qui ont étudié la cosmogonie, l'ésotérisme, l'Alchimie, comprendront que oui, les choses sont bien ainsi. Pour les autres, c'est une **révélation** terrible; mais c'est l'heure de la révélation, l'apocalypse bat son plein. Il est temps pour chacun d'ouvrir les yeux **avant** que la 7e coupe ne déborde. Alors à chacun, je dis : « Ouvrez les yeux, regardez les choses en face, cherchez à comprendre, nom de Dieu! ».

OSEZ CONTEMPLER LA RÉALITÉ.

Ce n'est pas le temps de vous mettre la tête sous l'oreiller, ce n'est pas le temps de vous faire un **hara-kiri** spirituel. C'est le temps de l'éveil.

Ô, Être de Lumière, ouvre tes jolis yeux; réveille-toi, mon amour, le soleil se lève. Réveille-toi, Être adorable, le ciel va s'ouvrir, la 7e trompette retentir et la conscience revenir.

Donc finalement, le Nouvel Âge est le retour en force du **Christ** dans nos vies. Il est surprenant de voir que certains érudits affirment que le Nouvel Âge « ne propose pas autre chose qu'une meilleure qualité de vie ». Quel aveuglement! Ces gens-là n'ont encore rien compris. Non, ils ne comprennent pas ce qui se passe sous leurs yeux, à savoir :

- la plus surprenante mutation que l'humanité ait connue depuis fort longtemps;
- la plus grandiose transformation de conscience de ces derniers

vingt siècles;
- la plus fantastique élévation de l'humanité de toute l'histoire connue;
- l'éveil planétaire le plus important depuis des milliers d'années.

Les fleurs de la conscience s'épanouissent, les roses de la conscience aux mille pétales s'épanouissent partout sur la Terre. Alors voyez-vous, le Nouvel Âge, c'est un bouquet de roses, un bouquet de millions de roses épanouies, chacune resplendissant de mille pétales de lumière. Quelle beauté, quelle richesse, quelle merveille que ce bouquet de roses suprêmes.

Je ferai fleurir une rose et je l'offrirai à Dieu. Je ferai fleurir une rose et j'en offrirai une poignée de pétales à mes Chohan préférés :
- à Hilarion, 5e Rayon, pour l'Ascension;
- à Jésus, 6e Rayon, pour la Guérison;
- à St-Germain, 7e Rayon, pour la Liberté.

Je ferai fleurir une rose et j'en offrirai des poignées de pétales à Marie, à Portia et à Laxmi.

Je ferai fleurir ma rose et je vous aiderai pour que fleurisse aussi la vôtre, pour que resplendissent vos mille pétales. Alors, je rejoindrai ma bien-aimée et je mêlerai ses mille pétales aux miens. Alors, dans un sourire d'ivresse, un rayon de lumière jaillira de notre coeur et nous serons un, unis éternellement.

Gloire à Dieu!
Gloire à Dieu!
Gloire à Dieu!

Q *- Das, tu nous a parlé parfois d'Alchimie sexuelle; pourrais-tu nous en dire un peu plus?*

R *- L'Alchimie sexuelle est une partie de l'Alchimie de la conscience. Vous pouvez pratiquer l'Alchimie de la conscience avec beaucoup de succès, même si vos conditions de vie actuelles ne vous permettent pas de pratiquer une sexualité alchimique.*

Pour devenir véritablement un Être éveillé, pour être véritablement conscient, il est indispensable de connaître profondément trois choses. Non seulement faut-il les connaître, mais encore faut-il en être totalement conscient. Il s'agit :
- du sexe;
- de la mort;
- de l'ego.

Si vous ne connaissez rien à cela, vous n'êtes pas conscients, pas du tout:

- la baise n'est pas le sexe;
- la fin du corps n'est pas la mort;
- la vie du mental n'est pas la conscience.

La prise de conscience profonde de ces trois aspects de la vie nous conduit à découvrir, conscientiser et réaliser la conscience suprême. J'ai déjà abondamment élaboré sur la conscience, sur l'ego et sur la mort, mais très peu encore sur le sexe. Ce n'est d'ailleurs pas dans mes intentions pour l'instant, et il y a des raisons très évidentes à cela.

Pour devenir un Être libre et éveillé, vous devez devenir conscients, donc travailler sur votre ego. Voilà le véritable travail libérateur, celui qui vous ouvrira les portes du Royaume. Si vous voulez travailler sur votre sexe avant d'être plus conscients, vous resterez un ego, même si vous connaissez les principes de l'Alchimie sexuelle. Car en effet, rien ne peut se produire à ce niveau-là si l'ego n'est pas déjà suffisamment conscient.

Donc, ceci étant bien précisé et puisque la soif de savoir vous dévore..., je vais vous exposer brièvement les principes de l'Alchimie sexuelle.

Comme je le dis toujours, tout ce qui relève de la conscience suprême est extrêmement simple. L'Alchimie sexuelle vraiment vécue relève d'une conscience très élevée. Dans la sexualité habituelle, il y a le schéma classique : contact, désir, pénétration, orgasme. En général, c'est la bonne baise habituelle, avec différentes variantes et arrangements, mais ça se termine toujours ainsi. Sauf pour certaines femmes qui n'ont pas le temps de jouir. Si vous vivez ainsi une agréable sexualité, c'est parfait; vous n'avez aucun problème. Vous pouvez continuer comme ça très longtemps tout en travaillant sur votre conscience et sur votre ego, et vous obtiendrez d'excellents résultats.

Dans l'orgasme habituel, il se produit une énergie sexuelle qui s'amplifie et qui s'amplifie jusqu'au moment où la pression la projette vers l'extérieur, et c'est l'orgasme ou l'éjaculation. Il y a donc une vague d'énergie très puissante qui se trouve libérée et relâchée. C'est agréable, nous y prenons plaisir et quand l'énergie revient, le cycle recommence.

Dans l'Alchimie sexuelle, il y a une « **petite différence** ». Le couple fonctionne de la même façon, **mais** il est capable de canaliser son énergie sexuelle vers le haut. En effet, il est tout à fait possible, au plus fort de l'excitation sexuelle, de devenir complètement calme et témoin de son énergie sexuelle. Je répète : au plus fort de l'excitation sexuelle, vous devenez le témoin de votre énergie sexuelle.

Si vous êtes capables d'être le témoin de votre mental et d'être calmes au milieu de la folie de vos pensées, vous comprendrez. Vous comprenez alors que vous pouvez être calmes au milieu du déchaînement brûlant de vos passions sexuelles.

- Dans le mental, il y a vous et tout votre cirque mental; **vous** regardez le cirque mental.
- Dans la sexualité, il y a vous et votre agitation sexuelle; **vous** regardez votre énergie sexuelle.
- Si le courant mental vous emporte, tant pis pour vous; vous n'**êtes** plus présents, vous n'êtes plus dans l'Être.
- Si le courant sexuel vous emporte, tant pis pour vous; vous n'**êtes** plus témoins, vous n'observez plus, vous allez tomber dans l'orgasme.

Certaines diront « Tant mieux! ». Oui, tant mieux; vous avez raison car il n'y a jamais de tant pis dans ce domaine. Il y a seulement à être conscient de sa sexualité; ou le courant sexuel m'emporte, ou je surfe sur la vague du désir. C'est l'un ou l'autre, jamais les deux, tel le surfeur : ou il est debout sur sa planche sur la vague, ou il est roulé en tous sens par la même vague.

Pour vous, c'est la même chose : ou vous êtes dans votre énergie sexuelle en équilibre, ou l'énergie déferle; c'est tout l'un ou tout l'autre. Ceci étant le principe de base, il y a un monde entre le connaître et le réussir, et un autre monde entre le réussir et en obtenir des « effets spéciaux ».

Contrairement à ce que racontent certains **ignares crottés**, il n'y a aucun danger à faire monter l'énergie sexuelle. L'énergie contrôlée remonte par des canaux spécialisés de notre corps éthérique et va se répandre dans les chakras. Ne laissez pas la conscience sociale vous apeurer et faites ce que vous avez à faire. Sachez bien que tous ceux qui sont contre n'en ont aucune connaissance ni, à plus forte raison, aucune expérience.

Lorsque vous atteignez cet état de conscience qui vous permet d'être le parfait témoin de votre énergie sexuelle, celle-ci revient d'elle-même au centre; elle remonte par les merveilleux canaux de « l'arbre de vie » et va emplir vos chakras de la force de vie. Lorsque cela se produit, c'est toute une vague d'énergie, d'amour et de conscience qui se libère à travers nous. Nous éprouvons alors un contentement immense, une joie débordante et, parfois même, un orgasme de tout le corps.

Un jour, l'énergie « ouvrira » le plexus solaire; plus tard, elle se répandra dans le chakra du coeur et en ouvrira la porte, et ainsi de suite jusqu'à inonder la septième rose qui déploiera alors ses mille pétales... si vous êtes un couple hétéro, oui, hétérosexuel.

Soyez bien rassurés : quelle que soit votre sexualité ou même votre absence de sexualité, vous pouvez et vous devez prendre conscience. Souvenez-vous qu'avec la conscience, vous aurez tout par surcroît, le surcroît incluant éventuellement un partenaire pour l'Alchimie sexuelle si cela doit vous aider à devenir plus conscients.

Dans le prochain cycle de conférences préparatoires pour le troisième tome du Nectar de la Conscience, j'aurai sûrement l'occasion de vous fournir plus d'explications. Ceci vous évite de me poser la question qui vous brûle les lèvres : « Das, comment on fait? ».

Soyez un peu patients mais surtout, élevez votre conscience en devenant conscience témoin. Si une personne non consciente travaille les aspects techniques de la transmutation sexuelle sans être témoin, l'énergie ne remontera pas. Vraiment, il faut être conscient.

Ce qui compte dans la vie, c'est de bien connaître les grands principes et de les pratiquer autant que possible. Si, pour une raison quelconque, l'on est dans l'impossibilité de pratiquer, ce n'est pas si grave. La connaissance nous suivra après la mort; de toute façon, ce n'est pas perdu. Cela est bien préférable à l'ignorance qui permet de mourir idiot. Si vous connaissez les grands principes aujourd'hui, vous les connaîtrez encore après la mort, et ils vous suivront toujours.

Voilà donc l'unité de la vie, de l'amour, du sexe et de la mort :

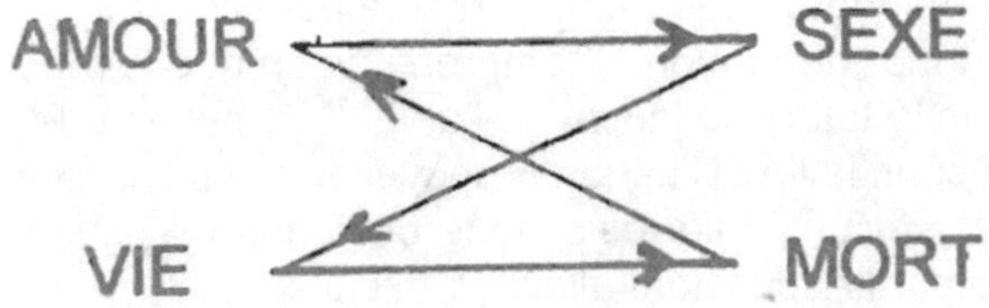

Tout cela est le cycle de la conscience dans une vie totale et infinie avec des états de conscience grandioses. L'on peut vivre ce cycle dans l'ego ou dans la conscience Divine.

Examinez le cycle de l'arbre :

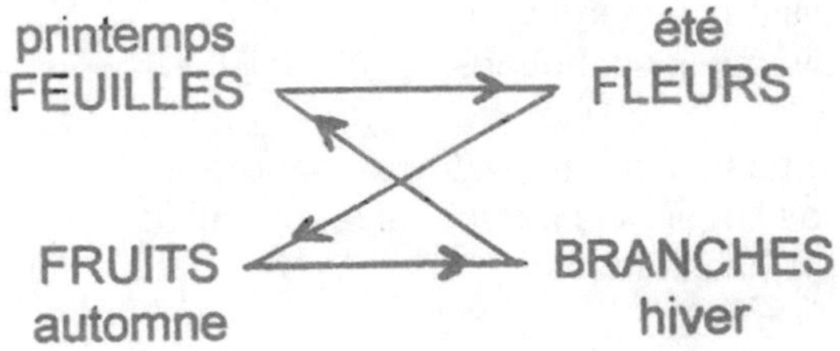

Voyez-vous la mort de l'arbre? Voyez-vous votre propre mort? Il n'y en a pas et vous devez en devenir conscients. Voyez-vous le principe? Vous devriez puissamment songer à ces principes et vous devriez en arriver normalement, au bout d'un certain temps, à prendre conscience que vous ne mourrez pas, que vous ne pouvez pas mourir. Car en effet, vous n'êtes pas le corps, vous êtes la conscience.

Lorsque l'arbre perd ses feuilles, il ne meurt pas; les feuilles meurent, oui, mais pas lui, de nouvelles feuilles « reviendront ».

Lorsque vous perdez votre corps, vous ne mourez pas; le corps physique meurt, oui, mais pas vous, un nouveau corps « repoussera ».

La conscience ne meurt jamais; donc, vous n'êtes jamais morts, vous n'êtes jamais nés, vous êtes une pure conscience Divine, éternelle et immortelle. Un jour ou l'autre, cette année ou dans mille ans, vous devrez forcément devenir conscients de ce principe. Vous allez forcément, un jour ou l'autre, finir par aboutir à la conclusion : « **Je ne suis pas le corps** ». Si vous attendez trop longtemps pour comprendre ce principe de base, vous le comprendrez quelques jours après votre mort. Quand là vous verrez que votre corps est mis dans une boîte, mais pas vous!

En vous donnant la peine de comprendre ceci tout de suite, vous progressez énormément dans votre conscientisation et vous vous préparez déjà une vie d'après la mort plus lucide, donc plus confortable.

Voyez-vous ce qui se passe, ce soir? Je vous entretiens de la conscience et de l'ego, vous me posez une question sur le sexe et nous en arrivons à parler de la mort. Comprenez bien que l'un ne va pas sans l'autre, c'est l'unité totale de la vie, de l'amour, du sexe et de la mort, dans une continuité sans faille. C'est un renouvellement infini, une vie éternelle où la mort n'existe pas. De cela nous deviendrons conscients et nous serons **libérés** par l'Ascension; alléluia! alléluia! alléluia!

Le premier pas vers la libération est la réalisation du principe :

- je ne suis pas le corps.

Le pas suivant est la réalisation du principe :
je ne suis pas le sexe, donc,

- je ne suis pas l'énergie;
- je ne suis pas les émotions.

Le troisième pas est la réalisation du principe :
je ne suis pas l'ego, ni la personnalité, ni l'intellect; donc,

- je ne suis pas le mental.

Ainsi, l'Être éclairé a pris conscience du **non-soi** et qu'il n'est en aucun cas l'un des trois corps, ni même les trois. Ayant reconnu ce qu'il n'est pas, il découvre donc ce qu'il est : le **Soi**.

JE SUIS LA CONSCIENCE.

Ce principe, profondément vécu, l'amènera à en réaliser toute la substance et à transcender les trois mondes inférieurs.

Alors, éclatant de lumière, débordant de joie, pétillant de bonheur, il émergera – par son Ascension – dans la suprême réalité. Là où l'attendent les Maîtres; tous ceux qui ont compris longtemps avant lui.

Pour en arriver là, ô Amis de Lumière, nous qui sommes des amis depuis des siècles, commencez par vous placer consciemment dans le coeur; votre conscience fera le reste.

Oui, finalement, tout être humain peut – s'il le veut – se placer dans le coeur. En suivant les quelques conseils que je viens de vous proposer, chacun peut immédiatement choisir d'être plus conscient, de sortir des états négatifs et de s'élever dans un état supérieur.

Se placer dans le coeur, « c'est facile, c'est pas cher et ça rapporte gros », à tous les coups. Vous gagnez à chaque fois. Le Chant du Cygne vous révèle que vous êtes nés vainqueurs, que vous êtes nés pour gagner et qu'en réalité, vous êtes déjà gagnants; oui, vous!

Alors, chacun touchera le gros lot avec son billet pour la conscience suprême, avec son billet pour la méta-réalité. Il suffit, pour cela, de se placer dans le coeur. C'est-à-dire de se placer délibérément et très consciemment au niveau de l'amour, de l'abondance et de la conscience témoin. Tout le monde peut faire cela, dès maintenant.

Avec un peu d'habitude, l'ego devient si calme, si tranquille, si gentil, si amoureux que **vous** ne pouvez plus lui résister, vous accourez, vous vous précipitez dans ses bras.

Vous le serrez contre votre poitrine palpitante et vous caressez sa petite tête qui sanglote; et dans une bouffée de bonheur Divin, vous vous envolez dans les « cieux » de la conscience, là où vous attend votre festin de noces...(silence).

Voilà pour ce soir, ô Amis de Lumière, nous qui sommes des amis depuis des siècles. Maintenant, chantons le Chant du Cygne; oui, plaçons-nous dans le coeur. Avec notre coeur, chantons calmement, tranquillement, gentiment, amoureusement car la noce attend...

10

La Folie de l'Ego

L'ego, l'âne mental peut-il être fou? Notre mental, dans sa sagesse, peut-il comprendre le Nectar de la Conscience ou bien est-il tellement fou qu'il ne comprendra jamais?

Alors bienvenue, Ô Êtres de Lumière, pour notre conférence du jeudi. Ce soir, vous êtes nombreux et même un peu inquiets... Et vous avez raison car si votre âne mental est fou, vous ne pouvez plus rentrer à Jérusalem.

Il est donc de première importance de déterminer si votre mental est sage ou fou. Si c'est le cas, vous devrez **découvrir le passage secret** caché dans mes bizarres explications car, en effet, le passage secret s'ouvre pour les fous mais le mental fou ne peut pas s'ouvrir lui-même.

Vous voilà donc face à un problème insoluble pour le mental; oui, insoluble pour un mental fou et même pour un mental sage. Et aucune explication mentale ne vous permettra de **découvrir** le passage.

J'espère d'abord que tout le monde a bien compris les symboles : l'âne, c'est vous dans votre mental; Jérusalem ou la Nouvelle Jérusalem, c'est **vous** dans votre conscience Divine.

Lorsque le Christ Jésus revient à Jérusalem à dos d'âne, c'est vous qui **retrouvez** votre véritable conscience dans **l'unité de l'Être**, dans la fusion du **Soi** et de l'**ego**. Dans cette conscience, il n'y a plus qu'une **seule volonté** et sur votre passage, les fils et les filles de Dieu poussent des cris de joie. Oui, lorsque ceci se produit, une multitude d'Êtres déjà ascendés vous accueillent. Cet accueil n'est pas un symbole mais la réalité absolue lorsque nous revenons consciemment sur le plan éthérique supérieur.

Maintenant, déterminons ce qu'est la folie de l'ego afin de nous situer précisément. Vous connaissez maintenant le principe de l'ego et du **Soi**, vous savez que vous avez une conscience Divine mais que vous vivez dans une conscience humaine.

En effet, nous vivons dans les deux consciences mais, généralement, nous vivons plus dans la conscience de l'ego que dans la conscience christique. Tout au moins, nous avons cette impression-là. En réalité, nous sommes toujours entièrement, totalement et complètement dans la conscience christique, mais une petite partie de nous-mêmes en est inconsciente et vit la dualité.

La dualité, c'est le bien et le mal, le chaud et le froid, ce qui est bon et ce qui n'est pas bon; et l'unité, c'est là où tout est bien, tout est Divin, tout est parfait, tout est merveilleux. Dans la conscience de l'unité, il n'y a plus aucun manque, ni aucune maladie, ni aucune souffrance, ni aucune famine, ni aucune guerre. Tous ces fléaux n'existent que dans la conscience de la dualité, qui est une conscience artificielle, limitée et provisoire, mais dont nous devons forcément faire l'expérience. Alors, nous pourrons devenir ce que nous sommes et que nous avons toujours été : un Être de Lumière avec un destin prodigieux, dans une évolution qui n'est pas finie, qui va durer encore des milliers et des milliers d'années, mais dans des stades hautement glorifiés. Quand nous aurons vraiment compris le principe, nous deviendrons illuminés, puis des Maîtres Ascensionnés. Ensuite, la vague de vie passera au niveau « angélique », puis au niveau « archangélique », et la vague de vie continuera d'évoluer durant des milliers d'années pour que nous devenions des « Séraphins », des « Séconophins », des « Heloïms »; c'est une évolution prodigieuse, grandiose et totalement infinie.

Mais aujourd'hui, nous sommes tombés dans la matière, dans la dualité. C'est seulement un état de conscience erroné. Un peu comme un ivrogne : s'il est vraiment ivre, il va perdre complètement contact avec la réalité de sa vie. Il va faire et dire des choses qui ne sont pas du tout ce qu'il ferait, ni ce qu'il dirait dans son état normal. Il a perdu son état de conscience naturel, il est tombé dans un état de conscience inférieur qui le limite et qui le handicape et qui lui attire toutes sortes de conséquences très négatives.

Donc, nous qui sommes vraiment des Êtres de Lumière totalement Divins, parfaits et merveilleux, nous avons fait comme l'ivrogne : nous avons rétréci notre conscience, nous l'avons terriblement limitée, nous l'avons tellement réduite que nous sommes devenus un Être humain, abruti, crotté, très peu conscient et même passablement fou. De ceci, il faut bien savoir fondamentalement deux choses :

1. Nous limiter à ce point-là, réduire notre Divinité à si peu, nous « fabriquer » un mental a été un travail très difficile. Terrible a été notre effort pour en arriver là, à vivre dans la matière, dans la troisième dimension, avec seulement nos cinq sens.

En effet, il n'y a rien d'accidentel à notre état humain qui, en réalité, est le fruit d'un terrible travail de plusieurs milliers d'années.

2. Nous l'avons profondément voulu. C'est nous qui avons vraiment voulu descendre dans la matière, au sous-sol de la conscience. C'est ce que nos « intelligences » religieuses appellent la chute de l'homme.

Il n'y a aucune chute, c'est une exploration – totalement voulue, désirée et acceptée – de la matière, une expérimentation approfondie de la troisième dimension.

Si vous voulez une analogie, notre séjour ici est comme la descente d'un spéléologue qui s'installe au fond d'un gouffre pour l'explorer et y vivre un certains temps, (quarante jours)... Alors il vit là, coupé du monde, dans le noir, dans l'humidité, avec de l'eau glacée, il mange des boîtes..., il perd la notion du temps. En haut à la surface, tout le monde l'attend, prêt à le remonter à tout moment. Son épouse et ses enfants sont impatients que ça se termine. Si le spéléologue perdait la mémoire et qu'il restait quelques années dans la grotte, il trouverait que la vie est vraiment difficile. Forcément, sa vie n'est pas d'être là, elle est d'être à la surface.

Si vous comprenez cette analogie, vous comprendrez ce que vous faites sur Terre, mais surtout, vous devriez comprendre que pour vous, il est **urgent** de remonter. Une certaine impatience règne « là-haut »...

Alors, ô Être de Lumière adorable, prends ton échelle et ta corde et remonte, ça presse! Oui, prends le Chant du Cygne et le Nectar de la Conscience, et redeviens **toi-même**.

Alors cet Être, limité et misérable, qui voudrait remonter dans les étoiles, est-il sage ou fou? L'ego est-il fou? Est-il possible que l'ego, finalement, arrive à comprendre tous ces beaux principes que nous avons exposés et qu'il en vienne à ce fameux lâcher-prise, à ce fameux abandon, à cette fameuse soumission. Alors, en principe, on va dire « oui ». À force d'expliquer tout à l'ego, l'ego va tellement bien se calmer qu'il va lâcher prise. À force d'étudier le Nectar de la Conscience et de chanter le Chant du Cygne, de se tremper et de se baigner dans cette conscience Divine, l'ego va s'imprégner de conscience. Un jour il va comprendre, il va lâcher prise. Oui, en principe; mais il y a des ego fous.

En voici un bon exemple. Il y a quelques années, une jeune femme à qui je faisais des transferts d'énergie s'est fait prendre à conduire en état d'ivresse et facultés affaiblies. Elle a grillé un stop, elle s'est fait arrêter par les policiers et s'est vu retirer son permis pour un an. Pourtant, la même personne sait très bien, mentalement, qu'on ne doit pas conduire en état d'ivresse. Elle sait parfaitement que si elle a bu un peu d'alcool, elle devrait prendre un taxi pour rentrer chez elle. Posez-lui la question n'importe quand, elle le sait, cette femme-là. Pourtant, il y a vingt ans, elle a déjà eu un accident avec facultés affaiblies, ce qui lui a valu, à l'époque, trois jours de prison. Suite à ça, elle a même arrêté de boire pendant quelques années. Vingt ans plus tard recommence la même stupidité, la même erreur : se faire arrêter en état d'ivresse, avec facultés affaiblies.

Quelle est la morale de cette histoire? C'est que mentalement, intellectuellement, elle a compris à mille pour cent : « Si je bois, je ne conduis pas ». Tout le monde a compris ça, d'ailleurs. Pourtant elle boit et elle conduit; beaucoup de gens aussi, d'ailleurs. Ça veut dire une chose très importante : une partie de nous-mêmes n'a rien compris du tout. Il y a une partie de nous-mêmes qui ne comprend rien. On doit être, un jour ou l'autre, conscient qu'une partie de nous-mêmes ne comprend rien du tout et ne comprendra peut-être **jamais**.

Et c'est là, ô Êtres de Lumière, que je vais vous donner des explications; et vous allez chercher ce qu'il y a à **découvrir**. C'est comme l'histoire du tapis magique : si vous la lisez dans le Chant du Cygne, si vous en découvrez le sens, vous aurez compris quelque chose et votre conscience se sera ouverte. Mais si je vous explique comme ça, mentalement, l'histoire du tapis magique, vous allez dire : « Ah bon! ». Oui, mentalement vous l'aurez comprise; mais vous ne l'aurez pas réalisée intérieurement. L'ouverture de votre conscience ne se sera pas produite.

Donc voyez-vous, **malgré les explications**, il y a une partie de nous-mêmes qui ne comprend rien, qui ne comprend pas les paroles. Le mental, l'intellect comprennent et les paroles et le raisonnement. L'autre partie est sensitive, sensuelle, elle comprend les claques sur la gueule ou les récompenses qui sont appétissantes : la nourriture, le sexe, l'alcool, le pouvoir, le prestige..., ou les sensations fortes comme la vitesse ou le danger.

Alors, comment allons-nous faire? Nous qui sommes d'un côté l'ego; nous qui sommes de l'autre côté le Christ. Il faut emboîter ces deux parties-là pour pouvoir devenir un être complet, illuminé, **réel**.

C'est comme si vous aviez deux prises de courant : si vous avez la même prise, une prise mâle d'un côté et une prise femelle de l'autre, ça fonctionne. Si vous prenez la prise de la cafetière et que vous la branchez sur la prise de la sécheuse à linge, ça ne marche pas. Pourtant, il y a du courant, mais ce ne sont pas les mêmes trous, ça ne peut pas fonctionner.

Et bien nous, nous sommes l'ego et le Christ et nous avons une prise de sécheuse d'un côté, une grosse prise de sécheuse de l'ego; puis la petite prise électrique du Christ, ça ne rentre pas, le courant ne passe pas, la conscience ne passe pas.

En plus de ça, nous avons peut-être un ego fou, un ego qui n'a rien compris depuis vingt ans, par exemple, au phénomène de l'alcool. On peut se dire : « S'il n'a rien compris pour une chose aussi simple que l'alcool, comment va-t-il comprendre des choses aussi abstraites que le Soi, l'ego, le Christ, la conscience Divine, la conscience suprême? ».

Alors, on doit prendre conscience que cette partie-là, qui ne comprend rien, est vivante, active, grouillante et qu'elle fait partie de nous; que cette vie de l'ego doit en arriver à se mettre finalement à notre service, **même si elle est folle**.

Si nous ne pouvons pas réunir ces deux prises, ça veut dire que nous ne pouvons pas, Nous le Christ, monter sur Nous le mental; nos deux consciences ne peuvent pas fusionner. C'est-à-dire que puisque le Christ doit remonter sur son âne pour rentrer dans la Nouvelle Jérusalem, nous ne pourrons pas rentrer dans notre nouvelle conscience, dans notre Nouvelle Jérusalem parce que notre âne est fou. Ça fait des années qu'on fait de la croissance personnelle et qu'on espère que notre âne va se calmer, que notre mental va devenir tellement calme que nous pourrons unir le Soi et l'ego pour rentrer dans notre conscience Divine. Cela doit se produire car c'est notre destin suprême, ici, maintenant, si nous « **comprenons** » le principe. Au moment où le mental va être complètement tranquille, notre conscience Divine va émerger, car elle est déjà là.

Mais si l'âne – le mental, l'ego – est fou, nous ne pourrons jamais le monter, nous ne pourrons jamais rentrer dans la Nouvelle Jérusalem. Alors, sommes-nous coincés pour l'éternité? Nous allons donc nous réincarner, puis nous aurons un nouveau mental. Oui, mais nous aurons un nouveau mental qui sera peut-être aussi fou que le premier, ou peut-être même pire, voyez-vous?

Nous pourrions tuer notre âne. Mais si nous tuons notre âne, nous ne pouvons pas non plus unir l'humain et le Divin, car il faut les deux pour retourner dans notre conscience Divine.

Il y a des gens qui n'ont plus d'âne. Ils sont dans les hôpitaux psychiatriques; ce sont des légumes. Ils sont débiles, ils sont handicapés, ils bavent. Eux, ils n'ont pas d'âne, ils n'ont pas de mental, ils ne sont pas perturbés par leur mental. Mais ils préféreraient certainement notre mental fou que pas de mental du tout, voyez-vous?

Quand nous dormons, nous n'avons plus de mental, nous n'avons plus d'âne, nous sommes inconscients et nous ne pouvons pas rentrer dans notre Nouvelle Jérusalem. C'est aussi exactement la même chose si le mental est faible, malade ou débile; il n'y passe pas suffisamment de conscience pour opérer la fusion, **l'union**.

Ô, Êtres de Lumière, sachez bien que même si votre âne est fou, il existe un passage secret vers la conscience Divine. Vous le découvrirez **sans** le mental, simplement en vous posant vraiment la question.

Alors il y a quelque chose à découvrir là, profond, profond, profond. Je vous demande une chose très simple : réfléchissez à la question cette semaine. Posez-vous la question : « Si mon âne est fou, je suis coincé, je ne peux pas rentrer dans la Nouvelle Jérusalem, alors? ». Pourtant, il y a une solution; mais la solution, c'est important de la **découvrir**. Tant que vous n'aurez pas « **saisi** », posez-vous la question.

Ça ne veut pas dire que votre âne est fou; peut-être que vous avez un mental très intelligent... qui a bien tout compris et qui, d'un seul coup, va se calmer. Il va être calme et doux, vous pourrez prendre sa petite tête, lui caresser ses longues oreilles et, gentiment, il va ramener le fils prodigue chez son père et vous allez être tout à Dieu dans la Nouvelle Jérusalem...

Toutefois, au cas où votre âne serait fou, ça vaut la peine de vous poser la question parce que vous pouvez peut-être ne pas le savoir qu'il est fou. Vous voyez le cas de cette dame : un accident il y a vingt ans, griller un stop devant la police vingt ans plus tard, mais dans le même état de facultés affaiblies, c'est vraiment la preuve que l'ego n'avait rien compris du tout.

Pourtant, cette dame avait bien compris le principe, mais mentalement et superficiellement seulement. Si l'ego n'a pas compris une chose aussi simple, on peut dire que l'ego est fou et peut-être qu'il ne comprendra jamais l'ego et le Soi, car c'est bien trop abstrait pour lui. Le principe de l'alcool au volant, c'est simple, tout le monde comprend ça; mais le principe du Soi, du Christ et de l'ego, c'est pas mal plus difficile.

Donc, posez-vous la question : « Mon mental est-il fou? Ou bien ai-je un mental qui est bien beau, bien intelligent, bien docile, qui va comprendre, qui va se calmer, qui va en arriver au silence par cette compréhension car il va arrêter de s'agiter? Ou bien est-il complètement fou et il restera toujours agité parce que de toute façon, il n'a jamais rien compris? »

Alors, il y a quelque chose à **découvrir** là. Le passage secret, la solution. C'est complètement inutile d'expliquer ça, il faut que l'ouverture se produise. C'est important d'y penser souvent; alors, il y a quelque chose qui va jaillir. Il y a des choses qui doivent être expliquées et il y a des choses qui doivent **être découvertes** dans la vie.

Pour certains, il faut toujours tout expliquer, tout expliquer, tout expliquer. Quinze ans plus tard, ils sont toujours au même point sur le plan spirituel, ils pratiquent toujours la même technique. Ils n'ont pas vu que leur technique, c'était juste pour calmer leur tête. Quinze ans plus tard, ils pensent encore que c'est la technique qui va leur ouvrir la conscience!

Tenez, par exemple : j'avais des amis à Québec, un couple dont le mari chantait le « Om Namah Shivaya » il y a quinze ans. Il n'écoute pas sa femme; en voiture, il met la cassette assez fort pour ne pas lui parler. Il y a quinze ans, il se disputait beaucoup avec elle. Aujourd'hui – donc quinze ans plus tard – , il chante toujours « Om Namah Shivaya », il met toujours la cassette trop fort, il n'écoute toujours pas sa femme, il se dispute encore avec elle pour les mêmes problèmes.

Ça veut dire qu'il y a quinze ans, c'était un gros ego; quinze ans plus tard, c'est toujours un gros ego. Il pense qu'en allant dans un ashram et qu'en chantant « Om Namah Shivaya », il va devenir un saint. Ça ne marche pas comme ça. Il n'a pas compris qu'il a un ego et que cet ego-là, il doit s'en débarrasser d'une manière ou d'une autre, voyez-vous?

Pourtant, il a tout compris, il peut tout expliquer, il sait tout et c'est vrai, d'ailleurs. Tout est resté coincé dans le mental. L'ouverture de la conscience n'a pas encore eu lieu. Elle peut se produire un jour, mais il peut aussi mourir avant. Il est gavé d'explications; malgré tout, l'ouverture ne s'est pas faite.

Bien sûr, c'est excellent de fréquenter des lieux comme des ashrams; mais si ce n'est pas pour y perdre votre ego, vous faites du tourisme spirituel. Alors voyez-vous, des explications, il en faut, mais il faut aussi **découvrir**.

Donc, il y a vraiment quelque chose de fondamental à découvrir si vous avez un ego fou. Mais comment pouvez-vous savoir si vous avez un ego fou? Parce que nous pouvons croire que nous avons bien compris mille et mille choses; mais un jour, nous pouvons nous retrouver dans une situation où nous répétons la même erreur qu'il y a vingt ans. La même erreur même qu'il y a quarante ans, pour certains. Ça veut dire que personne n'est à l'abri de ça car nous n'avons qu'un pour cent de civilisé, de mental et d'intellect; tout le reste, c'est du primitif puis de l'animal. Tout est là, nous avons de l'animal jusqu'au cou, du primitif jusqu'aux oreilles, du civilisé jusqu'aux cheveux; et encore, il y en a qui se font couper les cheveux trop court... (rires), comme moi, cette semaine... (rires).

Ô, Êtres de Lumière, cet aspect de l'ego, c'est important d'y songer. Si vous vous posez ces questions très simples, si vous avez compris le principe de l'ego et du Soi, si vous avez compris ce qu'est la Nouvelle Jérusalem, ce qu'est le Christ et ce qu'est l'âne, si vous avez bien compris les trois, vous obtiendrez la réponse, le passage secret s'ouvrira.

Que fais-je si l'âne est fou? Qu'arrive-t-il? Comment cela va-t-il se passer? Que va-t-il se produire? Ce n'est peut-être pas votre cas, je vous le souhaite; mais pensez-y soigneusement, sérieusement, posez-vous vraiment la question. « Si je suis rendu assez fou que le Christ en moi ne puisse pas s'infuser à travers moi, qu'il ne puisse pas fusionner à travers moi parce que je suis trop fou, je suis trop agité, j'ai trop rien compris, qu'arrive-t-il alors? ».

Si vous vous posez profondément la question, c'est certain, la lumière se fera en vous. Il ne s'agit pas de s'asseoir un quart d'heure, comme ça en lotus, et de faire quelques salamalecs au soleil, puis de fermer les yeux, de dormir un petit coup, puis dire : « Je suis rentré en moi-même et je n'ai pas eu la réponse ». Non, ce n'est pas ça. Ce genre d'intériorisation est purement superficielle, vide et sans effet. Il s'agit plutôt de vraiment se poser la question. Vous conduisez, vous cuisinez, vous faites pipi, vous vous posez la question. Alors forcément, il y aura une réponse, c'est certain.

Alors, ô Êtres de Lumière, je vous souhaite de découvrir si votre âne est fou; mais surtout, qu'il soit fou ou pas, de découvrir ce fameux passage secret vers la conscience Divine.

Soyez certains que votre conscience s'ouvrira si vous frappez ainsi à la porte.

***Q** - Jean-Pierre, si on ne découvre pas la réponse, tu vas nous aider?*

***R** - Il ne faut pas confondre vous aider à découvrir et vous expliquer mentalement. C'est comme l'histoire du tapis magique dans le Chant du Cygne; là aussi, il y a vraiment quelque chose à découvrir. Cette découverte est un grand pas vers la conscience.*

Sylvie, de temps en temps, m'a proposé « sa » version de l'histoire; ce n'était jamais ça, mais je ne lui ai pas expliqué. Ça a duré deux ans puis, un jour, l'ouverture s'est faite. Elle avait saisi un grand principe intérieurement. Vous allez trouver que deux ans, c'est long; mais vous savez, Sylvie, elle ne se posait pas souvent la question... Je dirai même que le tapis magique, elle s'en foutait complètement...

Alors voyez-vous, l'ouverture s'est produite quand même. Si vraiment vous êtes obsédés par votre conscience, c'est certain, la porte s'ouvrira.

*Oui, vous pouvez être sûrs que je vous aiderai... à **découvrir.***

Alors, en matière de problème insoluble, j'ai un petit cadeau pour vous et je vais demander à mon amie Denise de le déboucher. Peux-tu le déboucher, Denise?

> *Denise : « C'est une grenouille! Bien oui. Elle n'est pas vivante.; une grenouille en plastique dans un bocal de verre!... J'aurais voulu que ça soit une vraie ».*

Alors, voilà le problème insoluble. Imaginons que nous sommes la grenouille et que cette grenouille, qui est nous, se trouve dans un bocal assez haut, assez épais, et nous ne pouvons pas sortir. Non, il n'y a pas de couvercle, en principe.

Nous avons déjà tout essayé. Nous avons essayé de remplir le bocal avec de l'eau en pensant : « Ça va déborder, je pourrai sortir », mais ça n'a pas fonctionné. Nous avons essayé de casser le bocal. Nous avons essayé de mettre une échelle, et l'échelle n'a jamais été assez longue. Nous sommes restés dans le bocal. Nous avons essayé mille et mille choses. Nous avons pu même faire venir un hélicoptère.

*Bref, **rien n'a marché**, la conscience est restée dans le mental, dans l'ego, la grenouille est restée dans le bocal. Comment allons-nous sortir de là, si nous avons déjà tout essayé?*

Voilà, ô Êtres de Lumière, ce qu'il y a à découvrir. Et quand nous l'aurons découvert, nous serons passablement illuminés.

*Ne cherchons pas à le découvrir par la logique, ni par notre mental. Nous pouvons le découvrir seulement en nous posant la question; mais la réponse viendra de notre conscience Divine et non de notre mental. Parce que pour notre mental, il n'y a pas de solution, il n'y a pas de réponse. La preuve? **Si la solution de notre vie était mentale, nous aurions déjà la vie de nos rêves**; si tel n'est pas le cas, il faut autre chose que le mental, il nous faut vraiment notre Divine conscience.*

***Q** - Je me suis posé la question, cette semaine, mais je n'ai toujours pas découvert le passage.*

***R** - Parce que tu n'as pas eu la réponse? Non, tout simplement parce que tu poses la question en attendant une réponse mentale et logique. Il n'y a pas de réponse, ni mentale, ni logique. Tu pars du principe que la grenouille a déjà tout essayé.*

Q *- Elle a juste à crever dans le fond du pot, c'est tout. Voilà!*

R *- Ça, c'est la réponse humaine. Maintenant, il faut la réponse de la conscience pour ceux d'entre nous qui, peut-être, ont un ego fou. Donc, celui qui a un ego fou est comme une grenouille au fond d'un bocal, il ne peut pas en sortir. Pourtant, il y a quelque chose à découvrir; et non pas à faire. Il n'y a rien à faire; on est coincé, mais quelque chose est à découvrir.*

Q *- J'ai bien hâte de le découvrir, moi, en tout cas.*

R *- Oui, pour le découvrir, il faut que tu te poses la question, mais pas dans le mental. Il faut que tu te poses une question et que tu ne veuilles pas, que tu n'aies pas une volonté d'obtenir une réponse. Ce n'est pas ta volonté humaine qui doit agir. Ton mental peut seulement poser la question; mais si tu mets une volonté d'y répondre, c'est ton mental, ton ego qui veut; c'est lui qui a hâte d'obtenir la réponse. Ça ne fonctionne pas, tu resteras coincé.*

Nous ne sommes pas forcément un ego fou, nous sommes peut-être un ego qui n'est pas fou, qui est capable de comprendre et qui sera capable, ayant compris, de s'autodissoudre. En fait, il ne se dissoudra pas; le jour où il aura compris; il deviendra tellement calme que la conscience le dissoudra. Pour que la conscience jaillisse, il faut que l'ego soit devenu calme, tellement calme, si calme.

Q *- Disons que tu étais coincé puis tu as fait : « Ah! je suis coincé, je ne peux rien y faire; ah! merci, mon Dieu ». Voyons, c'est pas logique, ça!*

R *- Non, il y a quelque chose que tu n'as pas compris. J'ai d'abord compris que la dame était coincée dans son état de conscience avec son mental fou; elle était coincée comme une grenouille qui ne pourra jamais sortir de son bocal. Je me suis dit que peut-être j'étais, moi aussi, dans ce cas-là. Peut-être que moi aussi j'ai un ego qui est fou et je ne pourrai jamais sortir de mon bocal et que je serai coincé là. Si c'est le cas, c'est foutu, je ne peux pas rentrer à Jérusalem, je ne peux pas rentrer dans ma conscience Divine. Je ne suis qu'un ego et je vais crever comme un ego, je vais être obligé de me réincarner comme un ego, puis je vais être encore un abruti mental.*

Dans ce cas-là, quelle est la solution? Qu'est-ce qu'on fait? Qu'est-ce qui se passe? Qu'est-ce qui arrive?

J'ai demandé la lumière.

Puis un jour, c'est venu. Pose-toi les mêmes questions, tu feras la même découverte.

Q - *S'il n'y a rien à faire, comment peut-il arriver une solution? Je suis dans le fond du bocal et il n'y a plus rien à faire!*

R - *Mais la solution, elle t'arrive, c'est ça. Ton mental dit qu'il n'y a plus rien à faire, ton ego dit qu'il n'y a rien à faire et pourtant, tu cherches encore ce que tu pourrais bien faire pour en sortir.*

Ça, c'est le raisonnement humain de croire qu'il y a toujours quelque chose à faire pour régler une situation. Un jour, tu vas arriver à comprendre que pour beaucoup de situations – malgré tout ce que tu as fait –, tu n'as rien réglé; d'ailleurs, tu cherches encore quoi faire pour les régler.

*C'est ça, ton problème. C'est que tu essaies de faire toujours quelque chose pour régler tes problèmes, mais tu n'as jamais pris conscience qu'il faut un jour **arrêter de faire**. Vous savez, à un certain moment, on doit en passer par là. À un certain moment, on doit arrêter de faire quelque chose. La grenouille ne peut plus rien faire; quoi qu'elle fasse, elle reste au fond du bocal. Tout ce qu'elle peut faire, ça ne servira à rien parce qu'elle l'a déjà fait mille et mille fois.*

*Dans ce cas, l'on vit une situation d'impuissance totale; si l'on est assez conscient pour voir et constater son **impuissance**, l'on pourra rester calme, très calme. Et alors, bien sûr, dans ce calme, le portail s'ouvrira, la conscience jaillira. Comprenez-vous?*

*Quand vraiment vous comprenez votre impuissance, vous laissez aller et c'est **l'abandon**, c'est le **lâcher-prise**. Toutefois, personne ne peut s'abandonner sans avoir sérieusement lutté d'abord. Ô, cruel paradoxe!*

Q - *Das, je préférerais une autre explication du principe.*

R - *La conscience Divine est au-delà du mental. Alors, tant qu'on veut faire bouillonner, bouillonner et bouillonner encore le mental pour tout régler, pour tout comprendre et pour tout apprendre, on n'en sort pas.*

Le mental, il faut s'en servir pour connaître les principes et pour savoir dans quelle direction naviguer. À un certain moment, il faut monter la voile puis laisser le vent nous pousser. Donc, lever sa voile, c'est se poser des questions puis ne pas attendre une réponse mentale. Alors là, tu commences déjà à travailler avec ta conscience supérieure.

*Rappelle-toi le principe de la grenouille au fond : elle ne peut plus rien faire. N'essaie pas de savoir ce qu'il faut faire, elle ne peut plus rien faire. Tout ce qu'elle pouvait faire, elle l'a déjà fait. Si tu es dans une **situation d'impuissance totale**, il n'y a plus rien à faire. Alors, qu'est-ce qui arrive? C'est ce qu'il faut découvrir.*

Mais c'est ce que je ne veux pas expliquer sur le plan mental. Comme le principe du tapis magique. Comme d'autres principes, ceux des soutras de la gratitude; je ne veux pas expliquer les soutras de la gratitude parce qu'il faut les découvrir. J'explique la gratitude, bien sûr.

*Donc, pour une fois, passez-vous d'explications, bien que des explications, vous en ayez en abondance : plusieurs dizaines de conférences et plus de mille pages dans le Nectar de la Conscience. En plus, il faut que je vous explique longuement pourquoi **je ne dois pas** vous expliquer certains principes... Vous seriez un peu coincés dans votre mental que ça ne m'étonnerait pas...*

Vous savez, votre mental est gourmand; même avec cinq cents conférences et dix mille pages d'explications, il demanderait encore plus d'explications. Ceci est un des pièges du mental, de l'âne, de l'ego qui veut toujours une autre explication.

*La bonne attitude est de lui dire : **non**,*

- *ceci, je ne te l'explique pas;*
- *ceci, je vais le découvrir **sans** toi,*
- *ceci, je vais te le répéter encore et encore.*

Si vous êtes fermes et résolus dans la conduite de votre ego, vous arriverez à calmer votre âne et, finalement, à changer de conscience.

***Q** - Jean-Pierre, pour certains de mes problèmes, je n'essaie même plus de les régler, je laisse aller. Pourtant, il ne se passe rien et je n'ai pas de réponse non plus.*

***R** - Effectivement parfois, il y a un temps mort, les choses paraissent figées. Il faut s'armer de patience et mettre ce temps à profit pour travailler encore et encore sur sa conscience.*

***Attention** : vous ne devez jamais vous laisser aller à ne rien faire pour tenter de régler vos problèmes. Vous devez, au contraire, essayer au maximum de tout faire pour améliorer votre vie.*

Oui, vous devez :

tout faire sur le plan matériel

et tout faire sur le plan de la conscience.

Écoutez, il faut arrêter de faire; quand vous en êtes rendus à l'impuissance, quand vous êtes tombés au fond du bocal, arrêtez. C'est seulement à ce moment-là que vous pouvez arrêter de faire, prendre conscience et vous calmer. Oui, à ce moment-là seulement.

Mais tant que vous pouvez agir,
vous devez agir
avec toujours plus de conscience.

Il faut savoir arrêter l'action désespérée de l'ego qui agit et qui fait sans résultat. Cela est le signe : ***stop!*** *je dois maintenant prendre conscience. Dans ce cas-là, vous arrêtez tout et vous cherchez à prendre conscience. Ensuite, avec une nouvelle conscience, après avoir compris ce qui vous bloquait, vous reprenez l'action. C'est avec une conscience plus large que vous saurez quand arrêter et quand agir.*

Ceci est fondamental. Avez-vous bien compris, ô Amis de Lumière? Oui, certes vous avez compris mentalement; mais allez-vous vivre cela avec l'attitude éclairée qui convient?

Ô, Amis de Lumière, la réponse arrive toujours, mais il faut vraiment être obsédé un peu par la question. C'est ça, être obsédé par la question. Si tu es assez obsédé pour dire : « Mais qu'est-ce qui arrive, qu'est-ce qui m'arrive? Je suis coincé au fond de mon bocal, je ne peux pas en sortir ». Tu sais profondément que dans ce cas-là, tu ne pourras pas en sortir. Alors c'est sûr que la grenouille, à un moment, ça va lui prendre des ailes pour sortir. Il faut que ces ailes poussent. Quand vous aurez les deux ailes, vous pourrez sortir.

Voilà, ô Êtres de Lumière, je vous souhaite de tout mon coeur de devenir une grenouille à plumes. Il y a la légende du serpent à plumes, mais la légende de la grenouille à plumes, c'est tout à fait merveilleux. La grenouille à plumes, c'est sublime, vraiment sublime.

Pour devenir une grenouille à plumes, il faut déjà être un âne fou. Si vous n'êtes pas un ego fou, vous aurez moins de problèmes. Vous aurez juste à monter votre âne quand il sera devenu tranquille. Si votre ego n'est pas fou, il va se calmer, vous pourrez vous unir avec lui, fusionner avec lui, puis ce sera réglé. Par contre, s'il est fou, il faut qu'il lui pousse des plumes et des ailes.

Le symbole et le mystère des ailes de la grenouille, vous devez le découvrir vous-mêmes. Et vous le découvrirez si vous avez profondément envie de connaître la **réalité** de la vie. Les ailes doivent être pour vous une révélation intérieure de leur véritable nature. Sans révélation, sans ouverture de la conscience, elles ne pousseront pas. L'ouverture de la conscience vous transformera aussitôt en grenouille à plumes.

Vous savez, dans les contes, il suffit qu'un crapaud reçoive un léger baiser d'une jolie femme pour devenir un prince charmant. Alors, si la conscience vous effleure... Alors oui, ô Divins Êtres, une telle métamorphose se produira dans votre vie, aujourd'hui ou dans mille ans. Voilà la **réalité absolue** de votre destin Divin.

Voyez-vous, les religions, dans leur folie dominatrice, nous ont fait croire à la chute de l'homme, **mais** elle nous ont toujours complètement caché l'**Ascension**. Elles l'ont toujours cachée et continuent **encore** de nier que l'Ascension est le destin suprême de chaque être humain.

L'Être humain a choisi de vivre dans le mental pour un temps limité, quelques milliers d'années tout au plus... Après quoi, c'est inéluctable, il reviendra dans sa conscience Divine. Oui effectivement, c'est inéluctable, que votre ego soit fou ou pas; vous retrouverez votre conscience réelle en y travaillant de la bonne façon.

Ceci est-il si difficile à comprendre? Si difficile à réaliser? Pourtant, c'est si simple : vous êtes un Être Divin, totalement merveilleux, adorable et délicieux. Oui, c'est ainsi pour **chaque** humain. Combien de temps encore voulez-vous vous croire un pauvre pécheur? Et croire que vous serez sauvés **après** la mort? La mort ne sauve personne car la mort **ne permet pas** de transmuter le mental. Sauvés de quoi, d'ailleurs? Vous n'êtes pas perdus, vous êtes ici, dans le mental, de votre plein gré.

- Seul le changement de conscience vous apportera la vie merveilleuse que vous aimeriez vivre depuis toujours.
- Seul votre **lâcher-prise** vous libérera de l'illusion d'être séparés de vous-mêmes, de l'illusion d'être séparés de votre grandeur.
- Seul l'ésotérisme révèle la **réalité** de la conscience, L'Apocalypse, c'est la révélation. La révélation de tout ce qui était caché à l'homme, par l'homme...
- Seule votre **Ascension** vous permettra de retrouver la plénitude de votre conscience **réelle**, la plénitude de votre état naturel, c'est-à-dire Divin.
- Seul un travail éclairé sur votre conscience vous permettra d'élargir votre conscience.

Pour en arriver un jour à l'Ascension, il faut tout de suite prendre la connaissance et la révélation au sérieux et faire le travail adéquat sur sa conscience. Vous verrez que finalement, les choses vont assez vite. En effet, dès que vous aurez franchi la première étape – la compréhension des principes –, tout de suite après, vous commencerez à lâcher prise.

Lorsque vous commencez à lâcher prise, un flot de conscience coule en vous et votre vie se transforme merveilleusement, radicalement. Pour entreprendre ce travail et le réussir, prenez de bons outils tels :

LE CHANT DU CYGNE,
LE NECTAR DE LA CONSCIENCE.

Le Chant du Cygne vous apporte plus de conscience, le Nectar de la Conscience vous donne plus de compréhension. Alors plus vous avez de conscience, plus vous comprenez; et plus vous comprenez, plus vous avez de conscience. Voici donc le cercle magique de l'Alchimie de la conscience; entrez dans ce cercle, vous en sortirez ruisselants de lumière.

Oui, ô Amis de Lumière, vous qui êtes mes amis depuis des siècles, entrez et laissez la lumière jaillir de vous. Oui, vous allez ruisseler de lumière.

Maintenant, ô Êtres de Lumière, chantons le Chant du Cygne tous ensemble, tendrement et joyeusement.

11

Le lâcher-prise
La mort

Ô Seigneur des seigneurs
Je te remets ma destinée, salut à Toi
Toi le Christ en moi, le Suprême Guru

Ô conscience, Toi ma véritable réalité
Tu me guides, tu me conduis, tu me diriges
Vers la véritable foi Divine
Vers l'authentique expérience de Dieu.

Le Chant du Cygne, soutras 18 et 70.

Ô Dieu, je ne suis rien, et je suis Toi. De la réalisation de cette simple phrase dépend l'ouverture de notre conscience Divine. Bien sûr, cela ne se réalisera pas en une seconde, mais la clé est là. Alors, bienvenue à vous, ô Êtres de Lumière, en cette année bissextile, en ce 29 février 1996. Il nous faudra attendre encore quatre ans pour que cela se reproduise.

Je ne suis rien et je suis Tout. Voilà le grand problème de tous les êtres humains. Tel est le grand défi de tous les êtres qui se conscientisent : arriver à comprendre de quelle façon ils ne sont rien et de quelle façon ils sont Tout. Dans notre conscience Divine, nous sommes réellement des Êtres de Lumière, nous sommes déjà totalement illuminés, nous sommes déjà totalement accomplis. Ce n'est pas une illumination que nous acquerrons, que nous fabriquerons jour après jour, comme on construit un mur de briques. Non, pas du tout. Notre ego ne deviendra jamais illuminé parce que nous sommes déjà des Êtres de Lumière, déjà complètement accomplis.

Mais nous avons développé un ego, nous en avions besoin et nous l'avons expressément voulu. Nous avons développé une conscience mentale pour nous permettre de vivre dans la matière et explorer la dualité. Une telle conscience nous cache aujourd'hui notre réalité. En effet, cette conscience mentale est devenue une habitude de notre cerveau, de nos neurones, de toute notre programmation, et c'est un système qui fonctionne tout seul, de lui-même.

Un peu comme dans une maison quand, avant de partir en vacances, nous branchons un système électronique pour allumer et éteindre les appareils et la lumière. Tout s'allume, tout s'éteint; la télévision s'allume et s'éteint, tout fonctionne tout seul. Quand nous revenons de vacances, nous aimerions bien que le système s'arrête, nous aimerions bien pouvoir regarder la télévision sans qu'elle ne s'arrête brusquement, nous aimerions pouvoir lire sans que les lumières ne s'éteignent soudainement. Mais nous ne savons plus comment arrêter, comment débrancher le système que nous avons nous-mêmes mis en place.

Voilà dans quel état nous sommes. Nous sommes des Êtres de Lumière qui fonctionnent avec un mental automatique que nous ne savons plus comment arrêter. Nous devons donc prendre conscience de notre mental, prendre conscience de nos vaines imaginations, prendre conscience de nos pensées, de nos émotions, prendre conscience de tout ce système automatique qui fonctionne toute la journée et auquel nous nous identifions perpétuellement. Si nous devenons conscience témoin et que nous observons notre mental régulièrement et en profondeur, attentivement et avec assiduité, nous deviendrons témoins du mental. Lorsqu'on se dit : « Tiens, le mental pense encore à ceci » ou « Tiens, le mental a encore cette réaction pour la mille et unième fois », nous devenons alors la conscience témoin. Nous prenons conscience de notre mental et nous pouvons alors nous dire : « Non, je ne suis pas ce mental » et de cette façon, nous nous différencions du mental.

La conscience témoin, c'est le sixième niveau de conscience. Il y a trois niveaux de conscience inférieurs dans lesquels vit l'être humain habituellement, et il existe trois niveaux de conscience supérieurs dans lesquels l'Être peut vivre en autant qu'il en fasse l'effort. Ces trois niveaux de conscience supérieurs se manifestent[1] lorsque l'être humain devient conscient qu'il vit dans l'amour, qu'il vit dans l'abondance et qu'il devient témoin de son mental. Il est possible de vivre dans l'amour et l'abondance même si nous sommes sans le sou, même si nous n'avons pas de situation, même si nous rencontrons de grandes difficultés dans la vie.

Bien sûr, il arrive que des difficultés trop noires ou trop épaisses submergent notre existence. Cependant, si nous parvenons à passer la tête et la poitrine hors de la boue, hors de la boue de la vie humaine et mentale, nous nous apercevrons qu'il y a du soleil, qu'il y a de l'amour, qu'il y a de l'abondance, et nous pourrons alors être les témoins de notre vie. Si nous ne parvenons pas à atteindre ces trois états de conscience supérieurs, nous en serons réduits à vivre dans les trois états de conscience inférieurs: les états de survie, de sensations et de domination, lesquels sont les trois instincts inférieurs dans lesquels nous sommes tous maintenus par nous-mêmes.

Voilà pourquoi le premier pas consiste à sortir de ces états de conscience inférieurs pour vivre dans les états de conscience plus élevés : l'amour, l'abondance et la conscience témoin. À partir de là, plus nous deviendrons témoins du mental et plus nous serons conscients du mental. Un beau jour, le mental aura complètement compris qu'il est lui-même son propre enfer. Un peu comme un alcoolique qui boit, qui boit et qui boit puis qui, à un certain moment, devient conscient qu'il boit, qu'il ne peut plus arrêter de boire. Il en devient si conscient qu'il réalise enfin que lorsqu'il boit, c'est l'enfer. Et en prenant pleinement conscience qu'il ne devrait plus boire, il finit par arrêter, simplement parce qu'il a réalisé et **pris conscience** que boire lui est préjudiciable.

Nous, de la même façon, lorsque nous aurons profondément compris à quel point il nous est préjudiciable de vivre dans les états de conscience inférieurs et même de vivre dans le mental, nous finirons par émerger vers la conscience supérieure. Même lorsque nous vivons dans la conscience de l'amour, de l'abondance et de la conscience témoin, nous demeurons encore dans une limitation terrible. Nous avons un ego positif, certes, mais nous avons encore un ego, nous sommes limités, nous avons gardé notre collection de problèmes, sauf que nous les vivrons peut-être mieux que nos voisins, qui sont négatifs.

Alors, quand le mental a vraiment pris conscience que sa vie, qu'elle soit positive ou négative, est un enfer, il va commencer à comprendre. Mais au fond, c'est nous qui comprenons.

---

(1) Voir tome 3, chapitre 7, L'Échelle de la Conscience.

Le mental se dira : « Je ne veux plus vivre cela, car il y a une vie supérieure ». Il voudra alors découvrir le septième niveau de conscience, qui est la conscience Divine, la conscience christique et même, encore plus haut, la conscience de la Monade. Ça, c'est notre véritable vie, et c'est cette vie-là que nous voudrons vivre, c'est à cette vie-là que nous voudrons accéder.

Alors l'ego commencera à se calmer, se calmer, se calmer, et nous arriverons à vivre notre vie, avec toute sa collection de problèmes; nous la vivrons assez calmement, d'une façon détendue. Nous développerons, à travers cette évolution, une infinie patience parce que les délais y sont parfois longs. Les choses ne se produisent pas toujours aussi rapidement que le voudrait l'ego. Pourquoi les choses n'arrivent-elles pas aussi vite? C'est qu'il faut laisser le temps à l'ego de prendre conscience de lui-même. Car si les choses que nous souhaitons se produisaient maintenant, à l'instant même où nous les souhaitons, nous resterions un ego pendant encore dix mille ans. En réalité, dès la prise de conscience, **tout se passe très vite.** Mais au départ, l'ego est tellement impatient... que le moindre délai lui paraît une éternité. Il est bon que l'ego apprenne la patience!

Si nous en sommes encore à cette phase de prise de conscience, c'est qu'au fond de nous-mêmes, nous désirons sortir de là. Pour nous, c'est fini, l'ego; c'est fini, l'être humain. Nous voulons en sortir. Alors, il est normal que nos désirs ne se réalisent pas et c'est tant mieux.

L'être humain qui réalise aussitôt ses moindres désirs n'est jamais satisfait. Dès qu'un désir se réalise, il en redemande un autre. L'ego en arrive à être milliardaire et n'est pas encore satisfait. Il aura bientôt cent cinquante milliards de dollars – comme un certain grand monsieur de Montréal pour qui cent cinquante milliards n'est pas suffisant. Il en veut encore plus. Il veut maintenant investir en Chine pour faire encore plus de milliards. Ce n'est pas un mauvais bougre, mais il a encore des désirs, encore et toujours des désirs, surtout des désirs de domination, d'ailleurs. Le jour où il possédera mille milliards, que lui faudra-t-il encore? Contrôler encore davantage parce qu'il y aura toujours un milliardaire plus riche que lui.

L'ego est mégalomane, sa folie est sans limite. Donc, si nos désirs ne se réalisent pas, c'est que nous devons prendre conscience qu'ils proviennent de l'ego, qu'ils s'accompliront peut-être un jour mais peut-être jamais, mais qu'à travers ça, nous devons nous calmer pour changer de conscience. Imaginons quelqu'un qui vit en Guyane, dans une hutte en paille, et qui désire absolument avoir une cuisine neuve et moderne comme on en voit à la télévision. Jamais il ne pourra disposer d'une telle cuisine dans son humble hutte... Pour réaliser son désir, il lui faudra déménager, il lui faudra quitter sa hutte pour acheter une vraie maison.

Cet exemple s'applique aussi à nous. Si nous voulons réaliser notre véritable potentiel, notre véritable plénitude, nous devons déménager. Il nous faut quitter notre hutte de paille pour venir habiter une villa superbe, le palais de notre conscience Divine. Cet état de conscience est nommé, dans la Bible, « la Nouvelle Jérusalem » et compte douze portes en raison des douze chakras. Il ne s'agit pas d'une cabane qui descend du ciel, mais d'un état de conscience qui est **déjà** là, qui est **déjà** disponible et dans lequel nous devons pénétrer à dos d'âne.

Jésus est entré à Jérusalem sur un âne. Jésus est le symbole de la conscience christique et l'âne, celui du mental. Les deux sont entrés ensemble à Jérusalem. Jésus n'est pas entré à pied, il n'a pas tiré son âne; il l'a chevauché; il a chevauché son bourricot mental. Son âne est plein de bonne volonté, il rentre de lui-même et, sur le chemin, les fils et les filles de Dieu poussent des cris de joie : c'est toute notre conscience, tout nous-mêmes qui entre à Jérusalem, notre véritable conscience d'Être.

Voilà le Principe, et c'est la merveille contenue dans le Chant du Cygne. Quand nous le chantons tous les jours, jour après jour, nous nous imprégnons de cette conscience qui coule et qui coule dans notre vie. Tout comme l'eau arrive à user la roche, le Chant du Cygne use – oui –, il use le mental. Et si notre porte est trop épaisse, il nous faudra un long moment avant de parvenir à la transpercer. Peut-être même que pour y parvenir, il nous faudra utiliser de la dynamite. La dynamite, ce sont les épreuves qui surviennent dans notre vie. Ces épreuves, parfois terribles, sont les explosifs nécessaires pour faire sauter les portes de l'ego.

Mais dans ton cas, Simone, la dynamite n'est pas nécessaire parce que tu as déjà conscientisé beaucoup de choses avant d'arriver ici. Tu as déjà subi et traversé des épreuves depuis longtemps déjà, ce qui signifie que tu as décidé d'ouvrir ta porte tout en douceur. Mais tu dois t'ouvrir à cette patience, à cette Divine patience et te dire que ce que tu veux arrivera quand ça devra arriver. ***Tu dois comprendre que c'est uniquement ton mental qui souhaite que ton désir se réalise. Ta conscience Divine s'en fout, car si elle le voulait aussi, elle aurait fait en sorte que ton désir soit déjà réalisé.*** *Donc, tout dépend de toi dans ta conscience d'Être.*

L'obstacle, c'est ton ego. Ton ego qui veut ça et qui ne veut que ça, qui ne veut rien d'autre, qui veut ça tout de suite et qui n'a pas un poil de patience. En tout premier lieu, il te faut lâcher prise en restant détachée. Si ça se produit, tant mieux. Et si ça n'arrive pas, si ça tarde, il faudra te calmer, te tranquilliser, t'armer de patience et savoir attendre que ça se produise finalement, à un moment que tu ne connais pas, tout en sachant que ce que tu veux peut aussi ne jamais arriver. D'ailleurs, quand le délai est trop long, il y a beaucoup de choses à comprendre... C'est ce qu'on appelle le lâcher-prise. Et le lâcher-prise, c'est un gros morceau.

Quand tu l'auras fait, ce lâcher-prise, tu te sentiras libérée, soulagée et tu ne souffriras plus, même si ce que tu souhaites n'est pas encore arrivé. Peut-être bien que ça arrivera, ou peut-être même qu'il se produira quelque chose d'encore bien plus beau, et non pas te limiter à ta demande, quelle qu'elle soit. Peu importe, d'ailleurs; c'est personnel, ça ne concerne que toi.

Souvent d'ailleurs, nos désirs ne se réalisent pas parce que nous demandons trop peu. Nous devrions vraiment exiger plus de nous-mêmes car notre conscience voudrait tout nous offrir. Il faut **oser!**.

Donc, nous sommes « Je ne suis rien »; c'est répété six fois dans le Chant du Cygne. « Ô Dieu, je ne suis rien et je suis Toi; ô Dieu, je ne suis rien et je suis **Tout** ». Dans le mental, nous ne sommes rien, rien, rien du tout. Dans le mental, nous sommes si insignifiants que nous ne pouvons même pas régler le moindre de nos problèmes. Si nous désirons de l'argent, le mental n'est pas capable de nous en donner; si nous voulons un emploi, le mental est tout aussi incapable de nous en dénicher un.

Même ceux qui travaillent au niveau mental éprouvent les mêmes difficultés. Ils visualisent énormément, au maximum. Au début, la visualisation leur donnera des résultats, du moins au cours des premières années. Mais après quelques années consacrées à la visualisation, ça ne fonctionnera plus. La preuve? Demandez-leur de vous montrer leur collection de problèmes : ils en ont une pleine caisse. Si la méthode mentale donnait de si bons résultats, ces gens-là n'auraient plus aucun problème après dix ans de visualisation. Nous sommes tous passés par là, nous avons tous visualisé mille choses. C'est vrai que ça fonctionne pendant un certain temps, mais pour une petite partie de notre vie, juste pour régler quelques petits problèmes. Mais à côté de nous, il reste toujours notre gros sac à dos débordant de problèmes. En effet, nos problèmes de fond, nos problèmes majeurs sont encore là.

Donc pour nous, la solution, aujourd'hui, n'est plus de travailler au niveau mental, mais de changer de conscience radicalement et profondément, selon trois axes.

- En se hissant au niveau de l'amour, de l'abondance et de la conscience témoin.
- En étant pleinement conscients du mental et en l'observant soigneusement. Mais cela nécessite un grand travail, lequel implique d'être un Être conscient, un guerrier de la conscience.
- En prenant parfaitement conscience de ce que nous sommes en réalité, c'est-à-dire des Êtres de Lumière déjà accomplis, déjà réalisés.

Ces Êtres ont la **patience active** d'attendre que le mental arrête de tirer sur sa corde, car ils savent qu'ils finiront par monter sur leur âne pour entrer à Jérusalem.

Voyez-vous, ô Êtres de Lumière, le principe? Et le Chant du Cygne permet cette prise de conscience du « Je ne suis rien » tout en vous permettant de prendre conscience du « Je suis Tout », parce que cette conscience suprême coule à travers le Chant du Cygne.

Le Chant du Cygne, nous pourrions l'expliquer et l'expliquer encore, mais c'est uniquement en le chantant que nous en récolterons le fruit... Le Chant du Cygne contient soixante-treize soutras (versets), dont certains sont structurés de façon à accrocher le mental. S'il arrive que quelque chose nous bloque en lisant un verset, nous devons bien comprendre que c'est notre mental qui s'est coincé là, alors que notre conscience supérieure aurait librement coulé. Si nous parvenons à dépasser ces blocages de notre mental, nous constaterons que tout coule facilement. Même si un verset peut nous paraître curieux, il coulera aisément dès que nous aurons compris que ce n'est pas nous qui nous arrêtons dessus, mais plutôt notre mental. À partir du moment où nous pourrons chanter sans blocage, ce sera encore plus de conscience qui coulera dans notre vie.

Nous savons donc que, quand nous accrochons, c'est notre mental qui accroche. Nous pouvons alors, à ce moment-là, prendre conscience de notre mental. Nous nous dirons : « Tiens, le mental s'est accroché dans tel soutra », ce qui nous permettra d'observer jusqu'à quel point notre mental s'accroche un peu partout dans notre vie. C'est un moyen excellent pour prendre conscience.

En fait, notre mental ressemble à un vêtement plein de barbelés. Partout où nous passons, nous nous accrochons. Nous devons donc retirer les barbelés de notre mental afin de nous vêtir d'un nouvel habit, d'un habit qui glisse. Au Japon, pour prendre le métro, les gens ont des vêtements spéciaux et glissants. Ainsi vêtus, ils peuvent se pousser, se tasser sans s'accrocher les uns aux autres. Sur les quais, des pousseurs les tassent à l'intérieur du métro. Avec leurs vêtements qui glissent et qui n'accrochent pas, ils peuvent entrer et sortir des wagons sans difficulté.

Nous nous accrochons partout, comme si nous portions des vêtements tissés de barbelés, de fils de fer. C'est exactement ce qui se produit dans notre mental : nous sommes tellement susceptibles, peureux, paranoïaques qu'au moindre propos, nous restons accrochés. À la moindre grimace, à la moindre contrariété, nous restons accrochés. C'est ça, le mental. Il nous faut en prendre conscience, et c'est l'aspect le plus important de la prise de conscience. Ainsi, en changeant radicalement de conscience, nous deviendrons glissants comme des anguilles... Nous n'accrocherons plus personne et personne ne pourra s'accrocher à nous.

Ô, Êtres de Lumière, nous devons bien comprendre que le temps de la connaissance est venu. Nous devons cesser de croire pour prendre conscience. La compréhension du **principe** nécessite de prendre conscience d'une façon complète et globale de notre mental, de notre ego, de nos racines; bref, de notre conscience humaine. Alors et alors seulement, nous pourrons découvrir nos branches, notre feuillage, nos fleurs et nos fruits; autrement dit, notre conscience Divine.

La connaissance suprême est la réalisation parfaite du principe de l'ego :
JE NE SUIS RIEN

et du principe de la conscience Divine :
JE SUIS TOUT.

La compréhension profonde de ce **principe**, alliée à un vécu **attentif** débouche, pour chacun de nous, dans la conscience Divine.

Nous devons donc, pour être conscients, connaître notre mental, mais aussi notre sexualité et également la mort. Un jour ou l'autre, nous serons appelés à prendre conscience de notre sexualité, de notre énergie sexuelle dans son aspect supérieur. Nous ne nous attarderons pas sur ce sujet-là, pas maintenant; plus tard, nous verrons.

Regardons maintenant l'autre aspect, celui de la mort. Nous devons absolument conscientiser ce qu'est la mort parce que, tant et aussi longtemps que notre mental s'accrochera à l'idée de la mort, nous ne pourrons pas devenir des êtres libérés. Et concernant la mort, il existe quatre niveaux principaux de compréhension que nous devons bien conscientiser : **le deuil, notre mort, la vie après la mort, et l'immortalité.**

Mais tout d'abord, il y a **la peur de la mort.** Dans la Bible, nous pouvons lire, dans ***Hébreux*** : « La peur de la mort est la peur fondamentale de l'homme qui le tient en esclavage toute sa vie ». Comme nous le constatons, ce n'est pas d'aujourd'hui que les gens craignent la mort; ça remonte à loin.

Si nous voulons vraiment nous libérer pour être des Êtres de Lumière, nous devons, certes, prendre conscience de notre mental et bien sûr, de notre conscience Divine, mais nous devons aussi prendre conscience de la mort. Oui, nous devons prendre conscience de ce qu'est la mort dans ses quatre niveaux fondamentaux. Seules la compréhension et la connaissance nous libéreront de cette peur de la mort, ancrée en nous depuis toujours. **La connaissance libère de la peur de la mort.**

Examinons ensuite le deuil. Le **deuil,** c'est lorsque nous perdons un être cher. Comment réagit-on, comment réagira-t-on lorsque nous perdrons cette personne qui nous est si proche et que nous aimons profondément? Notre réaction dépend si nous avons compris ce qu'est la mort ou si nous sommes restés dans la conscience de l'être humain, qui a peur de la mort et qui ignore tout de la mort.

Voyons le deuxième niveau, celui de **notre mort**. Quand il nous arrive de penser à notre propre mort, sommes-nous mal à l'aise ou très tranquilles? Certains préfèrent ne jamais y penser. Nous allons pourtant tous mourir; aucun être humain n'y échappe. Peut-être que parmi ceux qui sont morts, quelques-uns, très rares, ont-ils transcendé leur corps et sont-ils partis dans un rayon de lumière; mais leur corps physique et biologique est resté quelque part sur terre. Dans certaines églises sont exposés des cadavres humains qui dégagent une odeur de rose, paraît-il. Mais même si notre corps devient un jour suffisamment lumineux pour sentir la rose après sa mort, s'il est conservé dans un aquarium comme dans ces églises, il n'en demeure pas moins mort, froid et dépourvu de vie. Qu'il dégage une odeur de caca ou une odeur de rose, il est bel et bien mort.

Quand nous pensons à notre mort, quelles sont nos réactions, comment la percevons-nous? La voyons-nous comme une libération? En avons-nous peur? Est-ce qu'on s'en fout, prétextant qu'il n'y a rien d'autre après, de toute façon? Cette dernière réaction révèle une conscience tout aussi étroite et limitée que la peur en soi. Nous devons prendre conscience que nous mourrons un jour, et nous devons apprendre à **regarder cette idée en face** afin de découvrir ce qu'est la mort en réalité.

Mais ce n'est pas tout. Il y a encore d'autres niveaux plus avancés qu'il est absolument essentiel de découvrir pour devenir un Être conscient. En troisième lieu, il y a **la vie après la mort.** Il s'agit pour nous de bien comprendre et de réaliser qu'après la mort, une autre vie existe. Aujourd'hui, un grand nombre de bouquins traitent de cette vie après la mort.

Il y a quelques jours, je me suis rendu à la librairie Moreau dans le but d'y acheter un disque. J'en ai profité pour fouiner un peu au rayon ésotérique. Il y avait une bonne quinzaine de livres traitant de la vie après la mort, tous d'auteurs différents. Mais qu'il s'agisse de bons ou moins bons auteurs, d'auteurs contemporains ou plus anciens, j'ai pu y constater que la littérature ésotérique traitant de la mort est abondante.

Après en avoir lu un certain nombre, nous pouvons déjà nous faire une bonne idée de ce qu'est la vie après la mort. Nous pouvons nous dire : « Oui, probablement que ça existe, qu'il y a une vie après la mort ». Alors là, c'est important que nous tentions d'en vivre l'expérience, soit par un voyage astral, soit par une régression dans une vie antérieure. Après une telle expérience, nous n'aurons plus besoin ni d'y croire, ni d'en douter; nous saurons, nous aurons la connaissance véritable parce que nous l'aurons vécue.

Le quatrième niveau est celui de **l'immortalité** de la conscience. La prise de conscience de **l'immortalité** de la conscience est fondamentale pour être libéré, profondément libéré dès cette vie de toute obscurité par rapport à la mort. Il s'agit de prendre conscience en profondeur qu'on ne meurt pas. Il s'agit de réaliser que « mon corps va mourir un jour, mais pas moi, pas ma conscience ». Bien sûr, il ne suffit pas de répéter ça mentalement; encore faut-il intégrer cette connaissance au fond de soi-même.

Beaucoup de gens disent : « Oui, mon corps va mourir; mais pas moi »; mais ça reste une idée purement intellectuelle, tout à fait superficielle. Ils savent mais ils n'en connaissent pas la réalité profonde. Ils n'ont aucunement compris qu'ils sont en réalité une pure conscience Divine et que cette conscience est éternelle et immortelle. Ils n'ont aucunement réalisé qu'ils sont, eux aussi, éternels et immortels. Les Êtres les plus éclairés chercheront vraiment à comprendre et à réaliser cette connaissance.

Nous devons prendre conscience que nous sommes des Êtres de Lumière et que **notre conscience ne mourra jamais.** Nous savons qu'au moment de notre mort, nous nous retrouvons dans notre corps astral; mais nous sommes encore vivants, dans ce corps astral. Et ce véhicule astral vivra encore cinquante ou cent ans sur le plan astral. Puis un jour, il va mourir. Nous nous retrouverons alors dans un corps plus subtil, mais nous ne serons toujours pas morts.

Et un jour, le même cycle recommencera; le cycle de la naissance, de la vie et de la mort. Nous pouvons être un ego en ce moment, dans notre corps de chair, et nous retrouver ego dans notre corps astral. Un ego qui meurt aujourd'hui devient un ego sur le plan astral, parce que la mort ne nous illumine pas. Si notre ego n'est pas illuminé aujourd'hui et que l'on meure ce jour même, notre ego ne sera pas illuminé davantage sur le plan astral. La mort n'a jamais rendu aucun être ni plus conscient, ni plus illuminé. Selon ce que nous aurons vécu dans l'année précédant notre mort, nous allons nous retrouver sur le plan astral avec le même état de conscience, sans aucune différence. Le fumeur voudra fumer, l'alcoolique voudra boire, l'abruti ne voudra rien savoir.

Par contre, il arrive parfois que le choc de la mort provoque une prise de conscience. Prenons, par exemple, une personne convaincue qu'il n'y a aucune vie après la mort et qui réalise, maintenant qu'elle est morte et que son corps est enterré, qu'elle est encore là, toujours là, bien vivante, qu'elle entend, qu'elle voit, qu'elle bouge. Là maintenant, elle se réveille. Elle commence à se questionner, ce qui peut l'aider à s'éveiller. Pour d'autres, par contre, ça ne suffit pas : ils sont et resteront abrutis encore pour quelques vies. Mais si, de notre vivant, nous avons accompli toute cette démarche de conscientisation, si nous avons conscientisé **le**

deuil, notre propre mort, la vie après la mort, et si nous avons profondément compris que nous ne mourons pas, que notre conscience est vraiment **immortelle,** nous aurons réalisé un pas de géant dans notre conscientisation globale.

Cette connaissance ne doit pas rester mentale; elle doit être intégrée profondément à l'intérieur de nous-mêmes. Et ce sont ces connaissances – celles de l'ego, du mental et la mort – qui nous permettront un jour de nous libérer, peut-être de notre vivant, peut-être dans une vie ultérieure. Dans tous les cas, nous aurons parcouru un chemin immense et nous nous serons terriblement approchés de l'Ascension.

Parce que si nous mourons demain matin, nous continuerons notre conscientisation sur le plan astral, nous trouverons aussi des enseignements, nous découvrirons encore des lieux où des pratiques nous conviendront, des états de conscience qui nous élèveront. Ce n'est pas fini : la vie continue jusqu'à la libération. Toutefois, même si nous poursuivons une certaine évolution sur le plan astral, il nous faut revenir à la vie terrestre pour atteindre la libération et réaliser son Ascension. L'Ascension se passe avec le corps éthérique; donc, il nous faut nécessairement revenir à la vie physique pour en repartir avec notre corps éthérique. Le corps éthérique meurt en même temps que le corps physique; voilà pourquoi il nous faut revenir encore et encore, jusqu'à l'Ascension, **avec notre corps éthérique**.

Mais il est préférable que nous comprenions maintenant que plus tard parce que, de toute façon, nous ne pourrons jamais échapper à la prise de conscience. Ce n'est pas nous qui la voulons dans notre mental; c'est notre conscience Divine qui dit : « Maintenant, ça suffit! Je dois reprendre conscience de moi-même pour en finir avec l'expérience humaine ». Ce qui signifie que nous ne serons plus jamais des êtres humains. Peut-être que nous reviendrons pour accomplir la promesse de Bouddha, pour aider à libérer tous les Êtres. Peut-être... Mais si nous revenons, nous reviendrons dans un état de conscience Divin, dans un état de conscience supérieur.

Alors, la prise de conscience est fondamentale dans notre vie. Nous devons travailler sur le « Je ne suis rien » et prendre conscience à quel point nous ne sommes rien dans le mental. Nous devons également travailler sur le « Je suis Tout » pour avoir une claire idée de l'Être de Lumière que nous sommes. Nous devons aussi conscientiser la mort dans ses quatre niveaux, et ce n'est pas difficile du tout[(1)]. Un être qui se donne la peine de s'intéresser à la littérature sur ces sujets aura atteint, en quelques années, l'état de conscience voulu.

---

(1) Voir Tome III, chapitre 8, qui révèle comment Être et Agir après la mort.

Oui, ça peut s'avérer très facile pour les personnes intéressées par ces questions.

Donc, je répète : oui, il est possible et même très facile pour tout le monde, pour chacun de nous, d'acquérir une conscience de la mort; et même si elle n'est que purement mentale, ce sera déjà un gros progrès. Et pour nous simplifier la chose, nous n'avons qu'à lire une douzaine d'ouvrages ésotériques traitant de la mort.

De toute façon, nous n'avons rien à perdre à connaître l'aspect ésotérique de la mort. Et s'il s'avère faux, nous le constaterons nous-mêmes en temps voulu. Mais **s'il est réel**, nous aurons gagné énormément à avoir compris le principe. Dès notre mort, nous comprendrons ce qui arrive, où nous sommes et ce que nous devons faire. **Bref, nous serons conscients.**

Au moment de votre mort, voici deux conseils que vous devriez suivre dès que vous reprendrez conscience.

Tout d'abord, demandez l'aide d'un Guide Étoile. Vous n'avez qu'à dire : « J'ai besoin d'un Guide Étoile, j'ai besoin d'aide ». Et c'est tout. Aussitôt dit, aussitôt fait : un Être de Lumière très avancé viendra vous proposer son assistance. En passant, un petit conseil gratuit qui pourrait vous aider : écoutez-le, ne lui racontez surtout pas votre horrible vie, ne lui décrivez pas votre mort dans tous ses détails... Non, **contentez-vous de l'écouter!**

Vous pouvez aussi faire bénéficier de ces conseils un être cher déjà décédé. Demandez un Guide Étoile pour l'aider : « Je demande un Guide Étoile pour aider mon fils »; idem pour parents, cousins. Simple, n'est-ce pas?

Ensuite, vous pourriez aller au Siddha Loka. C'est un endroit paisible, Divin, merveilleux. Avec un peu de chance et quelques onces de conscience, vous pourriez y rencontrer certains grands Êtres de Lumière. Si vous préférez, le Jana-Loka; vous avez le choix... Parlez-en à votre Guide Étoile et... Que la mort vous soit douce!

Quelques-uns ricaneront à la lecture de ces propos. Lead Beater a dit : « Expliquez aux gens ce qui arrive après la mort. De leur vivant, ils vont se moquer de vous, mais ils se souviendront de vos propos après leur mort et ils sauront quoi faire. Vous leur aurez rendu un ineffable service ». Ô, Êtres de Lumière, ne me remerciez pas déjà... Plus tard, beaucoup plus tard... peut-être.

Q *- Mais Jean-Pierre, si je meurs avant d'avoir compris quelque chose à la mort, suis-je perdue?*

***R** - Rassure-toi, tu mourras quand même... Mais je viens de donner deux conseils que tout le monde peut suivre. Tout le monde, petits ou grands, riches ou pauvres, conscients ou abrutis. C'est valable pour tous, c'est l'égalité suprême après la mort. Je les répète :*

- *Demandez un Guide Étoile;*
- *Demandez le Siddha Loka.*

C'est simple, si simple, suprêmement simple. Ô, Êtres de Lumière, voulez-vous quelque chose d'encore plus simple? De plus, il n'y a rien à croire. Rangez ces conseils pour vous, en souvenir après la mort; et si la réalité est conforme à mes propos, faites-le!

Tout ceci est d'une sainte simplicité et est facile pour tous. Le plus difficile, pour nous, c'est de lâcher prise. Pour lâcher prise, nous devons avoir vraiment compris le principe qui fait de nous des êtres si limités. Nous devons avoir vraiment compris le principe qui nous retient prisonniers et avoir aussi compris que l'obstacle n'est autre que nous-mêmes.

Il y a une émission de télévision qui s'appelle *L'enfer, c'est nous-autres;* mais c'est fantastique parce que l'enfer, c'est vraiment notre vie mentale. L'enfer c'est nous, nous dans notre mental. Il n'y a pas d'enfer ailleurs que dans notre conscience. Nous avons la possibilité de changer de conscience. Et même si ça nécessite un certain temps, rappelons-nous que ce délai est nécessaire pour que nous puissions comprendre. C'est le temps que nous mettons à comprendre...

Tout comme un alcoolique : combien de temps mettra-t-il avant de comprendre qu'il doit arrêter de boire? Et que dire du tabagique? Certains s'entêteront à fumer jusqu'à la fin de leurs jours. J'en connais un – des amis de New-York – dont le père vient de mourir d'un cancer. Lui, il fume depuis trente ou quarante ans. Son père est mort d'un cancer de la gorge ou des poumons – quelque chose du genre. Malgré tout, il continue de fumer, et ses deux crétins de fils aussi, comme leur père et leur grand-père. Son épouse ne fume pas, mais elle respire la fumée des trois autres, ce qui n'est pas mieux. Que pouvons-nous y faire lorsque des gens sont indécrottables à ce point-là? Je ne dis pas ça pour critiquer ces braves gens, qui sont par ailleurs mes amis, mais pour illustrer l'exemple de l'ego qui s'entête à ramer à contre-courant. Car il faut bien prendre conscience qu'à certains moments, nous ne comprenons rien et, même pire, nous ne voulons rien comprendre.

Il est toutefois normal que l'humanité passe par là et qu'il s'y trouve des gens à tous les niveaux, à tous les stades. Car nous nous incarnons par vagues, par vagues successives. C'est tout comme dans les écoles : certains élèves entrent à l'école pour la toute première fois alors que d'autres en sortent, avec leur diplôme universitaire sous le bras. Entre les deux, il y a toutes les étapes, toutes les classes à traverser; en plus des différentes écoles : primaire, secondaire, collégiale et universitaire.

C'est pareil pour l'humanité. Il se trouve des gens à tous les niveaux. Et tous sont beaux là où ils se trouvent, là où ils en sont rendus. Il n'y a aucune raison de refuser de comprendre. Notre conscience aimerait se libérer de l'ego. Mais l'ego se défend derrière une épaisse muraille d'ignorance et il ne veut rien savoir de ce qui l'obligerait à changer un tantinet. Il faut bien reconnaître que si certains ont la coquille épaisse, nous sommes aussi passés par là. C'est seulement aujourd'hui que nous en prenons conscience.

Nous devons bien saisir que notre mental, notre intellect n'est autre qu'une mince couche de vernis appliquée sur le bois brut des hommes préhistoriques que nous sommes toujours. Il est difficile d'admettre, n'est-ce pas, que nous ne sommes en réalité que des êtres primitifs dotés d'un peu de mental. Oui, nous sommes des hommes préhistoriques enrobés d'une fine couche de vernis. Alors, dans notre intellect, nous comprenons tout... mais le primitif, lui, ne comprend rien. Il ne peut pas comprendre, il est incapable de comprendre les mots. Il s'agit de notre conscience **pré-mentale**; nous avons tous cette conscience d'hommes primitifs en nous, en ce moment.

Si nous essayons d'expliquer l'Alchimie de la conscience à un sauvage vivant en plein milieu de la forêt vierge, il ne comprendrait pas. Si nous lui donnions une gifle en plein visage, là il comprendrait; si nous lui offrions de la nourriture, un beau morceau de viande, il comprendrait encore. Il comprendrait même rapidement que s'il agit de telle façon, on lui offrira de la nourriture, et que s'il agit de telle autre façon, il sera giflé. Alors il apprend à gérer entre les deux : la gifle ou la nourriture. Il ne faut pas oublier qu'aujourd'hui, nous fonctionnons encore comme ça. **La vie nous donne des claques sur la gueule régulièrement, car c'est ce que nous comprenons le mieux...** Nous ne devons pas oublier que nous avons tous un primitif en nous. Nous nous croyons beaux, fins, malins et intelligents, mais nous sommes pourtant des êtres préhistoriques à quatre-vingt-dix-neuf pour cent. Bien des gens ont tellement de mal à accepter cette idée que nous ne sommes que un pour-cent intellects et quatre-vingt-dix-neuf pour cent primitifs.

Tout ce que nous racontons ici est bien, facile et clair, et nous pouvons tous comprendre. Mais alors, pourquoi vivons-nous toujours dans les mêmes problèmes? Parce que le primate en chacun de nous n'a rien compris! Et pour que ce primitif comprenne, il faudra un certain temps, variable pour chacun de nous, mais trop long pour tout le monde. Le temps qu'il faut est le temps que mettra le **singe** à comprendre... le singe en nous...

Certains diront que ça arrive dès maintenant; oui, c'est possible que ça se passe tout de suite quand, pour un aspect de la vie, le primitif a compris. Mais pour la grande majorité des aspects, le primitif n'a pas compris. Il faut alors lui expliquer, lui expliquer, et lui expliquer encore. Il faut lui parler. Même s'il ne comprend pas intellectuellement, ce primitif, cette conscience primitive en nous écoutera. Nous devons lui expliquer tous les jours, comme s'il y avait quelqu'un à nos côtés. Nous lui expliquons : « J'ai tel problème dans ma vie parce que toi, le singe, le primitif, tu n'as encore rien compris, tu es un con ». « Ton attitude bornée est la cause de toutes nos difficultés; tu t'obstines, tu ne veux rien voir ni rien comprendre ». Oui, parlons ainsi à notre conscience inférieure, parlons donc à la **conscience pré-mentale** car elle est là!

Nous allons constater qu'il comprend, et même assez vite, d'ailleurs. Les résultats ne se font pas attendre, c'est même étonnant, surprenant. Si nous nous parlons ainsi, à nous-mêmes, nous allons être étonnés de constater qu'à un certain moment, il écoute. Nous parlons tout seuls et quelqu'un écoute! La première fois, c'est saisissant...

Alors, nous l'écouterons aussi. À un certain moment, nous allons l'écouter, nous allons entendre non pas des mots, mais des sensations car la **conscience pré-mentale** ne parle pas beaucoup. Elle sent, elle ressent, elle vit, mais vraiment elle saisit; oui, le primitif saisit ce que nous lui expliquons.

Un chien ne comprend pas les mots, mais nous pouvons lui parler et l'animal va nous comprendre d'une certaine manière. Le chien est capable de comprendre beaucoup de choses malgré le fait qu'il ne saisisse pas un traître mot de nos paroles. Mais il comprend les intonations, il ressent nos émotions et nos sentiments et avec la répétition, nous pourrons faire certaines choses avec lui. Car en effet, le chien aura **saisi**, il aura saisi ce que nous attendons de lui et il s'empressera de le faire et il en sera heureux.

Comprenez-vous comment nous fonctionnons tous, encore aujourd'hui?

Les lions non plus ne comprennent rien à ce que raconte leur maître. Pourtant, les dompteurs parviennent à leur apprendre à monter sur un tabouret pour ensuite sauter sur un autre. Il faut une bonne dose de patience pour faire exécuter un pareil tour à un lion. Pour y parvenir, peut-être les dresseurs ont-ils encaissé quelques coups de pattes, quelques coups de griffes. Si les dompteurs parviennent à faire sauter ainsi des lions, nous devrions alors obtenir que notre mental primitif commence à lâcher prise sur la plupart des limitations qui nous gâchent sa vie.

Et pour ce faire, nous devons en prendre conscience et lui parler, lui parler et lui parler encore. Il nous faut pratiquer cette méthode tous les jours, tous les matins, tous les soirs; en auto, c'est propice. Nous devons lui parler à voix haute, même si ça nous semble fou, même si nous nous sentons idiots de nous parler à voix haute. Et lorsque cela deviendra une habitude, nous essaierons juste de ne pas nous faire remarquer... Je constate que je ne suis pas seul à parler à voix haute. D'après vos regards sous-entendus, ça signifie beaucoup de choses, ça vous fait rire...

Donc voyez-vous, ô Êtres de Lumière, les grands principes de la conscientisation sont là. Je les répète souvent, régulièrement et de différentes façons, mais ce sont les points fondamentaux. Ce sont les leviers de la prise de conscience qui permettent réellement... de prendre conscience!

Dans la vie, nous pouvons passer tout notre temps à étudier mille et mille choses intéressantes, à faire du sport, du jardinage, des collections, de la cuisine, ou à nous cultiver toujours plus. Malgré cela, nous restons encore et toujours un ego-mental non conscient de la réalité. C'est la même chose du coté ésotérique; nous pouvons consacrer tout notre temps aux tarots, aux cristaux, à la guérison ou à revivre notre naissance.

Oui mais si, par exemple, nous maîtrisons les cristaux ou tel aspect des choses ésotériques ou du Nouvel Âge, nous sommes encore dans notre mental, nous sommes encore dans la limitation, nous n'avons pas changé de conscience pour autant. Quelques-uns auront développé leurs techniques de golf pendant que nous aurons développé notre connaissance des cristaux. Et pour d'autres, ce sera autre chose. Alors que le point fondamental **pour vivre dans la réalité** réside dans la découverte de notre véritable conscience Divine, dans la découverte de notre ego qui est l'obstacle, et dans la conscientisation de la mort.

Pour la mort, c'est facile. Il nous suffit de lire une ou deux douzaines de bons bouquins sur la question et en l'espace de quelques années, ce sera réglé. Encore faut-il le faire. Parce qu'il n'y a pas encore si longtemps, la mort était d'une approche difficile pour bien des gens. La littérature à ce sujet était rare; la mort était taboue, secrète, et la religion et la superstition s'en mêlaient.

Aujourd'hui, la situation n'est plus la même. Si une simple librairie comme la librairie Moreau offre une quinzaine de livres traitant de la mort alors qu'elle n'est pas à caractère ésotérique pour deux sous, nous devons en déduire que ces livres se vendent. Et en effet, les gens s'intéressent à la mort; ils désirent la connaître, l'apprivoiser et la comprendre. Oui, nombreuses sont les personnes qui veulent comprendre, de leur vivant, ce qu'est la mort. Ce travail sur la mort est facile. Le problème est ailleurs.

Je me répète? Bien sûr que je répète puisque seule la répétition viendra à bout de l'ego. Seule la répétition permettra à l'ego d'enfin comprendre, un jour, et de se calmer à ce moment-là. J'ai pondu Le Nectar de la Conscience : plus de mille pages axées sur **une seule idée fondamentale :**

JE NE SUIS RIEN ET JE SUIS TOI

Cette idée, je la répète et je la répète encore de mille façons différentes. Et je suis convaincu, dans ma conscience, que beaucoup d'ego qui auront lu ces milles explications seront transformés en Êtres de Lumière. Ils le sont déjà, mais l'ego sera alors à la bonne place.

***Je me répète**, oui; c'est la 29e conférence et tu es toujours là, Henri... Parce que tu en as besoin? Oui, tu as parfaitement raison. Une idée fondamentale, un seul principe, mille pages, mille explications... penses-y mille jours... Et les mille pétales du septième chakra brilleront comme mille soleils dans ta conscience.*

Comprenez une chose profondément, très profondément; votre **émergence vers la réalité** comme Être de Lumière dépend, au fond, d'une simple et unique chose: **la répétition des principes**. Jusqu'à ce que l'ego craque. Ne cessez pas de répéter avant. Alors je répète; oui, et c'est tant mieux.

Revenons maintenant au côté plus difficile, qui est d'arriver à faire comprendre les grands principes à notre mental. Voilà pourquoi un délai est nécessaire; il faut lui laisser le temps de comprendre. Le jour où il aura compris, il sera tellement plein de bonne volonté qu'il fera tout ce que nous lui demanderons. Parce qu'au fond, le mental sait bien que sa vie n'est pas drôle; il n'ignore pas que sa vie est un enfer. Il voudrait bien autre chose, mais il ne sait pas faire autrement. Il ne sait faire que les mêmes choses, toujours, de façon répétitive. Aussi, nous devons lui apprendre à faire autrement, nous devons l'entraîner à changer de conscience.

En fait, le mental, le primitif déborde d'amour pour nous, le Christ. Mais il ne sait que fonctionner en état de survie : la fuite ou la lutte. Aussi devons-nous lui apprendre que pour lui, la lutte et la peur sont finies et qu'il peut s'abandonner à **nous...** Oui, il peut s'abandonner sans crainte à notre amour Divin.

Quand nous voyons notre mental devenir négatif, nous devons l'encourager à remonter dans l'amour, dans la conscience. À la longue, il en prendra lui-même l'habitude. Le cerveau et le mental apprennent très vite. Autant il est facile pour eux de traîner et mariner dans les états de conscience inférieurs de peur, de survie, de sensations et de domination, autant il leur est facile de vivre dans une conscience supérieure.

Le mental et le cerveau peuvent apprendre très vite à se maintenir dans la conscience de l'amour, de l'abondance et du témoin. Cette conscience sert de base, de tremplin et d'« autel » pour s'élancer dans la conscience suprême.

C'est une question d'habitude, c'est une question d'entraînement, c'est une question d'attention. Bref, c'est une question d'apprentissage. Donc, il faut guider l'âne, le singe, le primitif, le mental, l'ego, la conscience pré-mentale, la conscience humaine pour lui apprendre à changer de conscience; et pour cela, nous devons **répéter, inlassablement répéter.**

Certaines personnes ne se lavent jamais. Mais si, avec patience, nous les conduisons tous les jours à la douche, elles finiront par y prendre plaisir et apprendront à se doucher elles-mêmes régulièrement. Et si elles n'y prennent pas plaisir, elles auront au moins compris la nécessité, pour leur vie sociale, de se laver tous les jours.

Le principe est le même pour le mental. Si, à chaque fois qu'il est tombé dans la conscience inférieure, nous le ramenons au niveau de l'amour et au niveau de l'abondance, il finira par comprendre ce que nous attendons de lui. Il s'agit, pour qu'il prenne l'habitude de vivre dans l'amour, dans l'abondance et dans la conscience témoin, que nous prenions le temps de l'observer, de lui parler et de lui expliquer. Nous pouvons lui parler gentiment et lui dire souvent : « Ô mon amour, calme-toi, rassure-toi, laisse-toi aller; je te guide, je te conduis, je te dirige. Alors ne t'en fais pas, mon amour, tout va bien, je suis là ». Essayons, et il comprendra.

Plus le mental vivra dans un état de conscience d'amour et d'abondance, plus il finira par se calmer. Après un certain temps, il deviendra si calme, si tranquille qu'il pourra avoir une ouverture à la conscience Divine. Cette ouverture ne peut durer qu'une seconde mais un jour, l'ouverture durera « mille ans ». Entre cette seconde et les mille ans à venir, nous ignorons combien de temps s'écoulera. Nous ne savons pas non plus quand surviendra cette seconde d'ouverture à la conscience Divine. Elle viendra spontanément, soudainement, d'une manière inattendue, car le mental ne peut rien faire pour s'ouvrir à la conscience Divine. Il peut comprendre le principe, se calmer et s'abandonner. C'est le lâcher-prise et là, la conscience peut jaillir.

Mais chose certaine, à force de se répéter les principes régulièrement, la conscience se transformera. En chantant régulièrement le Chant du Cygne, nous nous imprégnons de cette conscience, nous répétons tous les jours à notre mental qu'il n'est rien de lui-même mais qu'en fait il est, dans sa globalité, un Être de Lumière tout à fait merveilleux et parfaitement Divin.

Viendra un moment où le mental finira par comprendre cette connaissance; il l'aura digérée, il l'aura intégrée. Mais il y aura toujours un délai, différent pour chacun de nous. Et à travers ce délai, nous sommes obligés d'en arriver à lâcher prise de certaines choses, à lâcher prise de nos attentes, à lâcher prise de l'impatience. Il n'y a là aucun mystère; nous ne pouvons y échapper, c'est nous qui le voulons, c'est nous qui avons décidé de vivre ainsi. Peut-être nous arrive-t-il de croire que nous n'avons jamais voulu cette chose-là. Pourtant c'est nous, dans notre conscience Divine, qui avons décidé de la vivre. Il s'agit d'une prise de conscience fondamentale lorsque nous réalisons enfin que tout ce que nous vivons, c'est nous qui l'avons voulu, personne d'autre ne nous l'a imposé. Tout ce que nous vivons, que ce soit bon ou mauvais, agréable ou désagréable, nous l'avons expressément voulu depuis bien longtemps. Nous nous sommes même organisés très adroitement pour que ça se produise. Même les choses les plus emmerdantes, nous les avons voulues, nous les avons organisées et nous les avons fait survenir dans notre vie.

Bien sûr, nous ne l'avons pas voulu dans notre mental, puisque ce n'est pas notre mental qui a souhaité cette horrible chose. Notre mental, lui, ne veut que réaliser ses stupides fantasmes. Le mental voudrait se hisser jusqu'au paradis. Et il rêve d'un paradis si fantastique que si ça se produisait, il serait perdu pour très longtemps car il ne prendrait plus conscience de lui-même. L'ego rêve de ce paradis imaginaire, puis il le compare à la réalité et constate la différence... Il réalise alors que sa vie est épouvantable et qu'il est malheureux.

Nous rêvons d'un paradis, mais lorsque nous ouvrons les yeux, nous voyons nos collègues de travail et nous constatons que notre vie se résume ainsi : métro - boulot - dodo. L'instant d'avant, nous rêvions que nous dominions le monde. Nous avions cinq femmes ou trois amants; nous étions beaux, riches, puissants, ou nous étions séduisantes, adulées et entourées. Puis soudainement on se réveille : nous sommes seuls, et c'est épouvantable.

Alors notre ego imagine un paradis. Il le compare tout de suite à ce qu'il vit et ça devient l'enfer. Forcément que c'est l'enfer, puisqu'il **compare** ses rêves à sa pauvre réalité. Il lui faut prendre conscience, réellement conscience de ce qu'il est : un ego terriblement limité. Et c'est à partir de là qu'il pourra accéder non plus à un paradis imaginaire et illusoire, mais à la réalité Divine qui est mille fois supérieure à tous ses rêves. Ainsi, nous pouvons réaliser que le mental ne pense qu'à des illusions. S'il ne pensait pas tant à ses illusions, il n'aurait pas toute cette accumulation de problèmes qu'il traîne avec lui et qui lui gâchent sa vie de tous les jours.

Si certains parmi vous n'ont pas cette collection de problèmes, levez-vous! (rires)

Alors voilà! En chantant le Chant du Cygne, le mental s'accrochera au début dans certains soutras **incompréhensibles pour un ego**, et c'est parfaitement normal. Au bout d'un certain temps, il se produira un lâcher-prise mental qui nous permettra d'accepter les choses parce que nous les aurons comprises à travers la conscience du Chant du Cygne. Et puis tout coulera facilement.

Nous aurons au moins eu la chance de voir le mental s'accrocher, de voir de quelle façon il s'y prend pour s'accrocher ainsi. Ensuite, nous pourrons observer dans la vie tous les endroits, tous les moments où il s'accroche. Et nous pourrons en déduire qu'il s'accroche toujours aux mêmes endroits, pour les mêmes raisons, de la même façon. Il nous faut l'avoir pris en flagrant délit pour être en mesure de l'observer et de le comprendre.

Voilà ce que j'avais à vous dire, aujourd'hui. Ô Êtres de Lumière, avez-vous des questions?

Q *- Jean-Pierre, tu dis que tout ce qu'on a vécu est voulu par notre conscience. Que c'est décidé à l'avance et que, comme on dit, c'est écrit dans le ciel. Si on fait quoi que ce soit pour essayer de changer les choses, est-ce inutile?*

R *- Ça, c'est un état de conscience très négatif, qui s'appelle du fatalisme, et qu'on retrouve dans certaines religions en Asie. D'après ces religions fatalistes, nous n'avons rien à faire; tout est écrit dans le grand livre de la vie, toute notre vie est déjà programmée. Nous ne pouvons rien faire quoi qu'il arrive, disent ces fatalistes.*

Mais en réalité, ce n'est pas du tout comme ça. Lorsque nous décidons qu'il surviendra de drôles d'aventures dans notre vie, c'est pour nous faire prendre conscience. À chaque fois que nous effectuons une prise de conscience, nous passons à un étage supérieur où nous avons déjà prévu autre chose qui nous fera avancer, qui nous fera prendre conscience encore plus.

Et si nous ne prenons pas conscience, nous resterons toujours au même niveau, un niveau inférieur et nous aurons des tonnes et des tonnes d'emmerdements. ***Si nous comprenons****, nous monterons d'un cran, à un autre niveau qui nous permettra une meilleure qualité de vie et où d'autres choses surviendront pour nous permettre de prendre encore conscience et d'élargir encore notre conscience.* ***Bref, nous avons tous le choix.***

Il viendra un temps où nous pourrons prendre conscience, à travers une multitude de bénédictions. Il se produira beaucoup de bonnes choses dont nous n'avions même pas imaginé l'existence. Ce sera tellement bon, tellement organisé que nous en serons sidérés. Nous constaterons alors qu'il se produit dans notre vie des choses merveilleuses. Il nous arrive alors des choses si merveilleuses que même si nous les avions imaginées, nous n'aurions jamais cru qu'elles puissent se produire dans notre vie...

C'était impossible qu'une si belle chose vous arrive dans la vie. Pourtant, ça vous est arrivé. Donc sur le chemin de la prise de conscience, il faut comprendre pour parvenir à une conscience supérieure où là, il y aura autre chose à comprendre. Nous pouvons comprendre la vie par les bénédictions qu'elle déverse sur nous, ou comprendre par les coups de pied au cul.

Si vraiment vous voulez être certains de comprendre ce que la vie attend de vous, travaillez sur votre conscience; vous êtes absolument certains de ne pas vous tromper.

Celui qui croit que tout est écrit dans la vie, que sa vie de merde c'est la volonté de Dieu, qu'il n'y a rien à faire et qu'il ne peut rien y changer, continuera à vivre au **bas niveau de l'indécrottable**. La vie lui tapera sur la tête parce qu'il est indécrottable et il subira la pression qui s'abat sur les indécrottables. Ces derniers sont comme des noix de coco; ce n'est pas avec une plume que nous les ouvrons, mais plutôt avec un marteau. Ce n'est ni avec des plumes ni avec des fleurs que nous parvenons à ouvrir les noix de coco. Il nous faut un marteau pour les ouvrir, et il nous faut frapper fort, au surplus. C'est pourquoi celui qui est fataliste restera au niveau de la noix de coco, au niveau du marteau. Pour lui, la vie va cogner dur!

Celui qui aura avancé à travers la prise de conscience en arrivera au niveau de la plume. C'est au plumeau, très délicatement, que la vie le fera avancer à un niveau supérieur. Il est dit quelque part, je ne sais plus où : « Tu avanceras sur un chemin semé de pétales de roses ». Nous nous dirons probablement que ce ne sont pas des roses que nous retrouvons sur notre chemin, mais plutôt des clous et des épines. C'est vrai, mais alors prenons conscience et avançons jusqu'à la fin des clous et nous trouverons peut-être du gravier, puis après le gravier nous trouverons du sable, puis après le sable du gazon; puis finalement, nous trouverons des pétales de roses. Il est important que nous comprenions bien cette réalité : nous avons le choix, la rose ou les épines. C'est nous seuls qui décidons.

Il y a vraiment, dans la vie, des gens qui comprennent et qui avancent sur un chemin de velours... Ils reçoivent des bénédictions, des cadeaux de la vie. Et c'est tellement merveilleux qu'ils avancent, qu'ils comprennent qu'ils prennent conscience. Ils sont pleins de gratitude et de remerciements. La plume ou le marteau? Nous avons le choix! C'est nous seuls qui décidons de nous cramponner ou de lâcher prise.

Q *- Das, advenant que nous parvenions à lâcher prise, que se passe-t-il ensuite?*

R *- Quand l'ego lâche prise, c'est la conscience Divine qui coule à flots* *dans notre vie et qui peut s'exprimer totalement, complètement, à son gré, sans être ni gênée, ni empêtrée dans l'ego.*

Prenons l'exemple d'un aveugle. Sa vie n'est pas très drôle. Mais qu'il recouvre la vue et il aura mille choses par surcroît. Sa vie sera mille fois plus belle, mille fois plus agréable, n'est-ce pas? Être prisonnier de l'ego, c'est encore plus terrible que la cécité, c'est une limitation bien plus considérable.

Si nous faisons l'effort de comprendre le principe et que nous le vivons quotidiennement, dans notre vie courante, la souffrance nous quittera. Oui, la souffrance disparaîtra très rapidement. Nous ne souffrirons plus, ô Êtres de Lumière, dès que nous appliquerons cette connaissance dans notre vie.

La vie Divine est si belle. C'est tellement beau, c'est tellement merveilleux quand la **vie** *coule à flots, librement, en nous. La vie Divine, c'est notre véritable* **vie** *de plénitude et de satisfactions, mais c'est difficile de l'imaginer. Nous ne le pourrions même pas, car elle est mille fois plus merveilleuse que tous nos rêves!...*

Q *- Essaies-tu de nous dire, Jean-Pierre, que tu vis dans la vie Divine?*

R *- Hélas non, ô Être de Lumière. L'escalier de la conscience comporte de nombreuses marches et de nombreux paliers, tels :*

- *la conscience cosmique;*
- *la conscience d'Être;*
- *le lâcher-prise;*
- *la réalisation;*
- *la libération;*
- *l'Ascension.*

Tout le processus alchimique de la transformation de Soi commence par la compréhension profonde du ***principe****, qui conduit à la conscience d'Être, puis ensuite au lâcher-prise.*

La conscience Divine, c'est vraiment très chouette. J'en ai entendu parler, et il paraît même qu'on y mange très bien...

Q *- Das, tu nous a donné une conférence sur le lâcher-prise avec, au beau milieu, un grand passage sur la mort. Quel est le rapport?*

R *- Vous avez sans doute remarqué que je vous parle régulièrement d'une façon spontanée, sans texte. C'est très rare que j'ai des notes. Alors, s'il y a un passage sur la mort dans la conférence sur le lâcher-prise, ce n'est pas par hasard. Cela est arrivé spontanément et dans ce cas-là, il y a* *toujours une bonne raison.*

Voyez-vous, l'Alchimie de la conscience conduit à la ***mort de l'ego****. La mort de l'ego permet la libération de notre essence, de notre substance Divine. Il faut briser la bouteille pour en libérer le contenu. Il s'agit d'un principe, connu depuis toujours, et* ***caché*** *au fond de toutes les religions. Seule la mort de notre conscience humaine peut faire place à notre conscience Divine.*

« Il faut que le grain de blé tombe en terre et meure... »

Les deux consciences ne seront jamais présentes en même temps : ou bien nous sommes dans l'ego, ou bien nous sommes dans le ***Soi.*** *Il n'y a rien entre ces deux états, nous ne pouvons pas passer progressivement de l'un à l'autre, pas du tout. Nous pouvons seulement prendre conscience que nous ne sommes pas dans le* ***Soi.*** *On bascule d'un état à l'autre.*

Alors voilà, le lâcher-prise est la mort de la conscience humaine et la VIE de la conscience Divine. Nous sommes toujours nous, encore nous, mais nous le sommes d'une manière différente, tellement différente. Enfin nous sommes ***vraiment vivants****, enfin nous passons de la vie* ***à la VIE****, de la mort à l'Existence. Donc, si l'on conscientise un aspect de la «* ***MORT*** *», son opposé la mort apparaît automatiquement.*

Q *- Écoute, Das, si nous sommes primitifs à quatre-vingt-dix-neuf pour cent, comment réaliser le Soi avec seulement un pour cent de mental?*

R *- L'Alchimie de tous les temps a permis de transmuter le plomb en or. On fait fondre le plomb, on y ajoute une petite pincée de poudre de perlimpinpin et hop! Voilà un beau lingot d'or...*

Dans notre Alchimie – l'Alchimie de la conscience –, nous prenons des ego de plomb, purs à quatre-vingt-dix-neuf pour cent; nous les faisons fondre tous les jours avec le Chant du Cygne. Nous les immergeons tous les jours, avec le Nectar de la Conscience, dans un bain de conscience et de connaissance de la réalité. Voilà pour l'eau et le feu...

Après un certain temps, un petit germe de compréhension poussera sur l'ego, et le un pour cent produira une petite lueur de « comprenure ».

Réduisez en poudre, précipitez et vous obtiendrez un Dieu en or massif ***pur, à trente-trois carats...*** *Vous-voyez?*

Mettons-nous maintenant au travail et réalisons la grande œuvre alchimique, la réalisation de notre destin suprême.

Ô Dieu, je ne suis rien et je suis TOI,

Ô Déesse, je ne suis rien et je suis TOI.

De la **réalisation** de cette simple phrase, de ce prodigieux principe, dépend l'ouverture de notre conscience Divine et notre émergence vers la méta-réalité en tant qu'Êtres de Lumière.

Et maintenant, ô Êtres de Lumière, chantons, oui, chantons tous ensemble le Chant du Cygne et émergeons vers la réalité. Oui chantons, afin de lâcher prise et de jaillir dans la lumière, tout ruisselants de conscience.

12

Le Royaume des Cieux

Au-delà des cinq sens et du mental,
au-delà du sexe et de la vie,
EST LA MÉTA-RÉALITÉ

Ô Fils, Ô Fille prodigue, reviens chez ton Père.

« Cherchez le Royaume des Cieux et sa Justice, et vous aurez tout par surcroît », aurait dit Jésus. Alors, comment trouver ce Royaume des Cieux?

Bienvenue, ô Êtres de Lumière, pour notre soirée habituelle. « Cherchez et vous trouverez », a dit aussi Jésus. Alors, j'ai cherché le Royaume des Cieux; je l'ai cherché dans la Bible, je l'ai cherché dans les religions et je n'en ai pas découvert la moindre trace. Non, aucune trace, ni chez les catholiques, ni chez les protestants, ni chez les évangélistes, ni encore moins chez les orthodoxes.

C'est quand même bizarre : vous avez un nouveau testament qui fait autorité depuis deux mille ans, vous avez un personnage central – Jésus – qui est la référence universelle, et vous ne trouvez rien pour réaliser ses instructions. Vous ne trouvez pas ça louche?

Alors, comme je suis un peu têtu, j'ai décidé que si Royaume des Cieux il y a, Royaume des Cieux je trouverai. Ce n'est pas fou comme raisonnement, c'est une idée simple et même simpliste. Toutefois, si vous êtes vraiment déterminés, vous découvrirez une réalité fantastique.

Oui, si vous voulez le Royaume des Cieux, la première chose qu'il vous faut, c'est la détermination; tout le reste, vous l'aurez par surcroît...

N'ayant rien trouvé dans nos chrétiennes de pseudo religions, j'ai dû chercher mon Royaume sous des cieux plus exotiques, dans des spiritualités et des philosophies qui goûtent plus le curry et le soja que l'ail ou le ketchup.

Donc, vers l'Orient je suis allé. Alors de lectures en mantras, de mantras en techniques, de techniques en découvertes, de découvertes en ashrams, j'ai levé un coin du voile...

LE ROYAUME DES CIEUX était là, sous mes yeux.

Oui, mais encore fallait-il entrer et pousser la porte. Comme j'étais encore assez déterminé, je me suis replongé dans le christianisme mais, oh! horreur!... dans le christianisme ésotérique.

J'ai donc exploré :

- la métaphysique,
- l'Alchimie,
- l'ésotérisme,
- la Gnose,
- la cosmogonie,
- les Cathares
- les Albigeois
- et quelques autres...

En fait, je suis revenu à la **source**, à l'enseignement des premiers chrétiens, les vrais, bouffés par les lions. L'enseignement original de Jésus est toujours disponible, encore aujourd'hui. Finalement, le panorama est devenu clair, très clair même. Le travail sur soi-même, sur la conscience, débouche **toujours** sur plus de conscience. Mais il y a un obstacle à surmonter car nos efforts se heurtent à quelque chose qui bloque et qui limite la conscience. Quelque chose qui nous cloue au sol **malgré** tous nos efforts éclairés et sincères.

Il ne suffit pas de savoir beaucoup de choses pour obtenir le Royaume. Il ne suffit même pas, comme certains, de **tout** savoir du spirituel et de l'ésotérisme pour que jaillisse la conscience. Non, pas du tout; il faut bien plus.

Il faut :

- la connaissance libératrice;
- réaliser la connaissance;
- se libérer par la connaissance.

Ne confondez jamais le **savoir** et la **connaissance**. Le savoir, c'est ce que peut avaler le mental : l'éducation, la culture, les études, les théories, etc. La connaissance, c'est le vécu, le réel, le tangible, ce qui est expérimenté; c'est le concret, et même le concret d'une autre dimension.

Un beau matin, j'ai pris l'avion à Orly pour me rendre à Bombay sur la route de Goa, chez Swami Anandababa. Là, j'ai découvert un endroit merveilleux, un enseignement sublime, la connaissance, l'expérience. Je n'épiloguerai pas ce soir sur Anandababa; disons simplement que j'ai vécu là des instants divins, des vagues d'amour.

Je lui ai demandé, un jour : « Babaji, je veux le Royaume des Cieux ». Il m'a regardé gentiment, vraiment très gentiment... mais aussi amusé, et il a mis son index sur mon coeur...

Oh! Je me souviens de Toi, Guru Dev.

(silence)

À mon départ, il m'a donné un nom spirituel : Das. Quelle signification cela pouvait-il avoir? Ça m'a pris dix ans pour le réaliser. Anandababa est « mort » dans les années '80 et il nous a laissé, comme successeur, un Être de Lumière vraiment Divin; elle est merveilleuse.

Voyez-vous, l'enseignement d'Anandababa est très complet, il comprend vraiment tout ce qu'il faut pour arriver au sommet; à condition encore d'en saisir l'essence et de ne pas se limiter aux pratiques extérieures et superficielles.

Si je pouvais exprimer en trois lignes ce que j'ai rapporté de Bombay sur la route de Goa, je dirais :

- La conscience suprême est déjà là,
- chacun est cette conscience,
- l'obstacle est l'ego.

De ceci découle un travail merveilleux sur la conscience, un travail fantastique sur l'ego, travail qui ouvre les portes du Royaume. Donc, vous avez saisi : le Royaume des Cieux, c'est la **méta-réalité**. L'Être humain vit coincé dans ses cinq sens, son mental, sa sexualité. C'est la réalité humaine, petite, misérable et limitée.

La méta-réalité, c'est **tout** ce qui existe au-delà des cinq sens, c'est tout ce qui existe au-delà du mental. Prenons un exemple : vous mourez; quelles que soient par ailleurs vos croyances, vous vous retrouvez vivants sur un plan du monde astral et là, votre vie continue. Donc, vous vivez là une méta-réalité par rapport à la vie humaine.

Autre exemple : vous étudiez farouchement le Royaume des Cieux; un jour, vous êtes disponibles, votre conscience s'ouvre, vous avez accès à une connaissance merveilleuse et inconnue de l'homme. Là encore, vous avez goûté à la méta-réalité.

Ou bien : votre conscience s'ouvre et vous rencontrez et communiquez avec des Êtres de Lumière d'une autre dimension. Vous voilà encore dans la méta-réalité.

Ou bien, ô grâce Divine inouïe, vous vous retrouvez dans votre corps subtil, à Louxor, dans la supra-pyramide éthérique, le Temple de la Guérison et là, des Êtres Divins vous regardent dans les yeux et votre maladie incurable est guérie... Ici aussi, vous avez accédé à la méta-réalité.

Alors ici, les esprits planétaires « intelligents », les scientifiques, les érudits et les sceptiques vont hurler : « Foutaises! des preuves, des preuves, des preuves! ».

La méta-réalité est un vécu concret, tangible et substantiel pour celui ou celle qui a su y accéder. La méta-réalité est ouverte, disponible pour chacun; il suffit d'y entrer. Faisons une analogie avec l'homéopathie. Pour la science et la médecine, l'homéopathie n'est pas scientifique; donc ça ne fonctionne pas, donc personne ne devrait se soigner ainsi et personne ne peut guérir avec ça, n'est-ce pas? Pourtant, ceux qui se soignent et qui se guérissent par l'homéopathie savent qu'ils se sont guéris; c'est une réalité pour eux.

Allez-vous attendre que la science « prouve » quelque chose sur l'homéopathie pour vous guérir? D'ailleurs, que changera cette preuve à cette médecine douce si géniale et si efficace? L'homéopathie **est**, elle guérit; la preuve réside en chacun de ceux qui, assez ouverts, se sont guéris eux-mêmes avec elle.

À vingt-deux ans, je souffrais douloureusement de l'estomac; la médecine pseudo scientifique m'a tellement aggravé durant trois ans qu'elle m'avait vraiment rendu malade... Le médecin voulait me retirer l'estomac. Mais oui, aux petits maux les grandes infirmités, n'est-ce pas, mon bon docteur?

Je me disais : « Sans estomac à vingt-cinq ans, ma vie est foutue; je ne pourrai plus ni baiser, ni me marier, ni faire du sport, je devrai grignoter de la mie de pain toute la journée ». Je me disais : « Il faut que je guérisse, il faut que je guérisse! ».

Lui, l'abruti de médecin, insistait : « Monsieur Beunas, dans votre état, c'est préférable de procéder à l'ablation (de mon estomac); vous n'êtes pas raisonnable, monsieur Beunas ».

Non, pas du tout; monsieur Beunas n'était pas du tout raisonnable. Monsieur Beunas a claqué la porte, fou de rage, et il est allé voir – oh! horreur! – l'homéopathe du coin. J'étais assez con que je n'y avais pas pensé plus tôt. Bref, l'homéopathie m'a guéri, avec ses petits granules, en six semaines... Oui, oui, six semaines, un mois et demi, quarante-cinq jours. Et l'autre, en trois ans!...

Alors, lequel des deux est le **charlatan**? Le médecin ou l'homéopathe? Cette guérison a déjà duré vingt-cinq ans puisqu'en 1995, j'en ai cinquante. Je n'ai pas attendu une preuve quelconque et j'ai vécu une **réalité** : guérir par l'homéopathie. Alors, quand j'entends nos « intelligents » dire : « L'homéopathie ne fonctionne pas car elle n'est pas prouvée », je souris gentiment...

D'ailleurs, avec ou sans preuve, l'homéopathie est efficace pour ceux qui l'utilisent; alors, que changera la preuve? **Oui, l'homéopathie m'a guéri et j'en ai eu la preuve ensuite, par surcroît...**

L'absence de preuve, soi-disant, prouve une chose avec éclat : c'est que la science n'est pas encore assez avancée pour comprendre l'homéopathie. La connaissance scientifique doublant tous les dix ans, viendra un jour une génération de chercheurs plus ouverts et plus intelligents qui finiront par comprendre. Ce sera peut-être dans cinquante ans ou dans un siècle, mais on s'en fout; l'homéopathie est déjà efficace. Alors, prenez votre temps; nous ne sommes pas pressés et de toute façon, nous n'attendons pas après vous...

La guérison rapide est une réalité, aujourd'hui, avec beaucoup de méthodes alternatives du Nouvel Âge. Allez-vous attendre que la science prouve quelque chose au lieu d'utiliser ce qui, déjà, peut vous guérir et qui a **déjà** changé pour le meilleur la vie de millions d'individus? **Guérissez-vous, vous aurez la preuve APRÈS.**

De toute façon, ne perdez pas votre temps à vouloir prouver quelque chose car :

- RIEN ne peut prouver à un aveugle que la couleur existe. Pour l'aveugle, la seule réalité est l'obscurité. Il doit retrouver la vue, alors il aura la preuve : « Oh! l'arc-en-ciel existe! »...
- RIEN ne peut prouver à un sourd que la musique existe. Pour le sourd, la seule réalité est le silence. C'est seulement en retrouvant l'ouïe qu'il

pourra dire : « Oh! la 5e Symphonie existe! ».

- RIEN ne peut prouver à un humain mental qu'une conscience suprême existe. Pour le mental, la réalité c'est l'intellect et les pensées. Lorsque l'ouverture se produit, la connaissance lui parvient; pas avant : « Oh! mon corps est dans la tombe... et je suis vivant! ».
- RIEN ne peut prouver la **méta-réalité**. Celle-ci doit être vécue. Vous êtes dans le métro et vous rêvez des Tropiques : vous vous imaginez dans une belle capitale africaine, comme Dakar. Vous savez que les Tropiques existent, vous avez la preuve que Dakar existe. Pourtant, votre réalité, c'est le métro. Vous devez vous rendre de Paris à Dakar pour changer de réalité et jouir des Tropiques, sous les cocotiers ou sous les sénégalais.

Même si vous aviez une quelconque preuve de la méta-réalité, celle-ci ne vous permettrait pas d'y entrer. Avec votre preuve, vous resteriez dans votre métro-mental, loin des Tropiques et des délices de la méta-réalité. Comprenez-vous?

Le Royaume des Cieux vous tend les bras,
la conscience suprême est déjà là pour vous,
alors entrez-y maintenant.

OUI, ENTREZ D'ABORD,
VOUS AUREZ LA PREUVE PAR SURCROÎT.

Cherchez le Royaume des Cieux
et vous aurez TOUT par surcroît,
tout, incluant aussi la preuve...

Finalement : vous pouvez attendre les preuves avant de prendre la méta-réalité au sérieux, et votre vie humaine continuera misérablement encore un siècle, deux siècles ou peut-être même dix siècles. Vous pouvez chercher des preuves objectives pour votre mental et vous risquez d'y passer votre vie inutilement.

Vous pouvez aussi partir à l'assaut de la méta-réalité et très vite, en un temps relativement court, vous en ferez l'expérience, ce qui vous en fournira l'évidente preuve. Voyez-vous, ô Êtres de Lumière, la méta-réalité est déjà là, ici maintenant; chacun peut en découvrir la réalité et ce sera pour vous la **preuve**.

De toute façon, qu'est-ce qui pourrait bien être une preuve pour les cerveaux fossilisés des matérialistes de notre époque? Certains scientifiques sont tellement bouffis d'orgueil pour leur science de la matière qu'ils nient systématiquement tout ce qui peut exister au-delà de cette matière. Ce sont de véritables fossiles vivants qu'il convient d'ignorer. Oubliez ces dinosaures et cherchez la méta-réalité pour vous-mêmes. Vous en ferez l'expérience concrète, ce sera votre preuve intime; alors, jamais aucun raisonnement ne vous fera oublier votre vécu.

Alors, quand vous aurez vraiment une belle ouverture de la méta-réalité et que les stupides viendront vous dire : « La vie est limitée aux cinq sens et au mental; au-delà, il n'y a rien », vous aussi vous rirez doucement dans votre barbichette...

Pour la société, il n'y a :

- rien au-delà du mental;
- rien au-delà des cinq sens;
- rien après la vie, seulement la mort;
- rien, à part l'orgasme sexuel de reproduction ou de plaisir.

Pour nous, les Alchimistes de la conscience, il en est tout autrement. Il existe une méta-réalité grandiose, gigantesque, merveilleuse, peuplée de millions d'Êtres terriblement plus avancés que nous. Oui, des Êtres d'une grandeur d'âme, d'une conscience prodigieuse, d'un amour inouï, vivant là, ici, au milieu de nous, à notre insu.

Nous pouvons les voir, leur parler, accéder à leur connaissance lorsque notre conscience s'ouvre, lorsque nous accédons à la méta-réalité, lorsque nous pénétrons dans le Royaume des Cieux **dès maintenant, de notre vivant.**

Alors vous savez, le fait de croire ou de ne pas croire à la méta-réalité révèle une attitude superficielle, une absence de maturité humaine. En effet, il n'y a rien à croire, au contraire; car croire ou douter, c'est **ignorer** dans les deux cas.

La bonne attitude, c'est l'ouverture d'esprit qui permet de **chercher à comprendre.** Alors forcément, si l'on cherche à comprendre, l'on va **découvrir** et réaliser **l'expérience** de cette fameuse **méta-réalité** qui est déjà là, ici, maintenant même; omnisciente, omniprésente, omnipotente.

La méta-réalité est un océan de conscience, d'amour, d'intelligence Divine. Dans cet océan vivent, sur plusieurs dimensions, des Êtres glorifiés qui furent jadis comme nous, humains. Ils sont devenus, en se dépouillant du singe-humain, des Êtres Ascensionnés, puis des « Anges », puis des Seigneurs de la Flamme, et ensuite des Seigneurs de la Lumière. Ce sont nos frères, ce sont nos soeurs; ils nous aiment, ils nous aident. Dès que nous aurons fait les premiers pas vers eux, ils vont accourir à notre rencontre. Oui venez, le veau gras va être trop cuit...

Ceci est notre destin suprême à **tous**; la possibilité est là, sous vos yeux; dans vos mains se trouve la clé, en cet instant même...

La méta-réalité est une expérience profonde et inoubliable :

- oui, des Êtres glorifiés sont là, parmi nous;
- oui, au-delà du mental est la conscience suprême;
- oui, au-delà des cinq sens sont les douze facultés Divines;
- oui, après la vie, la vie continue encore et encore;
- oui, la sexualité peut se transformer en énergie, et même en conscience.

Oui, ô mes Amis de Lumière, nous qui sommes des amis depuis des siècles, vous êtes vraiment, chacun d'entre vous, des Êtres Divins. Votre réalité Divine est là, elle vous attend, c'est à vous de pousser la porte et d'entrer :

DANS LA CONSCIENCE SUPRÊME,
DANS LA MÉTA-RÉALITÉ,
DANS LE ROYAUME DES CIEUX.

Ô, Êtres de Lumière, vous savez comme moi qu'il ne suffit pas d'exposer les principes; encore faut-il fournir les moyens concrets et pratiques pour les vivre. Alors concrètement, dans votre vie, qu'allez-vous faire pour pénétrer dans le Royaume des Cieux? Et vous, qui possédez une si impressionnante collection de problèmes, comment allez-vous vous y prendre, tirés que vous êtes par les nécessités cruelles de la vie matérielle?

Nous allons reprendre pour vous – sous un autre éclairage encore – notre didactique de l'ego, orientée spécialement sur la méta-réalité, sur votre Royaume qui vous attend. Vous avez hâte de rentrer chez vous, dans votre « ciel »; oui, je vous comprends.

Dans notre conscience Divine, nous savons déjà tout. Tout ce que nous avons **besoin** de savoir, nous le savons déjà. C'est comme le pied : si vous allez à Montréal en auto, votre pied n'a pas besoin de savoir pourquoi il va à Montréal, ni où il va. Il a juste à freiner ou à accélérer. Nous, si nous vivons dans un état de conscience Divin, nous n'avons pas besoin de savoir ce qui nous arrivera demain. C'est sûr que nous aimerions le savoir; mais qui veut le savoir? C'est le mental, le bourricot mental qui a juste à se calmer pour que le Christ, notre conscience Divine, notre conscience suprême, puisse s'ouvrir.

Alors, on nous a dit un jour : « Cherchez le Royaume des Cieux et vous aurez tout par surcroît ». On nous a dit aussi dans la Bible, à un certain moment, que Jésus donnait des poissons et des morceaux de pain à une foule. Il a pris un pain, il a pris un poisson et il a nourri toute la foule.

Vous avez des gens, aujourd'hui, qui vont suivre le Christ uniquement pour les pains et pour les poissons. C'est-à-dire que ce sont des gens qui cherchent tous les biens de ce monde, les biens matériels, le confort, la nourriture et l'argent plutôt que de choisir la conscience Divine. Suivre Jésus pour les pains et pour les poissons, c'est suivre un enseignement spirituel quelconque pour améliorer sa situation matérielle, financière, amoureuse plutôt que de se préoccuper de chercher avant tout sa conscience Divine.

Chercher le Royaume des Cieux avant tout, c'est beau; mais quand nous sommes dans des situations très difficiles ou très spéciales ou que nous vivons beaucoup de souffrance ou que nous avons vraiment beaucoup de problèmes, nous avons besoin des pains et des poissons. Oui, nous avons besoin d'un certain bien-être pour pouvoir être ouverts et disponibles. Sinon, la souffrance va nous clouer au sol. Souvent, dans la vie, nous voudrions avoir tout et le Royaume des Cieux par surcroît... Est-ce correct de chercher à améliorer sa vie plutôt que de chercher à améliorer sa conscience? Si vous prenez l'exemple suivant, celui des sportifs, vous allez comprendre.

Prenez, par exemple, deux joueurs de tennis. Il y en a un qui dit : « Bien moi, tout ce que je veux, c'est la gloire, la reconnaissance internationale; je veux faire du tennis et je vais m'époumoner à jouer au tennis jusqu'à ce que je sois reconnu sur le plan mondial comme le meilleur ». Alors il va s'entraîner, il va s'entraîner et il va s'entraîner encore. Un autre se dit : « Bien moi, ce qui me préoccupe, c'est surtout ma santé, pas la gloire; j'ai besoin d'une bonne santé, je vais donc faire du tennis et du tennis jusqu'à ce que j'aie une santé parfaite ». Alors, les deux sportifs s'entraînent, et ils jouent, et ils font des matchs, et ils voyagent, et ils jouent encore, et ils font encore des matchs, et ils s'entraînent toujours. Puis au bout de quelques années, ils sont devenus très bons au tennis, ils sont excellents. Un jour, ils sont reconnus tous les deux sur le plan international. Tous les deux ont tellement joué au tennis, ils ont tellement fait du sport qu'ils ont vraiment une excellente santé. Alors, il y en a un qui cherchait la gloire et il a eu la santé par surcroît; et l'autre, qui voulait la santé, il a eu la gloire par surcroît...

Comprenez-vous? Ce qui veut dire qu'aujourd'hui, que vous preniez ça par n'importe quel bout – le bout spirituel ou le bout matériel –, en travaillant sur votre conscience, vous aurez forcément le résultat que vous souhaitez. Vous savez, matériel et spirituel ne font qu'un. Qui les a donc séparés?

Si vous voulez la conscience Divine, travaillez la connaissance libératrice, travaillez sur votre conscience, chantez le Chant du Cygne, étudiez le Nectar de la Conscience, et faites tout ce que vous pouvez pour devenir conscients de votre ego et conscients de vous-mêmes. Ainsi, c'est certain, vous accéderez à la méta-réalité.

Si, par contre, ce qui vous intéresse le plus, c'est de régler tous vos problèmes, votre collection de problèmes pour du travail, pour trouver un compagnon dans la vie, pour améliorer votre santé, pour une vie plus agréable, pour mille et mille choses, et bien chantez le Chant du Cygne et étudiez le Nectar de la Conscience. Le Chant du Cygne est plein de promesses; il vous dit : « Vous aurez l'amour, l'argent, la richesse, la santé, la joie, la conscience suprême; vous aurez **tout** ».

Il y en a un qui se dit : « Je chante le Chant du Cygne parce que je veux la conscience Divine ». Un autre chante le Chant du Cygne parce qu'il veut du travail, de l'amour et de l'argent. Au bout du compte, les deux auront tout par surcroît. Celui qui cherchait la conscience Divine avant tout aura aussi le reste par surcroît. L'autre, qui voulait du travail, aura le travail, l'amour et l'argent et, par surcroît, il aura plus de conscience.

Alors voyez-vous, qu'on le prenne par n'importe quel bout – le matériel ou le spirituel –, ça fonctionne pareillement. Sauf que, si nous reprenons le cas des joueurs de tennis, celui qui voulait la gloire ne s'occupait pas de sa santé; il s'en foutait. Il était sûr qu'il allait continuer jusqu'à ce qu'il ait réussi à atteindre la gloire. Pour celui qui voulait la santé, le grand danger c'est qu'il s'arrête dès qu'il aura suffisamment de santé. Il se dira : « Je voulais la santé, j'ai la santé; bon, je m'arrête là ».

Avec le Chant du Cygne, c'est pareil : si vous voulez vraiment et profondément la conscience Divine, c'est-à-dire connaître cette méta-réalité, cette conscience que vous êtes, vous continuerez, **vous irez jusqu'au bout,** vous ne lâcherez jamais. Si, par contre, vous voulez seulement l'argent, si vous voulez seulement l'amour, si vous voulez seulement la santé, vous allez chanter le Chant du Cygne jusqu'à ce que vous l'obteniez; mais vous risquez de vous arrêter là.

Peut-être que vous continuerez après avoir reçu un certain nombre de « miracles » et de bénédictions, après avoir vu que le Chant du Cygne et le Nectar de la Conscience ont favorisé dans votre vie toutes sortes de circonstances favorables. Cela vous aura apporté tellement de choses que vous aurez l'envie de continuer. Pourtant, le danger est de s'arrêter quand on a obtenu ce qu'on voulait. C'est pour ça qu'on dit : « Cherchez le Royaume des Cieux, vous aurez tout par surcroît ». Désirez d'abord votre conscience Divine, puis tout le reste viendra en cours de route; pas plus tard, mais rapidement, même. Alors, qu'on le prenne par n'importe quel bout, le résultat est le même de toute façon, voyez-vous? C'est pour ça que le Chant du Cygne, c'est un chant merveilleux, c'est un bain dans la conscience Divine et ça fonctionne à merveille.

Donc ainsi, il se passe vraiment des choses dans la vie des gens. Il y en a qui vont dire : « Oui mais moi, ça fait un certain temps déjà et je n'ai encore rien vu arriver ». Il faut de la patience. Il faut savoir que parfois, on part de loin, on part de profond, on a du chemin à faire ou bien le problème est épais. Donc, il faut que tout ça, ça se décante. Ce qui est important, c'est de ne jamais lâcher. Le joueur de tennis qui voulait la gloire, lui, n'a pas lâché avant d'avoir la gloire. Si vous voulez la conscience Divine, ne lâchez pas parce que vous n'avez pas encore un pain ou que vous n'avez pas encore reçu un poisson. Si vous voulez le pain et le poisson, ça va venir, mais c'est comme toute bonne chose; on doit apprendre à vivre dans la patience. La patience, c'est une qualité indispensable sur le chemin spirituel de la connaissance.

Quand on parle de chemin spirituel, il faut bien comprendre que nous ne sommes pas dans le spirituel avec le Chant du Cygne; non, nous sommes dans la conscience. Le spirituel, c'est une croyance qui nous apporte éventuellement des expériences; mais fondamentalement, ça reste de la croyance. Dans la conscience, il n'y a plus de croyance; nous devenons conscients de nous-mêmes, nous devenons conscients de la **réalité**, de ce qu'on **est** et on vit ce qu'on **est**. Nous prenons conscience de l'ego par expérience, par vécu concret. Le Chant du Cygne et le Nectar de la Conscience, c'est **la connaissance** qui conduit à la **réalité**. Il n'y a rien à croire, il y a juste à être assez ouverts pour laisser couler la conscience à travers nous. C'est le chemin de la connaissance.

Je dis « spirituel » à défaut d'autres mots plus adaptés; mais travailler sur sa conscience est au-delà du spirituel. Vous avez des gens qui sont bien, bien spirituels, mais ils ne sont pas conscients d'eux-mêmes, ils ne connaissent pas du tout leur véritable nature. Il y a trois volets dans la révolution de la conscience, il y a trois facteurs primordiaux dont on doit être totalement conscient si on veut atteindre la **réalité**, la pleine conscience de nous-mêmes.

Le premier, **c'est la mort**. Il faut connaître profondément ce qu'est la mort. Est-ce qu'il y a une vie après la mort? Il faut le savoir et en arriver à la conscience qu'on ne meurt pas. Ce n'est pas si difficile que ça. Si vous vivez en pensant que vous allez mourir, vous n'avez pas conscience de vous-mêmes. La conscience de vous-mêmes, c'est de penser, de savoir, de comprendre et de réaliser que vous ne mourrez pas parce que vous n'êtes pas un corps physique, **vous êtes une conscience.** Ceci ne doit pas être une croyance, mais un état de conscience vécu.

Si vous pensez que vous allez mourir, vous ne vous connaissez pas vous-mêmes. Seul le corps physique va mourir. Quand vous changez de chaussettes le soir, ce ne sont pas vos pieds qui meurent. Quand vous jetez vos bottes, ce ne sont pas vos pieds qui meurent. Quand vous jetez votre corps physique au compost, ce n'est pas vous qui mourez; c'est votre corps physique.

Vous devez donc, dans cette vie, développer une conscience aiguë de ce qu'est la mort pour en arriver à cet état de conscience que vous ne mourrez jamais, que vous n'êtes jamais morts, que vous n'êtes jamais nés. Donc, la recherche sur la mort permet de se «désidentifier» du corps physique. Non, je ne suis pas le corps physique, je vis dans un corps physique, je vis dans une maison. Mais je peux changer de maison, mais je peux changer de corps physique. Oui, on peut sortir de son corps physique toutes les nuits. Certains, même, peuvent le faire dans la journée, en état de veille. Donc la mort, c'est le premier facteur de la révolution de la conscience, c'est vraiment une prise de conscience indispensable. Vous en avez tellement qui se croient religieux ou spirituels, mais ils pensent qu'ils vont mourir et ils ont peur de la mort; ils ne sont pas avancés du tout, non, pas du tout. D'autres s'imaginent qu'après la mort, ils vont atterrir au paradis, assis à la droite de Dieu. Si c'était le cas, il y aurait déjà quelques millions d'autres assis à sa droite... Oubliez ces superstitions idiotes et réveillez-vous.

L'autre aspect, le deuxième facteur, **c'est le sexe**. Le sexe, c'est l'énergie de reproduction. Cette énergie de reproduction, on s'en sert pour se faire plaisir, mais ce n'est pas ça, le sexe; ça, c'est la partie reproductive. Il y a une autre façon d'utiliser le sexe. Il y a une autre façon d'utiliser l'énergie sexuelle. On doit devenir conscient des principes. Alors, si vous avez la chance d'être avec quelqu'un pour vivre ces principes, tant mieux pour vous. Si vous n'avez pas encore cette chance-là, peut-être que vous l'aurez dans trois mois, ou dans six mois, ou bien l'année prochaine; ce n'est pas grave. Ce qui compte, si vous êtes toutes seules ou tout seuls, c'est de les étudier, ces principes, de les comprendre profondément pour bien réaliser ce qu'est en réalité l'énergie sexuelle, et surtout ce qu'on peut faire avec. Lorsque vous aurez vraiment bien compris, vous allez rencontrer quelqu'un avec qui vous aurez besoin de vivre ces choses-là car, en effet, cela se vit à deux, en couple femme-homme.

Le troisième facteur **est la conscience**. La conscience a deux aspects; connaître profondément le principe de la conscience Divine, comprendre le principe de nos sept corps, de nos trois consciences : la conscience humaine, la conscience christique, la conscience Divine. Il faut absolument connaître les principes de la conscience Divine et avoir une parfaite connaissance également de ce qu'est l'ego; l'ego, le mental, la personnalité, l'humain. Il s'agit de bien connaître ce qu'est l'humain, de reconnaître son mental et d'être capable de dire : « Mon mental est en train de penser à quelque chose ». Ce n'est pas vous qui pensez à quelque chose, c'est votre mental.

Quand votre corps a faim, vous dites « J'ai faim »; moi aussi, d'ailleurs. Tout le monde dit « J'ai faim »; non, le corps a faim. Le mental pense; non, ce n'est pas moi qui pense, c'est le mental. C'est comme si j'avais une main qui se mettait à trembler, je pourrais dire : « Tiens, ma main tremble »; c'est très gênant pour boire son vin ou son café, ce n'est pas pratique. C'est ma main qui tremble, ce n'est pas le reste de moi-même. C'est embêtant, une main qui tremble, mais on peut l'observer. Un mental qui pense toujours à toutes sortes d'affaires, c'est pénible, c'est fatigant et ça nous coupe de la réalité Divine; mais on peut l'observer. On peut constater : « Mon mental est encore en train de vagabonder partout ». Il est dans le passé, il est dans le futur, il est dans l'imaginaire, mais il n'est pas ici, il n'est pas là, il n'est pas présent. On va dire : « Vous devez vivre au présent, ici et maintenant ». N'essayez pas de vivre au présent. Le mental ne sera jamais présent. Le jour où il le sera, le mental sera dissous, vous aurez transcendé. **Soyez simplement conscients que vous n'êtes pas présents.**

Ô, Êtres de Lumière, voilà donc, en résumé, les trois facteurs de la révolution de la conscience :

- LA MORT,
- LE SEXE,
- LA CONSCIENCE.

Il n'y a pas d'ordre – un, deux, trois –, le chemin se parcourt les trois en même temps. Toutefois, **la conscience** en est l'aspect principal. Il est bien certain qu'en étudiant profondément votre conscience, vous serez amenés à conscientiser la véritable nature de la mort et du sexe.

C'est pour cela que le Chant du Cygne et le Nectar de la Conscience sont orientés **totalement** sur la conscience car, évidemment, le reste viendra par surcroît...

Un Être éclairé, assez ouvert, qui veut vraiment découvrir et connaître la méta-réalité, son Divin Royaume, se donnera vraiment la chance en conscientisant **globalement** tous les aspects de **sa** conscience :

- L'EGO ET LE SOI,
- LES PRINCIPES,
- L'UNITÉ DE LA CONSCIENCE,
- LA MORT,
- LE SEXE.

Un tel guerrier de la conscience franchira en une seule vie l'océan de l'ignorance, il aura acquis la **connaissance** et il se sera approché de son Ascension dangereusement... Alors, nous allons continuer d'étudier la conscience sans relâche jusqu'au jour où nous pourrons constater des résultats significatifs; là, nous continuerons jusqu'au lâcher-prise et nous ne nous arrêterons pas avant l'Ascension.

Vous savez que vous ne pouvez pas obliger votre mental à être présent; par contre, vous pouvez être conscients que vous n'êtes pas présents. Là est la bonne attitude, celle qui va tout changer. Beaucoup d'enseignements insistent sur le fait que vous devez vivre au présent. Oui, c'est vrai; quand quelqu'un radote sur le passé, sur le futur ou qu'il imagine une réalité stupide, on peut lui dire : « Vis au présent ». On peut se dire à soi-même : « Vis au présent ». En réalité, le mental ne peut pas être présent. Le présent, c'est comme un fil qui serait suspendu en l'air, et le mental qui essaierait de marcher dessus. Vous avez déjà vu des gens qui marchent sur un fil, des funambules, bon. Ils ont toujours tendance à tomber d'un côté ou de l'autre, ils doivent se maintenir en équilibre. Le mental ne peut pas marcher sur le fil, mais s'il arrive à s'y maintenir une seconde, c'est la transcendance **automatique.**

On ne peut rien faire pour que notre mental se place dans cet état-là. Ça se fait naturellement, ça se fait tout seul quand on a observé le mental, quand on a compris les principes, quand on a travaillé sur soi-même; bref, quand l'ego a saisi sa réalité. Vous allez dire : « Il y a des gens qui n'ont jamais rien fait de tout ça et ça leur est arrivé ». Oui, mais ils l'ont fait un jour, peut-être dans une autre vie, peut-être qu'ils sont prêts, peut-être qu'ils ont une ouverture de conscience qui va leur dire : « Regarde, il y a autre chose dans la vie ». La vie veut leur montrer qu'il est temps pour eux de chercher à comprendre.

Beaucoup de gens n'ont jamais fait de croissance personnelle. Pourtant un jour, ils vont se faire opérer à l'hôpital et sur la table d'opération, ils sortent de leur corps. Ils flottent au plafond de la salle d'opération, ils voient tout ce qui se passe, ils entendent tout; ils racontent ça au chirurgien en revenant et lui n'en revient pas... Des opérations suivies de ce phénomène – des gens sortis de leur corps –, il y en a des tonnes, il y a de pleins bouquins d'écrits maintenant **par les médecins eux-mêmes.**

Donc ces gens-là, qui n'ont rien fait pour ça, se trouvent dans une situation très spéciale où ils découvrent qu'il y a un autre monde, une autre dimension, quelque chose qu'ils ne connaissaient pas. Alors, ça peut arriver à n'importe qui, effectivement. Votre conscience peut s'ouvrir pour vous montrer que ça existe, mais n'attendez pas pour travailler sur vous-mêmes une ouverture spontanée qui ne viendra peut-être jamais. Par contre, **l'ouverture se produira** forcément si vous devenez conscients. Cela se fera régulièrement et habituellement dans votre vie, quand vous aurez travaillé sur l'âne mental. Oui, quand l'âne mental sera devenu docile, qu'il se sera calmé, qu'il se sera abandonné, qu'il aura lâché prise. Ça ne se fait pas tout seul; c'est le travail régulier d'observation de soi-même, de prise de conscience de soi-même qui ouvrira les « portes du ciel ».

Vous disposez d'aides puissantes, comme le Chant du Cygne; vous le chantez tous les jours, vous vous baignez dans votre conscience Divine, alors il y a toujours plus de conscience qui coule. Oui, la conscience coule et à un certain moment, il se passe des choses, il y a des signes; des résultats apparaissent, ça aide beaucoup. Il ne faut pas s'attendre à grand-chose si on veut rester un être humain, si on ne veut rien changer. On veut rester un singe humain, puis on dit : « Je vais chanter le Chant du Cygne puis je vais tout régler dans ma vie. Je vais trouver l'amour et la chance, et gagner à la loterie. Mais je veux rester un singe inconscient, un gros ego ». Non, non; ça ne marche pas, ça.

Le Chant du Cygne, c'est un chant alchimique qui apporte mille et mille bienfaits à des gens qui prennent conscience. Si tu fais un pas vers le Père, le Père accourt vers toi. Le fils, la fille prodigue rentre chez lui, chez elle, chez son père. Son père va au devant de lui, au devant d'elle, et il a déjà tué le veau gras. Ça veut dire que vous, si vous travaillez sur votre conscience Divine, votre conscience Divine accourt vers vous.

Le fils prodigue, il fallait qu'il revienne chez son père. Ce n'est pas le père qui est allé voir le fils et qui l'a obligé à revenir. Non, le fils devait **revenir de lui-même**, l'ego doit revenir de lui-même. Le mental doit revenir de lui-même, s'unir à la conscience Divine. Le fils prodigue, c'est l'ego, c'est le mental. Le mental est tellement las de la vie d'abruti qu'il a menée jusqu'à maintenant qu'il n'en peut plus; il faut qu'il revienne vers sa conscience Divine, voyez-vous? Alors, à travers tous ces symboles, vous pouvez mieux saisir votre réalité supérieure. Dans certains cas, dans la Bible, le fils c'est le Christ. Mais quand le fils prodigue revient chez son père, c'est le mental. C'est l'ego qui se détourne du monde extérieur, qui revient vers sa conscience Divine. Rappelez-vous que le fils prodigue était parti et qu'il a été dépenser la fortune de son père. Alors, après avoir vécu tous les malheurs du monde, il revient.

Nous avons assez vécu de malheurs, nous avons assez dépensé tout notre capital Divin à vivre une vie de fou, une vie malheureuse et misérable. Donc, nous revenons vers notre conscience Divine et notre conscience Divine accourt vers nous. Nous chantons le Chant du Cygne et la conscience Divine court encore plus vite vers nous. Plus nous accélérons vers elle, plus elle vient vite vers nous. Donc forcément, à un certain moment, nous allons tomber dans les bras l'un de l'autre.

Dans le livre *J'ai vécu sur deux planètes*, il est dit qu'un être humain qui a fait son Ascension arrive sur la planète Vénus. Vénus, c'est l'amour. Il vit là quelque temps puis un jour, il rencontre sa flamme jumelle ou son âme soeur. Ça dépend comment vous voulez l'appeler, mais peu importe : il rencontre sa véritable moitié, son véritable Être Divin. Puis là, ils s'arrêtent, ils se regardent et dans un **sanglot d'extase**, ils se fusionnent... Quand j'ai lu ça, j'ai pleuré, mais j'ai pleuré, que j'ai donc pleuré! (silence).

Imagines : tu te rencontres toi-même, ton véritable Être Divin est là et puis, dans un **sanglot d'extase**, tu te fusionnes... Ça nous arrivera à tous. C'est notre but. Ce n'est même pas notre but, c'est plus que notre but; c'est notre destin. C'est notre véritable destin que de rencontrer notre Être suprême et de nous fusionner avec lui.

Qu'avons-nous à faire pour ça? Prendre conscience de l'ego, prendre conscience des principes de la conscience Divine; comprendre le principe de la mort. Je ne meurs pas; mon corps meurt, mais pas moi, pas ma conscience, je regrette. Prendre conscience de l'énergie sexuelle et travailler avec si nous en avons la possibilité. Alors, connaissant la mort, connaissant le sexe, connaissant l'ego, connaissant la conscience, **nous savons tout de nous-mêmes**. Tout le restant de la connaissance humaine, c'est de la foutaise. Ce sont toutes les choses qui changent sans arrêt. À peine une connaissance apparaît-elle aujourd'hui, qu'elle est déjà rendue caduque, qu'elle est déjà contredite par tout le monde.

La connaissance humaine, aujourd'hui, est complètement bidon, **éphémère et relative**. Ce qu'on nous dit aujourd'hui, on nous disait le contraire scientifiquement il y a vingt ans. Il y a vingt ans, on nous disait que telle chose n'était pas possible alors qu'aujourd'hui, ça l'est. Aujourd'hui, la science nous dit que tout ça n'est pas possible puis, dans vingt ans, ça le sera. La connaissance scientifique double tous les dix ans. Ça veut dire qu'aujourd'hui, nous en savons la moitié moins que dans dix ans. Le savoir d'aujourd'hui est donc le quart de ce qu'il sera dans vingt ans. Comment donc pouvez-vous affirmer quelque chose si vous n'avez que le quart de la connaissance?

La connaissance scientifique de l'an 2000 :

- est la moitié de ce que saura la science en 2010,
- est le quart de ce que saura la science en 2020,
- est dix pour cent de ce que saura la science en 2050,
- est un pour cent de ce que saura la science en 2100.

Comment osez-vous être certains de quelque chose quand vous ne savez que un pour cent? En réalité, **la science ne sait quasiment rien.**

Bref, la science d'aujourd'hui, en réalité, ne sait pas grand-chose; en fait, elle sait même vraiment très peu de choses. La vraie connaissance libératrice, ce sont les trois grands principes de la conscience qui permettent d'accéder à la méta-réalité. C'est vrai que pour fonctionner dans le monde d'aujourd'hui, nous sommes obligés d'avoir certaines connaissances : savoir lire et écrire, tripoter l'ordinateur, savoir conduire, puis différentes choses. Bon d'accord, nous apprenons ce dont nous avons besoin pour pouvoir fonctionner, pour pouvoir faire notre travail. Mais tout le reste est purement relatif.

Beaucoup de gens s'occupent; ils s'occupent et ils sont tellement occupés que jamais ils ne prennent le temps de se poser la moindre question ni sur la vie, ni sur la mort. Mais ils s'occupent... Ils vont mourir, ils ont peur de la mort, ils n'ont rien appris. Ils ne connaissent ni la vie, ni la mort, ni le sexe, ni l'ego, ni la conscience. C'est ainsi dans tous les domaines, pour les êtres humains. Il faudra qu'ils réapprennent tout. Ils peuvent connaître toutes les connaissances humaines, toute l'encyclopédie par coeur, ils ne savent rien. Voyez donc tous ces gens qu'on appelle des érudits, ces gens « intelligents »; parlez-leur de la mort, ils ne veulent pas. Parlez-leur du sexe, ils ne veulent pas. Parlez-leur de la conscience; alors là, ils ne veulent plus rien savoir du tout.

J'ai fait partie d'un club il y a quelques années. C'était interdit de parler de sexe; vous vous rendez compte à quel point c'est coincé? Dans ce club, on n'a pas le droit de parler de sexe, ni de politique, ni de religion, ni de je ne sais pas quoi d'autre. D'ailleurs, de quoi parlent-ils? Du temps et de leur travail... En fait ils parlent, mais ils ne disent rien... Les choses fondamentales sont la mort, l'ego, le sexe, la conscience, car là est la connaissance qui ouvre sur la méta-réalité. Alors dans ce club, je leur parle quand même régulièrement ésotérisme, Alchimie et je leur en tartine épais, à chacun de mes discours; ça les agace et ça les provoque... Je me suis beaucoup amusé ainsi.

Donc la **connaissance fondamentale**, c'est la connaissance de soi-même. Il y a beaucoup de gens qui disent : « Ah! c'est important de se connaître soi-même ». Posez-leur la question, à ces gens-là : « Qu'est-ce que ça veut dire, se connaître soi-même? ». Souvent, ils vont répondre : « C'est connaître ses qualités et ses défauts ». Pour eux, c'est tout.

Se connaître soi-même, c'est clair et c'est précis : c'est la mort, le sexe, la conscience et l'ego humain. Là, oui, on se connaît soi-même. L'on ne se connaît pas avant de savoir qui l'on est, d'où l'on vient et où l'on va, dans une vision globale centrée sur la méta-réalité.

Ceci étant dit, ô Êtres de Lumière, reprenons notre grignotage de l'ego. Oui, grignotons jusqu'à ce qu'il cède; n'arrêtons pas avant.

L'ego humain fait partie de la conscience, il n'est pas séparé de la conscience. Nous sommes capables de nous occuper de notre tête, de nous occuper de nos pieds, qui sont quand même deux parties de nous très différentes, bien qu'elles ne soient pas séparées. L'ego et la conscience Divine et la conscience christique ne font qu'un; mais ce sont quand même des aspects très différents de nous-mêmes, tels les pieds et la tête, voyez-vous? En travaillant sur notre conscience, nous allons chanter le Chant du Cygne qui va nous faire parcourir le chemin beaucoup plus vite, en éliminant ce qui nous cache le Soi.

L'être humain cherche à atteindre l'illumination, ce qui est une pure illusion car l'illumination est déjà ici, la conscience Divine est déjà là. Nous devons non pas chercher à atteindre l'illumination, mais plutôt chercher à comprendre ce qui nous cache l'illumination. Qu'est-ce qui nous cache l'illumination? Quand nous comprenons bien ça, un jour ou l'autre, ce qui nous la cache va se dissoudre. Un jour ou l'autre, le mental aura vraiment compris, il va se dissoudre.

Et pourquoi ne comprenons-nous pas plus vite? Parce que nous sommes un primitif sous l'intellect. Tout ce que je vous raconte, c'est clair pour tout le monde. Chacun comprend très bien intellectuellement, mais superficiellement seulement. Le problème, c'est que nous avons des couches, nous n'en sommes pas à notre première vie. À travers des vies antérieures, nous avons été un être humain primitif, très primitif, même pas mal animal. Il y en a encore aujourd'hui qui, malgré un gros intellect, sont encore très près de l'animal... Nous avons donc un sous-mental, un mental primitif qui grouille de tous les besoins de l'homme primitif, de toutes ses passions; tout ça, c'est là, ça n'a pas disparu, c'est tout accumulé. Mais cette conscience-là vit encore et cette conscience-là ne comprend rien de ce que comprend l'intellect.

C'est important de comprendre qu'en nous-mêmes, nous avons une conscience inférieure au mental, inférieure à l'intellect, et qui ne comprend pas ce que dit le mental. Cette conscience-là raisonne au niveau de l'intuition, au niveau du sentiment. Il faudrait arriver à la toucher par les sentiments, il faudrait que le coeur s'ouvre pour que nous puissions toucher cette conscience; ça arrive parfois. Donc, cette conscience primitive est la plus épaisse parce que notre conscience intellectuelle est toute fraîche, toute neuve. Peut-être qu'elle date de cette vie-ci, peut-être d'une vie antérieure, mais au maximum des deux ou trois vies précédentes. Pour disposer d'un intellect, il faut faire des études, il faut aller à l'université, tout au moins à l'école. Alors même l'école, ça n'existe pas depuis si longtemps, deux à trois siècles maximum que l'école est obligatoire, et encore dans certains pays seulement.

Bon, donc avant ça, de l'intellect, il n'y en avait pas; mais les gens étaient capables de vivre et de construire des cathédrales et des pyramides, puis de faire toutes sortes de choses sans intellect – à part quelques-uns qui avaient un peu plus de mental. Même les pharaons, mêmes les rois avaient une éducation très réduite par rapport à chacun qui aujourd'hui va au collège ou à l'université. Ils ne savaient rien. Ils étaient rois de France, mais ils ne savaient rien. On leur bourrait la tête avec du latin et de la religion, mais ils ne savaient pas grand-chose. Les gens avaient un mental ignorant qui vivait, qui avait des besoins de sexe, de nourriture, d'amour, de confort, de sécurité et de toutes les choses **dont nous avons besoin** à notre époque. Aujourd'hui, quand on vous donne des explications sur la conscience, vous dites : « Ah! bien oui; ah! bien oui; ah! bien oui »; vous comprenez, mais toutes les couches des siècles inférieurs ne comprennent pas du tout parce qu'il n'y avait pas d'intellect.

Vous en rencontrez parfois des gens, ici – ça n'arrive pas souvent, mais on en rencontre –, de ces gens qui n'en ont pas, d'intellect. Ils vous expliquent quelque chose – une longue histoire très compliquée – et c'est complètement décousu. Vous comprenez que la personne n'est pas mentale, ce n'est pas de l'intellect. **Elle essaie d'exprimer ce qu'elle ressent**, mais comme elle n'a pas d'intellect, elle a beaucoup de difficulté à le faire. Je ne sais pas si vous avez déjà remarqué ça, mais quand ça arrive, c'est très intéressant à observer.

Donc, ce qui nous empêche de prendre conscience de la réalité Divine, c'est notre mental, mais ce sont surtout ses couches inférieures. C'est pour ça que je vous ai déjà expliqué la façon de parler à votre mental. Parlez-lui, expliquez-lui.

À force de travailler sur soi-même, à force de chanter le Chant du Cygne, le mental inférieur commence à comprendre qu'il se passe quelque chose. Il commence à **ressentir** le principe. Il ne comprend pas, mais il **ressent**; il dit : « Ah! je ressens quelque chose; ah! ça doit être ci; ah! ça doit être ça ». Un peu comme un animal : vous pouvez faire des choses avec un animal. Vous lui expliquez; il ne comprend pas vos explications, mais il sent, il **ressent** qu'il doit faire quelque chose. Le chien va se coucher ou le cheval va s'approcher, voyez-vous? Le mental, le vrai mental, la grosse couche épaisse de mental qui a plusieurs siècles, est comme un animal – un peu plus, certes, mais pas tellement plus –; il faut lui expliquer pour qu'il puisse **ressentir.** Alors, c'est pour ça que parfois, vous comprenez bien les choses, mais vous vivez complètement à côté parce que votre mental n'a pas compris du tout. **L'homme primitif en vous** n'a pas du tout compris, il faut lui expliquer tous les jours; oui, tous les jours.

Quand vous chantez le Chant du Cygne, il se calme, il n'est pas là, il écoute; il ne se manifeste pas à ce moment-là, l'homme primitif. Puis là il sent, il **ressent** les énergies; il sent, il **ressent** la conscience qui coule, puis ça le calme. Puis un jour, ce primitif aura vraiment compris que son intérêt, c'est de se calmer, c'est de se tenir tranquille, de ne plus bouger et là, ça va se passer. La conscience va s'ouvrir dans ce « VIDE ». Il faut de la patience et de la persévérance, il y a un certain délai pour tout le monde. On ne sait pas à quel niveau nous sommes partis dans notre mental, on ne sait pas à quel niveau il était agité, on ne sait pas combien il avait **peur,** ce mental-là. Si vous avez un mental qui a vécu des choses terribles dans cette vie, qui a eu très peur, des peurs épouvantables, ou qui a vécu de très grandes souffrances, il faut le rassurer pour qu'il se calme.

Quand vous souffrez, ce n'est pas l'intellect qui souffre parce que souvent, vous dites : « Ah! je souffre »; mais, finalement, la situation n'est pas si terrible. Vous pouvez même raisonner, vous pouvez dire : « Ma situation n'est pas si dramatique » mais pourtant, vous souffrez comme un damné. C'est le mental, en dessous, qui ne comprend pas et qui souffre. Donc, il y a un mental primitif qui ne comprend pas ce qui se passe et qui souffre car il a peur. Il y a des couches épaisses de ce mental ancien qu'il faut rassurer. On n'essaie surtout pas de devenir conscient de ces couches-là; non, on ne fait pas une psychanalyse, on ne s'embourbe pas dans cette jungle mentale. **On est simplement conscient** qu'on a un intellect, puis une couche épaisse de mental qui ne comprend pas; puis on lui parle, puis on lui parle, puis on lui parle. Quand ce mental primitif aura bien compris que son intérêt suprême, c'est de se calmer pour être comme un âne docile, alors il va se calmer, il va vraiment se calmer.

Le Chant du Cygne, avec les explications du Nectar de la Conscience, c'est la voie de la connaissance, de la véritable connaissance de soi-même. On pourrait le faire sans le Chant du Cygne, mais ça serait mille fois plus difficile parce qu'on serait toujours tiré entre l'intellect et le mental inférieur. Avec le Chant du Cygne, on baigne dans la conscience Divine qui pénètre et traverse le mental. C'est cette conscience Divine qui descend dans le mental et qui commence alors à sentir, à **ressentir**; il se sent rassuré et alors, il se tient tranquille. Il constate que quand il se tient tranquille, ça va mieux, il constate qu'il souffre moins. Alors, il va se tenir de plus en plus tranquille. N'oubliez pas, cependant, que nous parlons de vous en ce moment...

Voilà, ô Êtres de Lumière, pour aujourd'hui; ce sont les trois facteurs de la révolution de la conscience. La mort, le sexe, la conscience et l'ego, qui sont la porte de la méta-réalité. C'est ce qui permet la prise de conscience de soi-même et c'est **la véritable et ultime connaissance**. La connaissance qui va nous délivrer, qui va nous sortir de la prison du mental. La connaissance qui va nous faire émerger vers ce qu'on appelle la conscience suprême, l'océan de béatitudes, de joie, de satisfaction, de bonheur. Il y a tout, il y a **tout** dans la méta-réalité. C'est l'ignorance, puis le mental et le sous-mental primitif qui nous cachent la réalité. Pour beaucoup de gens, l'obstacle c'est l'intellect, pour qui la méta-réalité n'est pas possible; c'est un manque d'ouverture. Quand on **est** ouvert intellectuellement à la connaissance, on rencontre le sous-mental à qui il faut tout expliquer. Comme il ne comprend pas les explications, ça prend le temps qu'il **ressente**. Quand il aura compris, ce sera un bon bourricot et vous pourrez rentrer **avec** lui dans le Royaume des Cieux, dans la méta-réalité, dans la Nouvelle Jérusalem.

Voilà effectivement l'ultime connaissance car elle nous conduit à l'Ascension, qui est la fin et la transcendance de l'être humain. Là, le singe humain se termine et l'Être de Lumière apparaît. Oui, c'est ainsi la fin et le but de toute l'évolution humaine. Et l'Alchimie de la conscience EST le moyen.

Ô, Êtres de Lumière, avez-vous des questions?

Q *- Das, quand tu parles de l'énergie sexuelle, c'est comme s'il y avait là quelque chose de bien particulier. Vas-tu nous donner des cours, un jour?*

R *- Vous savez, il y a des choses que vous pouvez faire vous-mêmes; je ne suis pas votre mère pour procéder à votre initiation sexuelle, même ésotérique...*

Je pourrais vous donner des conférences, bien sûr, mais je ne veux pas le faire parce que ce n'est pas mon but. Mon but, c'est le Chant du Cygne qui nous branche sur la conscience Divine, qui fait couler la conscience, plus de conscience et plus de conscience dans notre vie. On ouvre notre conscience puis ce qui doit arriver arrive. Mais je n'irai pas vous donner des cours ni sur la mort, ni sur la sexualité; tout au moins, pas cette année. Ce n'est pas dans mes projets.

En effet, mes projets sont ailleurs; j'ai un but, une intention, un message à délivrer, une sortie de secours à ouvrir... Pour cela, je dois pondre le Nectar de la Conscience. Après, je serai plus disponible, peut-être, pour d'autres cours différents de ceux-ci; on verra.

Q *- Dis-moi, Das; l'histoire des pains et des poissons, je ne vois pas trop.*

R *- Oublie le symbole des pains et des poissons. De deux choses l'une.*

Ou tu cherches ta conscience Divine avant tout et plus tu auras de conscience, plus ta vie va s'améliorer. Plus tu auras de conscience, plus ta vie sera agréable. Lorsque tu déboucheras enfin dans ta conscience réelle, tu auras tout par surcroît, toutes les merveilles de la vie Divine.

Ou alors tu travailles sur ta conscience pour améliorer tes conditions; tu veux l'amour, l'argent et la richesse. Tu te conscientises pour que ces choses-là arrivent dans ta vie. Tu as parfaitement raison car si tu agis ainsi, c'est que tu en as ***besoin****. Comprends bien que ta conscience répondra* ***toujours*** *à tes véritables besoins.*

De toute façon, si tes conditions de vie sont trop difficiles ou misérables, tu ne pourras pas progresser beaucoup vers ta conscience. Alors, c'est parfaitement sain et normal; conscientise pour arriver à un niveau de vie confortable tant psychologique que physique et matériel, et même sexuel.

Ainsi, voyant que la conscience t'a apporté une vie meilleure, conscientise jusqu'au bout, jusqu'à la joie pure, jusqu'à l'ouverture de ta conscience et tu auras aussi tout par surcroît : la vie Divine et ses splendeurs.

***Q** - Tu ne nous parles jamais des extra-terrestres; pourquoi?*

***R** - Notre véritable besoin, à chacun, c'est de retrouver notre conscience d'Être. Ensuite, si extra-terrestres il y a, extra-terrestres nous rencontrerons.*

Vous pouvez passer votre vie à vous passionner pour ce sujet-là, vous obtiendrez la conscience cosmique; mais jamais la conscience Divine. Car même si vous deviez en rencontrer, vous seriez toujours humains, limités à votre mental. Alors, cherchez avant tout votre véritable Être Divin; vous en aurez infiniment plus de bienfaits.

Maintenant, croire ou ne pas croire aux extra-terrestres, c'est ignorer dans les deux cas. Je vous signalerai cependant que si vous étudiez la cosmogonie ésotérique, vous apprendrez qu'il y a mille milliards de soleils qui possèdent des planètes habitées. Autour de ces soleils gravitent sept mille milliards de planètes habitées par des êtres intelligents et conscients beaucoup plus que nous.

L'univers, en effet, est grouillant de vie dans tous les coins, sur plusieurs dimensions, dans une vie d'une splendeur inimaginable pour nous.

- *La Terre est une planète des plus primitives sur plusieurs années-lumière à la ronde.*
- *Nier l'existence des extra-terrestres sous prétexte qu'on n'en rencontre pas dans le métro relève de la pure* ***supercherie*** *intellectuelle et scientifique.*
- *Croire que seule la planète Terre est habitée est grotesque et ridicule et est le fait d'un esprit passablement arriéré.*
- *Croire que l'humanité terrestre est la seule dans l'univers, que l'homme est la perle de la création unique dans l'univers, que le mâle a été fabriqué avec de la poussière et que la femelle a été tirée d'une côtelette est un mythe qui relève d'une psychologie fortement tarée, digne du pire obscurantisme moyenâgeux.*

Ô, Amis de Lumière, cherchez d'abord et avant tout la méta-réalité et là, vous verrez... Vous découvrirez les merveilles d'un univers fabuleux, peuplé de créatures splendides, intelligentes et d'une conscience prodi-

gieuse. Beaucoup de nos frères aînés ont, eux aussi, été humains avant nous. Et nous aussi, nous serons comme eux, ascendés et glorifiés.

Q - *Jean-Pierre, nous faisons des études pour obtenir des diplômes; est-ce que ça ne vaut rien?*

R - *Non, pas du tout. Il faut forcément posséder certains diplômes pour exercer certaines professions. Le diplôme vaut ce qu'il vous apporte, soit en prestige, soit en argent. Nombreux, aujourd'hui, sont les chômeurs bardés de diplômes.*

Le problème n'est pas là. Les diplômes vous apportent un savoir relatif à la connaissance et aux besoins de votre époque. Revenez un siècle plus tard, cette connaissance-là n'est plus qu'une ancienne ignorance... Voyez aujourd'hui le droit, l'électronique, l'informatique; une connaissance peut être rendue caduque en un an.

Ce qu'il faut dans la vie, ***en plus*** *de cela, c'est acquérir la connaissance* ***durable****, la connaissance libératrice,* ***la connaissance qui vous survivra de siècles en siècles****. Seule la parfaite connaissance de vous-mêmes et de la méta-réalité est durable, invariable, éternelle et inoxydable...*

Q - *Si les gens des siècles passés, qui ne savaient rien de ce que nous savons aujourd'hui, avaient les mêmes besoins que nous, qu'est-ce qui a changé?*

R - *Aujourd'hui, la société veut nous faire croire qu'elle sait tout. Or, nous savons le quart de ce que nous saurons dans vingt ans, et seulement un pour cent de ce que sauront les gens du XXIe siècle. Malgré si peu de savoir, nous en savons quand même mille fois plus qu'il y a cinq siècles.*

Il y a des siècles, l'on construisait des cathédrales, des Taj-Mahal, des palais à Venise. Maintenant, on construit des centres Beaubourg et l'on défigure le Palais royal.

Merci, l'intelligence.

Il y a des siècles, l'on mourait de la peste et du choléra. Maintenant, les épidémies font rage, l'on meurt en masse du cancer et du sida, et aussi de désespoir.

Merci, la médecine.

Il y a des siècles, l'on emprisonnait les gens pour rien. Maintenant, les prisons débordent à craquer de gens qui ne sont ***même pas jugés****. La domination contrôle tout, l'esclavage est de retour.*

Merci, la justice.

Il y a des siècles, les religions maintenaient le peuple dans l'ignorance totale. Maintenant, les mêmes religions continuent de plus belle, avec les mêmes dogmes idiots du passé, et s'opposent farouchement à l'émancipation des femmes.

Merci, la religion.

Il y a des siècles régnaient la guerre et la famine. Maintenant, la guerre se généralise, les génocides se multiplient, la famine est endémique. Il est mort plus de gens de la faim ces derniers vingt ans que dans toute l'histoire connue de l'humanité.

Merci, la politique.

Il y a des siècles, l'on ne savait rien. Maintenant, l'on croit tout savoir. Les fléaux sont à leur paroxysme, la pollution fait rage, la chimie empoisonne les corps et les laboratoires produisent des super virus indestructibles.

Merci, la science.

Alors, qu'est-ce qui a changé? Tout est mille fois pire. Non pas qu'il faille retourner à l'ignorance du passé; il faut, au contraire, que le savoir humain se répande dans la société. Ce qu'il manque à tout ça, c'est la conscience.

Nous vivons dans un monde de gens inconscients dirigé par des gens sans conscience.

Voilà le problème fondamental :

- *la connaissance sans conscience,*
- *l'intelligence sans conscience,*
- *la politique sans conscience,*
- *la médecine sans conscience,*
- *la religion sans conscience,*
- *la justice sans conscience,*
- *la science sans conscience,*

donnent ***le pouvoir sans conscience.***

Et le pouvoir sans conscience cause tous les fléaux de notre monde. Il produit un orgueil et un égoïsme monstrueux, capables des pires horreurs dont rougiraient même les tyrans des siècles passés.

*Finalement, le pouvoir sans conscience produit la ruine de la planète et le désespoir de l'humanité. Le pouvoir sans conscience du XXe siècle a fait descendre « **l'enfer** » sur la Terre. Bref, l'intelligence **humaine** sans conscience n'est que :*

- *folie humaine;*
- *démence de l'ego;*
- *démesure dans la domination;*
- *autodestruction de l'humanité;*
- *risque de génocide général.*

*Voilà ce qui a changé : l**a folie collective d'un monde inconscient dirigé par des tyrans planétaires sans conscience**, dotés de moyens techniques et scientifiques démesurés.*

Ô, mes Amis de Lumière, nous qui sommes des amis depuis des siècles, vous avez un univers à découvrir. Il ne s'agit pas d'en faire l'exploration sur le dos d'un satellite. Il s'agit de vous ouvrir, d'ouvrir votre conscience. Alors, vous redeviendrez vous-mêmes : des Êtres Divins d'une beauté et d'une splendeur inouïe.

- Oui, vous êtes vraiment cela, des Êtres adorables et merveilleux, chacun de vous; même le plus misérable d'aujourd'hui est un Être de Lumière.
- Oui, vous devez maintenant reprendre conscience et vous réveiller et sortir du mauvais rêve de la vie humaine si terrible.
- Oui, vous disposez d'une conscience prodigieuse, vous disposez de tous les pouvoirs Divins, vous disposez déjà de la puissance de la richesse et de la gloire Divine.
- Oui, vous êtes en réalité un Dieu, une Déesse fantastique, vous êtes omniscients, omniprésents, omnipotents, vous êtes vraiment cela.

VOUS ÊTES DÉJÀ DIVINS.

Ô, mon Ami, mon Amie de Lumière, reprends ton vol, reprends conscience et réveille-toi; ô mon amour, réveille-toi; ô mon grand amour, mais réveille-toi donc.

Vous pouvez très vite revenir dans les « étoiles », les cieux de votre conscience d'Être, au moyen d'un petit travail agréable et plaisant :

- chantez le Chant du Cygne;
- étudiez le Nectar de la Conscience.

C'est tellement simple, c'est si facile et ça donne des résultats tellement merveilleux. Alors, libérez-vous ainsi, dès maintenant. Voulez-vous quelque chose de plus simple?

Oui, libérez-vous, reprenez conscience de vous, connaissez-vous vous-mêmes, cherchez le Royaume des Cieux et sa Justice, et vous aurez tout par surcroît.

Vous ne le trouverez ni dans la science, ni dans la culture, ni dans la religion, ni dans la société. Vous le trouverez en vous-mêmes, au fond de vous-mêmes, car il est vous-mêmes.

Vous savez maintenant ce que vous avez à faire; alors, faites-le. Des Êtres merveilleux vous attendent déjà, les bras ouverts. Accourez vers eux, ils vont se précipiter vers vous. Ils vont vous réconforter, ils vont vous consoler. Enfin, vous connaîtrez la véritable satisfaction, la joie totale, le bonheur complet. Vous serez comblés, couverts de bénédictions. Enfin, vous connaîtrez la **réalité suprême**.

Au-delà des cinq sens et du mental,
au-delà du sexe et de la vie,
EST LA MÉTA-RÉALITÉ.

Ô fille prodigue, reviens chez ton père.
Ô fils prodigue, reviens chez ton père.

Ô, Êtres de Lumière, chantons le Chant du Cygne tous ensemble, joyeusement, avec amour, pour tous les Êtres de la « Terre ». Oui, chantons le Chant du Cygne et accédons à la méta-réalité, vivants.... Oui, que nombreux soient les Êtres qui se libéreront ainsi.

Gloire à Dieu!
Gloire à Dieu!
Gloire à Dieu!

13

Apocalypse 1.

La Bible : son origine secrète

Bonjour et bienvenue à vous, ô Êtres de Lumière, pour notre soirée du jeudi. Vous avez l'air surpris de me voir avec des notes. Ce n'est pas habituel; mais le sujet de ce soir nécessitait certaines précisions que j'ai dû prendre par écrit car il y a des dates et des références historiques. Ça m'a donné un peu de travail, mais c'était agréable.

1. Introduction.

Dans notre société, en général, on entend parler de la Bible comme de la « parole de Dieu ». Dans les quatre grandes branches des religions chrétiennes – catholique, protestante, évangélique et orthodoxe –, la Bible est considérée comme étant la « parole de Dieu ».

Chez les catholiques, on n'insiste pas beaucoup sur le côté biblique de la religion. Par contre, chez les protestants et surtout chez les évangélistes, la Bible occupe une très grande place – plus grande, même, que Dieu lui-même... – mais ce n'est pas la question de ce soir. Donc, pour une bonne partie de nos contemporains très chrétiens, la Bible est la « parole de Dieu ».

Nous allons donc tenter d'y voir un peu plus clair en y regardant d'un peu plus près. Il est tout à fait étonnant de voir des foules entières répéter : « La Bible est la parole de Dieu », sans s'être jamais posé la moindre question à ce sujet-là. Pour eux, il s'agit donc d'une croyance à une affirmation qu'ils se sont bien gardés de ne jamais examiner...

Nous, qui voulons devenir conscients, nous allons donc poser quelques questions et nous allons tenter de trouver les réponses. Nous allons ainsi procéder pour le Nouveau Testament, laissant de côté intentionnellement l'Ancien Testament.

2. *Se poser des questions.*

Qui a écrit le Nouveau Testament? À quelle époque cela s'est-il passé? Qui a dirigé les travaux? Des hommes l'ont-ils écrit? Et si oui, qui étaient-ils? Ou bien la parole de Dieu est-elle descendue du ciel et alors, à qui le Père Divin a-t-il remis sa précieuse prose?

Le Nouveau Testament est un document écrit et plutôt copieux; donc, il sort de quelque part, à une époque précise, pondu par certaines personnes, à un endroit en particulier.

Il est quand même stupéfiant de voir les foules plonger leur nez dans le Saint Livre sans **jamais** s'être posé la moindre question à son sujet. Le minimum pour un chrétien serait de se demander : « D'où sort-il? ». Mais non, pas du tout, pas besoin, le chrétien moyen se contentant de croire, de croire sans penser, de croire qu'il sera sauvé de quelque chose **après** la mort.

J'ai donc décidé, depuis plus de vingt-cinq ans, d'aller y voir de plus près, histoire de découvrir comment la « parole de Dieu » avait atterri sur notre belle planète tout neuve puisque – selon la Bible – elle n'a que six mille ans... J'ai donc investigué et découvert, tout d'abord, que je n'étais pas tout seul dans cette voie. Que beaucoup d'autres avaient déjà accompli la démarche. Que beaucoup de groupes semi-publiques ou carrément secrets étaient parfaitement au courant des origines du précieux livre. J'ai fait des découvertes passionnantes et stupéfiantes dont je vais vous révéler l'essentiel ce soir.

3. À l'origine, Jésus.

Il y a deux mille ans, il n'y avait pas de Nouveau Testament; pas du tout, chacun comprend cela parfaitement. Il n'y avait pas non plus ces diverses religions chrétiennes qui abondent de nos jours. Donc, c'est clair : avant l'an zéro, il n'y a ni chrétiens, ni Nouveau Testament. Déjà, ça facilite les recherches...

Jésus est venu accomplir sa mission il y a environ deux mille ans et, de son temps, il n'y avait pas de Nouveau Testament, pas du tout; du temps où Jésus vivait sur la Terre, le Nouveau Testament n'existait pas.

Chacun connaissant son histoire sainte, vous savez donc que Jésus est mort sur la croix, qu'il est ressuscité, qu'il est apparu aux apôtres, qu'il a fait son Ascension et qu'il s'est évaporé depuis; officiellement, tout au moins. Donc Jésus est reparti, **mais** de Nouveau Testament, toujours pas. Oui, après le départ de Jésus, il n'y a toujours pas de Nouveau Testament à l'horizon. Nous sommes au premier siècle et le Testament Nouveau n'est pas arrivé...

4. L'Empire romain dérangé.

Avant de continuer notre investigation, regardons un peu les lieux, c'est-à-dire l'Empire romain.

Les Romains avaient colonisé tous les « environs » de Rome, et en particulier tout le bassin méditerranéen. Leur vie économique reposait sur l'esclavage. L'État dirigeait et contrôlait tout, y compris la religion de l'époque : une sorte d'amalgame d'anciennes religions et de religions des peuples conquis; même l'ancien culte de Mithra était très populaire à Rome.

Après la mort de Jésus, le christianisme devint florissant, faisant des adeptes par milliers tout autour de la Méditerranée et devenant rapidement la religion des pauvres et des esclaves... En plus, pour une raison curieuse, ces premiers chrétiens étaient heureux! Quelque chose dans la nouvelle religion les rendait heureux, allez donc savoir pourquoi!

Surtout lorsque vous voyez les chrétiens, en Occident, qui sont riches et libres. Regardez leur visage : ce n'est pas de bonheur qu'il rayonne, allez donc savoir pourquoi!

Se pourrait-il que les premiers chrétiens aient su quelque chose que nous ignorons aujourd'hui? Nous reviendrons sur cet aspect des choses.

Alors les Romains – un état de dictature **amalgamée à la religion** officielle – voyaient d'un très mauvais oeil la montée du christianisme. C'était, pour l'Empire, un terrible danger, la perspective d'une révolution à terme où le peuple, changeant de religion, décide de changer aussi complètement de système politique...

Devant le péril – la nouvelle religion des chrétiens – les empereurs eurent une idée aussi simple que géniale : éliminer physiquement les chrétiens. Ainsi commencèrent les premières persécutions avec les premiers chrétiens jetés en pâture aux lions dans l'arène.

Comprenons bien où nous en sommes :

- la dictature des empereurs romains,
- la religion d'État contrôlée par l'empereur,
- la montée du christianisme,
- les chrétiens sont persécutés.

Nous en arrivons ainsi tranquillement au deuxième siècle, il n'y a pas du tout de pape ni de religion catholique; et le Testament Nouveau ne se pointe toujours pas à l'horizon. « La parole de Dieu » se fait attendre.

5. La véritable connaissance.

Dès les premiers siècles, les premiers chrétiens persécutés commencèrent à s'organiser et à se cacher. Ils disposaient de la **connaissance**, mais ils devaient pratiquer leur religion de plus en plus secrètement pour, bien sûr, éviter les persécutions.

La connaissance se répandait de bouche à oreille, d'**Êtres réalisés** à disciples. La connaissance était fraîche et vivante. Jésus n'était pas si loin et ses véritables enseignements se répandaient rapidement.

Il est remarquable que la connaissance véritable soit parvenue jusqu'à nos jours, fraîche et pure. Beaucoup s'étonneront devant cette affirmation. Vous savez, pour reconnaître la fraîcheur d'une source spirituelle, il y a des indices qui ne trompent pas : si la connaissance en question permet d'ouvrir votre conscience, **c'est** la véritable connaissance. Prenez la connaissance et travaillez avec; alors, vous la **reconnaîtrez à ses fruits**.

Cette connaissance merveilleuse, apportée directement par Jésus, est parvenue jusqu'au XXe siècle par des voies cachées, secrètes et mystérieuses, sous une forme ésotérique.

Son secret lui a permis de traverser vingt siècles d'obscurantisme et de persécutions. Son ésotérisme lui a permis de survivre aux persécutions terribles dont elle a fait l'objet au cours des siècles – persécutions, par exemple, des Cathares, des Vaudois et des Albigeois.

6. Les premiers manuscrits.

À cette époque – aux premiers siècles de notre ère –, la connaissance se répandait oralement, de l'Être avancé aux aspirants. Toutefois, dans certaines communautés, des écrits circulaient. Les communautés communiquaient entre elles et s'échangeaient de l'information, se transmettant des bribes de connaissance glanées ici et là, tout autour de la Méditerranée. Ainsi ces informations, recueillies et classées, donnèrent un portrait assez crédible de la vie de Jésus et des enseignements qu'il avait dispensés.

Certains documents bibliques sont attribués par la tradition aux apôtres eux-mêmes; mais en réalité, il s'agit de bribes d'information recollées ensemble, travail qui s'est étendu sur plus de trois siècles.

En réalité, encore aujourd'hui, l'on ignore complètement qui sont les véritables auteurs des manuscrits qui composent le Nouveau Testament. Des écrits, formellement attribués aux apôtres, proviennent en fait d'auteurs inconnus et, bien souvent même, de plusieurs auteurs. C'est sur une période de plus de trois cents ans que ces écrits furent recueillis. Des lettres de Paul, formellement attribuées à lui, furent même écrites par quelqu'un d'autre – Romain 16/22 : « Je vous salue dans le Seigneur, moi, Tertius, qui ai écrit cette lettre ».

Qui était ce Tertius qui a écrit le document attribué à Paul? Puisque c'est Tertius qui l'a écrit, pourquoi certifier qu'il s'agit d'un manuscrit de Paul? Bref, passons à la suite.

Alors, les communautés ramassaient tout ce qu'elles trouvaient comme informations orales ou écrites, y compris les manuscrits ésotériques des chrétiens secrets quand, parfois, elles pouvaient mettre la main dessus.

7. L'Empire romain agacé.

Malgré les persécutions, le christianisme se répandait toujours : chez les pauvres, chez les esclaves et maintenant un peu partout, chez les peuples soumis à Rome.

La Rome impériale, avec son empereur à la tête, contrôlait complètement une religion archaïque; les persécutions n'ayant pas donné l'effet espéré – la mort du christianisme –, il fallait trouver autre chose.

Les politiciens romains et le clergé romain – de la religion archaïque romaine – trouvèrent une nouvelle solution, tout aussi simple et géniale que la première : il fallait **récupérer** le christianisme et l'**amalgamer** à la religion archaïque officielle.

Il fallait faire en sorte que le christianisme soit contrôlé par les prêtres romains, eux-mêmes contrôlés par l'empereur. Il fallait, pour l'empereur romain, continuer de contrôler et de dominer la politique et la religion. Il fallait, pour la survie de l'Empire, maintenir l'union de l'État et de la religion. Il fallait aux despotes romains une église officielle, soumise au pouvoir politique.

Bref, il fallait que la religion puisse canaliser le peuple dans le sens où il resterait soumis indéfiniment. Il fallait donc une religion qui le manipulât afin que la domination puisse persister. Il fallait donc réaliser l'union de l'Église et de l'État, l'unité politique de l'Empire dépendant de son unité religieuse.

La véritable religion chrétienne d'origine, débouchant sur la **liberté suprême**, devait donc être **rectifiée** en conséquence.

- L'on devait faire en sorte que le peuple ait **besoin** du clergé pour acquérir quelques biens spirituels, même mineurs.
- Si l'on pouvait s'arranger pour combler le peuple de promesses qui se réaliseraient après la mort, ce serait parfait car, en effet, personne ne reviendrait pour se plaindre...
- Mais, au cas où les promesses de paradis « post-mortem » ne seraient pas suffisantes, l'on devait faire peur à tous ceux qui risquaient de relever le nez en leur promettant des souffrances éternelles.
- Pour bien contrôler et manipuler le peuple et pour garder son pouvoir bien au sec, l'on devait donner à tout cela une très forte crédibilité. Oui, mais comment? Par une troisième idée, toujours aussi simple que géniale : faire croire au peuple que la religion émanait de la volonté Divine... Donc, affirmer catégoriquement : « Votre religion est la parole de Dieu ».

L'idée était lancée et elle fera fortune. Vraiment, ils ne sont pas fous, ces Romains...

Faisons une halte un bref instant.

- L'Empire n'arrive pas à endiguer la montée du christianisme malgré les persécutions.
- Le peuple se détourne de plus en plus de la religion archaïque officielle romaine.
- Les politiciens et le clergé officiel décident de récupérer et d'amalgamer le Christianisme.
- **Un nouveau dogme sur mesure doit être mis au point**, permettant :
  - que le peuple ait besoin du clergé;
  - que le peuple soit assuré d'une vie riche, belle et heureuse... **après** la mort;
  - que le peuple récalcitrant soit terrorisé par des châtiments abominables dans la vie et après la mort;
  - que la religion soit la volonté de Dieu et que son dogme soit la parole de Dieu.

Voilà le projet commandé par les politiciens à leur tout dévoué clergé : mettre au point un dogme sur mesure, soigneusement tricoté selon les critères énoncés; ajouter une forte dose de crédibilité apparente en le teintant le plus possible aux couleurs du christianisme.

En fait, il s'agissait de mettre au point un pseudo christianisme, creux et vide de toute connaissance. Il s'agissait de fabriquer de toutes pièces une religion aux apparences chrétiennes, mais sans contenu, dans le seul but de faire marcher les foules dans le sens souhaité. Aucune considération spirituelle n'entrait là en jeu.

Conduire le peuple au Royaume des Cieux? Pour l'empereur et son clergé, c'était le moindre de leurs soucis. Établir le Royaume des Cieux pour tous sur terre? Pour l'empereur et son clergé, ce n'était aucunement dans leurs préoccupations.

Le projet étant clair, un comité de politiciens et de prêtres romains se penchera sur la question longuement, très longuement... C'est ce comité qui allait devenir les « pères de l'Église ».

Ainsi, tranquillement nous en arrivons au IIIe siècle. Il n'y a toujours ni pape, ni religion catholique, ni Nouveau Testament. Un peu de patience; tout finit par arriver, un jour ou l'autre.

8. Les patriarches.

Pendant que le comité siège, pendant que les « pères de l'Église » tricotent le nouveau dogme, cherchons le pape.

Curieusement, à cette époque étrange, il n'y a pas de pape, pas encore. Des patriarches, oui; ça il y en a de nombreux, nommés par l'empereur lui-même et répondant à ses ordres. Nous trouvons des patriarches dans plusieurs des grandes villes de l'époque, telles : Jérusalem, Éphèse, Rome, Constantinople, Nicée, Antioche, Alexandrie. Mais pas de pape à l'horizon.

Prenons un exemple : les soi-disant papes – comme Léon 1er (440-461) ou Gélase 1er (492-496) – sont en fait des patriarches nommés par l'empereur romain, mais non des papes. La papauté ne commencera vraiment qu'au VIIe siècle.

Quand au patriarche de Moscou, il faudra attendre le XVIe siècle pour que le patriarche orthodoxe de Constantinople en autorise la création (troisième Rome).

L'évêque de Rome était le patriarche de Rome, nommé comme tous les autres par l'empereur romain et assujetti à ses ordres. Donc, nous avons des patriarches, mais pas de pape; le souverain pontife n'existe pas encore. Toutefois, il n'est pas loin.

L'empereur Constantin 1er (313-337) devint le chef civil et religieux de l'Empire sous le titre qu'il se donna lui-même de « pontifex maximus » ce qui, tout le monde le sait, signifie « souverain pontife ».

Le souverain pontife est donc l'empereur de Rome. Ce n'est pas le patriarche de Rome, ni l'évêque de Rome; non, pas du tout. **C'est l'empereur** romain qui est le souverain pontife.

Nous voilà donc rendus au IVe siècle. Nous n'avons toujours pas de pape, toujours pas d'Église catholique et toujours pas de Nouveau Testament. Cela devient énervant.

Du calme! Il y a quand même du nouveau : l'empereur s'est nommé « souverain pontife ». Malgré tout, c'est énervant et Constantin, l'empereur souverain pontife, s'énerve effectivement.

9. Les conciles.

Laissons le souverain pontife s'énerver encore un peu et examinons les conciles.

Tout le monde, en ces jours si proches de l'an 2000, a entendu parler de **Vatican II**, n'est-ce pas? Vatican II a été le **21e concile**; il fut convoqué à Rome par le pape Jean XXIII, en 1962. Notons, au passage, que Jean XXIII était lui aussi souverain pontife, mais pas empereur... Bizarre, non?

D'une part, vous avez un souverain pontife qui est l'empereur, **mais** ce n'est pas le pape. Et d'autre part, vous avez un souverain pontife qui est le pape, **mais** ce n'est plus l'empereur. C'est curieux, tout ça.

Donc, si Vatican II était le 21e concile, cela signifie qu'il y en a eu vingt autres. Examinons, ô Êtres de Lumière, ces conciles; voyons où ils ont eu lieu et ce qui en a résulté pour les tout premiers d'entre eux.

1er concile, convoqué à Nicée en 325 par Constantin 1er, empereur et pontifex maximus, 1er du genre.

- Constantin présida le concile, l'Église devint universelle (en grec catholique), les impôts furent abolis pour le clergé. **Le dogme fut enfin prêt.** Nous reviendrons sur le concile et sur le rôle de Constantin.

2e concile, convoqué à Constantinople en 381 par l'empereur Théodore 1er.

- Mise au point d'un symbole de foi pour l'Église, le Christ en croix à la place de l'agneau.

3e concile, convoqué à Éphèse en 431 par l'empereur Théodore II.

- Mise au point du culte marial, de la doctrine « Marie, mère de Dieu ».

4e concile, convoqué à Constantinople en 451 par l'empereur Marcien.
- Accorde au patriarche de Rome la primauté sur tous les patriarches.
- Place au second rang le patriarche de Constantinople. Ainsi le terrain était-il préparé pour le grand schisme d'Occident et la deuxième Rome (Constantinople).

5e concile, convoqué à Constantinople en 553 par l'empereur Justinien 1er.
- **Révision drastique du dogme** si laborieusement mis au point et officialisé lors du premier concile, en 325. Nous reviendrons sur ce concile et sur le rôle de Justinien.

6e concile, convoqué à Constantinople en 680 par l'empereur Constantin IV.
- Confirmation de l'évêque de Rome comme patriarche universel. Le patriarche de Rome a la primauté sur tous les autres. C'est le début officiel de la papauté, vers 607, confirmé en 680.

7e concile, convoqué à Nicée en 787 par l'impératrice Irène.
- Pratique de la confession.

8e concile, convoqué à Constantinople en 869 par l'empereur Basilius.
- Confirme (encore) la primauté du patriarche de Rome sur le patriarche de Constantinople.
- Le grand schisme allait suivre, en 1054, et allait créer l'Église catholique d'Orient : les orthodoxes. Beaucoup plus tard, en 1530, un autre schisme allait créer le protestantisme.

Si l'on examine de près le huit premiers conciles, plusieurs constatations s'imposent.

- Ces conciles eurent toujours lieu en Orient, **jamais** en Occident. En effet, nous en trouvons cinq à Constantinople, deux à Nicée et un à Éphèse.
- Cet Orient de l'époque était ce que nous appelons aujourd'hui le Moyen Orient, c'est-à-dire Turquie, Liban, Syrie, Israël (Palestine à l'époque) et d'autres pays à l'est de ceux-ci. Ce qui, pour l'époque, sur une monture animale – âne, cheval ou chameau – était assez loin de Rome...
- Ces conciles furent **toujours** convoqués par les empereurs de Rome, **jamais** par les patriarches, **jamais** par les papes, et pour cause : le pape n'existait pas encore. En effet, c'est tout à fait clair : c'est l'empereur romain qui dirige et l'État et l'Église.
- Ces conciles ne furent donc **jamais** convoqués à Rome car jusqu'au 4e concile, en 451, le patriarche de Rome jouait un rôle mineur.
  Toutefois, il était situé à Rome, il était tout près de l'empereur. Il pouvait

donc influencer l'empereur plus facilement que son patron, le patriarche de Constantinople – celui-ci étant beaucoup trop loin, lui, de l'empereur.

D'influence en influence, l'évêque de Rome, nommé et dirigé par l'empereur, se fera accordé la primauté sur les autres patriarches, l'empereur le stipulant au 4e concile en 451, le confirmant au 6e concile en 680 et le réaffirmant au 8e concile en 869.

Ainsi, il voulait être sûr que les autres patriarches avaient compris. C'était d'ailleurs si clair que le schisme suivra, donnant ainsi les catholiques romains à bâbord et les catholiques orthodoxes à tribord. Cela conduira l'Europe à être divisée en deux durant des siècles, chaque moitié étant dominée par sa propre religion. Curieusement, la même séparation de l'Europe se poursuivra avec le rideau de fer qui mettra les communistes à tribord et la démocratie à bâbord.

Malgré la chute du communisme, la division de l'Europe est toujours très apparente, les pays riches et prospères de la C.E.E. d'un côté, et de l'autre côté, les pays excommunistes, pauvres et misérables. Il y a là quelque chose de fondamental à comprendre.

10. Constantin s'énerve.

Nous avons découvert que finalement, les empereurs romains avaient décidé de récupérer et d'amalgamer le christianisme pour en faire une religion officielle contrôlée par l'État romain.

Les empereurs du IIIe siècle avaient donc demandé aux prêtres de la religion archaïque romaine de constituer un comité pour élaborer un dogme sur mesure permettant à l'Église et à l'État de perpétuer la domination du peuple.

Ce comité de prêtres de la religion archaïque romaine allait devenir, selon la légende élaborée plus tard par le Vatican, les pères de l'Église et pères de la tradition catholique. Nous reparlerons des pères de l'Église un peu plus loin.

Nous avons déjà découvert notre bon empereur Constantin, qui régna de 313 à 357 et qui se donna lui-même le titre de souverain pontife, le premier de tous. Constantin, tout comme les autres empereurs d'ailleurs, avait besoin d'un document pour justifier l'origine du dogme qui s'élaborait péniblement depuis plus d'un siècle, voire presque deux.

Depuis près de deux siècles, les pères de l'Église discutaient sur les manuscrits pour déterminer ce que devait inclure le futur Nouveau Testament. Les Romains, aidés par leurs patriarches, avaient ramené à Rome tous les écrits, documents et manuscrits sur lesquels ils avaient pu mettre la main tout autour de la Méditerranée.

Ces manuscrits pouvaient facilement se partager en deux groupes.

- Le premier groupe de documents était écrit en clair; il exposait clairement la connaissance et les moyens de la réaliser. Les rares premiers chrétiens qui savaient lire et écrire avaient consigné la connaissance par écrit pour la transmettre d'une communauté à l'autre, afin que chacun puisse accéder librement et facilement à sa **conscience** supérieure.
- Le deuxième groupe, légèrement plus récent, était écrit en langage ésotérique. C'est-à-dire qu'il contenait la connaissance sous une forme voilée, souvent même cachée, et pour les plus récents de ces documents, sous une forme carrément occulte. Par conséquent, il fallait connaître les « clés » pour découvrir la connaissance réelle.

Vous avez compris que ces méthodes étaient destinées à échapper aux persécutions tout en permettant à la connaissance de survivre. Ceci a fonctionné à merveille car la connaissance d'origine a traversé les siècles et nous est parvenue.

Alors, le comité de prêtres romains soi-disant « pères de l'Église » discutait à perte de vue sur l'éventuel contenu du Nouveau Testament pour savoir ce qu'il devait inclure, ce qu'il ne devait pas contenir, ce qu'il faudrait ajouter et ce que l'on devait retrancher. Mais les travaux n'avançaient pas.

Notre bon souverain pontife, l'empereur Constantin, s'est énervé; il a exigé d'en finir et de boucler, une fois pour toutes, le Nouveau Testament. Une fois pour toutes? Pas vraiment. Vous le verrez un peu plus loin.

Constantin eut alors une idée tout aussi simple et aussi géniale que les trois premières :

- Il décida d'inclure, dans le Nouveau Testament en cours de préparation, les documents ésotériques, ceux écrits en langage symbolique et codé.
- Il décida d'éliminer tous les documents écrits en clair.
- Il décida d'ôter toute référence à la possibilité, pour chacun, d'accéder tout seul directement à la connaissance et au Royaume des Cieux.
- Il décida d'ajouter des châtiments nombreux et sévères pour ceux qui ne suivraient pas la religion.
- Il décida que cela avait assez duré et que le document devait être prêt tout de suite, c'est-à-dire en moins de dix ans...
- Il décida de convoquer un concile afin de présenter officiellement le Testament Nouveau – enfin là – au monde romain.
- Il décida que le 1er concile œcuménique de l'Église catholique aurait lieu à Nicée, en 325, et que l'on y présenterait en grandes pompes :

LA PAROLE DE DIEU,

parole de laquelle découlait le dogme qui est lui-même, par conséquent :

LA VOLONTÉ DE DIEU,
volonté qui, bien comprise, consistait à suivre aveuglément :

LA RELIGION CATHOLIQUE,
seule vraie religion du passé, du présent et du futur.

Ainsi donc, ô Amis de Lumière, nous qui sommes des amis depuis des siècles, nous venons d'assister à la naissance du Nouveau Testament et du **mythe** de la parole de Dieu.

L'aventure n'est pas terminée, nous le verrons avec l'empereur Justinien. Le Nouveau Testament achevé, – croyait-il –, notre Constantin en commande cinquante copies. Elles furent financées non pas par l'Église fraîchement repeinte catholique, mais payé par l'**État** romain.

Cinquante copies du Nouveau Testament, faites à la main évidemment, représentent un travail long et considérable. Mais il fallait bien apporter la parole de Dieu, chaude et croustillante, partout dans l'Empire romain.

C'est donc au IVe siècle après Jésus que le Nouveau Testament apparaît sur la place publique. De cinquante copies au départ, il est produit aujourd'hui à des centaines de millions d'exemplaires...

Son origine ayant été toujours soigneusement cachée et jamais expliquée au public, le **mythe** a pris des proportions gigantesques puisque près de trois milliards de personnes s'en nourrissent régulièrement.

Il est facile pour chacun de vérifier la **réalité** des origines mythiques du Saint Livre; je vous exposerai comment un peu plus tard.

Si vous voulez savoir, vous pouvez savoir et vous devez savoir.

Faisons le point. Nous avons maintenant une Église très catholique, la religion archaïque romaine fraîchement repeinte; un souverain pontife, l'empereur; mais nous n'avons toujours pas de pape. Par contre, le Testament Nouveau est arrivé. Nous allons voir qu'il est un peu trop sucré.

11. La réincarnation.

Nous avons déjà vu que, pour éviter les persécutions, les premiers chrétiens durent se cacher, se transmettre la connaissance de bouche à oreille, et même cacher la connaissance en l'écrivant sous une forme codée et ésotérique.

Les premiers chrétiens sont à l'origine des mouvements ésotériques qui ont survécu et qui sont parvenus jusqu'à nous. Les premiers chrétiens devaient non seulement se cacher, non seulement masquer la connaissance, mais aussi se **cloisonner.** Ainsi, si un groupe venait à être persécuté ou à disparaître, d'autres groupes pouvaient survivre, et la connaissance avec eux.

Bien leur en a pris, à ces valeureux pionniers du Royaume, car effectivement, les persécutions ont fait rage pendant plus de mille ans, plus exactement pendant treize siècles après Constantin. Les persécutions religieuses ont finalement cessé à l'approche de la révolution française.

Toutes les véritables traditions ésotériques chrétiennes remontent aux premiers chrétiens. **Toutes** enseignent les lois et principes de la réincarnation. **Toutes** sont unanimes à dire que les premiers chrétiens connaissaient les lois de la réincarnation et qu'ils agissaient et vivaient en conséquence.

TOUS sont unanimes à dire que JÉSUS enseignait la réincarnation, c'était pour lui une connaissance essentielle; c'était même la base de sa gnose.

Voici une petite anecdote que j'ai vécue à Paris et qui devrait en faire réfléchir plusieurs. Savez-vous qu'il existe, en Hollande, une Église catholique provenant d'un ancien schisme mineur et que celle-ci enseigne la réincarnation?

Cette Église a une chapelle à Paris, près de la gare Montparnasse, rue de Rennes. Lorsque j'ai quitté mon poste au Sénégal, je suis revenu à Paris où j'ai travaillé comme professeur d'informatique durant quelques années, avant de déménager mes pénates au Québec.

Dans l'après-midi, j'allais souvent me reposer l'esprit dans cette chapelle. J'allais mettre mes neurones bouillonnants au repos en plongeant mon cerveau dans un bain d'ondes alpha.

Comme j'étais le **seul** client à cette heure incongrue, les moines étaient intrigués par ma présence, assis là, sur un banc, les yeux fermés... Ils m'ont abordé un jour, très poliment d'ailleurs, et nous avons engagé la conversation, Nouvel Âge et médecine naturelle au menu. Ces entretiens avec les moines se sont poursuivis durant plusieurs mois.

En résumé, ces moines et prêtres catholiques enseignent la réincarnation. Imaginez ma surprise! Comment une Église catholique peut-elle enseigner la réincarnation? Les moines m'ont expliqué l'origine de leur Église. Celle-ci provient d'un schisme d'avec Rome, qui date des environs de l'an 1000. Cette Église a gardé la réincarnation dans ses enseignements depuis lors.

Alors, c'est une Église qui a pignon sur rue en Hollande. Malgré que la Hollande soit un pays protestant, l'on y trouve l'Église catholique romaine officielle. À côté de ça, l'on trouve **une autre** Église catholique – pas du tout romaine, pas du tout officielle – mais qui enseigne la réincarnation à ses ouailles. Voyez-vous, l'idée de la réincarnation flotte encore dans les coins du catholicisme.

JÉSUS lui-même enseignait la réincarnation. TOUS les mouvements ésotériques remontant aux premiers chrétiens sont unanimes à ce sujet.

Pourtant, si l'on regarde le Nouveau Testament, fruit du bon Pontifex Maximus 1er – vous avez reconnu Constantin –, vous ne trouvez nulle allusion à la réincarnation, sauf quelques traces si subtiles qu'elles ne servent qu'à alimenter la polémique.

Alors, que s'est-il passé? Nous avons vu jusqu'ici que le Nouveau Testament était le **fruit de Constantin, de ses oeuvres et de ses pompes...**

Je vous ai déjà dit : « Il ne faut pas croire, il vaut mieux chercher à comprendre ». Et pour découvrir ce qui s'est passé, retournons au 5e concile.

12. Justinien se fâche.

Nous avons vu comment le Testament Nouveau est arrivé dans l'épicerie catholique. Et, vous disais-je, il est un peu trop sucré. Ce qui veut dire, en clair, qu'il présente des défauts majeurs aux yeux des empereurs romains qui continuent de dominer l'État et l'Église.

Toute la hiérarchie romaine, politique et religieuse – l'empereur, ses patriarches et les petits pères de l'Église –, pensait qu'avec l'oeuvre de Constantin, le peuple allait marcher dans le bon sens et suivre la nouvelle religion sans se poser de questions.

Cruelle déception : le peuple n'aimait pas ça, le peuple n'aimait pas vraiment le nouveau dogme. Ce con de peuple préférait croire **encore** qu'il pouvait se passer des prêtres, il préférait croire **encore** à la réincarnation et il se figurait **encore**, ce pauvre peuple, qu'il pouvait changer sa vie en accédant à la **connaissance**. Et que si jamais il se réincarnait, ce serait lui le maître et son ex-maître qui serait l'esclave.

Comment voulez-vous diriger si vos imbéciles d'esclaves s'imaginent qu'ils vous botteront le cul dans la prochaine vie?

Bref, cela causait des troubles politiques, religieux et sociaux toujours largement réprimés, mais quand même agaçants pour les dirigeants.

Il fallait donc trouver une nouvelle solution – **encore**. Et c'est là que Justinien 1er entre en jeu. Il s'est fâché, vraiment fâché, du fait que l'Église ne faisait pas son travail : faire obéir le peuple, le canaliser dans un système de croyances – et qu'on n'en entende plus parler.

Les petits pères de l'Église se consultèrent et trouvèrent une idée, une cinquième grande idée, presque aussi simple et presque aussi géniale que les quatre précédentes émises par les défunts empereurs.

Il s'agissait – « Mais comment n'y ai-je pas pensé moi-même plus tôt? », se désola Justinien 1er – de rectifier le Testament Nouveau qui était trop sucré.

Ainsi, avec de larges ciseaux fabriqués tout exprès, les petits pépères de l'Église **CASTRÈRENT** le Nouveau Testament tout neuf en lui ôtant ses parties vitales : la réincarnation. **La grande supercherie est née!...**

Oui, ô Êtres de Lumière, ainsi est la réalité. C'est en effet au 5e concile œcuménique de l'Église catholique, convoqué par Justinien 1er en l'an 553 à Constantinople, que fut officialisé le Nouveau Testament, expurgé de toutes références claires à la réincarnation.

Ainsi la parole de Dieu était-elle modifiée encore une fois, ainsi la parole de Dieu était-elle **encore** plus loin de la réalité, encore plus loin du christianisme d'origine.

Ainsi, en 553 devint officiel le Testament Nouveau, fraîchement castré. Ainsi, avec les générations, le souvenir de la connaissance allait-il disparaître de la société et de la religion officielle.

L'Église venait là d'enterrer définitivement les clés du Royaume des Cieux et elle ne les **retrouvera jamais**. Non, jamais plus cette Église, qu'elle soit romaine, orthodoxe, protestante ou évangélique, ne retrouvera la connaissance et la façon de **pénétrer de son vivant** dans le Royaume des Cieux.

Ces religions idolâtres d'un christianisme creux et vide vous proposent, encore aujourd'hui, d'être sauvés... **après** la mort. Elles confirment ainsi, par leur doctrine désuète, qu'elles sont bien les fidèles descendantes des empereurs romains et du dogme commandé par ceux-ci à leurs prêtres de la religion archaïque romaine. **A présent, découvrez la grande supercherie.**

13. Le service silencieux.

Pourtant – et il faut bien le savoir – en Occident, près de trente à cinquante pour cent des chrétiens croient à la réincarnation malgré les discrédits que la religion officielle s'obstine – encore – à jeter sur cette idée.

L'on attribue le renouveau et la vitalité de la réincarnation à l'oeuvre des religions orientales dans nos pays. Il est vrai que les religions orientales ont accompli chez nous un grand, magnifique et remarquable travail pour aider la spiritualité à refleurir en Occident.

Pourtant, il ne faudrait pas oublier l'oeuvre grandiose qui, depuis Jésus et les premiers chrétiens, a toujours su garder la connaissance en Occident. Cette oeuvre grandiose a résisté au temps et aux persécutions en gardant à la fois secrète et cachée la connaissance et en permettant qu'elle soit toujours accessible et disponible à l'Être éclairé et sincère. Réussir à garder le secret et accueillir l'Être qui est prêt... bel exploit!

Ô, Divins Êtres de Lumière qui, depuis deux mille ans, avez accompli ce service dont la plupart d'entre nous sont les bénéficiaires inconscients, soyez assurés que nous vous témoignerons notre affectueuse gratitude dès notre retour.

Oui, ô Êtres de Lumière, hommes ou femmes, vous qui avez été persécutés injustement par l'Église, dévorés par les lions, brûlés sur le bûcher, roués de coups et écartelés, pendus, violés, torturés jour et nuit, gloire à vous. À vous, hommes ou femmes qui avez subi cela, sachez que des Êtres non encore ascendés vous doivent la connaissance et qu'ils sont conscients qu'ils vous la doivent. Ainsi, grâce à votre sublime service silencieux, accompli malgré tant de périls, beaucoup seront ascendés prochainement.

Oui, valeureux vétérans du christianisme, vous nous avez rendu à tous un service sublime par votre silencieux travail.

Merci, ô Êtres de Lumière.

14. La grande supercherie.

Ô, Amis de Lumière, vous venez d'assister brièvement et rapidement à la naissance :

des pères de l'Église;
de l'Église catholique;
du dogme catholique;
du Nouveau Testament;
de la parole de Dieu.

Voilà le mythe le plus fantastique jamais élaboré par l'homme. C'est la plus gigantesque supercherie que le monde ait jamais connue. Tout cela, entièrement mis au point, fabriqué et tricoté par le système politique romain, avec l'aide servile de la religion archaïque romaine.

L'empereur romain, ses patriarches et les petits pères de l'Église ont entièrement mis au point et fabriqué les « Saintes Écritures ». Ils ont, consciemment et délibérément, vidé le christianisme de toute substance. C'est volontairement qu'ils ont défiguré l'enseignement de Jésus. Ils ont enlevé carrément la connaissance. Ils ont bouché la porte qui permettait à chacun d'entrer, de son vivant, dans le Royaume des Cieux.

Bref, ils ont enterré les clés et les ont perdues.

Le 5ème concile de Constantinople en 551

Le Pontifex maximus l'empereur JUSTINIEN 1er

Son épouse infernale l'impératrice THÉODORA
Le Patriarche de Rome, pseudo-pape VIGILE

Présentent
LA PLUS GIGANTESQUE SUPERCHERIE DE TOUTE L'HISTOIRE DE L'HUMANITÉ.

Le très Joyeux empereur Justinien 1er était le chanceux époux de Théodora (508-547). L'impératrice Théodora, sans doute illuminée, détestait Origène et ses écrits sur la réincarnation. Elle détestait tout autant ce que les évangiles disaient de l'Ascension et de la FIN de la réincarnation, ce que Jésus avait enseigné clairement.

De nombreux chrétiens croyaient fermement en la réincarnation, malgré les manipulations des textes par Constantin en 325. La douce épouse du 1er des Justiniens était en fait un terrible tyran. Elle a fait assassiner des centaines de personnes pour des raisons politiques, religieuses ou... amicales !

Théodora, l'épouse du Pontifex maximus Justinien 1er, sûrement illuminée, a fait tuer le pape Sylvère et a couronné son propre pape. Ainsi, grâce à elle, le pape Vigile monta sur la trône de Saint-Pierre en 538 à Rome.

Notez bien qu'avant 607, il n'y a jamais eu de pape, mais simplement des patriarches dans plusieurs grandes villes de l'empire romain. Sylvère et Vigile n'étaient que des patriarches comme douze autres ! Toutefois, gardons le terme de pape pour la suite de cette histoire qui va devenir : LA PLUS GRANDE SUPERCHERIE DE TOUTE L'HISTOIRE DE L'HUMANITÉ.

Théodora, obnubilée par la réincarnation qui faisait d'elle (comme tout un chacun) un être ordinaire soumis à la renaissance et à la dure loi du Karma, tenait absolument à ce que les empereurs soient divins. Ce qui, bien sûr, est plus agréable et plus facile, pour régner et dominer le peuple...

Ainsi, l'impératrice, l'empereur et le saint-pépère Vigile commencèrent à mijoter leur Concile, afin d'en finir une fois pour toutes avec la réincarnation et l'Ascension de tous les êtres. Ces enseignements, venus de Jésus, devaient disparaître pour toujours.

Notre Trio Machiavélique pouvait compter sur l'aide inconditionnelle des monophysites, secte de fanatiques catholiques prêts à tout, pour que l'Église catholique puisse dominer toujours plus.

Donc tout allait bien entre les trois compères, qui complotaient leur Concile le soir au coin du feu. Mais hélas, trois fois hélas, voilà que tout-à-fait à l'improviste, la mort frappe ! Et la brillante impératrice Théodora meurt soudainement en 547.

Malgré la cruelle absence de la chère disparue, les deux survivants, Justinien le UN et saint-pépère Vigile, décident de tenir le Concile au plus vite, le très fameux concile de Constantinople en 551, le 5ème du genre.

Le despotisme de Théodora n'étant plus là pour assurer la discipline, la querelle ne tarde pas à s'installer entre Justinien et Vigile. Vigile, lui tenait à être pape, à diriger toute l'Église et à imposer son autorité sur tous les autres patriarches.

Justinien était farouchement opposé à donner trop de pouvoir à une église qui deviendrait toujours plus puissante et qui s'opposerait aux empereurs. Bien sûr, il avait raison, car à partir de 607, l'église a pris du poil de la bête.

En obtenant enfin le titre de pape pour les patriarches de Rome, l'église a même poussé l'audace jusqu'à déguiser le pape du titre officiel des empereurs : «Pontifex maximus». Souverain pontifex est en effet le terme qui désigne exclusivement l'empereur de Rome, titre inventé par Constantin 1er pour lui-même, lors du 1er Concile en 325 à Nicée.

Vigile, assoiffé de pouvoir, décréta qu'il n'assisterait pas au Concile de Constantinople si l'empereur ne le nommait pas pape à part entière.

Justinien était très contrarié, car pour ôter et cacher une partie des enseignements de Jésus de la doctrine de l'église, le pape devait être là pour signer...

Finalement, le Concile arriva et le pape Vigile refusa tout net de se déplacer de Rome à Constantinople. Justinien, qui avait tout prévu (gouverner, c'est prévoir après tout), fit arrêter le pape et le trimballa sous bonne escorte jusqu'à Constantinople en charrette cellulaire... C'est historique cette ballade!...

Malgré toutes les précautions, le très rusé Vigile réussit à s'évader quelques jours seulement avant l'ouverture du Concile... Malgré les recherches intensives, le très futé saint-pépère resta introuvable.

Bien que très consterné, l'auguste empereur Justinien décida de procéder quand même et d'aboutir au plus vite. Il ouvrit le Concile en grande pompe et prononça vingt-deux anathèmes contre la réincarnation. «C'est fait», soupira Théodora dans sa tombe...

Un anathème est une sorte de malédiction verbale. Écoutons la parole de Justinien 1er : «Que celui qui croit à la préexistence de l'âme soit maudit!», «Que celui qui croit qu'il reviendra dans un nouveau corps périsse en enfer». Et ainsi de suite, Justinien en a émis vingt-deux, de ces anathèmes furieux.

Et bien sûr, tous ceux qui oseraient dire le contraire seront persécutés. Ce que l'Église des fanatiques accomplira si cruellement, jusqu'à ce que la Révolution Française l'en empêche.

C'est pour cela que cette Église Diabolique a exterminé les Cathares et les Templiers et tenté ainsi d'éradiquer les protestants (mais eux, pour des raisons de concurrence). Ce qui est exactement la même chose, car l'Église a toujours eu peur de la concurrence, voulant en effet régner SEULE en maître absolu...championne du mensonge, de la tromperie et de l'intolérance extrême!...

En éradiquant ainsi le véritable enseignement de Jésus de la doctrine catholique officielle, elle a produit : la plus grande supercherie de toute l'histoire de l'humanité. Le plus étonnant dans cette affaire, c'est que Justinien, ayant procédé sans la présence du pape Vigile qui s'était évadé et qui n'a donc pas pu signer a fait en sorte que l'enseignement de Jésus n'est pas modifié ...

...puisque ce n'est pas officialisé par la signature du pape : vous comprenez ?

L'église camoufle la réincarnation, qui existe toujours dans son canon officiel, mais cachée au public !

Dès avant le Concile, la secte des monophysites avait effectué le recensement de tous les endroits de l'empire romain, où des copies des véritables textes évangéliques pouvaient se trouver.

En 551, très peu de personnes savaient lire et les copies des évangiles étaient très rares… Seules les patriarches et quelques monastères possédaient les précieux textes. Alors les monophysites, dûment mandatés par l'empereur, se répandirent dans tout l'empire pour détruire les documents qui parlaient de la réincarnation et de sa FIN, l'Ascension pour tous les Êtres.

La secte des monophysites a très mal fait son travail, puisque de nos jours, si proches de l'an 2012, il reste encore certains documents sur ce forfait honteux pour l'église. Forfait infâme qu'elle continue de cacher de nos jours si proches de 2012 !

Ces documents sont connus de certains Historiens aussi pointus que silencieux…

D'autres sources d'origine Cathare ou des Templiers existent pour ceux qui savent chercher…

N'oublions jamais que les Cathares et les Templiers connaissent les VÉRITABLES enseignements de Jésus sur la réincarnation et sa FIN par l'Ascension pour tous les Êtres, Femmes ou Hommes!...

.1333.-------------- 13 -------------.7777.

Il est profondément malheureux et regrettable que l'Empire romain et son âme damnée – la religion archaïque romaine – aient fait main basse sur le christianisme. La pseudo religion chrétienne qu'ils ont fabriquée de toutes pièces a sévi avec force et rage pendant tant de siècles dans notre humanité... Elle a empêché la conscience sociale de connaître la réalité. Elle a « gelé » chacun dans sa conscience humaine.

En faisant croire à chacun qu'il était un pauvre pécheur, la religion de Constantin enfonçait encore plus l'humanité dans son ego. Constantin et ses successeurs – les empereurs puis les papes – nous ont enterrés vivants dans la « terre » de la conscience, dans l'ego humain.

C'est pour cela qu'aujourd'hui, c'est tout un travail que de déterrer les morts vivants, de les réveiller et de les ressusciter. Néanmoins, Jésus ayant « ressuscité » Lazarre, la connaissance revenue au grand jour ressuscitera les foules. Le travail est déjà commencé, et malgré l'immense difficulté, il est très prometteur.

15. *Foi ou aveuglement?*

Pour un Être éveillé qui possède la connaissance, la foi consiste à découvrir sa véritable nature, à découvrir le Royaume des Cieux et à travailler sur son ego pour pénétrer dans le Royaume des Cieux de son vivant.

Voilà la foi, la fol suprême.

Écoutons St-Germain, Chohan du 7e Rayon :

> *« Si vous voulez faire comme un acte de foi suprême cette déclaration : "**Je suis né pour gagner**", alors vous triompherez de tout ».*

Ceci est la foi, la véritable foi, la foi suprême, celle qui nous conduit au Royaume des Cieux **de notre vivant.**

Pour un être endormi, prisonnier de la conscience sociale, pris au piège dans la toile d'araignée de sa religion pseudo chrétienne, il en va tout autrement. Ce malheureux frère est **obligé de croire**; sa religion l'oblige, en effet, à croire sans se poser de questions. Il doit croire la version officielle de sa religion, surtout sans chercher à comprendre. D'ailleurs, moins il cherche à comprendre et plus il croit bêtement, plus il a la **foi**...

Croire sans chercher à comprendre, c'est de l'aveuglement et c'est ce que les religions pseudo chrétiennes – catholiques, orthodoxes, protestantes, évangéliques – appellent erronément la **foi.**

L'aveuglement de leurs fidèles est sans borne; ils croient, sans rien vérifier,

- qu'ils sont de pauvres pécheurs;
- que la Bible est la parole de Dieu;
- que les papes découlent de l'apôtre Pierre;
- qu'après leur mort, ils seront assis à la droite du Père;
- qu'aller à la messe leur ouvre le ciel;
- que lire la Bible toute leur vie va les sauver.

Ils croient, ils croient, ils croient, mais ils **ignorent tout**; ils ne savent pas :

- qu'ils sont le fils et la fille unique de Dieu,
- qu'ils sont un Être de Lumière,
- que leur nature est véritablement Divine,
- que leur destin final est l'Ascension,
- qu'ils peuvent déjà rejoindre les Maîtres,

- qu'ils sont éternels et immortels.
- que l'on entre vivant dans le Royaume des Cieux.

Bref, ils vivent dans un aveuglement complet, dans un obscurantisme total voulu, organisé et maintenu par leur pseudo religion chrétienne.

Écoutons Hilarion, Chohan au 5e Rayon, Maître d'Ascension :

> *« Durant un certain temps, l'être humain se fie à ses propres pouvoirs; il avance, guidé par sa foi (ses croyances). Cependant, l'être humain devra réaliser un jour que beaucoup plus que la foi est nécessaire à l'éveil,* ***la connaissance*** *doit être acquise ».*

En effet, il va bien falloir que l'être humain finisse par se réveiller; un jour; il devra forcément finir par regarder la connaissance en face, il devra naturellement se rendre compte qu'il a été trompé toute sa vie, depuis deux mille ans.

L'être humain **doit** aujourd'hui **se** libérer des chaînes que la religion et la société lui imposent. Il **doit** réaliser la connaissance pour redevenir enfin lui-même : un Être adorable, Divin et merveilleux.

La **vie** ne lui laissera d'ailleurs pas le choix. La vie le poussera vers sa transformation. De toute façon, la vie l'obligera finalement à comprendre.

Chacun peut comprendre immédiatement, s'il le veut, et entreprendre immédiatement de retrouver, pour lui-même, les clés de St-Pierre que la Rome a cachées dans la boue de l'ignorance et de la superstition.

Celui-là peut aussi rester délibérément dans son ignorance, auquel cas la vie viendra l'en sortir plus ou moins délicatement.

16. L'origine des papes.

Nous avons vu qu'après les « oeuvres » de ce bon Constantin, nous n'avions toujours pas de pape. La patience est toujours récompensée puisque nous y voilà. Pour bien situer l'arrivée des papes, voyons ce qui l'a précédée.

Les empereurs romains et leur clergé de la religion archaïque romaine étaient agacés de ce que le peuple rendait un culte à Pierre l'apôtre et honorait sa tombe, située dans un champ à proximité de Rome.

Constantin – encore lui – eut une nouvelle idée – ce sera la sixième de notre révélation – tout aussi simple et géniale que les cinq précédentes : construire un temple sur la tombe de Pierre. Ainsi, la tombe disparue, si les chrétiens voulaient rendre un culte à Pierre, ils devaient le faire forcément dans un temple de la **religion officielle**. À l'époque, ce fut une affaire aussi énorme que si l'on construisait, aujourd'hui, une mosquée sur la tombe de Mitterrand... Quelle astuce impériale!

Ce temple fut construit à partir de 325 et fut restauré de 1550 à 1625. Il existe toujours et les foules s'y pressent toujours en grand nombre. Elles n'y vont pas pour adorer Dieu, ni Jésus, ni Pierre. Les foules s'y précipitent, de nos jours, pour adorer **le successeur de Constantin**. Il s'agit, vous l'aviez deviné, de la basilique St-Pierre-de-Rome.

Nous n'avons toujours pas de pape, mais nous avons maintenant une basilique.

Les papes arrivent, car le patriarche de Rome s'énerve. Léon 1er, patriarche de Rome nommé à ce poste par l'empereur Valentinien III, s'énerve. Dans les années 440 à 461, le patriarche de Rome tente de se faire déclarer « chef » de tous les patriarches. C'est la fameuse question de la primauté de l'évêque de Rome sur les autres patriarches, sous prétexte que le tombeau d'un apôtre **se trouve** sous sa basilique...

Finalement, comme il est le patriarche le plus près de l'empereur, Léon 1er obtiendra de l'empereur Justinien III un édit impérial, émis au 4e concile en 451. La parole de l'empereur ordonnait aux clergés de la Gaule et de l'Italie d'obéir au patriarche de Rome.

Comme tout le monde, les évêques et les autres patriarches s'étonnaient; il fallait trouver un prétexte. Alors, le bon Léon 1er se creusa la cervelle et accoucha d'une idée si simple et si géniale qu'elle était digne d'un empereur... La septième idée est devenue un mythe encore florissant de nos jours.

Ce prétexte enfin trouvé était le suivant : **le patriarche de Rome est le successeur de St-Pierre...**

Voyez-vous la farce? L'Empire romain combat les chrétiens, il amalgame le christianisme à la religion archaïque officielle dont il nomme lui-même les prêtres et les patriarches. Puis tout à coup, vers l'an 460, subito presto, le patriarche de Rome devient le successeur de St-Pierre...

La farce est monumentale; le plus triste c'est qu'elle continue, aujourd'hui encore, à faire courir les foules.

Nous n'avons toujours pas de pape mais, depuis l'an 330 environ, nous avons une basilique, et depuis l'an 460, nous avons un « successeur de l'apôtre Pierre ».

L'empereur est toujours le souverain pontife et l'évêque de Rome n'est qu'un simple patriarche parmi les autres avec, toutefois, la primauté dans la banlieue romaine.

Nous en arrivons maintenant à la naissance de la papauté; écoutez bien, c'est très drôle.

- EN L'AN 580, le patriarche de Constantinople s'est donné le titre de « patriarche universel ». C'est-à-dire qu'il s'élevait au-dessus des autres patriarches, devenant leur « patron » en quelque sorte.
- EN L'AN 588, le patriarche de Rome, Pelagius, protesta auprès de l'empereur contre ce titre.
- EN L'AN 595, Grégoire 1er, patriarche de Rome de 590 à 604, considéra le titre de « patriarche universel » comme « **une offense aux préceptes du Christ** ».
- EN L'AN 606, Boniface III, patriarche de Rome, demanda à l'empereur d'être nommé patriarche universel...
- EN L'AN 607, l'empereur romain Phocas accordait à Boniface III le titre de patriarche universel!...

C'est ici le début de la papauté.

Voyez-vous ce qui s'est passé? Ce qui, en 595, était une offense aux préceptes du Christ devient légitime en 607.

Avant 607, point de pape nulle part; seulement des patriarches soumis à l'empereur et nommés par lui.

Faisons à nouveau un bref tour d'horizon. Les empereurs romains ont :

- construit la basilique St-Pierre;
- nommé les patriarches de Rome;
- accordé la primauté au patriarche de Rome;
- déclaré le patriarche de Rome « patriarche universel »;
- élaboré le dogme sous Constantin 1er;
- fabriqué un Nouveau Testament selon leurs plans;
- modifié et castré le Nouveau Testament;
- élaboré le mythe de la parole de Dieu;
- mis au point le mythe du successeur de St-Pierre;
- institué finalement la papauté.

Il ne manquait plus que deux choses aux papes pour ravager l'Europe et le Moyen Orient par l'inquisition et les croisades : c'était le pouvoir temporel et le titre de souverain pontife.

L'Empire romain s'effritant et son siège étant transféré de Rome à Constantinople, les papes allaient prendre du poil de la bête. Ils finirent par se nommer eux-mêmes sans passer par l'empereur, qu'ils purent même parfois déposer. Ils s'adjugèrent également le titre des empereurs, « souverain pontife », ce qui fut officialisé en 642.

Ainsi l'évêque de Rome, nommé et choisi par l'empereur romain, est-il devenu au cours du temps :

- patriarche;

- successeur de St-Pierre, 460;
- patriarche universel, 607;
- PAPE vers 607;
- souverain pontife, 642;
- primat des Gaules, 651;
- vicaire du Christ, 1085 – (titre ajouté par Grégoire VII).

17. Les documents disparus.

Au IVe siècle Constantin 1er, l'empereur romain, fit fermer le Nouveau Testament, opération qui se fit après de longs débats, un grand tri des documents, de nombreux ajouts et éliminations des textes.

Un groupe de documents très importants furent rejetés pour la simple raison qu'ils étaient écrits en **clair**. Ces manuscrits rejetés représentent plus de la moitié des documents disponibles à l'époque.

Non seulement le Nouveau Testament a-t-il été arrangé, corrigé et modifié pour établir un dogme artificiel conforme aux vœux de l'empereur, mais il a de plus été amputé de la moitié de son contenu.

Parmi les grands absents figurent les Évangiles de Pierre et l'Apocalypse de Pierre. Ces documents sont connus d'un certain clergé et l'on en retrouve parfois des traces dans une certaine littérature. Ils sont aussi connus par les sociétés ésotériques secrètes qui remontent aux premiers chrétiens.

Un autre document fort intéressant, L'Évangile de la paix de Jésus-Christ, est édité depuis quelques années et l'on peut se le procurer dans le commerce. Son histoire est très instructive.

L'Évangile de la paix de Jésus-Christ fut retrouvé en l'an 1000, dans la bibliothèque du roi d'Autriche. Il était écrit en vieux slavon. Il fut alors copié discrètement par l'alchimiste qui le trouva puis le cacha jusqu'au jour où le document pourrait être publié, sans danger de passer sur le bûcher...

L'original est écrit en araméen et se trouve à la bibliothèque du Vatican, où il est référencé et répertorié. Mais que fait donc, depuis deux mille ans, ce manuscrit biblique dans la cave du pape?

Voilà un document qui devrait être connu depuis deux mille ans, dont une copie a été remise à un roi mais dont le peuple a été maintenu dans l'ignorance totale.

L'Évangile de la paix de Jésus-Christ est écrit en **clair**, tout le monde peut le comprendre; c'est ce qui explique qu'il fut caché. La lecture en est passionnante et instructive.

18. Pourquoi ésotérique?

Les documents qui furent conservés et inclus dans le Nouveau Testament représentent, disais-je, la moitié des manuscrits disponibles. Et il s'agit des manuscrits les moins anciens, écrits pour échapper aux persécutions. C'est-à-dire qu'il s'agit des manuscrits écrits en langage **ésotérique**, ce qui veut dire qu'ils recèlent un sens caché, secret et mystérieux. Seul celui qui connaît les clés de décryptage peut accéder au sens réel. Cela préservait la connaissance en la cachant sous la forme d'un simple récit.

La question se pose de savoir pourquoi Constantin et ses prêtres de la religion archaïque romaine ont choisi les manuscrits ésotériques et non les documents écrits en clair.

La réponse est facile à comprendre : il fallait **nécessairement** interpréter les textes pour inculquer la nouvelle religion au peuple qui, d'abord ne savait pas lire et qui, ensuite, ne comprenait rien à ces histoires.

Alors voyez-vous, là encore, la superbe astuce impériale? Si le peuple ne comprend pas « la parole de Dieu », il lui faut **nécessairement** un clergé pour lui expliquer...

Et comme il est important pour l'empereur que le peuple comprenne bien... « Ce que j'ai besoin qu'il comprenne..., il faut l'**encadrer**; il lui faut donc **nécessairement** une religion. Pour être sûr que le peuple comprendra, la religion sera obligatoire et la **seule**, et l'on éliminera par une violence abominable tous ceux qui voudraient penser tout seuls ou autrement ».

Ainsi Constantin, ses prêtres et les petits « pères de l'Église » venaient-ils de se créer des emplois à vie et à plein temps pour deux mille ans assurés.

19. L'interprétation des textes.

Du fait que le clergé de la religion archaïque romaine ait inclus dans le Nouveau Testament les textes ésotériques seulement, l'interprétation devait forcément en découler.

Un texte ésotérique ne peut être compris que si vous en avez la clé. Sinon, le récit est par lui-même banal et peut être compris d'autant de façons différentes qu'il y a de lecteurs.

C'est d'ailleurs exactement ce qui est arrivé, chacun comprenant ce qu'il voulait; il en est résulté de nombreuses Églises soi-disant chrétiennes qui comprennent toutes les choses de façons différentes.

Aux dernières nouvelles, c'est plus de cinq cents religions chrétiennes différentes qui sont répandues à la surface de la Terre.

Amusez-vous à comparer l'interprétation de **la parole de Constantin** d'une religion à l'autre et vous constaterez des différences significatives et fondamentales, chaque religion mettant l'emphase sur ce qui l'arrange pour canaliser ses ouailles dans le sens choisi.

De ces différences de compréhension et pour garder le pouvoir exclusif allaient naître inquisitions, croisades, guerres de religions et persécutions en tout genre, tout ceci émanant tout autant des protestants que des catholiques.

Il est très intéressant d'observer que malgré sa honteuse naissance, le Nouveau Testament était interdit par l'Église. En effet, il y a quelques siècles, en France par exemple, la lecture de la Bible était interdite aux fidèles, qui risquaient prison et tortures. Ceux qui se faisaient prendre recevaient des braises rouges dans les mains; mais oui, c'est réel. Les fidèles auraient pu découvrir des différences fondamentales entre les textes et le dogme... Le dogme s'est d'ailleurs beaucoup transformé depuis Constantin.

Les catholiques interdisant la lecture de la Bible, aussitôt les protestants en rendirent la lecture obligatoire... Depuis, dans les nombreuses Églises protestantes, les fidèles lisent et relisent la Bible, croyant qu'ils seront sauvés de quelque chose **après** leur mort. Ils lisent et relisent la Bible, sans jamais entrer dans le Royaume des Cieux car, évidemment, les clés n'y sont plus pour en ouvrir la porte.

Alors évidemment, ils interprètent. Ils interprètent tellement qu'ils ont donné naissance à des centaines d'Églises protestantes, toutes différentes les unes des autres. Grosso modo, on peut les regrouper sous le terme « évangéliques ».

La tendance à l'émiettement est moins prononcée chez les catholiques à qui personne, d'ailleurs, ne recommande la lecture de la Bible... Pourtant, de nombreux groupes – qui enseignent un dogme modifié – existent un peu partout en Occident.

20. Les écrits de Jésus.

Dans l'ésotérisme et l'Alchimie, en particulier dans l'Alchimie de la conscience, nous découvrons, nous comprenons et nous réalisons que le Royaume des Cieux est directement accessible pour chacun.

Nous découvrons, nous comprenons et nous réalisons que le véritable enseignement de Jésus consistait à montrer à **tous** et à chacun comment retrouver le Royaume des Cieux.

Tout cela est grandiose, certes, mais c'est si simple et tellement simple que chaque individu qui se prend en main **réussira** car : « JE SUIS né pour gagner ». Comprenez-vous?

Si vous possédez la véritable connaissance, la connaissance libératrice, vous retrouverez la liberté suprême vous-mêmes, de vous-mêmes, par vous-mêmes. Vous n'avez alors plus besoin d'un empereur, ni de prêtres, ni de petits pépères de l'Église. Vous êtes libres et indépendants.

Cela ne fait pas l'affaire des cruels dominateurs qui nous imposent la religion. Il leur fallait à tout prix cacher la connaissance et c'est pourquoi elle n'est pas dans le Nouveau Testament.

À l'époque, celui qui possédait la connaissance, c'était Jésus. Il est venu apporter l'amour et le principe de l'Ascension pour **tous**, ce que l'Église continue de cacher en entretenant avec soin le mythe que l'Ascension est pour Jésus, et pour lui seul.

Imaginez Jésus, imaginez sa mission. Comment imaginer qu'un tel Être doté d'une telle mission soit apparu durant trois ans pour ensuite s'évaporer sans laisser de traces? Il se serait contenté d'explications verbales aux douze apôtres? Il s'en serait remis à la Providence pour que la connaissance lui survive?

Bref, croyez-vous vraiment que Jésus n'a rien écrit? Nous savons aujourd'hui, par la connaissance ésotérique, que Jésus était un grand érudit et qu'il a étudié douze ans dans les pyramides en Égypte. Nous savons qu'il fit un voyage de longue durée aux Indes, au Cachemire. Il y rencontra les Maîtres de l'Agartha, ceux-là même qui instruisirent Bouddha.

C'est un très grand Maître, un très grand initié qui revint en Palestine pour y délivrer son enseignement. Et vous croyez vraiment qu'un tel Être, qui savait lire et écrire plusieurs langues, n'aurait rien écrit? Réfléchissez-y profondément. Réfléchissez aussi profondément au fait que la religion a toujours tout caché de la vie de Jésus **d'avant** ses trente ans.

On ne peut pas dire que l'on aime vraiment Jésus si l'on se contente de la version officielle des religions catholiques, orthodoxes, protestantes et évangéliques. Non, **aimer Jésus**, c'est être assez ouvert et assez curieux pour prendre connaissance de l'autre version, de comparer, de réfléchir, de se poser des questions.

Bref, **aimer Jésus**, c'est chercher à le comprendre; c'est tout simplement chercher à **comprendre**. C'est chercher à comprendre si vraiment la **réalité** est conforme ou non à la version officielle.

Jésus n'a rien écrit, dit la version officielle. Il aurait même fait exprès de ne rien écrire, dit-elle encore. Devons-nous forcément croire cela? Pourquoi d'ailleurs devrions-nous croire une telle chose?

Peut-être bien que Jésus a laissé quelque chose d'écrit, vu que tout a été caché. Il est bien possible, après tout, que Jésus ait laissé un testament et que celui-ci ait été caché par Constantin et sa horde de prêtres de la religion archaïque romaine, trompeusement intitulés « les pères de l'Église ».

Pensez-vous que Jésus, après une telle mission, serait reparti sans nous laisser un guide, un manuel, un mode d'emploi pour nous guider, nous conduire, nous diriger vers le Royaume des Cieux? Vous pensez ça, vraiment?

Il aurait tout accompli, puis il serait reparti en laissant à tout le monde le soin de ramasser tous les potins à son sujet pour que, quatre siècles plus tard, soit pondu un texte officiel, erroné, tronqué, adultéré, castré?

Sachant d'avance ce qui pouvait arriver, n'aurait-il pas laissé un manuel? Et si un tel guide existait, il l'aurait sans doute écrit en clair. Il serait simple, facile à comprendre pour chacun. Et si c'était le cas – que ça soit si simple à comprendre, le Royaume des Cieux, –, **que chacun pourrait y entrer de son vivant** pourvu qu'il s'en donne un peu la peine?

Dans ce cas, la connaissance serait disponible pour tout le monde. Tous, petits ou grands, riches ou pauvres, pourraient se transformer en Êtres riches, heureux, joyeux. Chacun saurait comment **réaliser** la connaissance dans sa vie.

Alors qu'arriverait-il? On n'aurait pas besoin d'une autorité religieuse. Chacun pourrait trouver lui-même tout ce que l'Église lui cache. L'Église est une coquille vide qui n'a rien à offrir si ce n'est : « Crois à mon dogme ou meurs ». C'est la même chose chez les catholiques, protestants, orthodoxes ou évangéliques : ils n'ont rien à offrir sauf **de vaines promesses pour APRÈS la mort.**

Si Jésus avait écrit un testament, il nous offrirait la façon de réaliser le **Soi** immédiatement, de notre vivant. Car n'oubliez jamais que Jésus avait promis le Royaume des Cieux sur toute la Terre, **en une seule génération.**

Or, ça fait deux mille ans que tout est gâché; mais on sait par la faute de qui. Il y aura nécessairement des comptes à rendre le moment venu. Oui, tous les falsificateurs seront « examinés ».

Or, réfléchissez bien; comment se fait-il que les premiers chrétiens aient eu la connaissance? D'où la tenaient-ils? Lorsque la connaissance resurgit en Europe, les pires persécutions s'abattirent alors sur les populations qui voulaient en profiter.

Pourquoi les Cathares et les Albigeois, entre autres, ont-ils subi une si féroce, violente et cruelle persécution? Pourquoi organiser une croisade pour exterminer les Vaudois? **Eux** avaient la connaissance d'origine, **ils savaient. Ils savaient trop de choses**, et les rois et les papes les ont exterminés.

Donc, Jésus a-t-il laissé des manuscrits? Songez-y bien et regardez à qui ça profiterait de l'avoir caché.

21. Les pères de l'Église.

Le très célèbre – mais pas du tout honorable – Constantin s'étant énervé au IV siècle, a exigé que ses prêtres de la religion archaïque romaine en finissent de mettre au point la parole de Dieu.

Les empereurs avaient déjà, pour cela, un comité composé de prêtres et de quelques généraux... Ce comité aboutira finalement, vers 325, du fait que Constantin l'eut formellement exigé.

C'est ce comité qui deviendra, par la force du **mythe**, les pères de l'Église, auteurs de la tradition de l'Église, auteurs du Nouveau Testament, auteurs de la parole de Dieu. Le comité siégeait depuis déjà deux siècles!...

Pour vous donner un aperçu du genre d'individus qui formaient le comité, prenons-en un au hasard : le très fameux **ORIGÈNE** (186 à 253).

Origène était un dangereux fanatique de la chasteté à tout prix. C'est probablement en partie par son influence que l'on en arrivera au célibat des prêtres, moines et religieuses.

Origène était tellement obsédé par la chasteté qu'il en arriva à se castrer lui-même. Vous avez bien compris : Origène s'est castré lui-même. Vous voyez donc le genre de bonhomme; dangereux et fanatique, je vous le disais bien. Lui, ce n'était qu'un parmi les autres qui, eux aussi, avaient leurs petites particularités sexuelles.

Si j'ai choisi Origène au milieu de tous les petits pépères de l'Église, c'est que j'ai une certaine affection pour lui; vous allez comprendrez pourquoi.

Origène, avant de devenir fou au point de se couper les couilles lui-même, connaissait le sens ésotérique des manuscrits qu'il a inclus dans la parole de Constantin – le Nouveau Testament.

C'est lui qui disait :

> *« Si vous voulez recevoir Marie pour mère, vous devez d'abord reposer votre tête sur la poitrine de Jésus ».*

L'anecdote figure dans les Évangiles, en particulier dans Jean.

Cela contient une connaissance prodigieuse qui, malheureusement, a été cachée jusqu'ici. J'aurai l'occasion, probablement dans un autre ouvrage, de vous exposer comment, tout comme Jean, **vous pouvez vous aussi recevoir Marie pour mère.**

Origène aurait pu vivre ce qu'il comprenait de la connaissance, mais il a pris le mauvais chemin. Aucun fanatique castré ne peut en effet pénétrer dans le Royaume des Cieux. Aucun fanatique castré – physiquement ou psychologiquement – ne peut recevoir Marie pour mère. Oui, malgré tout ce que l'on dira, on n'entre pas sans ses couilles dans le Royaume des Cieux!...

Pourtant, les femmes peuvent entrer facilement dans le Royaume des Cieux et, bien sûr, recevoir Marie pour mère.

Le Nouveau Testament contient plusieurs inepties grotesques sur la chasteté et la castration. D'où viennent-elles? Qui, d'après vous, y a inclus ces références à son obsession maladive?

Finalement, plus tard, l'Église condamnera Origène, non pas pour être devenu fou et s'être amputé lui-même de ses précieux bijoux. Non; ça, l'Église ne condamne pas... Il a été condamné car il connaissait le sens ésotérique des écritures qu'il était justement chargé de maquiller. Il parlait trop clairement et échappait des clés qui pourraient donner de drôles d'idées à certains. Écoutons encore le bon Origène, soigneusement castré de sa main :

> *« Vous comprendrez l'évangile de Jean seulement lorsque vous aurez reposé votre tête sur la poitrine de Jésus et qu'il vous aura remis Marie pour être votre mère ».*

Vous me suivez? En tout cas, c'est pour cela que l'Église l'a condamné. Et c'est sous Constantin qu'est né le mythe des pères de l'Église.

22. L'amour.

Le grand amour, le véritable amour, c'est l'amour de Dieu, l'amour de sa propre conscience Divine, et **par conséquent** l'amour du prochain. L'amour, c'est aimer chacun tout comme on s'aime soi-même. Donc concrètement, l'amour consiste à ne faire de mal à quiconque, ni en pensées, ni en paroles, ni en actions, ni en domination. L'amour consiste, au fond, à n'emmerder personne... L'amour consiste aussi à ne laisser crever personne de faim, de froid, de solitude, de désespoir.

L'amour, c'est reconnaître que nous sommes nous-mêmes – en tant que conscience Divine – **le Christ** et **par conséquent**, que chacun **est** le Christ lui aussi, naturellement.

Le Chohan du 7e Rayon ramène sur Terre la liberté, la vraie; l'égalité des sexes, l'égalité des races, l'égalité des castes. Tous les Êtres planétaires vivant sur notre planète sont **tous** des Êtres de Lumière, des **Christ**, des **Bouddha**. Bref, tous sont exactement les mêmes : une pure conscience Divine.

Certains vont trouver des différences entre les races pour justifier leur domination à leur encontre. Ô, pauvres ignorants crottés... quel aveuglement! Ces différences apparentes ne sont que culturelles et technologiques. Pour le reste, chaque être humain est le **fils**, la **fille unique** de Dieu.

Savez-vous le plus drôle? C'est que les racistes les plus crottés se réincarnent sur Terre dans la race qu'ils méprisent le plus... Vous n'avez pas besoin de croire à ça, la réalité se passe de votre croyance en elle.

Tout comme avant vous ne croyiez pas que la Terre était ronde ni qu'elle tournait, votre croyance du contraire n'y changeait rien.

Le contraire de l'amour, c'est le mépris des autres races, de l'autre sexe, des autres castes.

S'opposer, par exemple, au vote des femmes – comme l'Église l'a fait durant cinquante ans –, c'est du mépris. Au début du siècle, les évêques du Québec disaient que « Si les femmes votaient, ce serait la fin de la civilisation », texto.

S'opposer à l'ordination des femmes en tant que prêtres – comme l'Église y a réaffirmé son refus dans les années '90, – c'est du mépris. C'est lancer un puissant message aux femmes; c'est leur dire qu'elles ne sont pas l'égale de l'homme. Cela est lourd de signification et de conséquence dans notre société. Si les femmes ont tant de mal à faire reconnaître leurs droits fondamentaux d'êtres humains totalement égaux aux hommes, c'est à cause de l'Église.

L'Église qui, pendant des siècles, a affirmé que les femmes n'avaient pas d'âme... Les hommes avaient une âme, mais pas les femmes. Les hommes peuvent être prêtres, mais pas les femmes. C'est toujours le même mépris pour continuer de dominer.

Il est étonnant et surprenant que les femmes continuent de fréquenter ces Églises qui sont dirigées contre elles, contre leur émancipation, contre leurs droits fondamentaux les plus sacrés, contre leur dignité humaine. Que faites-vous, mes soeurs, dans cette galère? Qu'espérez-vous encore, après vingt siècles d'obscurantisme crasseux?

Sortez de là et venez rejoindre la lumière. Venez rejoindre ceux qui veulent le Royaume des Cieux.

Que ferait Jésus, aujourd'hui, face au racisme, au vote des femmes, à l'égalité des sexes?

A-t-il condamné la femme adultère? A-t-il condamné la prostituée? Non, il les a accueillies avec amour.

Jésus, aujourd'hui, accueillerait avec le même amour **toutes** les femmes de toutes les conditions, de toutes les races, car toutes sont ses soeurs et toutes sont **parfaitement dignes** du Royaume des Cieux et **dignes** d'y entrer tout de suite.

D'ailleurs, elles y entreront en très grand nombre bien avant tous les racistes, sexistes et dominateurs de tout poil. Ce qui est vraiment très drôle, c'est que les plus sexistes et les plus dominateurs se réincarnent en femmes – et en femmes dominées, s'il vous plaît.

Et oui, quelles que soient vos croyances à ce sujet, vous avez le choix : **l'Ascension** ou la réincarnation. Si vous « choisissez » la réincarnation, **vous changerez de race et de sexe...** pour apprendre l'amour et la sagesse. Vraiment, Dieu est bon; quelle chance il nous donne!

23. La compassion.

La compassion est une forme d'amour raffiné qui nous permet de comprendre la souffrance des « autres ». La compassion nous permet de comprendre **sans juger**. La compassion nous permet d'apporter notre aide avec amour. La compassion nous permet d'aider sans nous imposer.

Prenons un exemple au hasard : l'avortement. Quelle est votre position sur l'avortement? Avez-vous une position pleine d'amour et de compassion? Avez-vous une compréhension aimante du problème?

L'avortement a toujours existé, depuis la nuit des temps. Depuis des millénaires, les femmes y ont recours pour différentes raisons. Régulièrement au cours de l'histoire, elles en ont subi préjudices et persécutions. Du temps de mon adolescence, avant 1960 en France, les femmes qui avaient avorté subissaient un **curetage** de l'utérus **sans anesthésie, à vif**, pour les **punir**. Encore une triste réalité pas vraiment ancienne.

De nos jours, beaucoup de moyens de contraception existent, que les femmes **et** les hommes peuvent utiliser. Cela n'empêche pas les accidents de contraception, qui peuvent se produire pour des dizaines de raisons.

De nos jours règnent sur une grande partie de la planète la pauvreté, la misère, la malnutrition, l'ignorance, le désespoir. Ceci, non pas seulement dans les pays « exotiques », mais même dans les pays les plus riches d'Occident, d'Europe de l'Ouest et d'Amérique du Nord.

De nos jours, des religions archaïques et dépassées s'opposent, au nom de principes inventés par l'homme, à la contraception. Avec ces principes du Moyen Âge, ils veulent imposer aux femmes des grossesses multiples et nombreuses. Ceci, sans s'occuper aucunement de savoir si leurs conditions matérielles leur permettent de subvenir aux besoins de leur famille.

De nos jours, des sociétés de fanatiques sans coeur se proposent encore de punir les femmes, de les dominer et de les écraser. Ces sociétés, pilotées par les religions archaïques, ne veulent ni plus ni moins que :

1. Interdire tout avortement.

Ils veulent recourir à une législation forte et musclée pour interdire aveuglément tout avortement. Qu'ils plongent ainsi la femme et les malheureux enfants dans la misère ne les dérange pas du tout. Ils s'en foutent complètement. C'est peut-être beau de s'occuper de la vie du foetus, mais celui-ci devenu adulte, vous le laissez crever de faim; lui, sa mère, ses frères, ses soeurs et son père aussi.

Si vous êtes contre l'avortement et contre la contraception, vous êtes directement responsables de la misère de ceux que **vous obligez à naître**. En effet, ce qu'ils deviennent après ne vous intéresse plus du tout : logement, nourriture, éducation; ça, vous ne vous en préoccupez seulement pour votre propre famille...

En fait, les fanatiques qui veulent ainsi imposer une loi de fer aux femmes **ne sont pas chrétiens; non, ils n'ont rien de chrétien**, vraiment pas. Ils ignorent tout de l'amour et de la compassion. Ils sont en fait des dictateurs sans coeur, des persécuteurs et des fanatiques de la pire espèce. La justice suprême rétribuera chacun selon son dû.

2. Punir la femme.

Ces fanatiques religieux d'un autre âge veulent en arriver à créer une panoplie juridique permettant de poursuivre les femmes qui ont avorté, de leur imposer de pénibles sanctions, de lourdes amendes et, bien sûr, la prison pour les récidivistes.

De nos jours, il serait préférable pour beaucoup de femmes d'utiliser la contraception plutôt que de recourir à l'avortement. **Mais** les fanatiques interdisent **aussi** la contraception. On peut ainsi voir en plein jour leur cruauté abominable. En interdisant simultanément et la contraception et l'avortement, l'on condamne la femme à la grossesse automatique, à la pauvreté, à la misère et finalement, à la **domination**.

En effet, le but ultime de toutes ces horreurs est d'en arriver à retarder l'émancipation des femmes. Des femmes pauvres et affligées d'une famille nombreuse ne peuvent être ni libres, ni égales; elles seront donc dominées par les hommes **et par la société**. Ainsi, d'ailleurs, que leurs enfants... Ainsi se perpétuera la domination planétaire.

Voyez-vous, dans tout cela, l'amour et la compassion? Je n'en vois nulle trace, même avec une bonne loupe.

Pourtant, de nos jours, la société est assez riche pour régler le problème de l'avortement. Sauf que l'argent n'est pas au bon endroit. En donnant à toutes les femmes des conditions économiques décentes – travail, salaire, alimentation, logement, éducation, contraception –, le problème se réglera de lui-même.

Mais croyez-vous que les cruels dominateurs – qui ne veulent qu'interdire et punir – se préoccupent du niveau de vie des femmes? Pas du tout. Ils veulent interdire simultanément l'avortement et la contraception, étant ainsi assurés que les femmes resteront dans la pauvreté et la misère. Éducation, travail, salaire, logement pour les femmes ne figurent aucunement ni dans leur vocabulaire, ni dans leurs projets...

L'amour et la compassion ne consistent pas à interdire mais à aimer, à comprendre et à aider. Si vraiment l'on veut **aider**, il faut changer radicalement le sort, le statut et les conditions économiques de la femme.

Toutes les interdictions des fanatiques ne feront qu'augmenter la pauvreté et le désespoir. La seule chose que vraiment il faudrait interdire, c'est l'expérimentation soi-disant scientifique sur des foetus vivants. Ça, c'est abominable et il faut arrêter ça tout de suite. Ça, l'amour et la compassion peuvent l'interdire car ils protègent le foetus d'inutiles souffrances.

Pensez-vous que Jésus interdirait et la contraception et l'avortement? Pensez-vous vraiment qu'il ferait ça? Son amour infini, son immense compassion s'exprimerait peut-être ainsi :

> *« Va en paix, ma soeur bien-aimée. Non, tu n'es pas coupable, reviens dans ton Royaume. Oui, reviens de ton vivant auprès de moi, je te consolerai ».*

Et que dirait-il aux cruels dominateurs? Peut-être ceci :

> *« Race de vipères sans coeur, sans amour et sans compassion, vous* ***lapidez*** *la femme, vous osez* ***lapider*** *mes soeurs. Vous êtes une abomination devant mes yeux ».*

Bref, dans tout cela, l'amour consiste à n'emmerder personne, c'est-à-dire à ne pas tenter de dominer les plus faibles. La compassion consiste à aider sans juger ni imposer sa propre loi. Il est donc facile pour chacun de **reconnaître** s'il est une race de vipères ou un Être de Lumière plein d'amour et de compassion.

24. Le grand crime.

Nous avons examiné les origines de nos religions pseudo chrétiennes et vu comment un ensemble de **mythes** pas du tout chrétiens sont nés entre le IVe et le VIIe siècle.

Ces différents mythes, dont le plus énorme est celui de la parole de Dieu – qui n'est rien d'autre, en fait, que la parole de Constantin – furent élaborés par l'État romain.

Nous pouvons donc voir clairement l'origine de nos religions et la gigantesque supercherie mise au point par les empereurs et les prêtres de la religion archaïque romaine.

Nous pouvons aussi constater que dès l'an 800, l'Église s'est affranchie du joug de l'empereur et qu'elle était alors complètement **libre** d'exercer la religion sous la forme de son choix.

Nous comprenons que jusqu'en l'an 800, environ, l'Église et l'État romain couchaient ensemble et que l'Église imposait le dogme voulu et mis au point par les empereurs.

Arrivés là, les Êtres les plus attentifs, ceux qui cherchent à comprendre, vont se poser quelques questions

- Puisque l'Église, après l'an 800, était libre, pourquoi n'a-t-elle pas rétabli le christianisme original, celui de Jésus?
- Pourquoi, en effet, ne pas rétablir la réalité et dire : « Nous avons agi ainsi sous la contrainte de l'empereur »? Tout le monde aurait compris. Les choses seraient rentrées dans l'ordre, le christianisme rétabli et le Royaume des Cieux revenu.
- Pourquoi la religion catholique a-t-elle continué à maintenir le mythe et la supercherie?
- Et aujourd'hui, comment se fait-il que catholiques, orthodoxes, protestants et évangéliques continuent à cacher les origines de la Bible?
- Oui, aujourd'hui, à quatre ans de l'an 2000, alors que la septième coupe sera bientôt renversée, pourquoi nos Églises officielles refusent-elles encore de nous révéler l'origine du Nouveau Testament?

Lorsque l'Église catholique s'est libérée du joug de l'État romain, elle n'a pas rétabli le christianisme original.

Non seulement elle ne l'a pas rétabli, mais elle a continué le mythe de plus belle, allant jusqu'à persécuter tous ceux qui tentaient de revenir à la pureté chrétienne de Jésus.

Le crime, **la trahison de Jésus** a duré encore mille ans de plus; en fait carrément douze siècles de plus. Ce furent mille ans de crimes abominables en toutes sortes, dirigés tous azimuts.

L'Église persécutait sans discernement Cathares, Albigeois, Vaudois, templiers, protestants, juifs, musulmans et combien d'autres encore. La folie meurtrière sans borne s'exerça non seulement en Europe, mais aussi en Afrique et en Amérique.

Alors finalement, que s'est-il passé? C'est très simple : l'Empire romain et ses despotes n'a **jamais disparu**; il s'est perpétré jusqu'à nos jours sous une forme religieuse. Religieuse, certes, mais pas du tout spirituelle.

La religion archaïque romaine des empereurs, rénovée par Constantin et rebaptisée catholique, s'est perpétrée ainsi jusqu'en l'an 2000.

Les schismes n'ont rien changé au fait que la religion archaïque romaine soit devenue la religion officielle et obligatoire de l'Occident. Les schismes n'ont pas soulagé le fardeau des peuples. La rivalité entre les différentes sectes chrétiennes a multiplié les guerres et les persécutions.

Nous pouvons donc découvrir en pleine lumière que le Nouveau Testament n'est pas la parole de Dieu, mais bien la parole de l'empereur. **Ainsi** nous voyons clairement que le **pape** n'est ni le vicaire du Christ, ni le successeur de St-Pierre **mais, en fait et en réalité, le successeur** des Néron, Constantin, Justinien et autres Jules César.

Voilà l'affreuse réalité de **toutes** nos religions pseudo-chrétiennes. La bête à deux cornes a survécu jusqu'à nos jours et elle continue encore de ravager et de sévir dans notre société.

Il est donc urgent que notre monde occidental émerge vers une nouvelle conscience d'**Être** en retrouvant, d'une part, la connaissance libératrice et, d'autre part, en renonçant :

- aux fausses religions chrétiennes, à leurs pompes et à leurs oeuvres;
- au faux pape de Rome, à ses pompes et à ses oeuvres;
- aux faux patriarches, à leurs pompes et à leurs oeuvres.

Certains vont dire, assez bêtement d'ailleurs : « L'Église a commis certaines erreurs ». Oui, évidemment; partout où il y a des hommes, il y a erreurs. Bien sûr, partout où il y a des hommes **sans femmes**, l'erreur est multipliée par dix...

Sauf que, voyez-vous, je ne parle pas ici des erreurs de l'Église. Non, pas du tout. Je parle des crimes qu'elle a commis. Oui, des abominables crimes contre l'humanité qu'elle a commis pendant presque deux millénaires. Crimes qui rendraient presque jaloux les nazis et les communistes, si c'était possible.

25. L'apôtre Pierre.

Parmi les nombreux mythes et supercheries dont le pseudo christianisme est truffé, nous trouvons la fameuse filiation des papes qui remonte, selon nos Églises, à l'apôtre Pierre.

Selon nos Églises, en effet, Pierre aurait été évêque de Rome durant vingt-cinq ans et les papes lui auraient ensuite succédé. Ainsi se justifie l'idée que les papes soient les successeurs de Jésus, vicaires du Christ et autres vicaires de St-Pierre.

Cette thèse très séduisante s'émiette dès que l'on y regarde d'un peu plus près. Nous avons déjà vu qu'aux premiers siècles de notre ère, l'État romain et la religion archaïque romaine combattaient les chrétiens avec une extrême violence – les lions, la prison, le supplice...

Nous savons aussi que l'empereur contrôlait la religion romaine et que c'est lui qui nommait les patriarches à Constantinople, Nicée, Jérusalem, Rome et diverses autres villes.

Nous avons aussi constaté à quel point l'État romain et ses prêtres ont déformé le christianisme pour le vider de sa substance et le rendre méconnaissable.

Résumons brièvement la situation.

- L'empereur et ses prêtres combattent les chrétiens.
- L'empereur nomme les patriarches et contrôle **sa** religion.
- L'empereur et ses prêtres défigurent le christianisme.

Voilà la situation qui a prévalu durant plusieurs siècles à Rome avec, périodiquement, des vagues très dures de persécutions telles celles de Néron (64-68), Trajan (106), Marc Aurèle (163), Septime (202), Maximien (235), Dèce (250), Valérien (257), etc...

Comment, dans ce contexte, un chrétien aurait-il pu être nommé évêque de Rome par l'empereur? Posez-vous vraiment la question. L'empereur aurait-il écarté ses prêtres de la religion archaïque romaine pour y nommer à la tête un chrétien, alors que l'empereur et ses prêtres leur faisaient une chasse à mort? Vous imaginez? D'un côté, l'empereur persécute les chrétiens et de l'autre, il nomme leur chef évêque de Rome à la place du grand prêtre officiel? Vraiment, ça vous paraît plausible?

La réalité **historique** est tout autre. Pierre est arrivé à Rome dans les années 40, vers 42, du temps de l'empereur Claude. Pierre a prêché, il a réconforté les chrétiens qui, déjà, se cachaient, il y a écrit de nombreux textes dont ses fameuses épîtres, un apocalypse, un évangile et d'autres documents, qui ont été soigneusement castrés de la Bible par les soins de l'empereur, des prêtres et des pères de l'Église. Il ne reste en effet, dans le Nouveau Testament, qu'une petite partie de ses épîtres.

Le successeur de Claude fut le célèbre Néron (37-68), qui fut empereur de Rome de 54 à 68. Néron mit le feu à Rome, brûlant ainsi une grande partie de la ville. Il en accusa les chrétiens, évidemment, déclenchant contre eux une fureur fanatique et une répression terrible.

Néron fit jeter les chrétiens en prison, aux lions et aux supplices. L'apôtre Pierre était du lot. Il fut emprisonné sur l'ordre de Néron en 65, et termina crucifié la même année. L'histoire précise même que Pierre fut crucifié la tête en bas!

Voilà donc la réalité **historique** de l'apôtre Pierre. Saint-Pierre n'a **jamais** été évêque de Rome, ni d'ailleurs un personnage officiel de l'époque. **Il devait lui aussi se cacher** avec les autres chrétiens. Il était l'un des chefs chrétiens que l'État romain et sa religion se sont empressés d'éliminer.

Les papes sont les successeurs des empereurs romains païens, paganistes et anti-chrétiens. Voilà la douloureuse réalité historique totalement vérifiable, point par point.

26. Le culte de Mithra.

Le culte de Mithra remonte à la Perse ancienne, il y a plus de cinq mille ans. Mithra faisait partie du panthéon romain; il était intégré à la religion archaïque romaine. Mithra, très florissant en Perse, avait survécu à la Grèce antique et s'était confortablement installé dans la religion romaine, avec des restes grecs tel le culte de Bacchus.

La manie de l'État romain était d'amalgamer à la religion officielle des bribes de la religion des peuples vaincus et dominés par lui. C'est pourquoi le culte de Mithra était en vogue à Rome.

Dans les années 380, Pater Natrum, grand prêtre romain officiel du culte de Mithra et aussi prêtre de Bacchus, avait son siège... au Vatican...

Suite aux espiègleries de Constantin en 325, le grand prêtre de Mithra s'effaça doucement pour devenir, en quelques dizaines d'années, le **pape**.

L'espiègle Constantin avait fait ajouter au Nouveau Testament – fraîchement élaboré et inauguré en grandes pompes au 1er concile de Nicée en 325 – une bonne partie des mythes du culte de Mithra.

Je répète : l'État romain a mélangé au Nouveau Testament les mythes de Mithra au peu de ce qui restait de l'enseignement originel chrétien de Jésus. Ainsi le Nouveau Testament est-il, pour une bonne part, d'origine mithriaque.

Examinons le culte de Mithra :

- le purgatoire;
- le chant du coq;
- la couronne d'épines;
- la naissance dans une grotte;
- l'adoration des bergers;
- le sacrifice du sang...

Examinez, vous aussi, le culte de Mithra et vous constaterez qu'il est né dans une grotte et qu'il fut adoré par les bergers...

Voyons le sacrifice du sang chez Mithra et chez les chrétiens.

- Évangile de Jean, chapitre 6, verset 53 :

  « Si vous ne mangez la chair du FILS de l'homme et si vous ne buvez son sang, vous n'avez point la vie en vous-mêmes ».

Jésus.

- Culte de Mithra :

  « Celui qui ne mangera point mon corps et ne boira point mon sang pour se confondre en moi et moi en lui n'aura point de salut ».

Mithra.

Le culte de Mithra se retrouve un peu partout dans le Nouveau Testament. Qu'allez-vous en conclure?

- Que Jésus a apporté, pour une bonne part, le même enseignement que Mithra?
- Que le culte de Mithra fut **ajouté** au Nouveau Testament?
- Que le Nouveau Testament a bel et bien été trafiqué, même entièrement trafiqué et amalgamé à la religion archaïque romaine?

27. Le 25 décembre.

Chacun sait que Jésus est né le 25 décembre, dans une grotte, et qu'il a été adoré par les bergers. Tout comme Mithra, d'ailleurs. Ce que l'on sait moins et que l'on ignore complètement, d'ailleurs, c'est que Dieu est né le 25 décembre dans presque toutes les religions.

La nuit du 25 décembre étant la plus longue, elle est le symbole de l'obscurité et de l'ignorance spirituelle. Lorsque la noirceur est à son comble naît le sauveur qui rapporte la lumière, c'est-à-dire la connaissance.

Ainsi, beaucoup de nos Dieux sont-ils nés le 25 décembre, tels :

- Mithra, en Perse;
- Dionysos, en Grèce;
- Krishna, aux Indes;
- Horus, en Égypte;
- Jésus, en Palestine.

Peut-être bien Bouddha aussi, dont sa mère Maya était vierge et qui reçut la visite de Sching-To, le Saint-Esprit. Pour annoncer la naissance de Bouddha, une étoile apparut dans le ciel...

Lors de la naissance de Krishna, le roi a ordonné le massacre de tous les garçons en bas âge. Mais Krishna fut sauvé du massacre par miracle, tout comme le fut Jésus quelques siècles plus tard sous Hérode.

C'est seulement vers l'an 340 que la date de naissance de Jésus fut retenue officiellement par le successeur de Constantin. L'empereur décréta : « Jésus est né le 25 décembre ». Ça tombait bien car justement, à cette date-là, les païens faisaient de grandes festivités. Ainsi on pourrait, encore une fois, amalgamer et dire que les fêtes païennes se déroulaient en l'honneur de la naissance de Jésus.

28. La résurrection.

Dans le monde chrétien a cours le grand **dogme** de la **résurrection**. Celui-ci est opposé à la réincarnation. Pour le dévot chrétien, s'il est fidèle à Jésus, il ressuscitera; quand donc? Après sa mort, évidemment, et probablement à la fin du monde quand Dieu, Jésus, les apôtres, les saints, les martyrs et tout le panthéon reviendront sur la Terre.

Alors, tout le gratin Divin étant descendu sur Terre, la résurrection commencera. Tous les cadavres frais, vieux et décomposés, anciens et éparpillés reviendront à la vie, souriants et parfumés.

Voilà le travail!

Mais qui, en l'an 2000, peut encore croire à une telle sottise? Certes, Jésus a ressuscité Lazarre, trois jours seulement après sa mort. Il faut bien découvrir là **les symboles**; d'autant que personne ne connaît la véritable histoire du fait que Constantin et ses petits pères de l'Église nous ont censuré profondément les textes d'origine.

Alors, comment peut-on croire encore, de nos jours, qu'un cadavre totalement décomposé puisse revivre? Comment peut-on penser qu'un squelette, avec ses os nus, puisse se recouvrir de muscles, de chair, de peau, sa langue repousser, ses yeux briller et sortir de sa tombe en sentant la savonnette et en chantant : « Jésus, que ma joie demeure! »?

Il est triste et lamentable de voir que les promesses incroyables – incluses dans le Nouveau Testament par les Romains pour faire marcher les foules – persistent jusqu'à nos jours.

L'ignorance et la superstition de nos contemporains sont sans bornes. Le pire, c'est qu'elles continuent d'être entretenues par nos quatre compères – catholique, orthodoxe, protestant et évangélique – qui, notons-le, sont profondément œcuméniques, s'entendant à merveille pour continuer la supercherie. Malgré les différences superficielles dans les différents dogmes, le fond de l'affaire est en tout point identique dans les quatre branches.

Car, en effet, d'une part elles remontent toutes à Constantin et, d'autre part, elles prêchent exactement les mêmes superstitions.

Laissons là la superstition faire ses ravages et examinons la résurrection à la lumière de la connaissance et de la conscience.

Nous avons déjà évoqué, dans un chapitre précédent, la structure ésotérique de l'être humain. Rafraîchissons-nous la mémoire.

La femme humaine est composée de plusieurs corps :

- le corps physique,	
- le corps éthérique,	
- le corps astral,	l'ego.
- le corps mental,	
- LE CORPS CAUSAL (Manas),	le Christ en nous, **LE SOI**.
- le corps de Bouddhi,	
- le corps Atmique,	la Monade.
- le corps de Anou,	

Et l'homme est en tout point identique, naturellement...

Outre ses différents corps, l'Être est doté d'une conscience éternelle, immortelle, impérissable et inoxydable.

Alors, qui meurt? La conscience ne meurt jamais; notre corps christique, qui est **nous** dans notre véritable conscience, existe depuis plusieurs milliers d'années.

Réfléchissons : nous avons une conscience immortelle, un corps christique de plusieurs milliers d'années; alors, avons-nous besoin de notre vieux cadavre **pourri**? D'autant plus que des cadavres, on en a produit quelques centaines; lequel allons-nous ressusciter? Le dernier, probablement; en étiez-vous si heureux, de ce dernier corps, que vous vouliez le ressusciter et vivre avec éternellement? Je suis sûr que vous en préféreriez un tout neuf, plus à votre goût, plus beau, moins gros, moins vieux et en meilleure santé, n'est-ce pas?

Donc d'un côté, nous comprenons que nous disposons d'une série de corps, les uns immortels, les autres périssables. À chaque retour dans la matière, nos corps subtils se revêtent à nouveau de corps plus denses, qui finiront encore par mourir eux aussi. Le cycle continue ainsi longtemps, jusqu'au jour où l'être humain est devenu assez conscient, assez éveillé pour s'ouvrir à la connaissance.

D'un autre côté, nous comprenons que notre conscience est toujours là, fraîche, vivante et joyeuse, et qu'elle est **nous**-mêmes. Alors, l'être humain ouvert à la connaissance finit par comprendre et réaliser qu'il est, en fait, un Être de Lumière. Ceci le conduisant à son Ascension, s'il est suffisamment attentif à sa conscience.

Voilà le grand apport de Jésus : **l'Ascension** pour **tous**, pour tout le monde; pour les blancs, les noirs, les jaunes, les rouges, les Arabes, les pauvres, les esclaves, les sans-logis, les affamés, les femmes et les hommes, les vieux et les jeunes. **Tous** peuvent faire leur Ascension... même les riches...

L'Ascension nous fait découvrir la vie Divine. Voilà la véritable résurrection, **voilà la résurrection d'entre les morts : L'ASCENSION.**

Lorsque la plupart des gens meurent, leur état de conscience n'est pas très élevé. La plupart n'ont aucune conscience de leur réalité Divine; ils vivent dans l'ego et meurent dans l'ego.

Or, le **destin suprême** de chacun est de réaliser la conscience Divine. C'est un état d'Être qui permet à la conscience suprême de venir s'exprimer jusqu'aux confins des dimensions, là, ici, dans la matière de la troisième dimension. De quel outil se doterait donc la conscience en ressuscitant le cadavre d'une personne limitée dans l'ego et si peu consciente?

Que voulez-vous que la conscience fasse d'un ego-mental si grossier, si limité et si inconscient? **Rien**. D'ailleurs, la conscience laisse vivre un temps l'ego, puis elle le conduit à la mort pour s'en débarrasser et en préparer un, plus évolué. Ainsi continuera la conscience, jusqu'au jour où elle aura réussi à se fabriquer un ego assez ouvert et intelligent... pour devenir un âne, ce qui lui permettra de rentrer à Jérusalem...

Donc, vous devriez bien saisir que la conscience, qui n'a aucun besoin de vous de votre vivant si vous n'êtes pas ouverts, a encore bien moins besoin de votre cadavre, fut-elle même en mesure de le ressusciter. Pourquoi d'ailleurs irait-elle ressusciter le cadavre d'un ego qui n'était même pas assez ouvert pour comprendre les grands principes de la connaissance et de la conscience?

Non, la réalité est bien simple : votre cadavre finira par mourir et pourrir et, pendant ce temps-là, **vous – le vrai vous-même –** se préparera à revenir pour **tenter une nouvelle fois** de faire son Ascension.

Maintenant, ô Êtres de Lumière, vous qui êtes mes amis depuis des siècles, intégrons les apparentes oppositions – résurrection et réincarnation – dans l'unité de leur complémentarité naturelle.

1. On ne ressuscite pas, on se réincarne.

Oui, effectivement. Dans l'Alchimie de la conscience, c'est une réalité totale que chacun peut vérifier par lui-même et par expérience vécue, s'il est assez ouvert pour chercher à comprendre et à faire les expériences qui lui ouvriront les yeux.

2. La résurrection des cadavres.

Non, l'absurdité de cette croyance n'a pas de bornes, c'est une superstition du Moyen Âge, incluse dans la Bible par les Romains. Non, la résurrection des cadavres n'aura pas lieu.

3. La résurrection de la conscience.

C'est une façon de parler pour dire que le monde dans lequel nous vivons est un monde « **mort** ». Notre société mentale est « morte » dans le sens où il s'agit d'une société inconsciente et d'un monde sans conscience. Alors si, dans ce mental, l'on devient conscient, on peut dire que l'on a ressuscité. La résurrection c'est redevenir, par la connaissance, conscient de soi-même. Avant cela, on est mort. « Laissez les morts enterrer les morts », a dit Jésus. La résurrection de la conscience, c'est d'entrer maintenant et vivant dans le Royaume des Cieux, lequel est un état de conscience accessible à chacun, dès maintenant.

4. L'Ascension est la résurrection.

Parfait, l'Ascension est la véritable résurrection qui nous permet d'émerger **vivants** vers la conscience Divine, de rencontrer les Maîtres, de retourner dans notre patrie Divine. L'Ascension, c'est le grand **retour** chez notre Père céleste, chez notre Mère Divine. Voilà la **résurrection**; elle est offerte à chacun.

Résumons-nous encore un peu plus pour faire apparaître, en pleine lumière, l'unité des principes.

1. **L'on se réincarne** longtemps, jusqu'à l'ouverture de la conscience.
2. **Les cadavres** ne ressuscitent pas!
3. **L'on ressuscite**; l'ouverture infuse en nous un flot de conscience, nous nous levons d'entre les « morts ».
4. **L'on fait son Ascension**; après notre ouverture et notre résurrection, la conscience nous transforme jusqu'à l'Ascension.

Voilà l'unité des principes. Là réside la connaissance, là réside la libération, là réside la liberté suprême, là réside la porte du Royaume des Cieux.

Chacun peut pousser dès maintenant la porte du Royaume des Cieux en provoquant **immédiatement** sa propre résurrection. Pour cela, il suffit à chacun de se passionner pour la connaissance libératrice, et tout le reste suivra automatiquement. Ou, si vous préférez, poussez la porte du Royaume et tout le reste viendra par surcroît...

29. Les véritables Élus.

Au cours des premiers siècles, la religion archaïque romaine a caché et camouflé la véritable connaissance, puis s'est déguisée en Église apparemment chrétienne. Elle a ainsi continué le bain de sang inauguré par Néron jusqu'aux confins du XVIIe siècle. En effet, les dragonnades ordonnées par Louis XIV n'ont finalement cessé que sous Louis XV. Les dragonnades consistaient à envoyer quelques soldats dans les foyers protestants, à tuer le père, battre le fils, violer la mère et les filles.

Encore une autre réalité se passant il n'y a pas si longtemps chez la fille aînée de l'Église, la bonne vieille France.

Il ne fait aucun doute que le roi des Francs Clovis était « franc » et que s'il eut su cela d'avance, il n'eut point signé... Mais voilà : Clovis, abusé, a signé. Clovis a cru qu'il signait avec l'agneau mais, en réalité, il a signé avec le loup.

**La louve romaine s'est revêtue
de la peau de l'agneau.
La louve romaine allaite Remus le Roi
et Romulus le pape.**

Ainsi, l'on découvre la bête à deux cornes qui sort de la Terre : l'Église et l'État. Souvenez-vous aussi que Romulus a tué Remus... Les enfants des loups deviennent des loups; examinez les vingt derniers siècles et vous commencerez à comprendre.

**La louve romaine, déguisée en agneau
a répandu le sang des agneaux à flots durant 2000 ans.**

L'Agneau réclame justice!

**Le sang pur de l'Agneau
a abreuvé nos sillons...**

Comprenez-vous cela, ô Êtres de Lumière?

Donc, l'Église archaïque romaine – déguisée en Église chrétienne –, ayant caché la connaissance, a fait croire au peuple que le Royaume des Cieux était réservé à une poignée d'élus. Pour les autres, mieux valait suivre la religion que d'aller en enfer...

Le mythe – encore un – qui veut que seulement cent quarante-quatre mille élus soient sauvés, pas un de plus, est tiré du chapitre VII de l'Apocalypse de Saint-Jean.

Encore une fois, nous assistons là à une gigantesque supercherie. Car en effet, la **connaissance réelle** nous enseigne que Jésus est venu pour ouvrir les portes du Royaume à **tous**, hommes et femmes de **tous** les peuples. **Tous** peuvent entrer s'ils le veulent et s'ils savent comment s'y prendre.

La **cosmogonie** nous révèle que, effectivement, la destinée suprême de l'être humain est de réaliser le plein potentiel de sa conscience Divine, et que chaque être humain peut et doit se réaliser entièrement.

L'**ésotérisme** nous enseigne que le Royaume des Cieux est un état de conscience immédiatement accessible à chacun qui se donne le plaisir de regarder derrière son mental, de se regarder sous l'ego.

**Donc, les véritables élus sont six milliards
sur la Terre, en 1996.**

Tous les radotages du vieux dogme, basés sur une Bible fausse et trafiquée, ne changeront pas ce fait fondamental :

VOUS ÊTES UN ÉLU,
VOUS ÊTES UNE ÉLUE.

Les textes les plus ésotériques de la Bible, comme l'Apocalypse, peuvent contenir jusqu'à sept sens secrets :

- le sens mystique,
- le sens cabalistique,
- le sens spirituel,
- le sens symbolique,
- le sens ésotérique,
- le sens alchimique,
- le sens de l'Être, de la connaissance et de la conscience.

Alors, si vous lisez les textes bibliques, vous ne saurez pas, vous ne pourrez pas comprendre. Vous ne pourrez qu'interpréter à perte de vue. C'est le cas depuis des siècles. Personne n'est d'accord, chaque religion comprend ce qui l'arrange.

Dans le fond, c'est normal; ils ne connaissent pas les clés et, de toute façon, il manque la moitié des textes et la moitié restante est vide et défigurée.

Aujourd'hui n'est plus le temps de se casser la tête sur les « **clés** » car la connaissance libératrice est disponible presque partout.

Et de toute façon, vous êtes une élue et un élu.

Alors, la connaissance de la conscience vous libérera si vous vous intéressez à vous-mêmes et à votre conscience suprême.

30. Comment vérifier.

Naturellement, à la lecture de ce chapitre, beaucoup d'esprits ouverts – ceux qui veulent comprendre – se demanderont comment vérifier. Oui, comment vérifier si, vraiment, la religion nous a tous trompés à ce point.

Nous sommes à l'époque où il n'y a plus lieu de croire aveuglément : « Crois ou meurs »; mais il s'agit plutôt, pour chacun, de chercher à comprendre et de chercher à savoir. Chacun peut rester dans son ignorance et dans sa croyance, c'est peut-être plus confortable.

Toutefois, de nombreux esprits sont maintenant prêts et disposés à découvrir ce qui a été caché si longtemps. Pour celui qui veut vraiment savoir, les sources sont nombreuses, tant sur le plan de la méta-réalité que sur le plan purement temporel.

- **L'HISTOIRE**. Vous avez l'histoire à votre disposition. Bien sûr, il y a l'histoire officielle, avec la version officielle de l'Église. **Mais** il y a l'histoire réelle, celle des faits avec des dates, des personnages et des actes; cela, chacun peut le vérifier par lui-même.

  De nombreux textes existent et il appartient à chacun de creuser un peu dans l'archéologie biblique pour découvrir les ruines du christianisme sous les murs épais des religions.

- **LA THÉOLOGIE**. Tout comme l'histoire, la théologie possède sa version officielle. Tout comme l'histoire, vous ne pouvez pas gratter pour aller au fond des choses sans découvrir la réalité. Déjà, dès le XVe siècle, deux théologiens ont constaté que le legs de Constantin n'était qu'une pure fraude. Nombreux aujourd'hui sont les théologiens qui **savent**; quelques-uns ont parlé, certains ont écrit des ouvrages élaborés et documentés révélant les origines de nos religions chrétiennes.

  Il y a vraiment beaucoup de théologiens qui savent, mais la plupart gardent un silence peureux et frileux.

- **L'ÉSOTÉRISME.** Il représente une source inépuisable de connaissances. Il est urgent de le comprendre. La connaissance ésotérique revient en force dans le monde, dans ce monde qui tombe en ruines et que plus rien ne peut sauver désormais. **Seule** la connaissance apportée par l'ésotérisme permettra de libérer l'humanité de ses souffrances. Seule la connaissance ésotérique peut ramener la conscience en chacun et dans toute la société. Les esprits planétaires les plus ouverts comprennent cela.

  Les esprits crottés à l'extrême prennent l'ésotérisme pour superstition et la religion pour connaissance. Malgré tous les cris d'horreur, justement **c'est le contraire**; la religion est superstition et l'ésotérisme, la connaissance.

  Ainsi, sur la « terre » de la connaissance, les pôles vont-ils s'inverser; non pas les calottes glaciaires, mais le rôle et le contenu respectifs de la religion et de l'ésotérisme vont-ils reprendre leur place véritable.

  Chacun peut découvrir dans l'ésotérisme la réalité, la méta-réalité et en faire une authentique expérience.

- **LA COSMOGONIE**. Elle révèle en profondeur nos origines terrestre et céleste. Elle décrit avec abondance de détails notre destinée, ses étapes successives et tous les grands Êtres des autres dimensions. Son étude est édifiante et révélatrice. Vraiment, la cosmogonie permet de comprendre notre réalité véritable et toute la fausseté des dogmes.

Bref, si vous voulez savoir, vous découvrirez;
si vous voulez cherchez, vous trouverez... n'est-ce pas?

Nombreux sont ceux qui ont cru aveuglément et sans preuves au dogme mis au point par Constantin et ses successeurs les papes. Nombreux sont ceux qui, aujourd'hui, veulent savoir et qui vérifient **par eux-mêmes** s'il y a quelque chose de réel dans la religion et dans l'ésotérisme.

Certains esprits planétaires parmi les plus crottés vont dire naïvement : « Vous jugez ».

- S'agit-il de juger lorsque l'on constate les horreurs nazies, qu'on les dénonce et qu'on révèle le génocide?
- S'agit-il de juger lorsque l'on constate les crimes abominables des communistes, qu'on les dénonce et qu'on révèle l'ampleur des dégâts causés par la dictature du prolétariat?
- S'agit-il de juger lorsque l'on constate la gigantesque supercherie de l'Église et les siècles d'horreur et d'obscurantisme, qu'on dénonce la tromperie et qu'on révèle le mythe?

Il s'agit en fait de révéler; c'est la **RÉVÉLATION**. De la révélation naît la prise de conscience, de la prise de conscience découle la transformation, et de la transformation découlent le Royaume des Cieux et l'Ascension pour tous.

Cela, aucune de nos religions chrétiennes ne peut nous l'offrir; ni les catholiques, ni les orthodoxes, ni les protestants, ni les évangéliques. Pour eux, c'est : « Crois ou meurs ».

Pour la nouvelle conscience, c'est : « Je rentre chez mon père... à dos d'âne!... ». Comprenez-vous?

31. Voir les chefs.

Une autre manière de vérifier les mythes, faussetés et légendes que la religion nous a imposés depuis Néron, Constantin, Justinien et autres Jules César, c'est de rencontrer les **chefs**.

Qui sont-ils, les grands chefs de nos grandes religions?

- Pour les catholiques, c'est le pape, à Rome.
- Pour les orthodoxes, c'est le patriarche de Moscou, et peut-être aussi celui d'Athènes.
- Pour les protestants, c'est... mais oui, la reine d'Angleterre elle-même! « God Save the Queen! ».
- Pour les évangéliques, c'est votre bon pasteur ou le chef de votre religion particulière.

Pour un Être qui veut revenir dans la lumière de la réalité, il serait approprié, juste et bon de rencontrer le **chef** et de lui poser les bonnes questions. Et pour le chef, il serait approprié, juste et bon de fournir les bonnes réponses.

Voici quelques bonnes questions à poser au chef. Quelle est la véritable origine du Nouveau Testament? Par qui a-t-il été écrit? Quand et comment, en réalité, l'Église est-elle née? Le christianisme pur et simple d'origine de Jésus est-il vraiment celui enseigné par la religion?

Voici quelques mauvaises réponses de la part du chef. « Ne te complique pas autant la vie. – Laisse faire, cet auteur est fou. – Ne touche pas à ça, ce gars-là, c'est le diable. – Fais confiance à la religion. – Crois ou meurs. – Va à la messe et ferme ta gueule. – Ne t'inquiète pas; après la mort, tu seras assis à la droite de Dieu. »!

Posez les vraies questions et exigez les vraies réponses, documentées et circonstanciées. Allez rencontrer vos prêtres, vos pasteurs, vos évêques, vos cardinaux, vos patriarches, vos reines et posez-leur la vraie question :

> **« Je veux connaître la véritable origine du Nouveau Testament, j'exige de connaître votre version, j'exige une réponse digne de crédibilité ».**

Vous devez exiger des réponses vérifiables.

- **INTERPELLEZ LE PAPE!** « Monsieur le pape, j'exige de connaître l'origine véritable du Nouveau Testament. Donnez-moi votre version, que je puisse la vérifier moi-même ».

  Demandez au pape de jurer solennellement, sur le Christ et sur le Saint Sacrement, qu'il a bien révélé la vérité... sans omission aucune. Vérifiez s'il est prêt à assumer les conséquences d'un faux serment.

- **INTERPELLEZ VOTRE PATRIARCHE!** « Cher patriarche, dis-moi quelle est la véritable origine du Nouveau Testament. Donne-moi une réponse crédible, car je vais la vérifier de ce pas ».

  Demandez à votre patriarche de jurer solennellement sur l'Église, sur Jésus et sur les Saintes Icônes, qu'il a vraiment relaté le fond de l'histoire. Assurez-vous qu'il connaît les conséquences du parjure.

- **INTERPELLEZ LA REINE!** « Écoute, Ta Majesté, j'exige que vous fassiez toute la lumière sur l'origine du Nouveau Testament. La supercherie a assez duré et vous **devez** me donner votre version des origines. Soyez précise car je vais tout vérifier ».

  Demandez à la reine de prêter serment solennellement, sur Jésus le Christ, sur sa couronne et sur son trône, qu'elle a bien exposé la réalité de l'affaire. Précisez-lui les conséquences d'un éventuel faux serment.

  Pour la reine, il faut vous dépêcher car depuis 1996, elle sent que la soupe est chaude et elle veut se défaire du titre de « chef de l'Église anglicane ». Elle va passer la patate brûlante à l'évêque du quartier.

Peut-être qu'il y a une raison à ça. Depuis 1996, les Anglais, au lieu de chanter « God Save The Queen », chantent « God Save The Beef »! Ils ont bien raison. Ils ne sont pas fous, ces Anglais!

- **INTERPELLEZ VOTRE PASTEUR!** Pour les fidèles des innombrables groupes évangéliques qui n'ont pas de grands chefs très palpables ni très médiatisés, la chose est facile : rencontrez votre pasteur.

  Demandez-lui, sérieusement et profondément, les origines du Nouveau Testament. Faites-lui jurer sur Jésus qu'il dit bien le fond des choses et vérifiez s'il connaît les conséquences du parjure.

- **INTERPELLEZ LES MÉDIAS!** Vous pouvez et vous devez exiger que les médias posent ces questions aux personnalités religieuses qui seraient sensées connaître la réalité des origines du Nouveau Testament. Exigez que le sujet soit traité sur le fond pour apporter les éléments vérifiables de leur version.

  Vous avez le POUVOIR, seuls ou en groupe, d'utiliser vos médias en exerçant des pressions adéquates. Vous êtes le public, vous avez le devoir de savoir, vous avez le droit d'exiger que vos médias participent à la chasse au trésor. Ainsi, vos médias vous aideront-ils à retrouver l'or de la connaissance sous les ruines qui les recouvrent.

- **DÉCLENCHEZ UNE ENQUÊTE!** Oui, déclenchez une enquête sur les origines du Nouveau Testament. Oui, regroupez-vous, vous qui voulez savoir, vous qui voulez comprendre, et déclenchez une enquête sur la naissance de l'Église et sur la naissance du Nouveau Testament. L'information existe, elle est disponible; il suffit seulement de chercher un peu et de creuser un peu. Avec une enquête, vous allez découvrir **vous-mêmes**, par vous-mêmes, la réalité.

32. Vous devez parler.

Les papes se sont basés sur le mythe de Constantin et sur son « oeuvre » pour justifier le dogme, la tradition, les pères de l'Église, la parole de Dieu. Ce mythe de Constantin est une pure fraude qui est connue de beaucoup et qui est aussi parfaitement connue, de nos jours, par les théologiens les plus sérieux.

Déjà, de 1433 à 1440, deux théologiens découvrirent la supercherie et déclarèrent que le soi-disant legs de Constantin n'était qu'une pure fraude. Et ils ont osé le dire, à cette époque...

Nombreux sont les prêtres et les théologiens de nos bonnes vieilles religions en ruines qui **savent** et qui connaissent parfaitement la **réalité** de l'origine de nos croyances.

Nombreux sont-ils, en effet, ceux qui savent. Je ne parle pas ici du Nouvel Âge, ni de la connaissance ésotérique secrète. Non, je parle bel et bien des prêtres, des pasteurs, des théologiens catholiques et protestants qui savent.

J'en connais personnellement plusieurs, protestants ou catholiques. Quelques-uns ont été assez courageux, de nos jours, pour avoir osé écrire, ou même simplement parler de la supercherie.

Alors voici, le temps est venu de parler. Le temps est venu de révéler ce que vous savez. Qu'avez-vous à craindre? Craignez-vous les hommes?...

L'apocalypse bat son plein, plusieurs trompettes ont déjà retenti, déjà les fléaux font rage sur la Terre. Encore un peu et la coupe d'un nouveau fléau viendra accroître la détresse générale. Puis ce sera la dernière coupe qui sera renversée. Bientôt, très bientôt, la 7e coupe du fléau va être renversée.

Voici donc le dernier appel avant la 7e coupe :

- **Vous qui savez, parlez!**
- **Vous qui savez, révélez!**

Et dépêchez-vous, vous devez parler **avant** que la 7e coupe ne soit renversée. Vous qui savez, imaginez que Jésus vous dise, avec les yeux remplis d'amour :

« Toi, mon frère, tu savais et tu n'as pas parlé ».

Qu'allez-vous répondre à votre grand frère? Lui direz-vous : « J'ai eu peur qu'on me persécute? J'ai eu peur de perdre mon emploi? J'ai eu peur que ma famille soit choquée? ». « J'ai eu peur, j'ai eu peur, j'ai eu peur »! Vraiment, et vous croyez encore que vous avez la **foi**?

« Toi, mon frère, tu savais et tu n'as pas parlé »...

Ne ratez pas cette occasion de service, offrez-vous à Dieu, confiez-vous à Jésus et parlez. C'est si simple – mon Dieu, merci – c'est tellement simple. Oui, le temps est venu de rompre le silence.

Oui, PARLEZ et renoncez à Constantin,
à ses oeuvres et à ses pompes...

33. Conclusion.

Ô, Êtres de Lumière, voyez-vous comme le temps passe; notre soirée se prolonge. Nous avons remonté le temps jusqu'au premier siècle et nous voici revenus en 1996.

Nous avons survolé en trente-trois points l'histoire de l'origine du Nouveau Testament. Il s'agit d'une histoire terrible, dont les conséquences funestes sont immenses pour notre civilisation et notre humanité.

Gardez-vous de prendre ces propos à la légère, sans vérifier vous-mêmes ou sans chercher à comprendre. Gardez-vous de ranger ces idées très « nouvelle conscience » sur une étagère et de les oublier là. Car, en effet, lorsque votre conscience parlera à son ego-vous, lui disant :

« Tu as appris quelque chose,
et tu n'as pas cherché à comprendre... »,

il sera alors difficile à l'ego d'expliquer pourquoi il a préféré faire l'autruche, ne pas approfondir et, même pire, ne pas savoir.

Gardez-vous des pièges du mental qui peut tenter de vous faire croire que si cette révélation avait été mieux écrite et par quelqu'un de plus éminent, elle serait plus crédible. Ceci est le piège de l'ego, pour vous éviter de voir la réalité en face.

Gardez-vous de rejeter cette révélation du fait qu'elle est écrite parfois sur un ton badin. Méfiez-vous des apparences; il est parfois des petits lacs terriblement profonds...

Un esprit planétaire un peu éveillé ne peut pas dormir en paix en sachant que cette révélation est peut-être la réalité. Car en effet, si tel est le cas, il faut vraiment le savoir, il faut en avoir le coeur net. Il faut donc absolument chercher à comprendre pour savoir si, oui ou non, le Nouveau Testament est une invention humaine, un pur mythe qui ne repose sur rien.

Si vraiment vous êtes croyants, comment pourriez-vous continuer à bien dormir en sachant que cette révélation risque d'être effectivement la réalité?

Pourriez-vous vraiment continuer de vivre comme avant, sans chercher à comprendre? Qu'allez-vous vous répondre à vous-mêmes lorsque vous vous direz :

« Tu as appris quelque chose
et tu ne cherches même pas à comprendre »...

Nombreux sont les chrétiens qui croient que la Bible est la « parole de Dieu », sans s'être jamais posé la moindre question. Ils vivent dans une croyance qu'ils se sont bien gardés de ne jamais examiner.

Lorsque, comme ce soir, l'on y regarde de vraiment près, force est de constater que **la Bible est la parole de Constantin**. Oui, le Nouveau Testament est bel et bien la parole de Constantin, rectifiée par Justinien et garantie depuis quinze siècles par les papes et autres pasteurs et patriarches.

Le mensonge est colossal, le mythe énorme, la tromperie gigantesque. La parole de Jésus, son enseignement et sa connaissance furent délibérément cachés à la population, et la fraude fut entretenue intentionnellement durant vingt siècles par ceux-là même dont le devoir était de nous guider vers le Royaume des Cieux.

De même que les dieux renaissent tous le 25 décembre; lorsque la nuit est la plus longue et la plus noire, la connaissance renaît. En effet, lorsque l'époque devient terriblement difficile, que l'enfer règne sur toute la Terre avec misère, famines, guerres, désespoir, chômage, violence, maladies, épidémies, catastrophes naturelles et artificielles, la lumière revient alors.

Dans la longue nuit des ténèbres de cette fin du XXe siècle, la lumière revient; elle naît à nouveau dans notre monde.

C'est alors le grand retour de la connaissance libératrice qui ramène, dans ce monde vide, la conscience Divine. Ce monde se remplit et se rassasie de la véritable connaissance de ce qu'est la conscience. La conscience, revenue en chacun, ouvre pour tous le Royaume des Cieux.

Ainsi, c'est le retour du Christ dans la conscience de chacun; ainsi, c'est le retour du Christ dans la conscience sociale; ainsi, c'est le retour du Christ dans le monde.

Voilà arrivé le NOUVEL ÂGE
de la NOUVELLE CONSCIENCE pour tous.

À la grande horloge, il est minuit moins une, le Christ revient à flots dans la conscience humaine. Si ça continue comme ça, JÉSUS va venir voir ce qui se passe sur cette planète...

Gloire à Dieu!
Gloire à Dieu!
Gloire à Dieu!

Maintenant, ô Êtres de Lumière, ô Amis de Lumière, nous qui sommes des amis depuis des siècles, chantons notre joie. Oui, chantons, chantons le Chant du Cygne afin que coule en nous le nectar de la conscience.

Oui, laissons couler en nous le nectar de la conscience et chantons de joie; chantons, tous ensemble, le Chant du Cygne.

Apocalypse 1.

13
La Bible :
son origine secrète

1. Introduction.
2. Se poser des questions.
3. À l'origine, Jésus.
4. L'Empire romain dérangé.
5. La véritable connaissance.
6. Les premiers manuscrits.
7. L'Empire romain agacé.
8. Les patriarches.
9. Les conciles.
10. Constantin s'énerve.
11. La réincarnation.
12. Justinien se fâche.
13. Le service silencieux.
14. **La grande supercherie.**
    Justinien 1er - Théodora
15. Foi ou aveuglement?
16. L'origine des papes.
17. Les documents disparus.
18. Pourquoi ésotérique?
19. L'interprétation.
20. Les écrits de Jésus.
21. Les pères de l'Église.
    - Origène
22. L'amour.
23. La compassion.
24. Le grand crime.
25. L'apôtre Pierre.
26. Le culte de Mithra.
27. Le 25 décembre.
28. La résurrection.
29. Les véritables Élus.
30. Comment vérifier.
31. Voir les chefs.
32. Vous devez parler.
33. Conclusion.

Le Chant du Cygne

Le Pouvoir de la Parole

La Précence des Maîtres Ascensionnés
dans VOTRE VIE, là où vous êtes!

Conclusion

Tome 1, L'EGO ET LE SOI

Alors voilà, ô Êtres de Lumière, vous venez de découvrir **L'ego et le Soi**, vous venez de parcourir de nombreux kilomètres sur la Voie de la Conscience.

Aujourd'hui, 1996, la voie de la conscience commence à s'infuser dans l'humanité, le frémissement de la conscience est encore si léger, l'avez-vous senti? Avez-vous reconnu le frémissement léger de la conscience en vous, durant votre lecture?

Le Nectar de la Conscience est la voie rapide, sûre, facile et agréable de retrouver sa conscience Divine. En fait, c'est l'autoroute de la conscience.

La voie de la conscience est ouverte à tous,

- à tous ceux qui veulent comprendre,
- à tous ceux qui veulent le Royaume des Cieux,
- à tous ceux qui savent qu'ils auront « tout par surcroît »,
- à tous ceux qui veulent renoncer à l'ego,
- à tous ceux qui veulent **Être** avant tout,
- à tous ceux qui veulent connaître l'**existence**, la véritable **vie**, la satisfaction totale.

La voie de la conscience nécessite un effort, mais il en vaut tellement la joie, la joie de la découverte et de l'épanouissement. Comprenez bien, ô Amis de Lumière, que l'effort nécessaire est mille fois moins difficile, mille fois plus agréable que l'effort requis pour vivre dans les limites de l'ego-mental. Alors effort pour effort, il me semble préférable de se consacrer à l'effort qui produit la joie, l'amour et l'abondance plutôt que de soutenir un effort pour survivre de peine et de misère. Pensez-y bien et opérez le bon choix. Les lumineux adeptes du Nouvel Âge auront compris et prendront le bon chemin.

Vous savez sans doute qu'une grande partie de l'humanité est prête à changer de conscience. Beaucoup de gens sont déjà totalement ouverts, sans n'avoir pourtant jamais fait de croissance personnelle. C'est la vie qui les a ouverts. Ces gens-là, sans le savoir, sont prêts à « décoller ». Dès que le vent de la conscience Divine va secouer les ego endormis, beaucoup, mais vraiment beaucoup, vont se transformer.

Pour que cela arrive, il faut que le **sel** de la terre joue son rôle. Il faut quand même des allumettes pour embraser la forêt!... Ce rôle – vous, pionniers du Nouvel Âge – vous le jouez pleinement en prenant au sérieux **la voie de la conscience**, en vous y accrochant du bec et des ongles, en décidant de la réaliser en vous. En vous hissant ainsi vers les sommets de la conscience, vous tirez vers les hauteurs vos frères, vos soeurs qui s'éveillent dans la vallée.

Alors un jour, le monde sera vraiment différent :

- la domination aura cessé;
- les Retardataires auront été éjectés de la Terre;
- l'ego planétaire sera transmuté.

Puis viendra le **Nouvel Âge d'or**, l'âge d'or de la conscience. L'âge nouveau est déjà prêt, les grands Maîtres Ascensionnés y travaillent activement. Le Chohan du 7e Rayon dirige les armées célestes qui assistent l'humanité dans sa transformation. Le Chohan du 7e Rayon présidera bientôt le Nouvel Âge de la Nouvelle Conscience planétaire, **l'âge d'or** de retour.

Gloire à Dieu!
Gloire à Dieu!
Gloire à Dieu!

La première partie du Nectar de la Conscience, **L'ego et le Soi**, vous a permis de découvrir les grands principes de base du fonctionnement de la conscience.

C'est la prise de conscience du SOI
par la connaissance du non-soi, l'ego.

« JE NE SUIS RIEN ET JE SUIS TOI ».

Maintenant ces principes, il faut les vivre, les mettre en application, les comprendre, les assimiler, les intégrer dans votre conscience. Alors, votre vie changera; oui, elle changera encore et encore, pour le meilleur, toujours le meilleur, ainsi jusqu'aux merveilles de la conscience Divine.

Vous avez également découvert tout ce que peut faire pour vous dans votre vie :

LE CHANT DU CYGNE.

Le Chant du Cygne, si vous le prenez en main, vous comblera littéralement de bénédictions, votre vie sera agréable, merveilleusement plaisante.

Ainsi, la vie va vous combler, mais aussi un jour, il vous faudra **oser agir**. Mais soyez tranquilles dans la voie de la conscience : vous agissez, oui, mais les choses se font d'elles-mêmes. Enfin presque, puisque **rien** ne peut se produire **sans agir**. Comprenez bien cela : vous agissez et l'action est agréable et facile dans la voie de la conscience. Sans agir, sans actions, la conscience ne peut rien faire ni pour vous, ni pour personne. La conscience a besoin d'un pommier pour donner des pommes et d'un artisan pour enfoncer les clous.

Certains diront : « Les Maîtres peuvent faire apparaître des repas ». Certes, mais les Maîtres **agissent encore**, mais avec d'autres moyens et une conscience vraiment supérieure. Les Maîtres agissent! Ils sont constamment engagés dans une action créatrice, leur activité Divine est sans relâche. Plus la conscience d'un Être est large, plus son action est grande, juste, précise, facile.

L'absence de conscience produit le **non-agir**; moins il y a de conscience, moins il y a d'actions, moins les nécessités de base seront satisfaites et plus la vie sera réduite, dure, pénible, pauvre et misérable.

Il faut donc **agir**, mais agir avec conscience. Tout d'abord calmer l'ego, ralentir son activité hystérique et désespérée. Dans ce calme retrouvé, prendre conscience, oui, se conscientiser vraiment, activement... Alors reprendre **tranquillement** l'action avec calme, sérénité et détachement. Oui, **agir** à nouveau avec confiance, avec conscience.

Pour **oser**, j'ai dû me faire une certaine violence; il est tellement plus facile et confortable, en effet, de ne rien oser et de ne pas agir.

Ainsi donc, il faudra **oser agir**. Pour vous aider, peut-être, voici quelques notes qui m'ont beaucoup servi pour « bouger » moi-même :

AGIR
PASSER À L'ACTION

- **Je te soutiendrai dans tout ce que tu entreprendras** *(psaume).*
- **Fais comme si j'étais et tu verras que je suis** *(Bible).*
- **J'OSE ÊTRE malgré l'ego.**

Je souhaite que ceci vous aidera à **oser agir** pour faire ce que vous avez toujours voulu faire sans jamais **oser...** Osez, oui, mais osez dans la conscience, osez avec conscience, osez par la conscience.

L'obsession Divine, ça vous dit quelque chose? Connaissez-vous l'obsession Divine? Être obsédé par quelque chose, c'est y penser toujours, jours et nuits; même durant le sommeil, on en rêve.

C'est le fameux « **Priez sans cesse** » de Jésus.

J'OSE.

- J'OSE ÊTRE malgré l'ego.
- J'OSE entreprendre malgré tous les échecs.
- J'OSE n'être rien malgré ma conscience suprême.
- J'OSE éditer Le Chant du Cygne.
- J'OSE une pédagogie de la conscience.
- J'OSE pondre Le Nectar de la Conscience.
- J'OSE révéler malgré le danger.
- J'OSE l'aimer malgré mes défauts.
- J'OSE OSER malgré tout, envers et contre tout.

Si vous voulez avancer à pas de géant dans la conscience, il suffit d'y penser sans cesse, tout le temps, jour et nuit. Dieu se révèle alors à un tel fou Divin, la conscience s'ouvre devant une telle pression de l'obsédé Divin. L'obsession Divine est la voie royale pour réaliser la véritable nature de l'Être, pour réaliser que vous êtes vraiment un Être de Lumière.

Un obsédé – Divin, je le précise avec soin – mène une vie normale. Il accomplit son métro-boulot-dodo le mieux possible sans **jamais** négliger ses affaires ni sa famille, mais sa pensée revient toujours vers sa conscience. Son mental est sans cesse tourné vers sa conscience; il lui parle, il l'écoute, il pense à elle. Bref, il est toujours en **sa** compagnie, **sa** présence ne le quitte jamais. Alors forcément il s'ouvre, la conscience s'infuse en lui, son ego se dissout, il redevient enfin lui-même, l'Être de Lumière qu'il a toujours été.

Si cela vous intéresse, si le coeur vous en dit, imprégnez-vous sans cesse de conscience en vous immergeant totalement dans :

Le Nectar de la Conscience
et dans
Le Chant du Cygne.

Ce bain de conscience, répété sans cesse jour après jour, produira ses effets par lui-même, de lui-même, en transformant votre conscience gentiment, tranquillement... à la vitesse de l'éclair! L'obsession Divine fonctionne à merveille à travers la connaissance libératrice et l'Alchimie de la conscience. L'obsession maladive sur le sexe, l'argent, la superstition et la religion produit, hélas, des résultats maladifs. Constatez-le autour de vous. Il est inutile de vous enfermer dans une grotte, de quitter le monde ou de vous isoler de la société. Vous trouverez ici, là où vous êtes, maintenant même. Si vous êtes obsédés par la découverte de la réalité, alors elle apparaîtra forcément, où que vous soyez.

Par contre, si votre obsession gravite autour de vos croyances, que peut-il apparaître? Des croyances et des vérités, il y en a des centaines différentes de la vôtre. Alors votre obsession maladive ne fera rien apparaître de bon, forcément.

L'OBSESSION DIVINE,
C'EST L'OBSESSION DE LA RÉALITÉ,
LA DÉCOUVERTE DE LA RÉALITÉ SUPRÊME.

Ô, Amis de Lumière, avant de vous quitter, j'ai encore un cadeau pour vous. Un très joli cadeau, si vous savez l'apprécier.

Sachez, mes Amis de Lumière, nous qui sommes des amis depuis des siècles, que la **7e Sphère** a besoin de vous. La 7e Sphère, dirigée par le Chohan du 7e Rayon, regorge de bénédictions, de perfection et de gloire qui attendent pour se déverser sur l'Humanité. Oui, un « ciel » est prêt à s'ouvrir pour inonder la Terre des plus grandes grâces, des plus grandes bénédictions. Une grâce telle qu'elle n'en a jamais connue de pareille. Nous avons tous le privilège de distribuer ces cadeaux Divins. Il suffit d'une seule condition : le **demander**.

Et comment peut-on demander cette faveur Divine si incroyable? De la façon la plus simple, comme toujours, dans tout ce qui est de la conscience.

Exprimez ceci à **votre** façon :

> *« Je demande expressément à servir le Chohan du 7e Rayon, j'accepte de mettre ma conscience à son service,*
>
> *afin que je puisse être dès maintenant un distributeur des Grâces et de la Perfection du 7e Rayon pour la bénédiction de tous les Êtres. »*

Oui, c'est simple. Ô, Êtres de Lumière, voulez-vous plus simple? Exprimez ceci tous les jours et vous verrez ce que vous réserve le 7e Rayon.

Ô, Êtres de Lumière, merci de votre présence tout au long de ce premier tome. Il en reste encore deux, de natures très différentes, mais très complémentaires.

Je vous invite à les découvrir, c'est un rendez-vous entre nous.

Très cordialement à vous, mes Amis de Lumière; vous m'avez procuré un plaisir inouï en me permettant de vous offrir ce livre.

Je laisse le mot de la fin au Chohan du 5e Rayon, Hilarion, Maître de l'Ascension :

> **« L'ÉVEIL nécessite beaucoup plus que la foi;**
>
> **la CONNAISSANCE doit être acquise ».**

Un mot sur l'auteur

Das (Jean-Pierre Beunas), aujourd'hui conférencier et auteur, innove dans le Nouvel Âge par une pédagogie de la conscience, rendant ainsi la Voie de la Conscience, si mystérieuse et si abstraite, accessible à tous les assoiffés...

Il a été dans la vie : marin (2 ans obligatoires); moniteur de conduite (3 ans); professeur d'informatique, consultant et directeur de l'informatique (22 ans) à Paris, Dakar et Québec; animateur de télévision (5 ans); thérapeute (20 ans).

Il est né en France où il a vécu trente ans. Il a été en poste durant sept ans au Sénégal. Il est marié et il réside à Trois-Rivières, au Québec depuis 1982.

1982 : Bombay, rencontre de Swami Anandababa.

1995 : à 50 ans, édite *Le Chant du Cygne*

1996 : écrit *Le Nectar de la Conscience*,
Tome I, L'EGO ET LE SOI.

1997 : écrit *Le Nectar de la Conscience*,
Tome II, LES 13 PRINCIPES,
Tome III, JE SUIS CONSCIENCE

2000 : écrit *Suprême lâcher-prise*

2001 : écrit *La Guérison Christique (Votre Pouvoir de Guérir)*

DEPUIS L'AN 2000, DAS L'AUTEUR CONSACRE UNE GRANDE PARTIE DE SON TEMPS À L'ENSEIGNEMENT DE LA GUÉRISON CHRISTIQUE.

Il donne des cours en France, Belgique, Suisse, Antilles et bien sûr au Québec.

Le témoignage

Depuis un certain temps, vous chantez le Chant du Cygne ou vous étudiez **L'ÉGO ET LE SOI**. Déjà vous avez remarqué des changements dans votre vie, déjà vous avez reçu des bénédictions, déjà la chance vous a souri.

Alors, voilà le temps d'accomplir un devoir très agréable : celui de témoigner. Vous témoignez pour vous, par reconnaissance envers votre conscience. Votre témoignage rejoindra les personnes qui en ont besoin, par l'intermédiaire des médias et des revues. Votre anonymat est totalement garanti, vous êtes en sécurité, soyez-en certains.

C'est très simple : écrivez ainsi :

J'ai connu **L'ÉGO ET LE SOI** □ .... (où, quand, comment)
Le Nectar de la Conscience □
Le Chant du Cygne □

Voici mes nom, adresse, téléphone :

Je chante régulièrement Le Chant du Cygne □
J'étudie régulièrement Le Nectar de la Conscience □
L'ÉGO ET LE SOI □

depuis : .... (date)........fois par jour,........ fois par semaine.

Voici ce qui a changé dans ma vie :

J'ai reçu les bénédictions suivantes :

Expédiez ensuite votre précieux témoignage aux
Éditions N E C T A R,
25 rue des Berges, Trois-Rivières, G8Y 1A1, Québec, Canada.

Téléphone : (819) 801-1450

Site web : www.katarosnectar.com
Courriel : das@katarosnectar.com

Éditions NECTAR

25, rue des Berges, Trois-Rivières, Québec,
Canada, G8Y 1A1
Téléphone: (819) 801-1450
Site web: www.katarosnectar.com
courriel: das@katarosnectar.com

Le Nectar de la conscience

L'Ego et le soi
Les 13 principes
Je suis conscience

La voie de la Conscience - si vaste, si grandiose, si mystérieuse, si abstraite - avait profondément besoin d'une approche simple, pratique, concrète. Rendre concret ce qui, par son essence même, est l'abstrait suprême. Voilà donc la tâche: **oser une pédagogie de la conscience.**

Das, durant vingt-cinq ans, a cherché, a découvert, a testé, a « senti» et a réalisé, par son ouverture de conscience, sa propre expression de la RÉALITÉ. Il l'exprime aujourd'hui sur mille pages, de mille façons, pour que resplendissent vos mille pétales ...

La lecture attentive et **la pratique du « Nectar de la Conscience »** procurent une profonde expérience de la conscience supérieure propre à chacun. C'est une expérience libératrice car l'Être comprendra profondément la véritable nature de sa conscience. Il aura ainsi semé les graines qui le conduiront à la transformation réelle de l'ego, donc à son **émergence** comme Être de Lumière.

DAS (Jean-Pierre Beunas)
ISBN 978-2-922716-27-6

Le Nectar de la conscience

L'EGO ET LE SOI
La Bible, son origine secrète

L'Ego et le Soi établit clairement la véritable nature de l'humain et du Divin. À travers les explications et les analogies, par une pédagogie agréable pour chacun, DAS vous conduit à la reconnaissance de vous-mêmes comme Êtres de lumière.
Il s'ensuit une véritable transformation de la conscience et une authentique expérience de la Réalité.

Vous réalisez le principe suprême: **«Je ne suis rien et je suis TOI»**, le lâcher-prise s'opère. Alors votre vie s'imprègne **d'amour, de richesse, de guérison et de conscience.**

5e édition, enrichie d'une nouvelle révélation.

Découvrez votre Pouvoir: en changeant de conscience, vous allez changer profondément votre vie.

Découvrez la véritable nature du lâchez-prise et les nombreux bienfaits qu'il vous apportera.

L'Ego et le Soi révèle la magie du **Chant du Cygne** - le chant de la libération - son secret, son mystère, son Alchimie mystérieuse.

Das révèle les origines secrètes de la Bible, un lourd secret soigneusement caché au grand public. Une révélation choc.

Extrait de la table des matières:

L'EGO ET LE SOI

- Le grand principe
- Le Service Suprême
- L'attention Suprême
- Le Véritable Travail
- La Folie de l'Égo
- Le Lâcher-prise

La Bible: son origine secrète

Aspects pratiques:
Observer son mental
Le lâcher-prise
L'ouverture de la conscience
Le Chant Alchimique

DAS (Jean-Pierre BEUNAS)

ISBN: 2-9804752-2-X

Le Nectar de la conscience

Les Treize principes
L'ombre, la dictature mondial

Les treize principes exposent en pleine lumière la stratégie de l'ego. Avec des explications précises, vous comprenez comment l'ego s'y prend exactement pour vous manipuler à votre insu. Vous devenez capables d'observer lucidement la vie de votre conscience humaine.

Les treize principes, parfaitement démontrés, rendent aux guerriers de la conscience leurs **pleins pouvoirs**; car l'Être est redevenu conscient du «jeu» qui lui gâchait la vie. Vous réalisez une conscience supérieure: **«la conscience d'Être»**.

DAS révèle **« l'ombre »**, l'ego planétaire, **la dictature** mondiale, son activité silencieuse, perverse et secrète.

Extrait de la table des matières:

LES TREIZE PRINCIPES
- La Voie de la Conscience
- Les trois voies
- Les trois pièges
- Le piège mental
- Les trois instincts
- L'Apocalypse
- L'abondance, la richesse
- La véritable liberté

«L'ombre»: l'ego planétaire, son activité.

Méthodes pratiques:
La connexion au 7e Rayon
La multiplication de l'abondance

DAS (Jean-Pierre BEUNAS)

ISBN: 2-9804752-3-8

Le Nectar de la conscience

Je suis conscience
La lumière, les maîtres Ascensionnés

Je suis Conscience est radieux et rafraîchissant; c'est l'unité de la conscience. Dans les états de conscience supérieurs, l'Être vit dans la pure conscience, là ou seules existent la lumière, la joie, la beauté. C'est un état de conscience accessible à **tous**. C'est à vous d'y entrer. Vous réalisez **«la Conscience de l'Unité»**

Je suis conscience expose la nature de **la véritable Richesse**, un état de conscience supérieur. Dès que celui-ci est atteint, la Richesse véritable jaillit dans la vie et chacun voit son existence se transformer pour le meilleur.

Vous découvrez la véritable façon de rencontrer l'âme soeur dans la vie. Par une pratique vraiment simple, l'Être peut enfin rencontrer l'âme soeur.

Vous découvrez la guérison par la prise de conscience de Soi.

DAS révèle la "lumière", c'est-à-dire la vie, l'activité et la conscience des Grands Maîtres Ascensionnés qui nous tendent les bras et qui déversent déjà mille bénédictions sur tous les Êtres.

Je suis conscience vous révèle comment réaliser et attirer à vous de façon concrète: **l'Amour, la Richesse, la Guérison, la Conscience.**

Extrait de la table des matières:

JE SUIS CONSCIENCE

- Les pensées sont conscience
- La vie est conscience
- L'Alchimie est conscience
- L'argent est conscience
- La mort est conscience
- **L'Ascension est conscience**
- **La guérison, la santé**
- **La Richesse véritable**
- **L'âme soeur, la trouver**

Méthodes pratiques:

L'âme soeur, la rencontrer
La Richesse, s'y élever
La guérison, se guérir

DAS (Jean-Pierre BEUNAS)

ISBN: 2-9804752-2-X

Suprême Lâcher-prise

Réalisation de Soi
Au coeur de L'Être

Suprême Lâcher-prise apporte vraiment du neuf. C'est un livre qui révèle en profondeur ce qui n'a jamais été dit sur la nature du lâcher-prise.

À travers une pédagogie agréable, chacun peut comprendre les grands principes de la conscience.

Avec une méthode simple, l'auteur nous conduit jusqu'à l'expérience significative de « l'autre Réalité ».

Avec Suprême Lâcher-prise, chacun en arrivera au vécu de l'Existence qui se trouve... au-delà du mental.

C'est un livre pour les chercheurs, pour les amoureux de la conscience. Suprême Lâcher-prise est agréable à lire et facile à comprendre. Il contient plusieurs méthodes pratiques accessibles à tout le monde.

Suprême Lâcher-prise est un outil majeur pour se transformer soi-même. Il vient au bon moment, combler un besoin essentiel du Nouvel Âge dans un domaine très en demande.

Extrait de la table des matières:

SUPRÊME LÂCHER-PRISE

- Le Principe unique
- La révélation essentielle
- Le lâcher-prise global
- Neuf aspects de l'acceptation
- Sept aspects de la confiance
- Cinq aspects de l'amour
- Unité de l'Être
- Le pouvoir du Sentiment

Méthodes Pratique
la vision globale
l'attitude juste

La connexion au Septième Rayon

l'exercice Appolo 13
Le véçu gnostique

DAS (Jean-Pierre BEUNAS)

ISBN livre: 2-9804752-4-6
ISBN CD: 2-9804752-5-4

Le Chant du Cygne

Hymne d'Amour à ma Conscience
Le pouvoir de la Parole

Le Chant du Cygne est un chant alchimique qui infuse la conscience Divine dans la conscience de l'être humain. Il est le moyen sûr et agréable de se procurer l'expérience de sa conscience Divine.

C'est un hymne d'amour à la conscience. C'est la grâce qui accorde tout par surcroît. C'est une source constante de bénédictions. Il suffit de la chanter ou de le lire et la conscience s'ouvre...

Le Chant du Cygne, c'est le livre de la chance. Avec Le Chant du Cygne, vous êtes au bord d'un changement de vie incroyable, par le Pouvoir de la Parole.

Oui, Chantez! Chantez le Chant du Cygne! Alors votre conscience commence à couler dans votre vie et vous allez obtenir les plus grandes bénédictions: Amour, chance, succès, prospérité, richesse, santé, âme soeur, argent, liberté, abondance, conscience de l'Unité, conscience Divine. C'est si simple:

Chante le Chant du Cygne, ô Être de lumière ET REÇOIS TOUT PAR SURCROÎT, OUI, DÉCOUVREZ LE POUVOIR DE LA PAROLE.

LE CHANT DU CYGNE

- Un chant si mystérieux
L'unité, La Chance, le Pouvoir,
Le Gardien du Seuil, l'Armaguedon
- Tout par surcroît
La connaissance, la Gratitude
La Connexion au 7e rayon
- Soutras et mantras
- Le Chant alchimique
- La conscience
La conscience, La Révélation, le Karma

Aspect pratiques:

- Se connecter au 7e Rayon
- Le Chant du Cygne: sa magie, son pouvoir
- Le pouvoir de la Parole

Le Chant du Cygne

Le Pouvoir de la Parole

La Précence des Maîtres Ascensionnés
dans VOTRE VIE, là où vous êtes!

Votre Pouvoir de GUÉRIR

L'Amour du Coeur Sacré
La Guérison Christique

Votre Pouvoir de GUÉRIR, la Guérison Christique révèle la méthode de guérison enseignée et pratiquée par Jésus. Cette connaissance cachée et secrète n'a jamais été offerte au public. Cette méthode de guérison est une véritable révélation, tant par son extrême simplicité que par sa grande puissance qui permet, avec la pratique, de vraiment obtenir des guérisons significatives et durables. Votre Pouvoir de GUÉRIR, la Guérison Christique est axé sur la compréhension et sur la pratique, ce qui rend la méthode facile et accessible à tous les Êtres.

À travers une pédagogie agréable, chacun comprendra les principes de la guérison.
À travers une pratique simple, claire et facile à utiliser, chacun saura COMMENT s'y prendre.

Les livres sur la guérison sont très en demande, surtout ceux qui sont immédiatement utilisables.

Votre Pouvoir de GUÉRIR - LA GUÉRISON CHRISTIQUE

Extrait de la table des matières:

- Les gestes guérisseurs
- L'imposition des mains
- **L'ouverture du Coeur**
- 7 aspects du pouvoir de l'Amour
- La conscience Christique
- **La Voie du Christ**
- La Guérison Christique
- **La méthode de Jésus**
- L'intention de guérir
- Santé et droits de l'homme

Méthodes pratiques:

- **Comment Jésus guérissait**
- Élargir sa conscience
- **La méthode Héphaïstos**
- Ôter les brûlures
- Ôter les maux de tête
- **Guérir de façon globale**
- **Ouvrir son coeur**
- Fusion-projection
- Ouvrir le Saint-Huit

Vidéo

Votre Pouvoir de GUÉRIR

Votre Pouvoir de GUÉRIR, la Guérison Christique, en images. Ce vidéo montrera en détails tous les aspects de la Guérison Christique, **et surtout** les possibilités qu'offre le travail en groupes, petits et grands.
En attendant, **le livre vous procure déjà TOUT** ce dont vous avez besoin pour pratiquer avec succès la Guérison Christique dès maintenant.

Votre Pouvoir de GUÉRIR en vidéo
DVD -pal secam-ntcs-DVD
À venir prochainement

Atelier de Guérison (deux jours)

Application immédiate et pratique du livre **Votre Pouvoir de GUÉRIR. La Guérison Christique** n'est pas un don, c'est une connaissance (Gnose) et elle fonctionne **IMMÉDIATEMENT** pour tous les Êtres.

La Guérison Christique est un jaillissement d'Énergie, d'Amour et de conscience, RESSENTI consciemment.

La Guérison Christique procure la force, la santé du corps et de l'esprit, la satisfaction sexuelle. De là découlent la paix, le rire et la joie de vivre.

La santé n'est pas seulement l'absence de maux.
La véritable santé, c'est la joie de vivre.
A nous de la conquérir!

Avec cette méthode pratique, globale et complète, vous vous rechargez vous même en énergie vitale très facilement. C'est ainsi que j'ai vécu moi-même de façon inattendue, en 1987, une profonde guérison, allant jusqu'à revivre ma naissance. Cela a produit sur ma vie de grands effets bénéfiques, dont je profite encore aujourd'hui.

Calendrier: Téléphone 819 801-1450 ou www.katarosnectar.com

Gilles Deschênes

ISBN: 2-922716-10-4

L'énergie financière maîtrisée

L'abondance suprême

Ce livre, L'abondance financière maîtrisée, répond à un **besoin urgent** et pressant de la société. En effet, devant la perte de son pouvoir d'achat, l'être réclame **des solutions** pour pouvoir garantir et maintenir sa prospérité, mais surtout chacun veut **augmenter son abondance.**

Ce livre répond à merveille à ce besoin, en fournissant - à l'usage de tous - la connaissance qui permet de **manifester concrètement** l'argent, l'abondance, la richesse et la prospérité.

À travers des explications simples, **chacun comprendra** clairement les principes de l'abondance. Avec une pratique simple, claire et facile à utiliser, **chacun saura comment s'y prendre.**

LA RICHESSE, L'ABONDANCE, LA PROSPÉRITÉ

Extrait de la table des matières:

Prendre en main son apprentissage face à l'argent.
L'argent: source de problèmes ou de bénédictions?
Deux associés qui s'enrichissent
Qu'est-ce que l'argent?
Se sentir en sécurité sans dépendre de l'argent
Réussir sur le plan financier
Les lois universelles concernant l'argent
Comment transcender la peur de manquer d'argent.
Gagner soudainement de l'argent
Partager et s'enrichir
Le sens du partage
Matérialisation de la richesse
Pourquoi certaines personnes gagnent beaucoup d'argent.
Celui qui a remboursé sa dette karmique en matière d'argent.
Le plan divin avec l'argent

VOUS MÉRITEZ D'ÊTRE PLUS RICHE!

Gilles Deschênes

ISBN: 2-922716-11-2

L'énergie sexuelle maîtrisée

L'orgasme sublime

Ce nouveau livre présente un intérêt particulier. En effet, il répond à un besoin majeur de notre société qui est celui de **dépasser le sexe habituel.**

Cet ouvrage apporte une réponse extraordinaire, en révélant qu'il existe **une sexualité supérieure,** source de nouveaux plaisirs très vifs. Source d'intenses satisfactions sexuelles et amoureuses.

Source d'**épanouissement** heureux et de très gratifiantes expériences de fusion ou de **symbiose entre les amoureux. Les livres sur la sexualité supérieure sont très appréciés, surtout s'ils décrivent les pratiques.**

LA SEXUALITÉ SUPÉRIEURE, VIBRATIONS ET FUSIONS

Extrait de la table des matières:

Qu'est-ce que le plaisir?
La signification de l'orgasme
Épanouissement sexuel
La plénitude dans le plaisir sexuel
Le cas du baiseur invétéré
Fausse croyance: baiser et aimer
S'épanouir sur le plan sexuel
Harmonie de l'activité sexuelle
On dépasse les limites de nos besoins sexuels
L'évolution sur le plan sexuel
L'amour n'empêche pas le sexe
Aimer vraiment son partenaire?
La maîtrise de l'énergie sexuelle
C'est quoi, maîtriser l'énergie sexuelle?
Comment maîtriser l'énergie sexuelle
La danseuse en peine d'amour
L'orgasme nouveau genre
L'orgasme qui change notre vie
Habiletés requises pour maîtriser l'énergie sexuelle
Exercice visant à maîtriser l'énergie sexuelle
Lien entre le plaisir sexuel et un cadeau qu'on vous donnerait
Utilisez votre réussite sexuelle pour mieux réussir

OUI, VOUS MÉRITEZ PLUS DE PLAISIR SEXUEL!

ISBN: 2-922716-11-2

L'AUTEUR C'est le Maître **Saint Germain** Chohan du Septième Rayon qui a dicté, de nuit, plusieurs milliers de pages à Géraldine innocente. **Saint Germain** est un Maître Ascensionné de très haut niveau, dont la tâche actuelle est de hisser l'humanité jusqu'à l'Ascension. **Saint Germain** a commencé à restaurer l'Âge d'Or, une ère de paix, de beauté et de splendeur pour la planète Terre-Gaïa.

Saint Germain révèle...
LA HIÉRARCHIE SOLAIRE

Voici un livre qui apporte des révélations inédites sur l'existence des maîtres Ascensionnés. Il dévoile en effet l'activité des Êtres qui dirigent notre évolution.

Cette connaissance, accessible à tous, est enfin offerte aujourd'hui en français, dans une édition autorisée pour la première fois. Dans notre société, la soif de conscience est immense. Le Hiérarchie Solaire est imprégnée de la **conscience des maîtres** et chacun peut y puiser à volonté. Ce livre apporte vraiment du neuf et du concret. Il comporte de nombreux aspects pratiques qui permettent à tous de guérir ou de s'élever rapidement vers une expérience significative. Les livres sur les maîtres Ascensionnés sont **très en demande,** l'ascension arrive....

Saint Germain révèle.. .La Hiérarchie Solaire

La Hiérarchie solaire des maîtres Ascensionnés nous guide et **nous conduit tous à l'Ascension**. Découvrez ces Êtres de lumière sublimes, leur rôle, leur fonction et leur influence dans notre vie. RENCONTREZ maintenant les sept puissants Elohims, les sept Chohans des Rayons, le Mahachohan, le Manou, le Bouddha, l'Observateur Silencieux, les Êtres de feu blanc, le Seigneur du monde, les sept Archanges, le grand Sana- Kumara, la merveilleuse Astréa... et bien d'autres Êtres de lumière, qui viennent **vous AIDER**. APPRENEZ **la Présence « Je suis »,** le feu Violet, l'Ascension, le Nirvana, les sept étapes de la Précipitation, l'Ouverture du « Coeur ». DÉCOUVREZ comment être le canal du Suprême, la présence de Jésus, **l'oeuvre de Saint-Germain** et bien d'autres connaissances emballantes.

Et jaillissez au septième ciel de la conscience suprême

Kataros ,La Gnose Eternelle

Aux Éditions Nectar

Découvrez la Connaissance...

Des pratiques simples, mais puissantes pour vivre
la RÉALITÉ SUPÉRIEURE par EXPÉRIENCE DIRECTE.

LES NEUFS MÉTHODES DES LIVRES DE DAS

1. Le chant du Cygne. Connexion sur votre Trésor, sur la Conscience, sur les Maîtres, sur l'Ascension. Vous etes guidés, conduits, dirigés.
2. La Connexion au 7e Rayon. Moyen puissant pour rejoindre la conscience des Maîtres. L'aide est immédiatement accordée. Vous vous libérez.
3. La Connexion à l'Âme soeur. A la relation idéale... Vous attirez dans votre vie un être de qualité. Vous n'êtes plus seuls.
4. La multiplication de l'abondance. Pour générer la prospérité. La chance est de retour dans votre vie. Votre coeur s'ouvre, l'Amour coule dans votre vie. Vos ennuis s'évaporent. ..
5. Suprême Lâcher-prise. Vous voulez lâcher. Mais ça ne lâche pas! L'ego vous a agrippé et il ne lâchera PAS. SAUF quand il aura compris QUI vous etes...
6. Apollo 13. Petite pratique express pour lâcher prise immédiatement des multiples contrariétés et frustrations de la vie quotidienne.
7. Votre Pouvoir de GUÉRIR. La guérison à son meilleur. Vous guérissez avec RIEN. Il ne s'agit pas d'un don, mais de la Connaissance des gestes guérisseurs et de l'état de conscience du Guérisseur. Oui, débordez de santé et de vitalité.
8. Héphaïstos. Très puissant pour débloquer la vie. Le pouvoir de la parole et la conscience christique. Simples et rapides, les résultats surprennent toujours.
9. Expresso. Ôte les douleurs en 5 minutes. Reçue récemment la méthode n'est pas dans les livres mais est offerte dans chacun des cours. et sur DVD, page C16

.7777. **Kataros, je me souviens de Monségur** **.1333.**

Catalogue NECTAR - **page C13** - INFOS PRATIQUES page D10

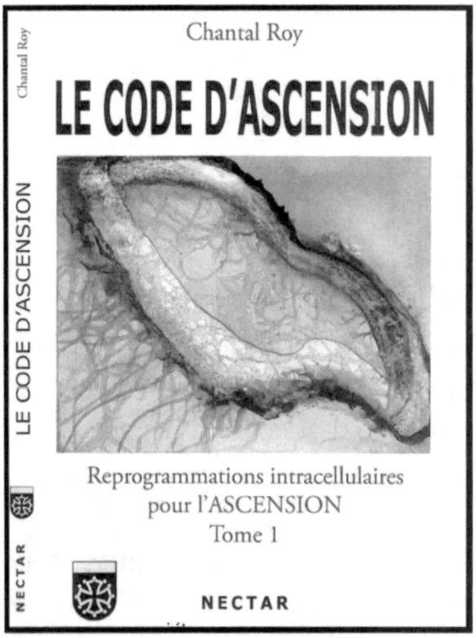

Chantal Roy

ISBN: 2-922716-12-0

L'AUTEURE Chantal Roy est thérapeute depuis près de 15 ans. Sa pratique en psycho-kinésiologie, kinésiologie-éducative, psycho-généalogie, lui a permis de découvrir **LE CODE D'ASCENSION** qu'elle pratique avec un succès étonnant.

Le Code d'Ascension tome 1

Reprogrammation intracellulaire pour l'Ascension

Le Code d'Ascension est essentiel pour tous ceux qui veulent ascensionner dans la cinquième dimension. Il détient des secrets pour transcender l'ego, traverser le voile de l'oubli, recevoir une guérison miraculeuse, devenir un Maître Ascensionné et construire un nouveau monde.

Avec le Code d'Ascension, vous deviendrez maître de votre vie. Vous parviendrez à redevenir des êtres lumineux. VOUS communiquerez facilement avec votre Moi Christique. VOUS serez surpris de votre vitesse de transformation. **Oui, vous méritez l'Ascension!**...

Ce livre étonnant par sa **simplicité** d'utilisation est un outil extrêmement puissant et performant. Chacun peut pratiquer facilement et obtenir des résultats très significatifs. **Les livres traitant de l'Ascension** sont en forte demande.

Extrait de la table des matières:

VOUS MÉRITEZ LE 7E CIEL!

LE CODE D'ASCENSION

- Intégrer les lois cosmiques
- Éliminer le karma
- Contacter son moi christique
- Cérémonie de la Fusion
- Éliminer les implants
- Découvrir son ADN spirituel
- Activer les 12 besoins d'ADN
- Reprogrammer les chakras
- Activer les chakras
- L'Ascension, le destin suprême
- Discipliner le mental
- Transcender l'ego
- Conscience de son Âme
- Découvrir son Destin
- Activer son Merkabath
- Activer le corps de lumière
- Traverser le voile de l'oubli
- L'Ascension en 5e Dimension
- Choisir l'Ascension dans la lumière
- Cérémonie pour l'Ascension

Nos CD Connexions

ASCENSION: les mantras lumières, pour l'ascension de tous les êtres. Une aide précieuse pour l'Ascension.

ASCENSION
Le Suprême Mantra

Éditions NECTAR
(819) 378-6895
25, rue des Berges
Trois-Rivières G8Y 1A1
Québec, Canada

www.katarosnectar.com
das@katarosnectar.com

Mantra Ascension.

Ascension: le Suprême mantra.
Ascension: le but Suprême de la Vie.
Ascension: votre destin Suprême.

À la maison ou en auto, je l'écoute durant des heures, de Paris à Narbonne ou de Montréal à Ottawa, et j'arrive tout vibrant de lumière et de conscience, le 7e Ciel plein la tête.

LES MANTRAS DU 7e CIEL
Liberté, Je Suis, Jésus, Lakshmi, Sourire, Merci.

Éditions NECTAR
(819) 378-6895
25, rue des Berges
Trois-Rivières G8Y 1A1
Québec, Canada

www.katarosnectar.com
das@katarosnectar.com

Les mantras du 7e ciel:
LIBERTÉ, JE SUIS, JÉSUS, LAKSHMI, SOURIRE, MERCI.

Un bouquet de mantras très évolutifs, imprégnés de conscience, permet de varier le plaisir de l'écoute et de s'élever toujours plus haut vers l'expérience de notre réalité divine. Les musiques sont magnifiques et les VOIX admirables.

GONGS DE CRISTAL
Relaxation binoral

Éditions NECTAR
(819) 378-6895
25, rue des Berges
Trois-Rivières G8Y 1A1
Québec, Canada

www.katarosnectar.com
das@katarosnectar.com

Gongs de cristal.
Relaxation binaurale.

La relaxation binaurale est le summum de la relaxation. En effet, le son des gongs de cristal a un puissant effet sur le cerveau. Les deux hémisphères s'équilibrent; il s'ensuit un bien-être merveilleux qui se transmet à tout le système nerveux. Alors, vous redevenez détendus, disponibles, joyeux, calmes, parfaitement relax. Enfin vous pouvez vraiment dormir comme un bébé, vous relaxer ou méditer.

DVD CATHARES

Les Cathares disposaient de la connaissance suprême, celle qui élève et libère chacun de nous jusqu'à l'Ascension.

Les Cathares connaissaient le véritable enseignement de Jésus, la Connaissance parfaite de l'Ascension.

Et le secret de l'Ascension fut lourdement caché par les Rois et les Papes jusqu'à nos jours.

Découvrez la «face cachée» des cathares et leurs merveilleux secrets et jaillissez vous-même maintenant dans **la lumière du 7ème ciel**.

DVD DOULEURS

Vous pouvez ôter les douleurs en cinq minutes. Oui, c'est possible et ça l'est pour **Vous**.

Découvrez la méthode vraiment simple qui permet d'ôter de façon durable les douleurs même anciennes.

Apprenez la méthode Expresso

Note: Cette vidéo est une petite partie de la Guérison christique. MAIS CE N'EST PAS le contenu du livre lui-même, qui sera sur une autre vidéo.

ATTENTION:

Ces DVD sont disponibles uniquement en pal-secam pour l'Europe. Ils ne peuvent pas être lus ni au Canada, ni aux USA sur l'écran de télévision mais ils sont facilement lisible sur votre ordinateur.

Catalogue NECTAR - page C16 - INFOS PRATIQUES page D10

Chantal Roy

ISBN: 2-922716-13-9

L'AUTEURE Chantal Roy est thérapeute depuis près de 15 ans. Sa pratique en psycho-kinésiologie, kinésiologie, éducative, psycho-généalogie, lui a permis de découvrir LE **CODE D'ASCENSION** qu'elle pratique avec un succès étonnant

.

Le Code d'Ascension tome 2

Reprogrammation intracellulaire pour la Guérison

Ce Code de Guérison est essentiel pour tous ceux qui veulent **SE Guérir avec l'aide des Êtres de Lumière.** Ce livre est en fait un véritable moyen s'autoguérir, c'est vraiment **le Code de la Guérison. Avec ce Code de Guérison**, vous allez revivre, vous allez sourire, vous allez vous épanouir, vous allez recevoir l'aide tangible des Guides et **Des Êtres de Lumière.**

Vous serez émerveillés de la rapidité de votre transformation. Ce livre étonnant par sa simplicité d'utilisation est un outil extrêmement puissant et performant. Chacun peut pratiquer facilement et obtenir des résultats très significatifs.

Les livres traitant de la Guérison sont en forte demande.

Extrait de la table des matières:

LE CODE DE GUÉRISON TOME 2.

- Contact avec les Maîtres
- Contact avec les archanges
- Être comblé de bienfaits
- Protocole initiatique
- S'autoguérir
- Guérir l'enfant intérieur
- Autothérapie de maladies
- Autothérapie des traumatismes
- Conscience des vies antérieures
- La victoire de la Santé
- Ma perfection Divine
- Guérir par les Êtres de Lumière
- Cérémonie de Guérison
- Retrouver mon poids santé
- Bien être mental
- Guides de conscience
- Multidimensions
- La Source Divine
- Protection de lumière
- La Guérison et la victoire

Le poster «JE SUIS»

Magnifique affiche en couleur 16 " x 20 " (410 mm x 510 mm) qui représente le **«Je suis»**. C'est-à-dire les trois aspects de l'Être.

Le livre **Le Nectar de la Conscience, tome 2, Les treize principes, chapitre 6**, expose la méthode complète de connexion au Septième Rayon. Ce poster, symbole du «Je suis», permet une pratique complète et fructueuse. Ainsi, la connexion au Septième Rayon procure une infusion massive de la conscience des Maîtres Ascensionnés. Ceux-ci sont nos véritables amis.

Ces Êtres de lumière nous dirigent vers l'Ascension. En se connectant sur le Septième Rayon, nous les aidons à nous aider...

Isabelle St Germain
ISBN 2-922716-24-4

Dieu Je Suis ma Vie

L'Âme se prépare à revenir sur Terre

L'AUTEURE Isabelle St Germain est enseignante de l'Amour du Soi depuis 8 ans. Tous ses enseignements lui sont transmis par ses guides évolutifs. Ses enseignements propulsent l'être humain à la conscience de la multidimensionnalité du corps holistique et la compréhension de la science du verbe.

La puissance de la vibration de l'amour du Soi, la libération karmique

Dieu Je Suis ma Vie est la compréhension de la vie de tous les humains sur terre, selon leurs essences et la charge karmique à libérer. Par la puissance Dieu Je Suis, chaque lecteur sera en mesure de retrouver sa pleineliberté et son pouvoir de S'Aimer.

Avec Dieu Se Suis ma Vie, l'amour reprendra toute sa puissance sur terre et les voiles de l'oubli seront dissous.Tout part de l'humain et c'est à partir de lui et avec la pratique de la science du verbe que tout peut se transformer dans le moment présent. Ce livre vous fera vibrer dans la puissance de Dieu Je Suis le Tout et votre vie sera la récolte de vos semences de façon consciente et permanente.

UN LIVRE ESSENTIEL POUR L'ASCENSION

Extrait de la table des matières:

Dieu Je Suis ma Vie.

- L'envol vers l'incarnation
- La Connaissance des hommes
- La séquences de vie
- Les choix d'incarnation d'âmes
- En préparation de l'ère nouvelle
- Le temple de l'identité
- Le choix des parents
- La conscience
- Le couple
- L'unification des opposés
- La rcherche du fantastique
- La sexualité sacrée
- La voie du coeur
- Le regard de l'autre

L'Amour du Soi est le but de ce retour sur terre

ISBN 2-9227163-4-1

Le manuel de l'Écriture automatique

Comprendre, apprendre
Le vécu, la technique, l'expérimentation

L'AUTEURE Marcelle Corriveau, photographe et enseignante de métier, a découvert l'écriture automatique en 2000 et depuis elle partage son savoir avec passion et simplicité, partout au Québec et ailleurs.

Ce livre permet de ...

COMPRENDRE ce qu'est l'écriture automatique, à quoi elle sert et qu'elle est accessible à tous et en tout simplicité.

EXPÉRIMENTER avec confiance, car vous saurez que vous êtes en sécurité.

RÉUSSIR et être émerveillé des résultats alors que le crayon commencera à bouger.

RECEVOIR à votre tour des messages de lumière merveillieux et enrichissants.

vous ÉPANOUIR et cela **va transformer votre vie**. Le livre qui apporte des solutions!

UN SUJET PORTEUR, TRÈS EN DEMANDE!
Extrait de la table des matières:

- Types d'écriture automatique
- Contacts possibles
- Les débuts
- Écrire pour les autres
- Les apprentisages
- La technique
- Les procédures
- Les préparatifs
- La séance de l'écriture

Une pratique accessible!

COMMANDES - TARIF 2012

Éditions Nectar, 25 rue des Berges
Trois-Rivières, G8Y 1A1
Québec, Canada

Téléphone: 819-801-1450
www.katarosnectar.com
das@katarosnectar.com

LIVRES	$can	euros
Manuel de l'Écriture automatique	21	21
Dieu Je Suis ma Vie	23	23
Le code d'Ascension Tome 1	23	23
Le code de Guérison Tome 2	25	25
L'energie financière maîtrisée	23	23
L'energie sexuelle maîtrisée	23	23
La Hiérarchie Solaire	26	26
Le chant du Cygne	23	23
Le Nectar de la Conscience		
L'ÉGO ET LE SOI	25	25
LES TREIZE PRINCIPES	23	23
JE SUIS CONSCIENCE	23	23
Suprême Lâcher-prise	25	25
Votre Pouvoir de GUÉRIR	25	25
Poster «Je Suis» couleur 16" x 20" (41cm x 51cm)	15	15
CD Le chant du Cygne	20	20
CD gongs de cristal	20	20
CD Ascension (chant)	20	20
CD Mantra 7e ciel	20	20
Cassettes de conférence (60)	10	10
Vidéo DVD		
Cathares DVD	23	23
Ôter les douleurs DVD	23	23

Tarif postal international 2007 par Poste Canada

maxi de 500g	maxi de 1000g	maxi de 2000g
11 euros Avion	21 euros Avion	33 euros Avion

Maxi de 3 kg - 52 euros, Avion

l'Écriture automatique	300 g
Dieu Je Suis ma Vie	330 g
Le code d'Ascencion T1	310 g
Le code de Gérison T2	330 g
L'energie financière	300 g
L'energie sexuelle	280 g
La Hiérarchie Solaire	360 g
Votre Pouvoir de Guérir	380 g
Suprême Lâcher-prise	284 g
L'égo et le Soi	450 g
Les Treize principes	450 g
Je suis Conscience	420 g
Le chant du Cygne	260 g
Cassette	60 g
Disque Compact	92 g
Vidéo DVD	80 g
Poster	67 g

Emballage: ajouter 20% du poids

Possibilité de paiement électronique sécurisé sur notre site Web

Frais d'expédition USA, CANADA 11$ - Europe et tous les autre pays: tarif international
Règlement par chèque ordinaire à l'ordre de Nectar(euros, dollars canadien, dollars américains).
Autre devises: mandat international. Commande direct par téléphone, fax, internet.

***s.v.p: avant de téléphoner, tenez compte du décalage horaire... merci!**
Pour recevoir notre documentation pour les cours et conférences, contacter les Éditions Nectar